人口戦略法案

人口減少を止める方策はあるのか

山崎史郎

日本経済新聞出版

この物語はフィクションである。登場人物は著者による創作で、モデルは存在しない。

しかし、登場人物が語り、取り組む人口減少問題の内容は、すべて公開資料に基づく事実である。

人口戦略法案

人口減少を止める方策はあるのか

衝撃の海外レポート（202X年8月上旬）

「小国」に向かう日本

野口淳一は、通勤のため、東京都の渋谷駅と神奈川県の中央林間駅を結ぶ、田園都市線を使っている。午前7時ごろに横浜市青葉区の2LDKの自宅マンションを出て、青葉台駅から7時32分発の電車に乗る。

7時台の電車は2〜3分間隔で走っているが、途中、溝の口駅あたりから車内は満員となる。5年前に引っ越してきた頃は、これほど混んでいなかった気がする。通勤時間は1時間30分、行き帰りで3時間。1日24時間の8分の1を通勤に費やしているが、その間に、何か記憶に残るような生産的活動をした覚えはない。「真空の時間帯」とでも言ったらよいだろうか。

価値ある行動がまったくないわけではない。毎朝、駅のスタンドで朝刊を買って読む。まずざっと目を通し、仕事の上で何か困った事態が起きていないかをチェックする。そして、混み始めた車内では新聞を小さく折りたたみ、これはと思う記事を熟読する。

野口は39歳。大学を卒業後、内閣府に入って17年目になる。8年前に北海道庁に出向した経験があるが、それ以外は内閣府の各部署を巡ってきた。そして現在は、内閣府政策統括官付きの参事官（課長級）というポストで、少子化対策を担当して2年目となる。

今朝、野口の目に留まったのは、『「小国」に向かう日本――人口減少への警告（海外シンクタンク・レポート）』という見出しの記事であった。海外のシンクタンクが、日本政府の「一億人国家シナリオ」を非現実的であるとする、最新レポートを公表したという。

（嫌な見出しだな……）

と思いながら読むと、記事はレポートの内容を次のように紹介していた。

「2065年までに日本の人口は8800万人になり、ピーク時の2010年の3分の2強まで減るだろう。日本政府は人口1億人を維持することを公式目標として掲げているが、その実現方法はまだ誰も知らない[1]……日本人全体が今、ひとつの選択を迫られている。日本社会に移民を受け入れるか、それとも小国として生きるすべを学ぶか、そのどちらかしかない。おそらく日本人は後者を選ぶのではないだろうか。感情を表さずに優雅な冷静さを保ちながら、消えゆく村落や国富の減少を淡々と受け入れるのだ。労働時間は増え、収入は減るだろうが、家族やコミュニティから得られる喜びや慰めはなくならない。政府は残された財源を老人の健康や医療ニーズに重点的に振り向け、小中学校や大学は閉鎖されるだろう。無人となった地方のインフラは荒廃するにまかせ、一方で都市部の生活水準は可能な限り維持しようと努めるだろう[2]」

数年前から、海外の有力紙誌は、日本の人口減少について再三、警告の記事を載せてきた。

2015年の国勢調査の結果、初めて日本の人口が減少（5年前と比べ約95万人減少）したことが明らかになった時、米ウォール・ストリート・ジャーナル（WSJ）紙は、日本政府が目指す「出生率1・8、2060年に人口1億人維持」の達成に懐疑的な見解を紹介するとともに、人口減少の理由の1つに、日本が移民の受入れに消極的であることを挙げた。[3]

英ガーディアン紙は、人口1億人を維持するには出生率2・1が必要で、日本政府が目標とする1・8では十分でないとする専門家の意見を紹介し、日本の出生率低下の要因は、女性が晩婚になっていることと婚外子が少ないことだと指摘した。[4]

また、WSJ紙は、日本の消費の鈍化は、日銀の金融緩和にかかわらず、持続的な低成長をもたらしている、長期にわたる人口減少が悲観的ムードを助長させるのではないか、と警告していた。[5]

東京圏の子育て環境の厳しさ

野口は、自分の家庭を見ても、東京圏の子育て環境は非常に厳しいと感じている。32歳の妻ののぞみと1歳9カ月の長女との3人家族。育児休業明けの妻は、大手メーカーに勤務している。出勤時には、妻と交代で長女をベビーカーで保育所まで送るが、共働きでは、夫婦ともに育児にかける時間は少ない。

最近は、事業所内保育所を設置する動きが高まっているというが、都心のオフィスの場合には、朝の満員電車で、どうやって子どもを運ぶというのだろう。神奈川県在住者の一日平均通勤・通学時間は1時間45分、日本で最も長く、[6]過酷である。しょせん、通勤が容易な地域でしか通用しない話だと思う。

保育所の待機児童の問題もある。横浜市は、以前から待機児童の解消に積極的に取り組んでいるが、保育所を増設してもすぐに空きが埋まり、さらに、保育所の整備が潜在的な保育ニーズを掘り起こすため、新たな待機児童が発生するという。他の地域からの住民の流入も続いているので、横浜市の待機児童の問題は簡単には終わらないだろうと言う人が多い。

こうした状況だから、神奈川県の出生率が1・25（2020年）と、全国的に見ても非常に低いのは、住民の1人として実感できるし、この状況が続く限り、出生率はなかなか上がらないだろうと思う。

（それにしても、朝から不愉快な記事だ）

地下鉄に乗り換え国会議事堂前駅に着くと、野口は新聞を鞄にしまい込み、永田町にある首相官邸前の内閣府庁舎に向かった。

目次

主な登場人物

野口淳一 人口戦略検討本部事務局参事官（内閣府参事官）
野口のぞみ 淳一の妻
百瀬亮太 人口戦略検討本部事務局次長（内閣府政策統括官）
壱岐孝一 人口学者
小川涼子 社会保障研究者
片岡三郎 経済学者
鈴木信之 国際政治専門家
古賀恭平 企業経営者
佐野徹 内閣総理大臣
岩渕勝雄 少子化対策担当大臣
田崎守男 政友党政調会長
松嶋賢太郎 政友党幹事長
武井伸人 人口戦略検討本部事務局参事官（厚生労働省出身）
荒川麻衣 人口戦略検討本部事務局参事官（民間企業出身）

大塚文治 経財新聞記者
遠藤和英 生殖医療専門医
木村誠子 ジャーナリスト
菅原弘菜 大学院生
石黒雄喜 会社員
高橋奈央子 ライフ新聞論説委員
鈴田肇 全国知事会地方創生対策本部長
大森順哉 人口戦略検討本部事務局参事官（総務省出身）
対馬喜一 地方創生コンサルタント
森岡和夫 人口戦略検討本部事務局参事官（外務省出身）
今田正則 憲政党人口戦略プロジェクトチームリーダー
北孝夫 町長（北海道町村会）
佐々木智子 北海道シンクタンク研究者

第1章

一億人国家シナリオの行方

1　朝食勉強会（202X年8月中下旬）

朝食勉強会の準備指示

野口が職場に着くと、上司である政策統括官（局長級）の百瀬亮太から、部屋に来るようにとの連絡が入った。

百瀬は、厚生労働省（厚労省）出身で、昨年から内閣府で少子化対策を担当している。58歳、厚労省で企画官の時、2000年の介護保険の創設に携わった経験があり、その後、社会保障や経済政策の様々なポストを務めてきた。官僚生活も36年目を迎え、来年には退官かという噂もある。野口が部屋に入ると、百瀬は、待ちかねていたように用件を切り出した。

「朝早くから申し訳ない。実は、前から考えていたんだが、少し時間的余裕ができたので、勉強会でも始めようかと思ってね。野口君にその準備をお願いしたいんだ」

「テーマは何でしょうか」

「人口問題だよ。メンバーは、君のほか数名の内閣府スタッフ、それに外部有識者を入れて、総勢10名程度にしたい。人口問題をもう一度勉強し直したいので、人口学者の壱岐《いき》孝一さんに参加してもらおうと思っている。彼とは長い付き合いなんだ。そのほか、経済や社会保障、国際関係の専門家に参加してもらいたいんだが、どう思うかね」

「人口問題は間口が広いですからね。いろいろな分野が絡んできますね」

「野口君も思い当たる人がいたら、推薦してほしい。それから、民間企業の経営者にも参加してもらおうと思う。日中はいろいろと用務で忙しいだろうから、朝食勉強会ということで、ちょっと早いが、7時30分からこの会議室で開催したいんだが」

「了解しました。早速、準備します」

「よろしく。新政権のこともあるので、夏のうちに政策の仕込みをしたいのでね」

ちょうど1カ月前に国会が閉会となった。各府省庁は「骨太方針」の策定や人事異動も終わり、概算要求の準備はあるものの、比較的余裕のある時期である。幹部を含め夏休みをとっている職員も多い。政治情勢は不透明である。現総理が9月末に予定されている与党政友党の総裁選に出馬しないことを表明したため、総裁選は4名の候補者で行われる見込みだ。

内閣府は、新政権が政策を打ち出す際には、素案づくりに関与することが多い。百瀬は、総裁選後の新政権発足を視野に入れ、新たな政策の準備のために、非公式な「朝食勉強会」を始めようというのである。彼も、今朝の海外レポート記事を見て、人口問題を勉強会のテーマとすることを決心していた。

ジェットコースターの頂点近く

8月中旬、朝食勉強会（朝食といっても、近くのコンビニで買ったサンドイッチと缶コーヒーのみ）の第1回会合が開催された。メンバーは、百瀬のほか、野口ら数名の内閣府職員に加え、5名の外部有識者であった。有識者の顔ぶれは、人口学の壱岐孝一、社会保障研究者の小川涼子、経済学の片岡三郎、国際政治専門の鈴木信之、そして企業経営者の古賀恭平である。古賀は、経済団体で外国人労働問題を担当する委員会のメンバーでもある。

勉強会の趣旨を百瀬が簡単に説明したあと、シャープな意見を述べることで評判の壱岐から報告が行われた。彼には、数回にわたっても構わないので、人口の現状と将来を分かりやすく説明してほしいと依頼していた。壱岐は、初回なので、と言って、これまでの人口動向と政策の歴史を説明し始めた。内容は次のようなものだった。

――日本の総人口は、令和3年（2021年）10月1日現在で、1億2550万2000人である。[1] 厚労省から発表された人口動態統計によると、2021年の合計特殊出生率（出生率）は1・30に低下した（対前年比▲0・03）。2016年から6年連続の低下である。出生数は過去最少の81万2000人（対前年比▲2万9000人）で、自然増減は過去最大の減少幅の▲62万8000人（対前年比▲2万4000人）だった。[2]

図1―1は、日本の人口の長期動向である。江戸時代後半は3000万人程度で推移していたが、明治以降、急激な人口増加期を迎え、1967年に1億人を突破した。そして、2008年に1億2808万人のピークに達したのち、ついに人口減少の局面に入った。図を見ると分かるが、まるでジェットコースターのような動きだ。

今、私たちは、その頂点のわずか右に位置する場所に立っている。これから落ちていく下り坂

図1-1　日本の長期的な人口推移

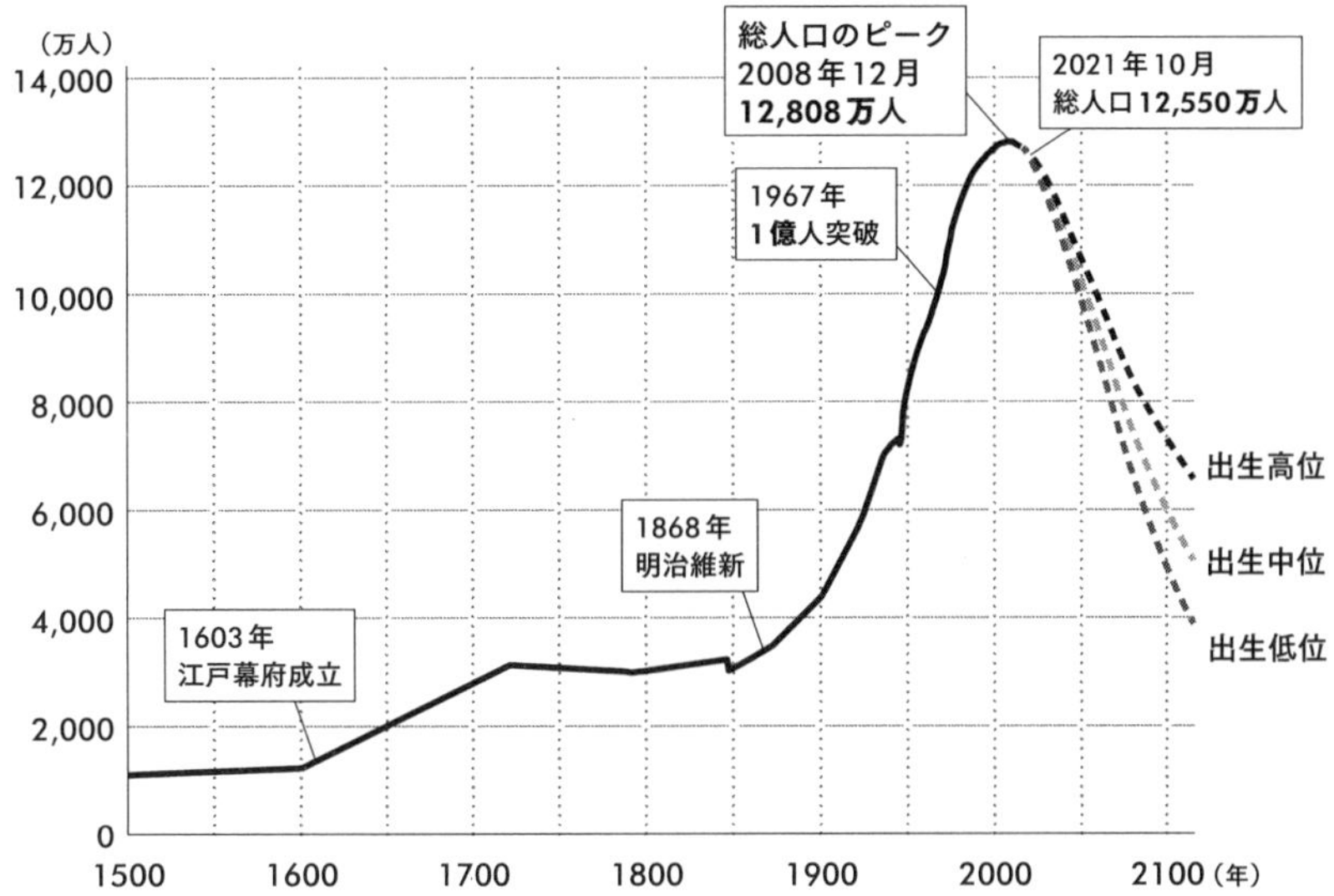

出典：国立社会保障・人口問題研究所「人口統計資料集」（1846年までは鬼頭宏『人口から読む日本の歴史』（講談社，2000年），1847～1870年は森田優三『人口増加の分析』（日本評論社，1944年），1872年及び1900年は内閣統計局「明治五年以降我国の人口」）、1920～2015年は総務省統計局長期時系列データ（「国勢調査」「人口推計」等）、2016年以降は国立社会保障・人口問題研究所「日本の将来推計人口」（平成29年推計）。なお、資料に数値のない年次は、直線補間により計算している。

資料：山崎史郎「人口減少と社会保障」（中公新書）（2017年）P50に基づき筆者作成

をのぞき込むと、目も眩《くら》む。しかし、そこはしっかりと目を開いて、行く末を考えなければならない。今後の人口減少は避けられないとしても、どこでそれを食い止められるかは、私たちのこれからの対応次第だからである――。

日本の人口の歴史を振り返る

壱岐の説明は続いた。

――言うまでもないが、移民を考えないとすると、人口動向は出生数と死亡数で決まる。年間の出生数が死亡数より多ければ人口増加、少なければ人口減少となる。その出生数は、1人の女性が一生で生む子どもの数を表す「合計特殊出生率（出生率）」と「再生産年齢（一般に出産が可能な年齢をいう。15～49歳とされている）の女性人口」によって決まる。日本が人口減少に至ったのは、出生率が低下し続けたからに他ならない。ちなみに、親の世代と子の世代が1対1で置き換わり、人口が増えも減りもしない出生率の水準を「人口置換水準」と呼ぶが、現在の値は2・07とされている。[3]

そこで、まず日本の人口が、今日に至るまでどのように推移してきたかを振り返ってみたい。先ほど、現在（2020年）の日本の総人口は1億2550万2000人と言ったが、この人口規模は、日本の長い歴史の中では非常に大きなものである。

図1―1で分かるように、日本の人口が大きな転換期を迎えたのは、1868年の明治維新で

ある。[4] 日本に近代国家が成立すると、人口は急速に増加し始め、年間増加率は、19世紀後半には、英国の工業化の離陸時と同じように1％を超え、さらに1920年代後半には1・5％を超えていたとされる。こうした人口急増の中で、人口規模と経済力の組み合わせによって、日本は急速な近代化と変革を成し遂げた。そして、国力を急速に伸ばし、日露戦争以降は欧米から〝大国〟と見なされるまでになった。[5]

その後、日本は自国の力と地位を向上させるべく、出産奨励策を推し進めていった。[6] 昭和16年（1941年）には「産めよ、殖やせよ」というスローガンが掲げられ、「昭和35年（1960年）に1億人を目標」とする人口政策確立要綱が閣議決定された。[7] 第二次世界大戦によって日本は大きな人的損失を蒙ったが、それでも1945年時点の人口（7200万人）は、当時では世界最大級だったとされている[8]――。

「第一次ベビーブーム」と産児制限運動

――図1―2を見ていただきたい。

終戦後、日本の出生率は4を超え、1949年には年間出生数が269万7000人と、最多を記録した。「第一次ベビーブーム」である。

この急激なベビーブームと海外からの引き揚げによって、人口が急増したため、当時の政府は人口増加の抑制を緊急課題と考えた。その背景には、日本の人口が著しく過剰であるという基本認識（人口過剰論）があった。1949年5月に衆議院が行った「人口問題に関する決議」が、そ

図1-2　年間出生数と合計特殊出生率の推移

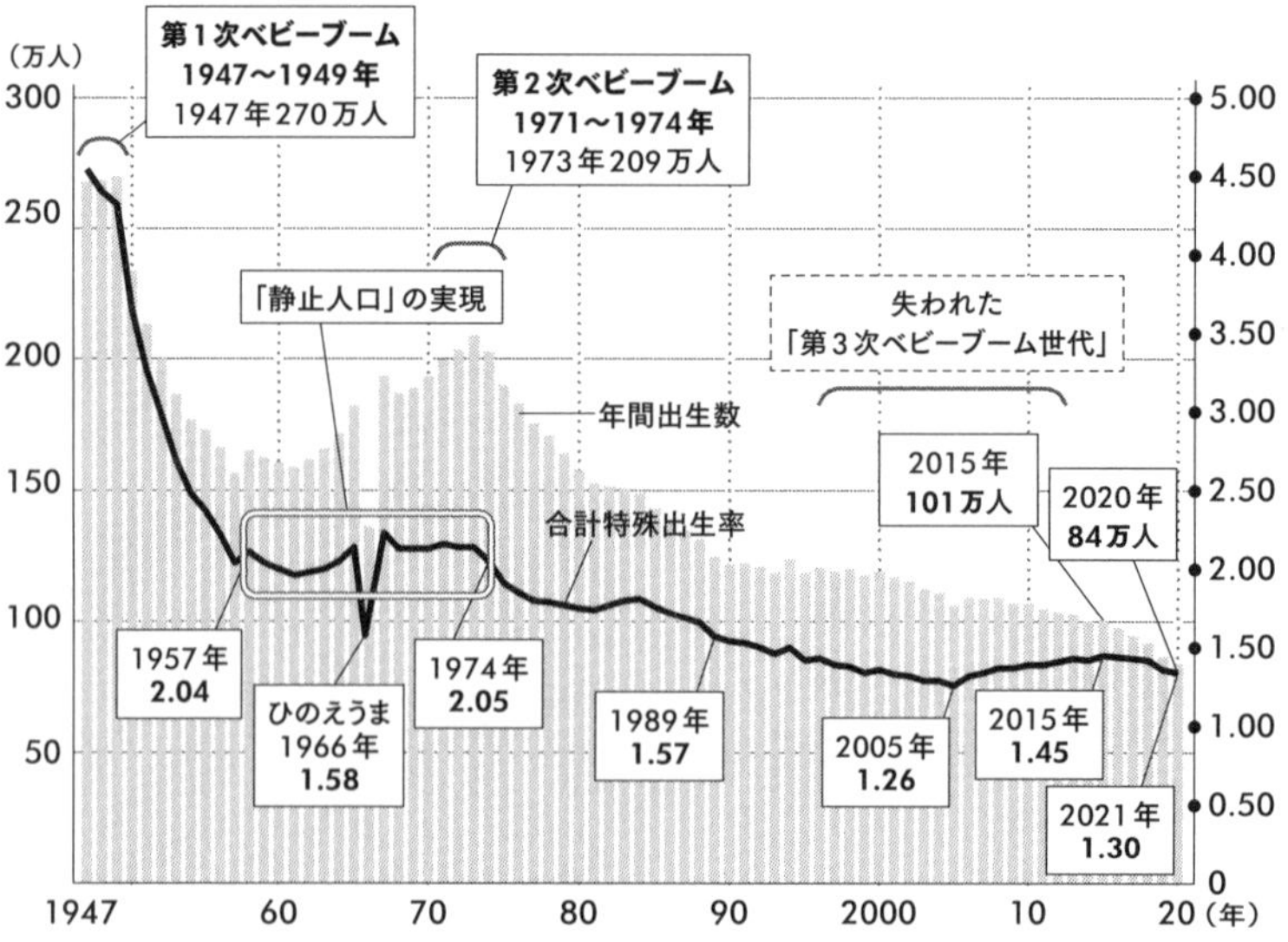

資料：厚生労働省「人口動態統計」に基づき筆者作成

の危機意識をよく表している。

曰く、「現下わが國の人口は著しく過剰である。このために國民の生活水準の向上は容易に望まれないばかりでなく、他面、わが國の経済復興計画の樹立と実施に著しい困難を与えており、更に婦人解放、母性文化の向上に対しても大きな障碍をなしていることが認められる」。

1949年には内閣に人口問題審議会が、その後、1953年に厚生省に常設の人口問題審議会（以下、「人口審」）が設置され、人口政策が審議された。当時、人口増加を抑制する方策として考えられたのが、「受胎調節」と「移民」である。移民といっても、現在議論となっているような海外から日本への移民ではない。日本人が海外へ移住していくということである。戦前からハワイなどへの海外移住が行われていたが、戦後はブラジルなどへの移住が再開された。

一方、「受胎調節（家族計画）」のほうは、官民あげての産児制限運動として強力に展開された。1948年に優生保護法が制定（49年、52年に改正）され、人工妊娠中絶の要件が法定化されるとともに、都道府県知事の指定を受けた助産婦などが「受胎調節実地指導員」となって、各地域で受胎調節を指導する体制が整備された。[9]

農村地域では「計画出産モデル村」事業が展開された。これは、①最初に、その地域の人々全体に対する啓発活動、②次に、その全体の中から受胎調節実行希望者を選び出して、それらの対象者に対する集団教育、③最後に、一組一組の夫婦に対する定期的な個人指導、という3段階にわたる徹底したものだった。企業でも労務管理の一環として受胎調節指導が行われ、指導員が、社宅の主婦を5世帯から15世帯ずつのグループに分け、集団指導や戸別訪問による個人指導を展開した。[10]

こうした活動によって、「避妊を現在実行している」または「前に実行したことがある」人の割合は、1950年には29％だったのが、60年代には8割に達した。また、人工妊娠中絶は1949年には10万件であったのが、50年代半ばには毎年100万件を超えるまでになった。[11]

その結果、出生動向に大きな変化が生じた。**図1―2**を見れば分かるように、出生数は1949年から1950年の1年間で、一気に36万人も減少した。出生率は1947年に4・54であったのが、10年後の1957年には2・04にまで急速に低下した。10年間で出生率が実に半分以下に急減したのだから、劇的な変化である。こうした動きを専門家は「人口転換」と呼んでいる——。

「静止人口」の実現

——終戦後の人口急増期を脱したあと、政府が目指したのは「静止人口」である。

静止人口とは、出生数と死亡数が等しく、人口増加率がゼロとなる状態を指している。1959年に人口審がとりまとめた「わが国人口再生産の動向についての意見」は、「わが国の人口はすでに1億をこえる大規模の人口であり、非常に高密度の人口であって、高い人口増加率は、これを歓迎することはできない」とする一方で、「わが国の人口が低い出生力によって縮小再生産のポテンシャルを内蔵していることは注意を要する」とし、それゆえに、「近い将来においてわが国の純再生産率が1に回復することが望ましい」という方針を示した。

この「純再生産率が1」というのは、「静止人口」の状態を意味している。そして、「純再生産率」とは、1人の女性が次世代で何人の女性に置き換わるかを示す指標であり、その数値が1というのは、出生率（合計特殊出生率）が「人口置換水準」（当時は2・10程度）であることに相当する。

つまり、静止人口の状態を実現するため、出生率が人口置換水準の2程度で安定的に推移することを目指すべきである、というものだった。

それでは、実際の出生率の動きはどうだったのだろうか。

図（1―2）をもう一度見てほしい。当時の状況をよく見ると、出生率は、1957年に2・04

になってから、1974年の2・05までの間（図の二重線囲みの部分）、1966年「ひのえうま」の1・58を唯一の例外として、2前後で安定的に推移していたことが分かる。静止人口が実現したとみなされるような状態が現実に起きたのである――。

再び「出生抑制」のキャンペーン――日本人口会議

――ところが、「静止人口」を実現したと考えられた状態は、その後、急速に崩れていった。1975年に2を切った出生率は、3年後の1978年には一気に1・8を切り、それ以降も低下し続けた。この動きのきっかけになったとされるのが、1974年に再び、官民あげて展開された「出生抑制キャンペーン」である。

すでに1970年代初頭には、出生率は人口置換水準に近かったが、1974年4月に人口審が決定した戦後2回目の「人口白書」（表題「日本人口の動向―静止人口をめざして」）は、出生抑制の必要性を強調した。この白書は、天然資源の多くを輸入に頼る日本が、「増加が予想される人口をいかにして扶養すべきかということが多大の関心をひくようになった」とし、日本の人口問題も「地球規模的な観点から再検討を要する」と指摘した。そして、「出生抑制にいっそうの努力を注ぐべきである」と提言したのである。[12]

これを受けた形で、同年7月には、政治家や研究者、家族計画関係諸団体が結集した「日本人口会議」が開催された。この会議は、3日間にわたる講演やシンポジウムを経て、大会宣言を採択した。その中では、「まずわれわれは、わが国の人口増加率が、アジアでは最低なるが故に

〝心配は無用だ〟という錯覚を、直ちにすてるべきである」とした上で、「人口増加の勢いを阻止するための節度ある、しかも効果的な対策が必要である」ことから、「〝子供は二人まで〟という国民的合意を得るように努力すべきであるとさえ考える」と訴えた。[13]

こうした宣言が出された背景には、当時は「第二次ベビーブーム」の到来やオイルショックによる経済低迷があり、人口増加に対する懸念が急速に高まっていたことと、翌8月にルーマニアの首都ブカレストで、発展途上国の出生抑制をテーマとする国連の「世界人口会議」が開催されるため、「家族計画の優等生」としての日本の発信が強く期待されたことが影響した、とされている。[14]

人口審は、人口白書と同じタイミングで、「国連世界人口会議対処方針についての意見」を決定し、政府に提出している。その中で、「本審議会は日本政府が人口増加抑制政策への提案国となることを期待する」とし、「国際会議の場で積極的発言をするためには、何はともあれ自らの足もとを見すえて襟を正す必要がある。それにはわが国自らの人口増加抑制政策に対する進路を示すことこそ、国際舞台での積極的発言に説得力をあたえ、諸外国の信頼に応え、国際協力に貢献することになる」との意見を明らかにしていた。[15]当時の関係者の報告によると、8月の国連世界人口会議では、日本の「歯切れのよい態度は、かなりの好評を呼んだが、日本人口会議での活発な討論と大会宣言の強い口調が、その駆動力と支えになっていることは明らかである」[16]とされている。

官民全体がそうした雰囲気にあったせいか、各メディアは大会宣言を大々的に報じた。新聞報道は150編以上にのぼり、人口教育効果は大いに上がったとされている。[17]その中には、日本は危機感が足りない、現状を維持していくには一夫婦当たり子ども数を0・7人まで減らさなければならない、といった論調もあったという。[18] こうして「子供は二人まで」という認識が国民の間に一気に浸透していき、出生率は、再び急速に低下していったのである——。

「政策の空白」と「楽観的見通し」

——1970年後半から80年代にかけて、出生率はほぼ一貫して低下し続けた。その背景には、これまで述べたような「出生抑制」の動きとともに、若年世代の未婚率の急速な上昇という、社会経済構造の変化があった。女性の就業機会の増加などによる「出産の先送り（晩産化）」と呼ばれる現象である。

しかし、わが国では、そうした出生率の低下に対して懸念が示されることはほとんどなく、政策課題として取り上げられることもなかった。戦前の「産めよ、殖やせよ」という出産奨励策に対する批判が常に念頭にあり、出生抑制という大きな潮流の中で、人口増加につながるような動きに慎重論が強かったことは確かであるが、政策という点では「空白期間」と言わざるを得ない。

同じく1970年代から、欧米でも出生率は低下し始めたが、これに対するスウェーデンの対応は素早く、1974年には、若年世代が仕事と育児が両立できるよう支援する政策（両立支援策）に取り組み始めた。フランスなどの国も80年代以降、相次いで両立支援策の強化を図り、日本とは対照的な動きを強めていった。

こうして日本の出生率が低下し続けている間、日本政府や人口問題の専門家は、出生率低下の現象を、一体、どのように捉えていたのだろうか。「平成27年（2015年）版厚生労働白書」は、人口問題に関する当時の考え方を整理している。[19]

それによると、出生率が1・75になった1980年に人口審は、夫婦が生涯に生む子どもの数には変化なく、出生率の低下は、女子の進学率・就職率の上昇により結婚・出産が遅れているためと分析し、「一応静観が許される」とした。1984年に人口審が編集した書籍[20]でも、夫婦の子どもの生み方そのものにはあまり大きな変化は見られないため、今後、結婚年齢の上昇が止まるとともに、出生率は下げ止まり、やがて上向くことが考えられるとしていた。

そして、この考え方は、日本の将来人口の推計にも影響を及ぼした。推計の際に設定される「出生率の長期仮定値（中位推計）」は、出生率が低下し始めた以降も昭和61年（1986年）推計までは、人口置換水準に相当する2を下回らない数値が設定された。

当時の出生率低下は、「出生のタイミングの遅れ」による一時的な効果に過ぎないというのが、専門家の支配的な考え方だったのである。しかし、現実には、その後も20代、30代の未婚率は上昇し続け、それに伴い出生率は低下し続けた──。

少子化対策に乗り出すも、効果は上がらず

──1989年に、出生率が「ひのえうま」の年を下回る1・57にまで低下したことは、「1・57ショック」として大きく取り上げられた。これを契機に、翌90年、政府はようやく少子化対策

に乗り出した。子育て支援を中心とする対策が打ち出され、「エンゼルプラン」の策定（1994年）に始まり、各分野において様々な措置が講じられていった。

しかし、対策の実際的効果は少なく、出生率は低下し続けた。

当時、少子化問題に先見性を持って取り組んだ数少ない厚生官僚であった古川貞二郎氏は、成果が出なかった背景として、「当時は、戦前の『産めよ、殖やせよ』の忌まわしい記憶があって、出生については公《おおやけ》がかかわるべきじゃないというような根強い社会風潮があったこと」に加え、「当時政府は高齢者対策にかかりきりになっていたことがある」と述べた上で、少子化対策について「決死の覚悟でやるべきでした」と真情を吐露している。[21] 古川氏が指摘した社会風潮は、2000年代になっても続いた。

こうした状況に加え、少子化対策の中心となる、子育て支援策に対する各界の消極的な姿勢が、取り組みの遅れにつながった面は否定できない。

たとえば、児童手当は、制度導入が1972年と諸外国に比べ遅かった上に、「小さく生んで大きく育てる」はずだったにもかかわらず、導入後も無駄使いだと財政当局や経済界から何度も見直しの声が上がった。[22]

保育制度についても、都市部を中心に待機児童問題が発生する中で、制度創設時の基本理念をめぐる議論や、保育所と幼稚園の「幼保一元化」の問題などが提起され、改革の方向性はなかなか定まらず、結果として、女性就業に伴う保育ニーズの増大への対応は遅れ続けた——。

失われた「第三次ベビーブーム世代」

――再度、**図1―2**に戻る。この図では、年間出生数の動きも示している。出生数は、出生率の動向に影響を受けるのは当然だが、両者の動きは必ずしも同一ではない。それは、先ほど述べたように、出生数は、出生率だけでなく、「再生産年齢（15〜49歳）の女性人口」も関係するからである。仮に出生率が変わらなくても、再生産年齢の女性人口が増加すると、出生数は増加するし、逆に女性人口が減少すれば、出生数は減少する。

日本の人口構成で見ると、終戦後の「第一次ベビーブーム世代」が、1つの大きな塊（団塊の世代）を形成している。年間270万人近くの出生数があった世代である。その「第一次ベビーブーム世代」の子どもたちが中心となって、1970年代前半（1971〜74年）に年間出生数が200万人に達する「第二次ベビーブーム世代（団塊ジュニア世代）」が誕生した。この2つの人口の塊が、数の上で突出しており、日本の総人口を引っ張ってきたと言える。

そこで、いずれ将来、この「第二次ベビーブーム世代」が結婚して子どもを生めば、年間200万人は無理としても、かなりの出生数が見込める「第三次ベビーブーム」がやってくるのではないか、そうなると、少子化の動きも緩和されるのではないかと期待されたのである。

しかし、残念ながら、「第三次ベビーブーム」は到来しなかった。彼らの結婚、出産が想定されたのは、1990年代後半から2010年代前半までの間（**図1―2**の右の点線囲みの部分）で、最も期待されたのは2000年前後だった。

実は、この時期にちょうど、日本は金融システム不安に端を発した経済危機に見舞われ、さらにその後リーマンショックが襲いかかった。その時最大の犠牲者となったのが、若年世代だったのである。日本の雇用システムが大きく変化する中で、厳しい就職難や生活基盤の不安定化は、就職、結婚、出産の時期にあった彼らに決定的な影響を与えた。晩婚化の流れは、1960年代後半に生まれた「バブル世代」によって90年代から強まっていたが、90年代後半から始まった経済危機は、それに追い打ちをかける形となり、未婚者を急激に増加させた。

その結果、出生率は過去最低の1・26（2005年）にまで落ち込んだ。そして、その後、若干の上昇が見られたものの、再び低下に転じ、いまだに低い水準を脱し切れないでいる──。

「人口貯金」を使い果たし、人口減少へ

──以上述べてきたように、わが国の出生率は1970年代半ばから急速に低下し、人口置換水準の2・07を下回る状態が、今日に至るまで50年近くにわたって続いている。ところが、少子化がこのように進行しながらも、日本の人口は長らく増加を続けてきた。つまり、「少子化」イコール「人口減少」とは、すぐにはならなかった。

それは、出生率低下によるマイナスを埋めて余りある要因があったからである。

1つには、これまで戦後の第一次・第二次ベビーブーム世代という大きな人口の塊があり、再生産年齢の女性人口が相対的に多かったため、出生率が下がっても出生数は大きく低下しなかったことがある。そして、他の1つは、この間、平均寿命が急伸したことが示しているように、死亡数（特に乳幼児死亡数）が低い水準で抑えられていたことである。こうしたことから、長らくの

間、出生数が死亡数を上回り続け、人口は増加してきた。[23]

1990年ごろから「少子化」の問題が叫ばれながらも、一般には危機意識がそれほど高まってこなかったのは、このような幸運な状態が続いたことが背景にあるかもしれない。そして、この「人口貯金」とも呼ばれる状況がついに使い果たされたのが、2008年であった。これを境に、日本の人口は減少局面に入ることとなったのである――。

人口減少はいったん動きだすと、止まらない

壱岐からの報告が終わると、その後、出席者による意見交換が予定されていた。

だが、会議室は沈黙に包まれた。それほど気が重くなる内容だった。そんな時、議論の口火を切ってくれたのは、しばしばメディアに登場する企業経営者の古賀だった。

「私は、正直、驚きました。人口や出生率は、国民の生活水準や社会経済の動きに応じて変化してきたと思っていたのですが、随分、国の政策が関わっているのですね」

すると、壱岐がこう説明を付け加えた。

「戦後の動きを見ると、今日の人口減少のかなりの部分は、国の政策が反映した結果だと言えるかもしれません。終戦直後から1970年代半ばまでは、出生抑制政策が強力に展開された時期で、出生率低下は政策の『作為』による結果です。そして、70年代後半から80年代にかけては、政府は人口問題への介入を避け続けましたので、その意味では、政策の『不作為』が反映していると言えます。その後、90年代以降、政府は少子化対策に乗り出したのですが、少子化の流れは、現在に至るまで止め

られない状態が続いています」

「政府が本格的に取り組めば、状況はすぐに変わるんじゃないのですか。与党や政府では、『こども庁』を創設するような構想もあるようですし」と古賀が言うと、壱岐は、

「今日のように、人口減少の局面にまでなってしまうと、もはやこの動きは、そんなに簡単には止まらないのです」と深刻な表情を浮かべた。

古賀と壱岐のやりとりに、気鋭の経済学者、片岡が口をはさむ。

「政府は、1億人を維持すると言っているわけですから、当然ながら国民は、近い将来、人口減少は止まるだろうと期待しますよ。壱岐さん、そのあたりはどうなのですか」

「将来人口のことは、次回の勉強会で詳しく説明しますが、人口にはいったん、ある方向に動き出したら止まらない性質がありまして、それを止めるのには非常な困難を伴うのです」

「次回は、その辺を詳しく聞きたいですね」

古賀がそう返して、第1回の重い雰囲気の会合は終わった。

毎年、政令指定都市クラスの人口が消失していく

勉強会の第2回会合は2日後に開催され、人口の将来動向がテーマとなった。前回に引き続き、人口学者の壱岐の説明から始まった。

――本日のテーマは、将来、日本の人口はどうなるのかということである。

人口の将来推計でベースとなるのは、国立社会保障・人口問題研究所（社人研）が5年ごとに発表する「将来推計人口」で、現時点で最新のものは、平成29年（2017年）推計である。

人口推計は、将来の「出生」及び「死亡」の推移について、それぞれ「中位」「高位」「低位」の3つの仮定を設定し、それらの組み合わせにより9通りの試算を行う。平成29年（2017年）推計では、長期にわたって安定的に推移する出生率を「中位推計」では1・44、「高位推計」では1・65、「低位推計」では1・25に仮定している。このうち「中位推計」によると、総人口は、約30年後の2053年には1億人を切り、2060年は9284万人、2090年は6668万人、2110年には6000万人を切って、5343万人となると推計されている。

人口減少のスピード（中位推計）としては、2030年ごろは年間80万人の減少だが、その後、減少幅は年々拡大し、2060～70年代には年間100万人前後にまでなる。その後、徐々に縮小するものの、2110年でも年間60万人程度の減少が見込まれている。時期によって変動はあるが、毎年、「政令指定都市クラス」が1つずつ、数十年以上にわたって消えていく計算だ。それ以降の推計は行われていないが、当然ながら、出生率が人口置換水準の2・07以上にならない限り、人口減少はいつまでも止まらない。

そして、2021年の現実の出生率である1・30は、この人口推計の出生率の仮定値（2021年時点）と比較すると、「中位推計」と「低位推計」の間にある。したがって、このまま推移するならば、将来の日本の人口は、今ほど紹介した「中位推計」よりも下回るおそれがある。由々しき事態と言わざるを得ない――。

「一億人国家」シナリオの実現性

次に壱岐は、「一億人国家」シナリオについて話を進めた。[24]

――では、2014年に政府は、一定の試算の下で「一億人国家」を目指す方針を打ち出したが、その試算はどのような前提で行われているのか。

2014年の「一億人国家」シナリオの試算（**図1―3**の「①選択する未来委員会推計」）は、出生率が2030年に2・07まで向上し、それ以降同じ水準が維持されると仮定している。それが実現されると、2060年には1億545万人となり、2090年頃から人口は安定化し始め、2110年以降は9961万人の水準で安定する、という見通しである。

その後、2019年に行われた別の試算（**図1―3**の「②地方創生長期ビジョン推計」）では、2030年までに1・8程度、2040年に2・07程度に向上するという仮定を置き、その下で、2060年は1億189万人となり、2110年以降は8969万人の水準で人口が安定する、との見通しが示された。

これらのシナリオの試算を、先ほどの社人研の平成29年（2017年）推計と比較してみると、どうなるか。いずれの試算の出生率も、「③将来人口の中位推計（**図1―3**の黒点線）」の1・44はもちろん、「高位推計」の1・65をも大きく上回る高い水準に、10～20年というハイペースで到達することが前提となっている。

一方、足もとの出生率の動きはどうかというと、先ほど述べたように、「中位推計」を大きく

図1-3 人口推計の比較（「一億人国家シナリオ」）
——「選択する未来委員会」「地方創生ビジョン」「将来推計人口（中位推計）」——

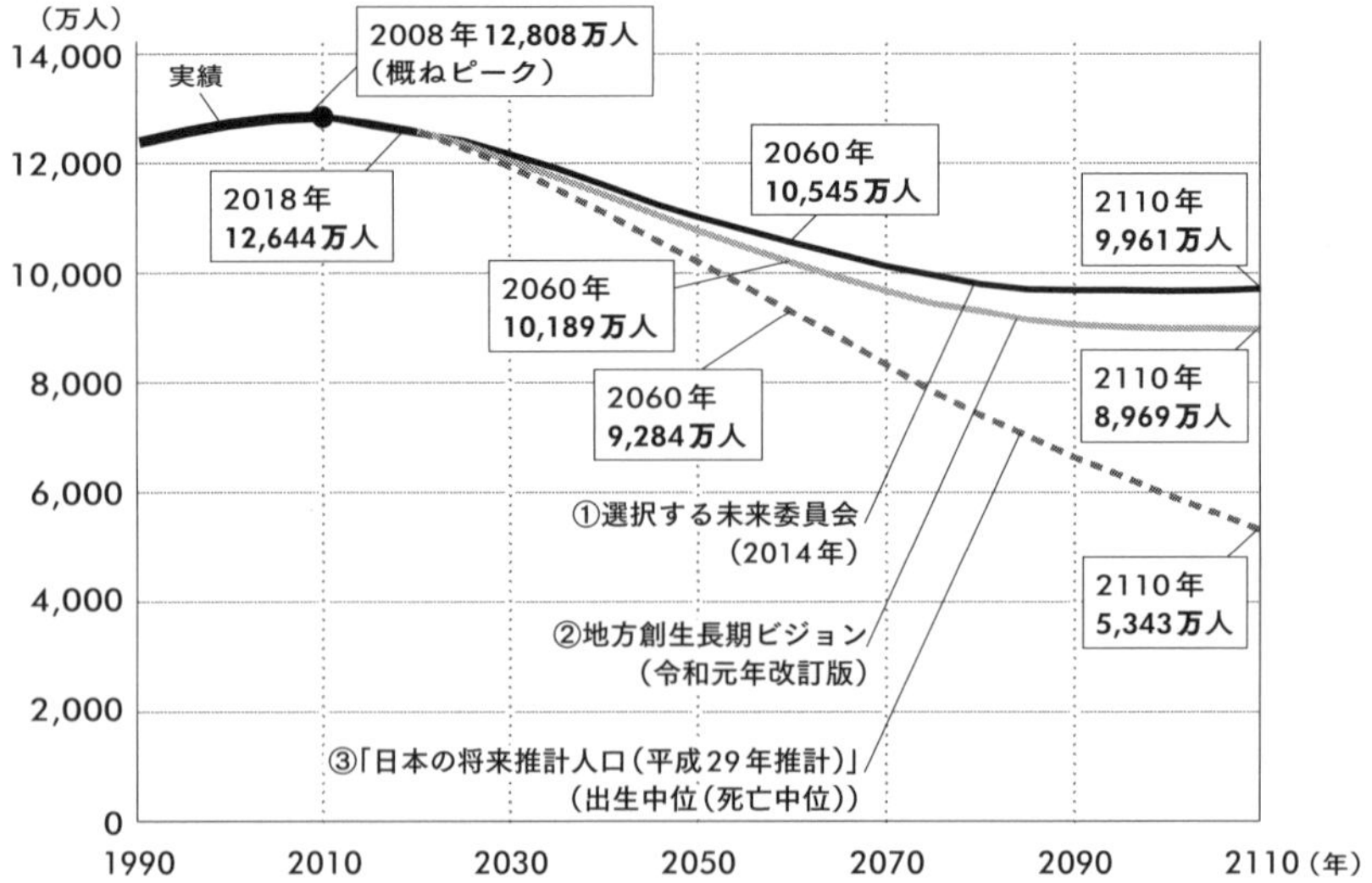

備考：①「選択する未来」委員会における推計では、合計特殊出生率が2030年に2.07まで上昇し、それ以降同水準が維持すると仮定。
②地方創生長期ビジョンにおける推計では、合計特殊出生率が2030年に1.8程度、2040年に2.07程度になると仮定。
③「日本の将来推計人口（平成29年度推計）」（出生中位・死亡中位）における合計特殊出生率は、実績値が1.45であった2015年から 2024年の1.42に至るまで緩やかに低下し、以後やや上昇して2035年の1.43を経て、2065年には1.44へと推移する。

資料：内閣府、第2回「選択する未来2.0」会合提出参考資料（2020年3月）に基づき筆者作成下回る1・30（2021年）であり、そして、さらに低下する傾向にある。残念だが、シナリオの前提には遠く及ばず、このまま推移すれば「一億人国家」のシナリオの達成は、極めて難しいと言わざるを得ない。もし実現しようとするならば、大きな社会変革にすぐにでも取り組まないと、間に合わない――。

「人口減少――5つの不都合」

この見解を聞いた出席者から、深いため息がもれた。壱岐は話を続けた。

「人口問題の専門家の立場から見ると、『人口減少』という事象に対する人々の認識は、一般に甘いと言わざるを得ません。もっとも、従来の人口学で考えられていた古典的『人口転換』理論の想定を超えるような事態が起きつつある[25]のだから、仕方がないのかもしれませんが……。もちろん、決してあきらめる必要はありません。しかし、私たちにとって〝不都合〟ではあるものの、将来確実に起こる事態は、しっかりと認識しておく必要があります」

ここまで話したあと、1枚のペーパー（図1―4）が配られた。壱岐自身が名付けた「人口減少―5つの不都合」という表題のメモだった。そのメモを示しながら、壱岐は説明し始めた。

――これは、不都合な真実を5つの項目にしたもので、人口減少がいかに深刻で、かつ厄介な問題であるかを表している。このことを通じて、皆さんには、人口問題には、ある特有の原理が働くことを理解してほしい。

その原理とは何か。

それは、人口の増減に関わる「行動」と、それがもたらす「結果」との間には、通常、長期間の「時間差（タイムラグ）」が存在するということである。つまり、私たちが直面している人口減少の状況は、ここ数年の短期間のうちに出来上がったものではなく、過去数十年前からの人々の結婚や出産といった「行動」が、時間の経過とともに積み重なった「結果」として、表れているものである。それゆえに、人口減少の問題に対応するといっても、かなりの部分は、今更変えようがない過去の「行動」に縛られている。

だから、今、私たちが問題に気づいて「行動」を変えても、事態はすぐには良くならない。私たちの行動の「結果」が本格的に表れるのも、これから長期にわたって「行動」が積み重なった後の数十年先となる。

このことを知ると、つい先人たちに文句を言いたい気分になるかもしれない。しかし、同じことは、現在を生きる私たちについても言える。今、しっかりとした行動をとらなければ、その影響を受けるのは、私たち自身よりむしろ、子どもであり、孫であり、さらにその後の将来世代である。このように自分が生きている間のことさえ考えればよい、というわけにはいかないのが人口問題である――。

図1-4　人口減少――5つの不都合

1. 人口減少のスピードは、年々高まる。

○日本の人口減少は始まったばかりで、これから本格的な減少期を迎える。減少スピードは、これから数十年は年々高まる。したがって、「現状延長型」の対応ではなく、「先手先手」の取り組みが必要。

2. 人口減少は「地域格差」がある。大都市も早晩、人口が急速に減少する時期を迎える。

○地方では、数十年前から既に人口減少が始まっている。東京圏なども早晩、人口が急速に減少する時期を迎えるのだから、「明日は我が身」という危機感を持つ必要がある。しかも、若年女性の1/3は東京圏に住んでおり、その動向が日本全体の出生率を左右する。

3. 人口減少を止めるのは簡単ではない。出生率が2.07に回復しても、それ以降も数十年間維持される必要があり、その間は減少が続く。

○人口減少を止めるには、出生率を2.07（人口置換水準）以上に回復させるしか方法はない。国民希望出生率1.8は、人口安定の上では通過点に過ぎない。

○しかも、出生率が2.07に回復しても、人口が安定状態（定常人口）に達するには、それ以降も高い出生率が長期間にわたって維持される必要があり、その間は、人口減少が続く。

4. 出生率の回復が遅れれば遅れるほど、将来の定常人口は低下する。

○出生率の回復が遅れれば遅れるほど、将来の定常人口の規模は低下する。出生率回復が5年遅れるごとに、定常人口は350万人程度ずつ低下する。

5. 出生率向上に、即効薬はない。

○出生率向上に、「これさえすれば」という即効薬はない。様々な施策を講じていくしかない。ただし、施策の「組み合わせ」と「手順」を熟慮し、『一波動けば万波生ず』のような展開が望まれる。

○そして、施策を講じても、出生率は短期間に急回復することはまずなく、成果が出るには相当の期間を要する。辛抱強く長期間にわたって取り組んでいくしかない。

資料：筆者作成

「今後、事態は悪化する」という危機感

――それでは「人口減少―5つの不都合」を1つずつ見ていこう。

1点目は、先述したように、日本の人口減少は始まったばかりで、これから本格的な減少期を迎えるということである。

人口の減少スピードは、これから数十年は年々高まっていく。年間減少数は、現在（2021年）は62万8000人だが、人口推計（中位推計）[26]によると、2030年代は年間80～90万人、2040～50年代は年間90万人後半、2060～70年代は年間100万人程度にまで達する。よく人口は「ネズミ算のように増える」と言うが、それと逆の姿で減少していく。

したがって、ここが重要なのだが、現状をそのまま引き延ばしていく「現状延長型」の対応では到底追いつかない。「今後、事態は悪化する」という「危機感」を持って、将来を先取りした「先手、先手」の対応をしていくことが重要となる。

2点目は、地域によって人口減少の状況が大きく異なることである。

人口減少の話をすると、ある人は、「人口って本当にそんなに減っているの？　頭では分かるけど、なかなか実感できない」と言う。一方、他の人は、「これから人口が減るといっても、もう自分の周りは空き家だらけ。今さら、間に合わないでしょう」と言う。実は両者とも正しい。きっと、前者は東京圏の人、後者は地方の人である。

地方では、人口減少が数十年前から始まり、すでに非常に厳しい状態になっている地域も多い。一方、東京圏では、いまだに人口増加が続いているというふうに、大きな「地域格差」があ

る。これは、若年世代を中心に、地方から東京圏へ人口が大量に流出し続けてきたからである。

こうした現状認識の格差は厄介である。なぜなら、人口減少の問題をいくら訴えても、東京圏に住んでいる人たちにはピンとこないからである。しかし、それでは困る。地方は、低出生率の上に若年世代の流出が重なったため、人口減少という現象が先行して表れた。それに対し、東京圏は、超低出生率が人口流入によってカバーされてきたため、人口減少が遅れている、単にそれだけのことである。

地方の人口減少が進み、地方からの流入が枯渇すると、すぐに東京圏も深刻な事態が生じる。地方の大都市も同じ構図である。都市を支える後背地（ヒンターランド）が消滅すれば、都市も衰退する。東京圏も大都市も早晩、人口が急速に減少していく時期を迎える。したがって、そうした地域に住む人たちも、「明日は我が身」という「危機感」を持ってほしい。

しかも、若年世代が東京圏に流入し続けた結果、2021年10月1日現在、東京圏に住んでいる20～30代の女性人口は約433万人に達している。[27] これは、日本全体の同世代の女性人口の約33％、つまり3分の1にあたる。ゆえに、日本全体の出生率は、東京圏の動向によって大きく左右される状況にある。東京圏に住む人たちには、それを自覚してもらわなければならない――。

「簡単には解決しない」という覚悟

――第3点以降は、今後、人口減少問題に立ち向かおうとする際に、あらかじめ留意、いや、覚悟しておかなければならない点を挙げている。まず、将来の出生数の動きについてである。

人口減少を止めるには、出生数を増やす必要があるが、そのためには、当然ながら出生率の向上が必要となる。そこで政府は、これを「国民希望出生率」である1・8まで引き上げることを目標としている。

ここで、国民希望出生率の考え方を説明しておきたい（図1―5）。社人研の「出生動向基本調査」（2015年）によると、18～34歳の独身者は、男女ともに約9割は「いずれ結婚するつもり」であり、また、結婚した場合の子ども数については、男性は1・91人、女性は2・02人を希望しているという結果が出ている。こうした若年世代の希望が叶う場合に想定される出生率（国民希望出生率）を、一定の仮定に基づき計算すると、おおむね1・8となる。算出方法は次頁のとおりである。[28]

この1・8は、かなり高い目標と言える。しかし、ここで認識しておかなければならないのは、人口安定の上では、1・8は「通過点」に過ぎないということである。最終的に人口減少を止めるには、移民を考えないとすると、出生率を人口置換水準2・07以上に回復させるしか方法はない。

そして、ここで再び厄介な問題が出てくる。それは、今後、仮に出生率が2・07まで回復しても、人口減少は簡単には止まらないということである。

人口には、いったん方向が定まると、その後は突き進んでいく、「慣性」ともいうべき性質（「人口モメンタム」という）がある。日本は、長期間にわたって少子化が続き、その結果、ついに2008年から人口減少が始まった。そうなると、この動きは簡単には止まらない。なぜかというと、仮に出生率が回復しても、その後も年間の出生数はそれほど増えない（または減る）一方

図1-5 国民希望出生率の算出方法

◎国民希望出生率＝（有配偶者割合×夫婦の予定子ども数
＋ 独身者割合×独身者のうち結婚を希望する者の割合×独身者の希望子ども数）
× 離死別等の影響
＝（32.0％×2.01人＋68.0％×89.3％×2.02人）×0.955
＝1.79≒1.8程度

〈基礎数値等（現在の計算）〉
- 有配偶者割合：総務省統計局「国勢調査」（平成27年）における18〜34歳の有配偶者の割合32.0％（女性）
- 独身者割合：1－有配偶者割合
- 独身者のうち結婚を希望する者の割合：国立社会保障・人口問題研究所「出生動向基本調査」（第15回、平成27年）における18〜34歳 の独身者のうち「いずれ結婚するつもり」と答えた者の割合 89.3％（女性）
- 夫婦の予定子ども数：上記「出生動向基本調査」における夫婦の平均予定子ども数2.01人
- 独身者の希望子ども数：上記「出生動向基本調査」における18〜34歳の独身者（「いずれ結婚するつもり」と答えた者）の平均希望子ども数2.02人（女性）
- 離死別等の影響：国立社会保障・人口問題研究所「日本の将来推計人口（平成29年推計)」における出生中位の仮定に用いられた離死別等の影響 0.955

資料：内閣官房まち・ひと・しごと創生本部事務局資料「将来の人口動向等について」（2019年4月22日）

で、死亡数は増えていくため、人口が減少していく状態が続くからである。

そう言うと、「えっ、出生率が回復したら、人口は増えるんじゃないの？」という疑問が湧くかもしれない。それに対しては、いくら出生率が回復しても、出生数を決める、もう1つの要素の「再生産年齢の女性人口」がすでに少なくなっているし、これからも急速に減少していくので、出生数が死亡数を上回るようになるのは難しいから、という答えになる。

「えっ、女性人口のほうは、変えられないの？」という質問には、「変えられます」という答え。「一体、どうやって？」と問われると、「出生率を上げれば」ということになる。「じゃ、出生率が上がるなら、女性人口も増えるんじゃないの？」と思うかもしれない。しかし、そう簡単にはいかない。なぜか。そこに、先ほど述べた「時間差」の問題が関わってくるからである。

少し詳しく説明する。まず、再生産年齢の女性人口は、最近25年間で2割近く減っている。移民がないとすれば、現時点で生まれている女性人口の総数は、すでに確定していて、変えることはできない。そして、女性人口は、年齢別に見ると、若くなればなるほど少なくなっている。なぜそうなったかというと、出生率が長期にわたって人口置換水準を大きく下回り続け、女性の年間出生数が年々減少し続けてきたからである。

このため、ある年の「再生産年齢」の15～49歳の女性人口を考えると、その年に50歳になって対象から外れる女性の数より、15歳に到達する女性の数のほうが圧倒的に少ないため、再生産年齢の女性人口は、1年ごとに差し引きで減っていくこととなる。

このように再生産年齢の女性人口が減少していく状況は、少なくとも、これから15年間（今年生まれた0歳児の女子が15歳になるまでの期間）は続く。現在の女性の出産時期は30歳前後なので、実際に出生数に与える影響は、30年間は続くと考えたほうがよいだろう。過去の出生率の動きが、現在のみならず将来の人口動向に大きな影響を与えているのである。

その裏返しだが、私たちがこれから起こす行動も、その効果が本格的に表れ、出生数が死亡数を上回り、人口減少が止まるまでには長い期間を要する。仮に、今年から出生率が急回復したとしても、当然ながら、すでに生まれている女性人口に対して与える影響はまったくない。そして、それが将来に影響を与え始めるのは、先ほど述べたように、これから15年先であり、実際には30年ぐらい先ということになる。

したがって、たとえ出生率が2・07まで回復しても、すぐには人口減少は止まらない。人口が安定状態に達するためには、それ以降も高い出生率が長期間にわたって維持され、再生産年齢の女性人口が安定し、人口の年齢バランスが回復する必要があり、その間は、人口減少が続くことになる。まさに「時間差」の原理による、人口減少の慣性の怖さである——。

「できる限り早く、かつ粘り強く」という基本姿勢

——第4点は、人口減少対策に関するものである。

今、私たちが人口減少の問題に気づいて行動を起こしても、状況はすぐには良くならない。それならば、せめて時間をかけ、じっくり考えてから対策を講じていきたい。そう思いたくもなる。ところが、事態はそんな時間的猶予も許さないのである。

人口減少は、何もしなくてもどんどん進行していく。そのため、出生率回復がいつの時点にな

るかによって、将来、安定的に維持される人口規模（定常人口）が決まってくるからである。

図（1－6）は、先に紹介した「一億人国家」シナリオの試算である。仮に出生率が2030年に1・8、2040年に2・07に回復するならば、2060年には総人口1億人程度を確保し、その後、2110年頃に定常人口となることを見込んでいる。[29] この試算によると、出生率の回復が5年遅れ、2035年に1・8となるケース（図の参考1）では、2110年の定常人口の規模は約350万人程度低下し、10年遅れるケース（図の参考2）では、約690万人程度低下するとされている。5年の遅れごとに、おおむね350万人程度低下していくということである。

このように、これから10年間の出生率の動きだけ見ても、90年先の定常人口の水準に大きな影響を与える。ここでまた、「時間差」の原理が働くのである。したがって、将来の人口規模を考えると、できる限り早く対策を実行に移すことが求められる。

第5点は、以上のような人口問題の特性を踏まえた上で、出生率向上のために講ずべき施策のあり方についてである。

重要なのは、「これさえすれば」というような即効薬はないということである。なぜなら、出生率の低下には、様々な社会的、経済的な要因が有機的に絡んでいるからだ。したがって、人口減少の基調を変えるためには、社会経済の構造を変えるような総合戦略が必要となってくる。

ただし、ここで注意しなければならないことがある。様々な施策を講じていくとしても、多種多様な施策をただ羅列的に並べて、メリハリなく資源を投入すればいいというわけではない。施策相互の関係性を熟慮した上で、施策の「組み合わせ」と、優先順位に即した「手順」が適切に行われないと、効果は上がらない。理想としては『一波動けば万波生ず』のように、取り組んだ

図1-6 わが国の人口の推移と長期的な見通し

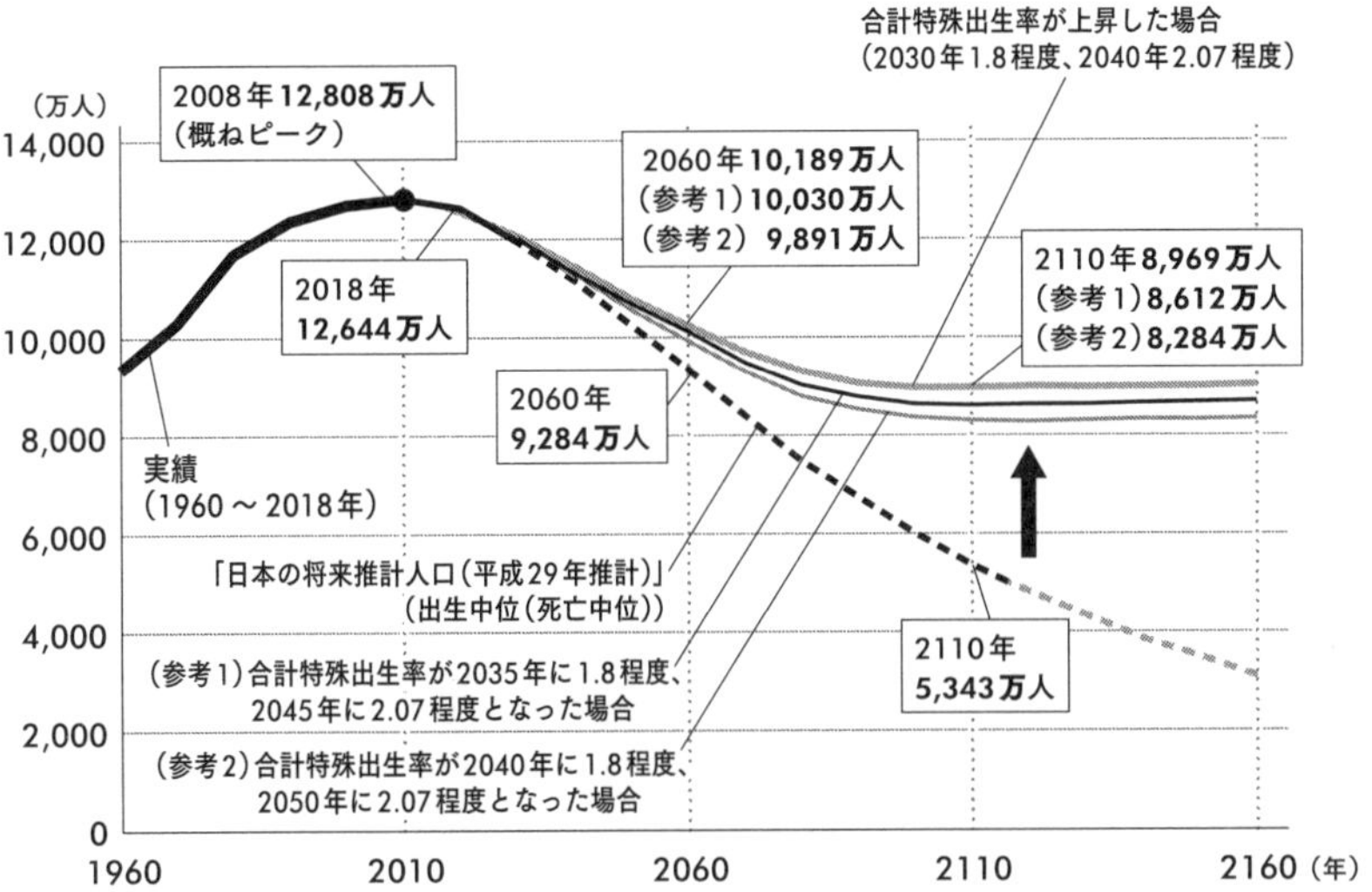

注:1. 実績は、総務省「国勢調査」等による(各年10月1日現在の人口)。社人研「日本の将来推計人口(平成29年推計)」は出生中位(死亡中位)の仮定による。2115～2160年の点線は2110年までの仮定等をもとに、まち・ひと・しごと創生本部事務局において、機械的に延長したものである。
2. 「合計特殊出生率が上昇した場合」は、経済財政諮問会議専門調査会「選択する未来」委員会における人口の将来推計を参考にしながら、合計特殊出生率が2030年に1.8程度、2040年に2.07程度となった場合について、まち・ひと・しごと創生本部事務局において推計を行ったものである。
3. 社人研「人口統計資料集2019」によると、人口置換水準は、2001年から2016年は2.07で推移し、2017年は2.06となっている。

資料:「まち・ひと・しごと創生長期ビジョン(令和元年改訂版)」2019年12月20日より筆者作成

施策が次々と他に連鎖していき、最終的に全体を大きく変えていくような展開が望まれる。

そして、様々な要因が絡んでいるということは、出生率が短期間のうちに急回復することはまずない、ということである。しかも、仮に出生率が上昇しても、それが人口減少を止めるまでには相当の時間を要することは、これまで述べたとおりである。慢性疾患の治療に似ているかもしれない。辛抱強く長期間にわたって、健康づくりや生活習慣改善に取り組み、体質を改善していくような心構えが必要となる。

さらに、人口減少問題において、最も重要でかつ対応を難しくしているのは、当然ながら、結婚や出産は個人の意志が最優先されるべき事柄であり、政府はそのことを十分に尊重しなければならないことである。

このように、人口減少の流れを変えることには、大きな困難を伴う。本格的に取り組み始めても、成果は簡単には上がらず、途中であきらめたくなるような気持ちに陥るかもしれない。

しかし、人口減少問題を抱えているのは、何も日本だけではない。他の国も同じような状況に直面し、それぞれの国が懸命に立ち向かっている。フランスは100年以上もの長きにわたって少子化対策に取り組み、今日の高出生率を成し遂げたのである――。

「一億人国家」シナリオは夢物語か

壱岐の報告が終わると、意見交換の時間となり、まず経済学者の片岡が感想を述べた。

「出生率は、2005年に過去最低の1・26を記録したあと、一時期上昇していたので、少し安心していたのですが、最近再び低下傾向となっています。本当に心配です」

「確かに２００６年の１・32から２０１５年の１・45までの10年間は、出生率の上昇が続きました。しかし、これについては、出産を先送りしてきた『第二次ベビーブーム世代』[30]などが、30代後半になる中で『駆け込み出産』したことによるものであって、一過性の現象だったとする見方が強いですね。そのため、それが終わった２０１６年以降は、再び６年連続で低下しています。出生率が本格的に回復するかどうかのカギとなるのは、今、20代後半から30代に差しかかる１９９０年代生まれの女性の動向ですが、この年代の出生率は、現在のところ過去最低の水準で推移しています。加えて、最近のコロナ禍の影響で、出生数は急激に減少しています。したがって、残念ですが、日本の出生率は本格的な回復期に入ったどころか、もう一段下がる可能性があります」

　壱岐の指摘に、片岡の表情はさらに暗くなった。

「うーん。そもそも再生産年齢の女性人口が年々大幅に減少していくのだから、少々の出生率アップがあったとしても、出生数は維持できないわけですよね。それなのに出生率まで下がっているのでは、話にならない……」

　壱岐が続けた。

「東京都の出生率は相変わらず全国最低で、２０２１年は１・08です。東京都のみならず、千葉、埼玉、神奈川県といった東京圏の出生率は非常に低く、しかも前年に比べて軒並み低下しています。地方の中には若干上昇したところもありますが、東京圏など大都市の動きが、日本全体の出生率を引き下げています」

「それじゃ、もはや『一億人国家』シナリオは夢物語じゃないですか。今の20代、30代の若い男女には、結婚し、子どもを育てるだけの経済的余裕も、時間的余裕もない。以前から私が言っているように、高齢者に注ぎ込んでいる社会保障の金を若者支援に徹底的に回さないと、人口減少は止まりっこないですよ。それが無理なら、移民の受入れしかないですよ」

片岡がこう主張すると、それまで沈黙していた、国際政治専門の鈴木が「私は、移民の受入れには反対です」と強い口調で返し、会議室には重苦しい空気が流れた。

少しの間、沈黙が続いたあと、社会保障を研究している小川が話題を変えた。

「保育の現場では、もう随分前から待機児童の解消に取り組んでいるのに、いまだに達成できません。まるで夏の日の『逃げ水』のようだ、と仲間で話し合っているのですよ。女性にとって、働くことと子育てを両立させることは、日本では永久に実現できないのじゃないか、という気持ちになります」

「確かに皆さんが言われるように、目標達成が難しくなっているのは分かります。しかし、私は、『一億人国家』という目標は、軽々に降ろすべきでないと思います。この方針が発表された時、正直、私は初めて日本の人口減少の大変さを知りました。それからまだ10年も経っていません。『目標を降ろして、あきらめました』では、何の解決にもなりません。私は、個人的には、これからだと思っています」古賀が企業経営者らしく、前向きな見解を口にしたものの、経済学者の片岡は首を横に振りながら、

「私も、単に『一億人国家』の旗を降ろせばいい、とは思いません。ただ、あまりに目標が遠のくばかりなので……」と述べ、言葉を失った。

テーブルに並んだサンドイッチには、誰も手を出そうとしない。

「皆様のご指摘はその通りです。国としても、目標を降ろすかどうかを考える前に、どうすればシナリオを実現できるかを、今一度考えるべきと思っています」

勉強会を主宰する百瀬がこう語って、第2回会合は終わった。出席したメンバー全員が、打ちのめされたような表情だった。

若年世代から人口が減っていく

続く第3回会合では、人口減少がもたらす経済社会面の影響が取り上げられた。

まず、壱岐から、人口構造の変化が与える影響について報告があった。壱岐は、**図1－7**の「人口減少の進み方」を使って説明し始めた。

――人口減少は、出生数の減少によって引き起こされるので、まず最初に減り始めるのが「年少人口」（0～14歳）で、次に減りだすのが「生産年齢人口」（15～64歳）、そして、最後に「老年人口」（65歳以上）という順になる。

つまり、年齢層によって、人口減少の進み方が異なっているのである。

このことは何を意味するか。

第1は、すでに日本の各地で起きていることだが、労働力が決定的に不足してくる。新たに労働に参加する若者が年々大幅に減っていく一方で、相対的に人口が多い中高年層が順次リタイアしていけば、日本全体で人手不足が深刻化していく。労働力の問題は、すでに地域や

図1-7　人口減少の進み方

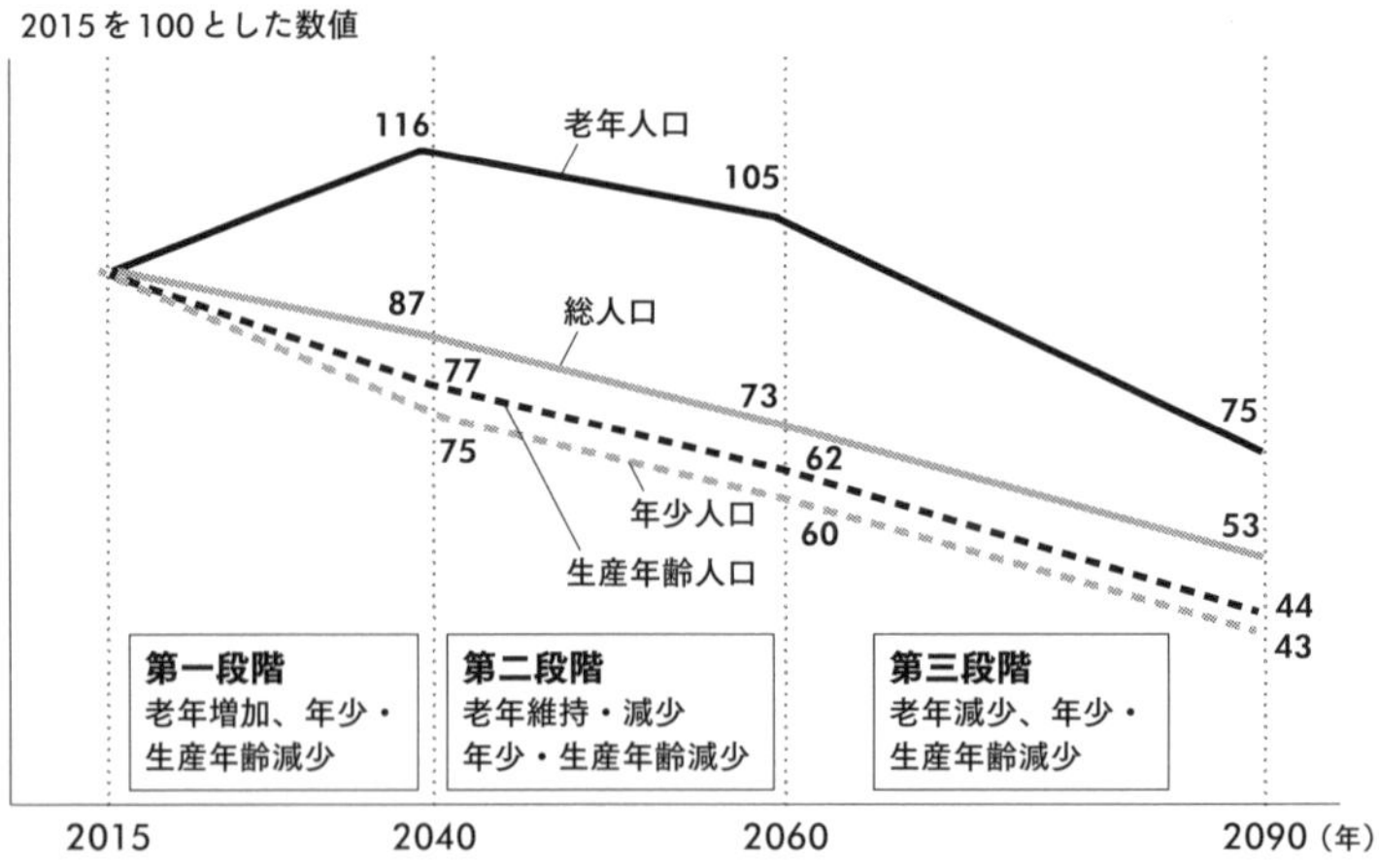

資料：国立社会保障・人口問題研究所「日本の将来推計人口（平成29年推計）」より筆者作成

職種によって深刻な事態となっているが、時間の経過とともに、それが全地域、全業種に広がっていくこととなる――。

人口減少社会とは「超高齢社会」

――第2は、人口の年齢構成比が変化してくることである。

人口減少は、その進行過程において、必然的に高齢化を伴う。高齢化というと、平均寿命が伸びることが要因だと思っている人が多いが、実はそうではない。高齢化の最大の要因は、出生率の低下である。[31]そのメカニズムが働くことになる。

平成29年（2017年）推計では、65歳以上の老年人口は増加し続け、2042年に3935万2000人でピークを迎えると推計されている。その後、老年人口も緩やかに減少していくが、それ以上に、生産年齢人口（15〜64歳）や年少人口（0〜14歳）が急速に減少していくため、高齢化率（65歳以上人口比率）は上昇していく。

高齢化率は、2021年10月1日現在、28・9％だが[32]、推計では、さらに10％近く上昇し、2053年には38％を超える。その後、2110年までの50年以上の間、増えもしないが減りもしない「高止まり」状態が続くと見込まれている。この38％という数値は、世界史上かつてない高さである。

このように人口減少社会とは、別の角度から見れば「超高齢社会」なのである。こうした超高齢社会の下では、医療・介護、年金などの社会保障を支える、現役世代や企業の負担が増大する。これが経済にとって、大きな重荷となる――。

人口ボーナスから人口オーナスへ

――ここで、「人口ボーナス」と「人口オーナス」という言葉を説明しておきたい[33]。

これは、人口の年齢構成に関わることである。人口学では、「年少人口」と「老年人口」を扶養される側の人口とみなして、「従属人口」と呼ぶ。この「従属人口」と「生産年齢人口」の比率を「従属人口指数」とし、社会全体の扶養負担を表す指標としている。

図（1―8）は、わが国の従属人口指数の変化を表したものである。この図で分かるように、戦後のベビーブームが終わったのち、この指数は低下していった。生産年齢人口が増えていく中

図1-8　従属人口指数の年次推移：1884〜2110年

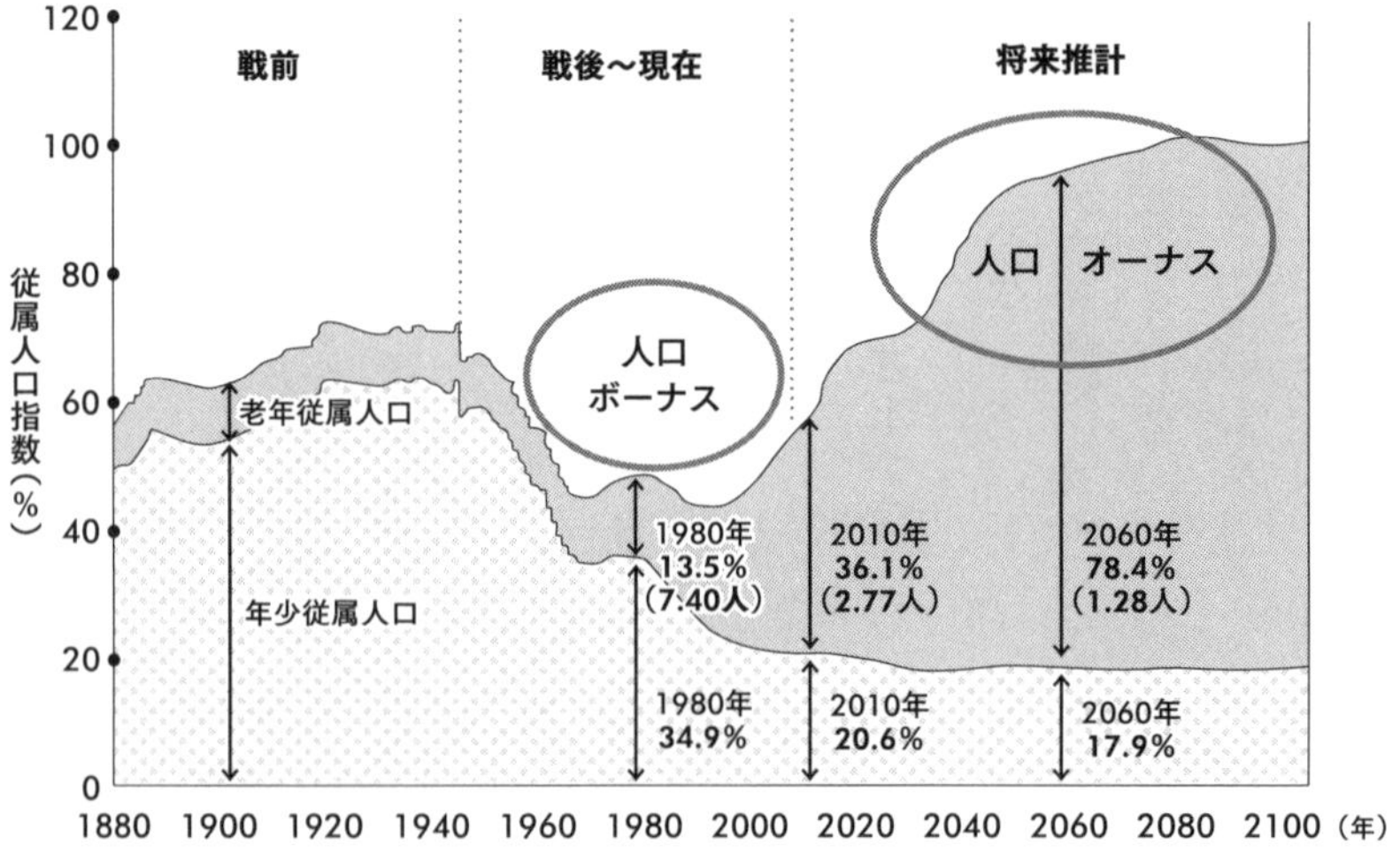

資料：総務省統計局「国勢調査」、国立社会保障・人口問題研究所「日本の将来推計人口（平成24年1月推計（出生中位・死亡中位推計＞）」

注：カッコ内の数値は、老年人口1人に対する生産年齢人口の人数

出典：佐藤龍三郎、金子隆一「ポスト人口転換期の到来」『ポスト人口転換期の日本』（人口学ライブラリー17）原書房 2016年）P19

で、出生率の低下によって年少人口が減り始める一方、老年人口はまだ多くなかったからである。

この谷の時期が「人口ボーナス」と呼ばれる。全体として扶養負担が低下するとともに、労働力人口は増えていく、経済にとって最も条件のいい時期である。どの国でも、人口転換の過程で1回だけ出現する、恵みの時期とされている。

ところが、その後、出生率の低下が進み、高齢化率が高まっていく。そうなると、老年人口の増大によって指数は上昇し始め、人口ボーナス期以前より高い水準にまで達する。これが「人口オーナス（負担）」と呼ばれるものである。

人口減少が進み、高齢化率が上昇し、社会扶養負担は高まる。一方で、労働力人口は減少していく。日本は、これから、まさに「人口オーナス」の時期を迎えるわけで、経済や社会保障の面で厳しい状況に入っていくことは間違いない――。

経済にもたらす悪影響

続いて、参事官の野口から、経済社会面への影響について報告があった。

――経済面では、人口減少は3つの経路を通じて、経済成長に影響を与えるとされている。[34] 1つ目は、今、説明があった「人口オーナス」で、労働力人口の減少などによって、成長率は低下する。2つ目は、人口減少により住宅ストックや企業設備などの資本投入が減る。社会全体の貯蓄が減少し、投資の減少につながる。3つ目が、生産性である。通例、人口が減少し高齢化が進む社会では、生産性の向上が停滞するおそれがあるとされている。

こうした経済への悪影響について、日本商工会議所の三村明夫会頭が、日本の将来展望を検討する政府の委員会（「選択する未来」委員会）において行われた議論を、分かりやすく説明しているので、紹介したい。[35]

「最初に議論したのは、人口減少はなぜいけないのか。内閣府の調査によれば、人口減少があってもGDPが一定であれば1人当りGDPは増えるのではないか、むしろ人々の幸せが増えるのではないか、このように思っている方が25％程度いた。人口減少が日本の危機であるかどうか、これを共有しなければエネルギーが湧かない、まずこのことを……（略）……議論してもらった」

「潜在成長率は、資本蓄積×労働人口×生産性、この3つの掛け算である。したがって、人口が減っても生産性が十分増えれば日本の成長率はプラスを維持できるが、ワーキンググループでの結論は、人口が減るということは、確かに生産能力としてはそのようなことかもしれないが、人々というのは消費者でもある。日本のGDPの大きな特徴は、国内内需がGDPのほとんどを占めていて、外需が非常に少ない点である。今でも日本のGDPは中国の3分の1であるが、消費マーケットは中国の52％程度ある。人口が減るということは国内マーケット規模が減ってしまうことを意味する」

「国内マーケットが減ってしまうと、経営者はどうするかというと、相対的により収益の上がるマーケットに設備投資をする。そうなると、より成長率の高い東南アジア諸国あるいは中国、そのようなところに設備投資する。したがって、国内への設備投資が減ってしまう。設備投資が減れば、いわゆるイノベーションが国内では減る。イノベーションが減れば、生産性はむしろ上昇よりも、減ってしまう。……（略）……日本経済はマイナススパイラルに陥ってしまう危険性が非常に強い。人口が減るということは、日本にとっては大変な危機なのだと、このようなことをシェアできた。これは共感してできたと思っている」――

「縮小スパイラル」の怖さ

続いて、野口が強調したのが、人口減少が引き起こす経済社会面の「縮小スパイラル」の怖さであった。

――急速な人口減少が続くと、経済へのマイナスの負荷が需要面、供給面の両面で働き合って、マイナスの相乗効果を発揮する。そして、いったん経済規模の縮小が始まると、それがさらなる縮小を招く「縮小スパイラル」に陥るおそれがある。そうした状況が強まると、実際の国民生活の質や水準を表す1人当たりの実質消費水準が低下し、国民1人ひとりの豊かさが低下する事態を招きかねない。[36]

社会面に与える影響は、すでに急激な人口減少段階に入っている地方の実態を見ると、よく分かる。人口減少が進むと、広い地域に少ない住民が散在する、居住空間の「希薄化」という事態が生ずる。それに伴い、住民生活を支えてきたサービス業や商業が順次撤退していく。たとえば、ショッピングセンター、病院、さらには飲食料品小売店や飲食店などである。[37]

中には、人材不足から撤退するサービス業なども出てくる。そうなると、そうした撤退事業者の従業員・家族に加えて、日常生活に不便を感じる住民も流出し、それがさらに希薄化を強めていく「縮小スパイラル」となる。

小中高等学校などの文教機関は、先行して少子化の影響を受け、運営維持が困難となる。街はシャッター街となり、あちこちが空き家や空き地となる。それもあって、地価は下がる。それに伴い高齢者などの資産は、大きく目減りするおそれがある。そして、地域住民を支える地方自治体が単独で存立できるかどうかが、問われることとなる——。

人口減少は、大都市の過密解消につながらない

——こうした動きが進んでいくと、最終的には、多くの日本人が、東京圏や大都市に集中して住み、大半の地方は無居住化が進む「大都市集住社会」となることが予測されている。

一般的には、人口集積に経済社会的なメリットはある。各種サービス産業の存立を可能とし、人材や情報の交流が図られ、便利で快適な生活環境を与える。しかし、一方で、職場と住宅が遠く離れ、通勤時間が長くなることや、住宅価格の高さ、保育や高齢者介護などのサービスの不足など、地方に比べて生活環境面の課題は多い[38]。

特に、人口集中の激しい東京圏は、首都直下地震などの巨大災害に伴う被害リスクや、新型コロナウイルスといった感染症リスクが高く、集積のメリットを超えて、一極集中による弊害は大きいと言えよう。

そこで、人口減少が、人口の偏在を是正する方向に働き、東京圏や大都市の過密を解消させるのならばメリットはあるが、実際にはそうならないだろうと考えられている。

２０１４年に国土交通省が発表した試算[39]によると、人口減少がこのまま進むと、２０５０年には、現在人が住んでいる居住地のうち、6割以上の地域で人口が半分以下に減少し、さらに2割の地域では無居住化すると推計されている。

すなわち、人口減少は、東京圏や大都市における過密状態を解消させるよりはむしろ、「過密の東京圏や大都市」と「人が極端に減った地方」が併存する形で進行していく可能性が高いのである。[40]これは、海外レポートが「無人となった地方のインフラは荒廃するにまかせ、一方で都市部の生活水準は可能な限り維持しようと努めるだろう[41]」と予測した将来の姿に重なる——。

未来への不安

野口の報告が終わると、意見交換となった。

「いったん『縮小スパイラル』に陥ると、もう手が付けられない。それまでに何とかしないと、取り返しがつかないことになってしまう。地方では人口減少が進み、既に『縮小スパイラル』が始まっています。どこか突破口を見出せないか、自治体は、同じ境遇の自治体と連絡を取り合って、生き残る道を模索しています。何とかして、今の少子化の流れを変えないと……」

経済学者の片岡が暗い顔をしながら言うと、人口学者の壱岐がこんな話を切り出した。

「あまり聞きたくない話ですが、人口学の専門家の中には、『少子化の罠』という仮説を唱える人もいます。これは、出生力がいったんある水準を下回ると（たとえば、出生率が1・5未満になると）、自動的かつ不可逆的な自己減退過程に入り、元の水準に回復することが難しくなるというものです。[42]日本については、1990年代半ば以降、長きにわたって出生率が1・5を下回っており、すでに少子化スパイラルに陥っているとする見方と、まだ日本の男女は子どもを持ちたいという希望が強いのだから、出生力回復の余地があるという見方があります[43]」

日本の未来に希望が持てるのか否か――。壱岐は続けた。

「結局は、日本国民が、少子化に慣れてしまい、流れに身を任せていくのか、それとも、流れに逆らいながらも、人口減少の問題に立ち向かっていくのか、ということに尽きます」

すると経営者の古賀が、

「人口減少は、日本にとって大変な危機です。日本国民は、そのことが分かっているのでしょうか。まだ人口が減っても、大丈夫と思っているんじゃないでしょうか」と述べたのに対し、社会保障研究者の小川が、自分の手持ち資料を見ながら返した。

「国民は分かっていますよ。2014年の世論調査[44]では、『50年後の日本の未来は暗いと思う』と答えた人が60%にのぼり、さらに『人口減少は望ましくない』と答えた人が、実に94・3%に達しているんです。そして、『政府は総人口に関する数値目標を立てて、人口減少の歯止めに取り組んでいくべき』とする人は75・4%となっています。少子化対策として期待する政策は、『仕事と家庭の両立支援と働き方の見直し』とするのが56%と最も多く、そのあとは『子育て・教育における経済的負担の軽減』46・6%、『子育てのための安心、安全な環境整備』43・6%と続きます。特に女性は『両立支援』を求める声が強いですね。

つまり国民も、少子化が進む未来に不安を抱いているのです。だから、『子どもを生み、育てることによる負担は社会全体で支えるべき』という考え方に、92・3％もの人が賛成しているのです」

小川の話に一番強く反応したのが、片岡だった。

「その点では、政府は、国民の不安に応えきれていないと思わざるを得ませんね。人口減少対策にしっかりと取り組んでほしい、というのが国民の総意なんですよ」

片岡の視線の先にいたのは、百瀬だった。

「政府も、待ったなしの最重要課題だと思っています」

前回と同様に、百瀬のコメントは国会答弁のようであった。百瀬は、自分の頭の中で、明確かつ自分自身も納得できるような答えが思い浮かばない時には、そうした答え方をするクセがあった。「クセ」というよりは、そういう対応しかしようがなかった、というのが正しいのかもしれない。こうして、この日の勉強会も終わった。

出生率の「勝ち組」と「負け組」

1週間後に開催された第4回会合のテーマは、世界の主要国の人口動向と将来展望であった。引き続き、壱岐から報告があった。

——世界各国の出生率は、**図**（**1－9**）[45]のように、全体としては時代の推移とともに低下していく傾向にある。ただし、よく見ると、それぞれの国は特有の動きをしている。

国によって、出生率の動向が大きく異なる理由については、専門家の間でもいろいろな見解がある。社会・経済・文化など多様な要素が関わっていると考えられているが、各国政府が人口問題にどのように取り組んできたか、という政策面（家族政策による各国政府の介入の仕方）の影響も大きいとされている。[46]

たとえば、フランスである。フランスの人口をめぐる歴史は非常に古い。1870年の普仏戦争でドイツ（プロイセン）に大敗した原因を、両国の青壮年人口の規模や出生率の違いだと認識し、強い危機感によって、人口問題に取り組み始めたのは有名な話である。[47]その後もフランスの出生率は低下し続け、第一次世界大戦による戦死者やスペイン風邪の流行によって、1916年にはなんと1・23まで低下した。100年以上も前に、現在の日本よりも低い出生率を経験したのである。

それ以降長きにわたり、フランスは国をあげて出生率回復に取り組み続け、社会変化に対応しながら、必要とされる政策を考え、実行してきた。そして、ついに2008年に、出生率は2・00にまで回復したのである。[48]

また、**図**（1―9）をよく見ると、各国の出生率は、1970年代から全体として低下し始めているものの、1980年頃までは各国の差はあまりなかったことが分かる。差が拡大し始めたのは1980年代後半以降である。

たとえば、スウェーデンやフランスの出生率は、いったん下がりながらも、1980年代後半から再び回復した。これは、1970年代以降、育児休業制度や保育制度といった、仕事と育児の両立支援策に力を注いできた効果が大きいとされている。その結果、これらの国は現在も1・

図1-9 諸外国の合計特殊出生率の動き（欧米）

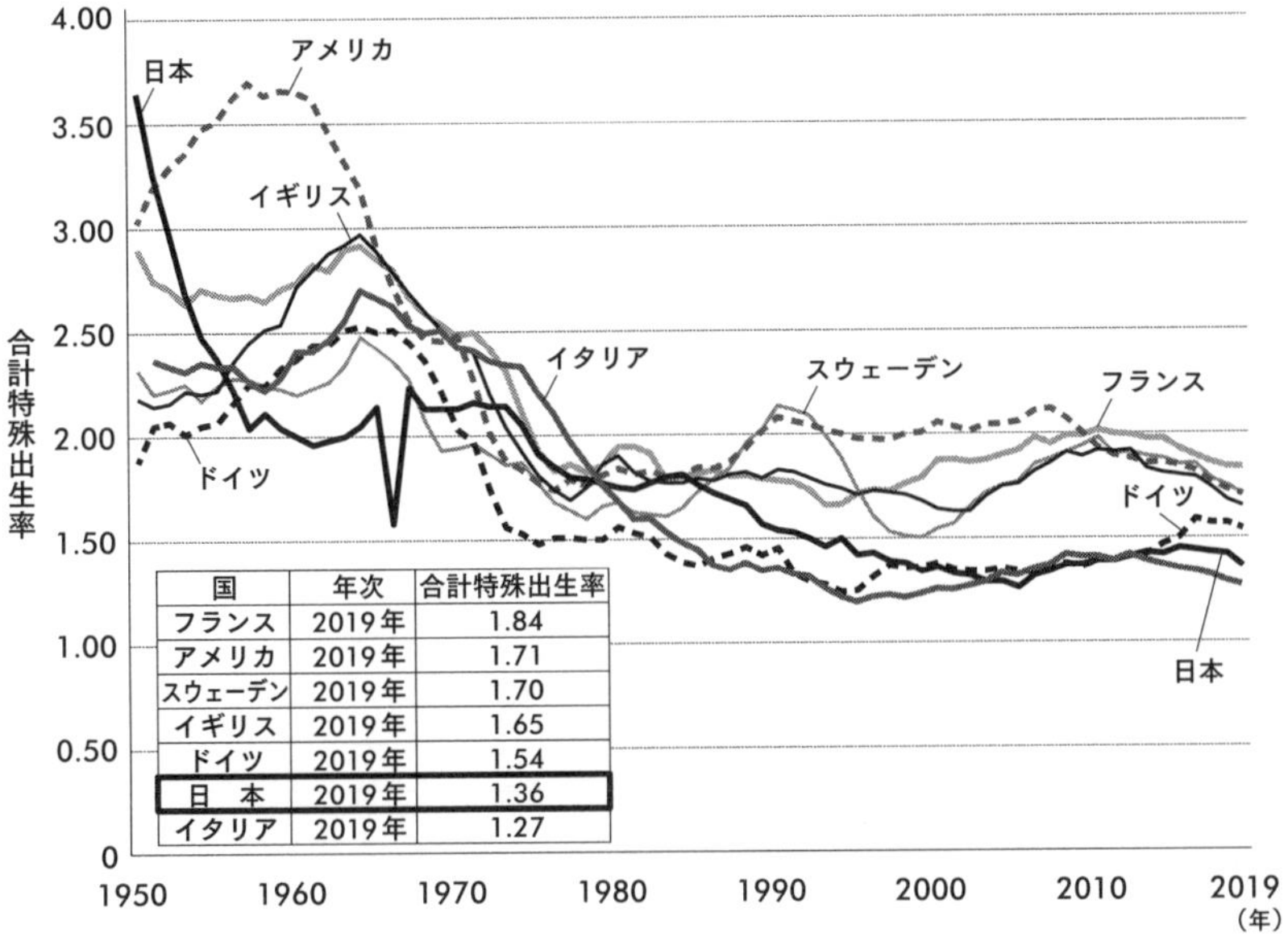

国	年次	合計特殊出生率
フランス	2019年	1.84
アメリカ	2019年	1.71
スウェーデン	2019年	1.70
イギリス	2019年	1.65
ドイツ	2019年	1.54
日　本	2019年	1.36
イタリア	2019年	1.27

資料：諸外国の数値は1959年までUnited Nations “Demographic Yearbook” 等、1960～2018年はOECD Family Database、2019年は各国統計、日本の数値は厚生労働省「人口動態統計」を基に作成
注：2019年のフランスの数値は暫定値となっている。2020年は、フランス1.83（暫定値）、アメリカ1.64（暫定値）、スウェーデン1.66、イギリス1.60（暫定値）、イタリア1.24（暫定値）となっている。
資料：内閣府「令和3年版少子化社会対策白書」P6

8前後を保っている。

これに対し、1970年代以降、出生率低下に歯止めがかからず、1・2〜1・4で低迷しているのが、日本やイタリアなどである。これらの国は、少子化に関しては「負け組」とされてきた。

その「負け組」にいたドイツは、2011年には1・36と日本などと同じ水準だったにもかかわらず、2016年は1・60にまで急回復し、2019年も1・54となっている。[49] 最近のドイツの動きは、私も大いに関心を持っている。

そして、近年、出生率が急速に低下しているのが、東アジア諸国である。[50]

図（1―10）で分かるように、韓国、シンガポール、香港、台湾は出生率の低下が著しく、2019年の出生率は、軒並み日本を下回る水準にまで低下している。中でも韓国は、2018年についに1を割り込んで0・98となり、2019年は0・92、2020年には0・84を記録し、予想より4年早く、2020年から人口減少が始まった。こうした東アジアの低出生率の要因として、家庭内で女性の状況や教育・雇用面での激しい競争、雇用形態の変化、東アジア経済の体質などをあげる人口学の専門家もいる。[51]

中国についても、2020年の人口は14億1177万人、出生率は1・3との政府発表があったが、これは国連の推計を下回るものであり、従来の見通しより5年早く、2022年には人口減少に転じるのではないかという見方もある。[52] 先般の海外レポートによると、国連は中国の出生率が上昇すると見込んでいるが、人口の専門家は、2100年の出生率は1・4〜1・5程度にとどまり、中国の総人口は現在に比べ半減し、7億5400万人程度になるだろうと予測してい

図1-10　諸外国の合計特殊出生率の動き（アジア）

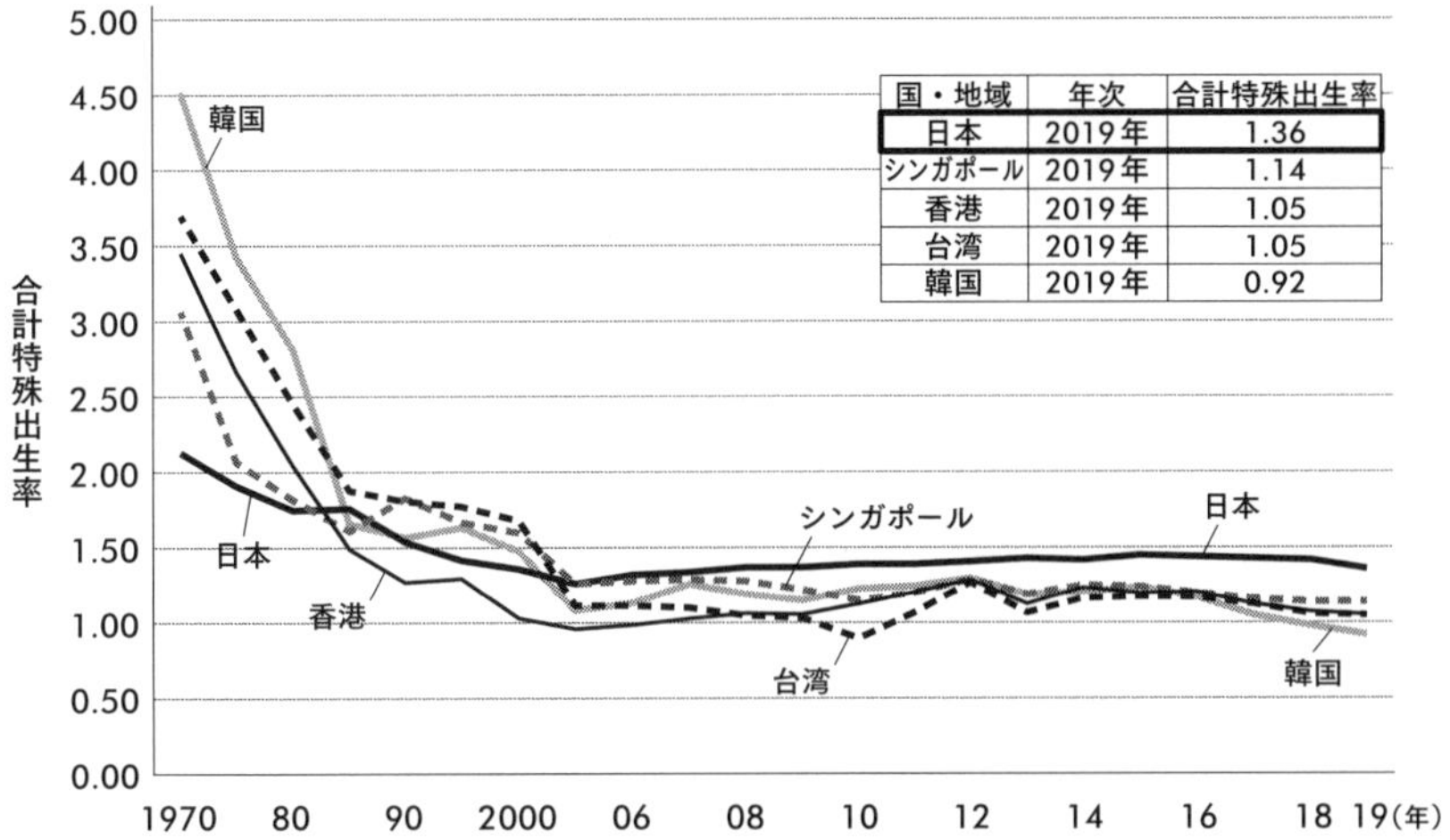

国・地域	年次	合計特殊出生率
日本	2019年	1.36
シンガポール	2019年	1.14
香港	2019年	1.05
台湾	2019年	1.05
韓国	2019年	0.92

資料：各国・地域統計は、日本は厚生労働省「人口動態統計」を基に作成。

注：香港の1970年は1971年、台湾の1970年は1971年、1975年は1976年、1980年は1981年の数値。2020年は、シンガポール1.10（暫定値）、香港0.87（暫定値）、韓国0.84（暫定値）となっている。

資料：内閣府「令和3年版少子化社会対策白書」P8

る。もっと厳しい見通しとしては、5億6000万人まで激減するというものもある。[53]

さらに中国は、過去の「一人っ子政策」の副産物として、男児と女児の比率が120対100という特異な状態となっており、人口維持のためには、女性の出生率はより高くなければならない、[54]というハンディを負っていると指摘されている――。

「国論分裂」の中で、政策は決まってきた

壱岐は、話を続けた。

――すべての国家と国民において、自らの国の人口をどう考え、人口問題にどのような基本政策で臨むかは最重要テーマである。

それゆえに、基本政策の決定に際しては、しばしば激しい議論が起き、国論が分裂することもある。政策如何によって、国の消長のみならず、民族の行方や地域の存続、さらには個人生活のあり方にまで大きな影響が及ぶのだから当然である。

いくつかの国の事例を紹介しよう。

先に述べたように、フランスは100年以上にわたり、国をあげて出生率向上に取り組んできたが、同じく高出生率国であるスウェーデンも、少子化対策について古い歴史を有している。

スウェーデンは、1930年代に当時の欧州の中で最低水準の出生率となり、その時、大きな政策論争が起きた。「このままでは、スウェーデン人が消滅する」という危機感が高まり、保守派は、独身者や無子夫婦への課税、反産児制限などを提起した。これに対し、福祉の向上の観点から、人口減少は歓迎すべきことだと主張し、米国のマーガレット・サンガーが提唱していた産児制限運動を推し進めようとした、「新マルサス主義者」と呼ばれる人々が鋭く対立した。[55]

この対立の中で、後にノーベル賞を受賞する経済学者のグンナー・ミュルダールは、妻アルヴァとともに、『人口問題の危機』（1934年）を著し、保守派と新マルサス主義者の双方を批判し

た。保守派に対しては、出生率低下を個人のモラルの問題とする考え方は誤りであり、民主主義理念に基づき産児制限は認めるべきだとした。同時に、新マルサス主義者に対しては、人口減少は決して歓迎されるべき現象ではないとして、出産を奨励する必要性を訴えたのである。[56]

ミュルダールは、経済学の視点から人口減少が続けば、いずれ消費や投資が減退し、最終的に失業と貧困が増加することを危惧していた。出生率の低下に伴い高齢化率が高まることによって、労働意欲・労働生産性が低下し、広範な社会心理的停滞が引き起こされるのではないか、と懸念したのである。

そして、人口減少による困難な事態が顕在化する前に、それを避ける「予防的社会政策」を講じることが重要であり、その方策として、すべての子どもの出産・育児を国が支援する「普遍的福祉政策」を推進すべきであると主張した。

ミュルダール夫妻は、1935年に政府が設置した人口問題委員会において主要な役割を果たし、今日に至るスウェーデンの普遍主義的な家族政策の形成に大きく貢献した[57]——。

2人の女性大臣が主導した、ドイツの「政策の大転換」

——もっと激しい国論分裂の中で、「政策の大転換」を行っているのがドイツである。

ドイツは、人口問題について大きな「負の遺産」がある。ナチス政権下において遂行された国家主義的・人種差別的な人口政策の存在である。これに対する深い嫌悪と反省から、出生率や出産奨励策をめぐる論議は、旧西ドイツでは長らくタブーとされてきた。国家は個人的領域に介入すべきではないとするのが、多くの政治・行政関係者や有識者、さらに一般国民に浸透した考え方だった。

そして、旧西ドイツのもう1つの特徴は、男性は働き、女性は家で育児をするという「伝統的家族モデル」を政策の基本に据えてきたことである。このため、旧西ドイツの保育サービスは、質量ともに明らかに乏しい状況にあった。

こうした状況下で、出生率は1975年の時点で1・45まで低下し、それ以降も低迷し続けた。しかし、そのような深刻な状況になっても、出産奨励策を支持する者は多くなかった。[58]

行き詰まりの状況にあったドイツにおいて、2000年代に連邦政府の家族政策担当大臣を相次いで務めた2人の女性が、それまでの政策の方向を大きく転換させた。

その1人が、2002年にシュレーダー政権の担当大臣に就任したレナーテ・シュミットである。彼女は、長年のタブーを打ち破って、人口問題を意識した家族政策の重要性を訴え、家族政策において、「家族により多くの子どもを、社会により多くの家族をもたらす」という政策目標を掲げた。そして、従来の経済的支援中心から、仕事と育児の両立支援へと、家族政策を転換する方針を打ち出した。[59]

これを引き継いだのが、2005年に成立したメルケル政権で担当大臣となったウルズラ・フォン・デア・ライエン（現・欧州委員長）である。彼女は、シュミット前大臣と同様に、出生率向上のカギは、男女が子どもを持ちながら職業生活を送れるようにすることであるとし、仕事と育児の両立支援を家族政策の中心に置き、制度改革に邁進した。[60]

改革の中心となったのが、2007年の育児休業制度の「両親手当」導入である。これは、スウェーデンを参考に、従来の制度を抜本的に改め、給付の大幅引き上げや父親の育児休業促進などを盛り込んだものであった。ライエン大臣は、この両親手当は、「我々の社会が、子どもをもつかどうかの各人の選択に無関心ではない、という強いメッセージを示す制度である」と述べている。

そして、もう1つの柱となったのが、保育制度改革である。[61] ドイツは保育制度でも大きな困難に直面し、特に旧西ドイツ地域における保育所不足は深刻だった。政府は期限を定めて保育所整備に取り組んだが、実態はほとんど改善せず、2002年時点で3歳未満児の保育所供給率は、旧西ドイツ地域ではわずか2・7%にとどまっていた。このため、ライエン大臣は、連邦と各州の間で協定を結び、保育所整備に精力的に取り組んだ。

こうした制度改革は、国をあげての大論争を巻き起こす。そもそも国家が個人生活に介入することに対する反対・慎重論に加えて、与党内の保守派は伝統的な家族観に反するとして、強く反発した。宗教界内部や有識者の意見も真っ二つに割れた。このような激しい対立の中でも、ライエン大臣はひるまず制度改革を推進し、両立支援策の道筋を定めていった。

この「政策の大転換」が、ドイツの今後の出生率にどのような影響をもたらすかは、まだはっきりしていない。が、いずれにせよ、厳しい意見対立を乗り越えながら、長年にわたる低出生率の状態から、ドイツは何とか脱しようと努力している。このことは、同じような状況にある日本にとって、大いに参考になると思う。

ちなみに、いまや出生率が日本より低くなっている韓国でも、1990年代後半に大きな政策決定が行われた。それまで30年以上の長きにわたり強力に進められ、人口減少の最大の要因とされた「人口抑制政策」を転換したのである。2005年には、政府全体で少子化と高齢化問題に取り組む体制が作られ、現在、5年ごとに戦略的目標を設定した「5か年基本計画」に基づき、出生率向上に向けて総合的な政策が展開されている。[62] 韓国も国をあげて取り組んでいる——。

世界の歴史は、人口問題で動く

——世界の歴史を見ても、人口は、各国の命運に重大な影響を与えてきたと言える。自国のライバルと見なす国の人口動向は、国家間の緊張関係を高め、時には戦争を引き起こす要因にもなった。

たとえば、1914年の第一次世界大戦は、ドイツの著しい経済成長と人口増加に対する英国やフランスによる恐怖心と、逆にドイツが、当時人口が急増していたロシアに抱いた恐怖心によって、性急に引き起こされたという分析がある。[63]

また、1つの国の国内に複数の民族集団が存在するようなケースでは、民族集団の出生率の違いが国内紛争の原因となる場合も多い。

各国の国力（政治力・経済力・軍事力）も、人口によって規定される面が強い。日本についても、戦後の急成長は、実は1945年時点で日本は世界最大級の人口を有しており、当時、急速な人口増加という重大な強みがあったからだとする見解もある。[64]

その日本が、人口減少時代に突入した。今後は人口が急速に減少し、あわせて高齢化が進み、「人口オーナス」の時代が続く。そうなると、国際社会における日本の存在感は低下し続けるだろう、というのが海外の中心的な見方である。今回のレポートの予測も、海外の有識者の間では特段の驚きをもって受けとめられていない。

現在も各国の人口は常に変動しており、それが国際関係に構造的変化をもたらしている。特に最近のコロナ禍によって、世界各国の出生数が急速に減少している状況が見られる。このため、各国の少子化や人口減少の動きはさらに進み、それが将来の各国の経済成長や国際関係のあり方などに大きな影響を及ぼすのではないかと考えられている。今後も、世界の人口動向には目が離せないのである——。

人口規模が経済力を決める

その後、意見交換に移った。経営者の古賀が、「一国の『経済力』とは、何なのですかね」と問うと、国際政治専門の鈴木が答えた。

「国際政治の視点から言えば、やはりGDPの大きさ、経済規模ですね。その経済規模は、人口に密接に関連しています。イギリスの人口学者のポール・モーランドは、著書で、次のように述べていますす」として、次の一文[65]を紹介した。

——「オランダの繁栄は18世紀も19世紀も続いたが、人口はそれほど多くなかったため、17世紀に比べると、世界の舞台での存在感を失った。19世紀末、ブリテンはアメリカ合衆国に人口で抜かれ、アメリカに対する優位性を失った。ルクセンブルグは現在のヨーロッパで最も繁栄している国の1つだが、重要性はとても低い。国民は豊かだが、数が少ないため経済的にはずっと小さな存在だ。

対照的に、中国はまもなく世界最大の経済大国になると思われる（見方によってはすでになっている）が、それは平均的な人々の生活レベルは貧しくても、膨大な数の力を持っているためだ。そのために中国は売り手としても買い手としても世界経済で大きな力を持つこととなった。またそれで軍事大国となるのに必要な資金も手に入れやすくなった」——。

「小国」として生きるとは

モーランドの見解を聞いた古賀は問いを重ねる。

「なるほど。それでは、先日の新聞が紹介していた海外シンクタンクのレポートのことなんですが、日本が『小国として生きるすべを学ぶ』っていうのは、一体どんなことなんですか」

すると、鈴木が次のような話を紹介した[66]。

——「小国」というと、すぐ思い出すことがある。それは、2010年7月のASEAN地域フォーラムでの、中国の楊潔篪外相（当時）の発言だ。ASEANが南シナ海問題で米国に仲介してもらうことを要望したのに腹を立てて、彼は、ASEANの外相たちに向かって、「我々の間には、基本的に大きな違いがある」と前置きしたあと、こう言い放った。

「中国は大国であり、あなた方は小国だ、それは厳然たる事実だ」

ジャーナリストの船橋洋一氏は、このことに触れながら、古代ギリシャの歴史家、ツキジデスが紀元前5世紀のペロポネソス戦争を記した『歴史』の記述を紹介している。それによると、超大国アテナイが中立国メロスに朝貢を要求するにあたって送った特使が、メロスの民に向かってこう言ったという。

「強者はしたいことをする。弱者はしなければならないことを強いられる」——。

鈴木は、さらに言う。

「国際政治では小国には小国なりの外交があるとされていますが、基本的には、国際関係の基本構造は大国が決め、小国はその中で生き残る方策を考えるということになりますね。ただし、私自身は、あの海外レポートの表現には、若干違和感を持っていますが……」

メンバーは、国際政治の厳しいパワーゲームの現実を改めて認識した。

ドイツの出生率回復

ここで経済学者の片岡が話題を変えた。

「ところで、ドイツの出生率が回復してきているのには、驚きました。ちょっと前まで、ドイツは、日本とイタリアと並んで『少子化三国同盟』の一員だったのに、1人抜け出した。研究者の間では、出生率が1・5をいったん切ると、1・5以上に回復するような国はほとんどないと言われていたぐ[67]らいだから、驚きます。移民が増えた影響が大きいのではないですか」

確かに移民の影響は大きい。最近の出生率の急上昇は、シリアなど出生率が高い国からの移民が増えたのが主な要因となっていることは間違いない。しかし、ドイツ市民権を持つ母親の出生率も、2003年に1・28だったのが2019年には1・43となっており[68]、急速ではないながらも、じわじわと出生率が上昇する実績が表れているという見方がある[69]――。

壱岐がこう述べると、それに重ねるように社会保障研究者の小川が、

「私も、ドイツ政府による2000年代後半の『家族政策の転換（パラダイム転換）』が、出生率の回復をもたらしていると聞いています[70]」とうなずいた。

すると、前回も厳しい発言をしていた経済学者の片岡が気色ばむ。

「一方、キツイことを言うようですが、日本の場合は、政府はいろいろと対策を講じてきていると言うけれど、出生率はあまり向上していないし、最近ではまた低下してきています。一体、どうなってるんですかね」

壱岐が、「人口減少問題は、対策の効果が出るのに時間がかかりますから」と、以前説明した話を持ち出しても、収まらない様子で、

「時間が経てば効果が出るのならいいけれど、日本の少子化対策がトゥー・リトル、トゥー・レイトで、いつまで経っても何も変わらなかったら、取り返しのつかない事態になってしまいますよ」と苛立ちを隠そうとしなかった。

日本と中国の人口バランス

会議も終盤になって、鈴木が、「国際政治の視点からは、やはり人口大国中国の動きが最も気にかかりますね。日本と中国の人口バランスが今以上に崩れてしまうような事態は、何としても避けたい」と強い危機感を示した。これに噛みついたのが片岡だった。

「いくら人口減少が進むといっても、２１００年ごろでも日本は６０００万人程度の人口規模はあるのだから、国際関係でそんなに神経質になる必要はないんじゃないですか。欧州のフランスや英国、ドイツと遜色ない規模の人口なんですから」

「失礼ですが、それは『地政学』というものをよく理解しておられない。同程度の国力の国が並存している欧州と、世界最大級の人口大国の中国がすぐ隣に位置している日本とでは、状況はまったく異なります。日本にとって、中国との国力のバランスをどう確保するかは、永遠に重大な問題であり続けます」珍しく語気を強くした鈴木に、

「地政学ねぇ……」

片岡が不貞腐れたような表情を見せた。

それが気になったのか、鈴木が、

「まあ、専門家の予測では、中国も深刻な人口減少が進むということなので、そんなにバランスが崩れることはないと思いますが」とフォローしたのだが、片岡は逆に、

「甘いんじゃないかな。先ほどの予測は何も対策を講じなかったらの話でしょ。最近は中国も真剣に人口減少対策に取り組んでいるし、新型コロナウイルス対策じゃないけど、中国はやると決めたら、

動きは速く、徹底しているから、人口減少を止めるのだって可能ですよ」と混ぜっ返す。

「中国政府が、今後どう動くのかよく分かりませんが、民間企業の立場で言えば、日本と韓国、それにいずれ中国が加わって、アジア系人材の奪い合いが熾烈を極めてくることは確かですな」古賀が民間経営者らしい発言をして、その場を収めた。

雰囲気が落ち着いたところで、百瀬がこう締めくくった。

「皆さんが言われるように、海外が日本の将来に対して見る目には、厳しいものがあります。彼らが抱く懸念は『人口減少』と『国家債務』の2つであり、特に、人口減少とそれに伴う超高齢化が日本の国力を衰退させていくのではないか、という見方が強いのは確かです。そして、多くの日本国民も、人口減少に大きな不安を抱いています。

したがって、日本政府は、人口減少問題に対して、これから数十年先さらには100年先の将来を見通して、しっかりとした対策を打たなければなりません。『一億人国家』という国家の目標をどうするのかをも含めて、総裁選後の新政権は、この日本を覆う暗雲をどう打ち払うかが、最大のテーマになるのじゃないかと思います」

百瀬が主宰した朝食勉強会は、こうして4回で終わった。

最後に百瀬は、参加してくれた壱岐、小川、片岡、鈴木そして古賀に丁寧に礼を言いながら、「皆さんからいただいたご指摘は、必ず政策に反映させますから」と述べ、「また近いうちに、お会いしましょう」と結んだ。実際のところ、この朝食勉強会は、百瀬や野口らにとって非常に有意義な機会となった。

2 新政権の発足（202X年10月）

新総理による所信表明演説

9月末の与党政友党の総裁選は、4名の候補者で争われた。選出されたのは、厚労大臣や財務大臣を歴任し、政策通で知られている佐野徹であった。

佐野新総裁が臨時国会で内閣総理大臣の指名を受けたあと、10月中旬に召集された臨時国会の冒頭で、新総理による所信表明演説が行われた。

所信表明演説では、総理は個人の所信として、国政の基本方針や自らが重要と考えている政策課題を述べる。演説の内容は、総理の考えを基に、官房長官や副長官、内閣総務官などで練り上げていくケースが多いが、今回は、総裁選直後の早い段階から、内閣府政策統括官の百瀬亮太が作成に深く関わっていた。百瀬は、佐野総理とは厚労大臣当時から親しく、演説作成を手伝うようにとの直々の要請があったのだ。

佐野自らが数度にわたって筆を入れて、最終的に閣議で決定された所信表明演説は、異例にも、人口減少問題に多くの時間を割くものであった。

所信表明演説の内容（人口戦略部分の抜粋）

人口減少という、長くて急な坂道

「今、日本を覆っている暗雲は何か。それは、多くの人びとが抱いている、日本の将来に対する不安です。今の日本は、世界三位の強い経済力を持ち、国民の多くは豊かで安心した暮らしをしています。しかし、将来は一体どうなるのだろうか。子どもや孫、さらに後の将来世代には、一体どんな社会が待ち受けているのだろうか。国民が抱くこうした不安が、新たな物事にチャレンジしていく気持ちを萎えさせ、消費や投資を鈍らせています。

この不安は、100年前、芥川龍之介が書き遺した「将来に対する唯ぼんやりとした不安」ではありません。誰もが、しかも日本だけでなく世界もが認識している「明白な不安」です。多くの人はご存知と思いますが、数カ月前、ある海外シンクタンクが、日本の将来を予測したレポートを発表しました。この予測は、日本の人口減少に、まったく歯止めがかかっていない現状がベースになっています。

日本が人口減少の局面に入ったのは2008年でした。いったん人口減少が始まると、減少のスピードは速くなっていきます。2021年は、1年間で62万8000人の人口が減りました。年間の出生数が減り続けているのがその要因です。出生数は、出生率と子どもを生む若年世代の女性人口によって決まります。出生率は、1・30に低下しており、反転の兆しが見えません。むしろ、最近のコロナ禍によって一段と低下する可能性が高まっています。そして、若年世代の女性人口はこれからさらに減少していくため、このままだと出生数はますます減っていきます。この傾向が収まるには、出生率が反転し、高い水準で安定する必要がありますが、それには長い期間を要します。残念なことですが、日本は、人口減少という長くて急な坂道を、まさに転げ落ちつつあります。

日本の人口は、このままいけば2110年には約5300万人になる、と推計されています。今から約100年前の1915年は同じような人口だったのだから、昔に戻るだけではないかという意見もあります。

しかし、そうした意見は高齢化の問題を度外視しています。人口減少は、必ず高齢化の進行を伴います。1915年頃の日本は、高齢化率5%の若々しい国でした。これに対して、予想されている将来の日本は、高齢化率が40%に近い、年老いた国です。

三度のチャンス

なぜ、こんな事態になったのか。率直に申し上げます。これまで日本には、今日の事態を阻止できそうな機会が三度ありました。

一度目は、1970年代後半から80年代にかけて、2前後で安定していた出生率が大きく低下していった時期です。しかし、当時は、戦前の「産めよ、殖やせよ」の政策への反省や、戦後以来の出生抑制政策の流れが強かったことから、出産奨励策はタブー視され、対策はまったく講じられませんでした。また、その背景には、出生率が下がったのは「出産のタイミングの遅れ」による一時的現象で、いずれ回復するだろうという楽観的見通しが、専門家の間でさえ共有されていたこともありました。『出産奨励のタブー視』です。

二度目は、1989年に出生率が1・57となったことをきっかけに、それ以降、政府が少子化対策に乗り出した90年代前半です。この問題に初めて取り組んだ姿勢は評価できますが、政策は小粒で、有効な成果を上げるまでには至りませんでした。政府全体の力点が、眼前の課題であった高齢化対策のほうに置かれ、少子化対策への取り組みが質量ともに十分でなかったことや、子育て制度の拡充について関係者の理解が十分に得られなかったことが理由にあげられます。『政策の後回し』です。

そして、三度目は、ラストチャンスとも言われた機会です。これは二度とやって来ない、実に貴重なものでした。わが国の人口構成を見ると、戦後すぐに生まれた「第一次ベビーブーム世代」と、その子どもたちの「第二次ベビーブーム世代」の2つが数の上で突出しています。後者の「第二次ベビーブーム世代」の年間出生数は200万人に達していますが、その世代が結婚し、子どもを生めば、将来、「第三次ベビーブーム」がやってくるのではないか。そうなると、少子化の動きも緩和するのではないかと期待されていました。

その時期とは、彼らが20代後半から30代を迎える、1990年代後半から2010年代前半で、最も期待されたのが2000年前後でした。ところが、この時期にちょうど日本は、金融システム不安に端を発した経済危機に見舞われ、さらにリーマンショックが襲いかかりました。この時、最大の犠牲者となったのは、「第二次ベビーブーム世代」をはじめ、後に「就職氷河期」と呼ばれた若年世代でした。若者たちの多くが、厳しい就労・生活環境に追い込まれ、すでに進行していた晩婚化はさらに進み、未婚者は急激に増大しました。その結果、出生率は2005年には過去最低の1・26にまで落ち込み、その後も低迷が続いています。これは、「第三次ベビーブーム世代」を失ったという意味で、『世代の喪失』ともいうべき敗北です。

また、こうして少子化が進行していった背景には、東京圏への「一極集中」があります。東京圏には、これまで三期にわたって、若年世代が大量に流入し続けてきました。その東京圏は、子どもを生み育てる環境としては非常に厳しく、それゆえに、出生率は、全国最低の1・08の東京都をはじめ非常に低いのが現状です。このような流れが、日本全体の人口減少に拍車をかけてきたことは否めません。そして、今や、東京圏には若年女性人口の3分の1が集中しており、東京圏の動きが日本全体の出生率を左右するような状況となっています。

「不戦敗」ではないか

こうした中で、ようやく「どうにかなる」という根拠なき楽観論は、下火になりつつありますが、逆に、今度は「もう、人口減少は止めようがない」というあきらめに近い考えが広まりつつあります。

もちろん今後の人口減少を想定して、付加価値生産性の向上を図っていくことは極めて重要です。人口減少に適応するだけでも、取り組むべき課題が山積しています。しかし、本当に、そうした受け身の対応だけでいいのでしょうか。人口減少は止めようがないと、このままあきらめてしまっていいのでしょうか。

私は、30年間にわたって政治家として国政に関与してきました。したがって、これまでの失敗や敗北について、自らも重大な責任を負わなければならないと自覚しています。その上で、あえて問いたいと思います。

この敗北は、私たち日本国民すべてが、力を出し尽くした上での敗北だったのでしょうか。そうではなくて、いわば、「不戦敗」だったのではないでしょうか。

乳幼児を抱え、保育所探しに走り回る毎日。親元から遠く離れて、相談相手もなく、孤独に耐えながら育児をする毎日。この間、多くの女性は自らの生活を懸け、仕事をあきらめてまでして、出産、子育てに奮闘してきました。保育や幼児教育の現場では、不足がちな態勢の中で、懸命に子どもを預かってきました。しかし、多くの父親はどうだったでしょうか。企業はどうだったのでしょうか。そして、行政は。政治は。この問題に、全身全霊をもって取り組んだのでしょうか。会社の仕事が忙しいからといって、育児から逃げ、目の前の問題への対処が優先されるからといって、少子化対策をなおざりにしてこなかったでしょうか。いろいろな制度を作り、対策を講じたといっても、本当に出生率回復に効果があるものだったのでしょうか。

このままだと、私たちは、将来世代を育て、日本という国を未来につないでいくという、最も重要な責務を怠ったと、後世の人々から言われかねません。決して、責任追及や自らの責任転嫁のために、このようなことを申し上げているのではありません。

私は、この場を借りて、国民の皆様に訴えたいと思います。いま一度、いま一度、すべての国民が人口減少を自らの問題としてとらえ、今の流れを変えることに、勇気をもって挑戦してみようではありませんか。

人口戦略への挑戦

諸外国を見ても、スウェーデンやフランスのように、出生率を1・8程度に保っている国もありますし、かつて日本と並んで出生率が低かったドイツは、近年、国をあげて政策を大転換させました。日本にできないはずはありません。

私は、人口減少問題を新内閣の最重要課題に位置付け、「一億人国家」の実現に向けて、あらゆる政策を動員していく覚悟です。

今、政府与党では、子どもに関する様々な課題に総合的に対応するために、新たな行政組織を創設することが検討されています。これは、組織の縦割りを排除し、関係者が一丸となって取り組む上で重要なことです。ただし、当然ですが、組織づくりだけでは、人口減少問題は解決しません。それにも増して重要なのは、効果ある具体的政策の実行です。

これまでも政府は、待機児童解消や不妊治療の充実などに取り組んできました。しかし、出生率の低下という現象は、結婚、出産、育児、そして就職、居住、学習といった、様々なライフイベントの結果として生じているものです。したがって、個別分野の施策だけでは解決できません。若年世代の生活全般にわたる総合戦略が必要となってきます。

私は、これを「人口戦略」と呼んでいます。

この人口戦略を検討するため、私を本部長とする「人口戦略検討本部」をただちに設置します。この本部において精力的に検討を進め、そして、来るべき次期通常国会に、人口戦略のために必要な法案を提出します。

まさに「国家百年の大計」であり、「未来への投資」です。論議を尽くそうではありませんか。

そして、今度こそ、1つの結論を得て、新たな挑戦に向けて、国民の皆様とともに力強い一歩を踏み出したいと思います。日本の将来世代のために、今、我々はこの挑戦をあきらめるわけにはいかないからです。

なにとぞ、皆様のご理解とご支援を心からお願い申し上げます。

閣議決定による検討本部の設置

佐野総理の所信表明演説には、百瀬が主宰した朝食勉強会の成果がふんだんに盛り込まれていた。総理が人口減少問題を最重要課題とする方針を表明したことは、新聞などのメディアで大きく取り上げられた。40分近い演説のうち、3分の1以上の時間が割かれたことを、総理の並々ならぬ意気込みを示すものとする記事が多かった。

しかし、一方では、これまでも「国難」と言われてきたが、有効な政策は実施されてこなかった、要は実効性のある政策が打ち出されるかどうかだとして、「お手並み拝見」といった冷ややかな見方をするものもあった。

演説後、週末を挟んでの火曜日の閣議で、「人口戦略検討本部」の設置が決定された。本部長（総理大臣）の下に、副本部長として、内閣府の少子化対策担当大臣の岩渕勝雄が任命された。社会保障分野の経験が長く、一本芯の通った政治家という評判の人物である。そして、官房長官や厚労大臣をはじめ関係閣僚が本部員として参加することとなった。

この検討本部を支える事務局長には、官房副長官（事務）が充てられたが、実際に企画立案で中心となったのは、事務局次長に任命された百瀬である。彼の下に、各府省庁の優秀な官僚や民間人材が集められた。

また、少子化対策は、与党も長年にわたって取り組んできたテーマであり、与党との政策調整が重要となるため、検討本部設置と同時に「政府与党調整会議」が設置された。メンバーは、政府側は総理、官房長官、少子化対策担当大臣、財務大臣、与党側は、政友党の幹事長と政調会長、福祉党の党首、幹事長、政調会長であった。こうして政策決定の体制が整えられていった。

有識者ヒアリングの実施

翌日開催された検討本部の第1回本部会議は、佐野総理の人口戦略にかける意気込みを表す挨拶と事務局による趣旨説明で、短時間に終わった。

会議のあと、総理執務室では、総理と総理秘書官たちが会話を交わしていた。佐野総理との関わりが長く、佐野の考えを熟知している総理秘書官の外山《とやま》が話しかける。

「お疲れ様でした。総理の熱意は、メンバーの皆さんによく伝わったと思います」

「そうだといいけどね」

少し疲れた表情を浮かべる佐野に、外山は新聞を取り出しながら、「週末の世論調査では、内閣支持率が50%を超えましたし、国民も理解してくれていると思います」と言う。

そこに割って入ったのが、新参の総理秘書官の久保だった。

「ただ、来年7月には参議院選挙が予定されていますので、国民負担がからむような話を持ち出すのには、やはり環境は厳しいですね」

「まあ、そうだけど、選挙のことを言い始めたら、何もできなくなるしね」と佐野が外山に視線を送

ると、

「そうですよ。来年は参議院選挙だけど、再来年になれば、衆議院の解散風が強まるかもしれないし。いつも何がしかの選挙があると思わないと……」と外山が返した。

それにしても、これだけの大きなテーマだと、通常は1～2年程度かけて、審議会などの議論や関係団体との調整を積み上げていくのだが、それをすっ飛ばしての荒業になってしまう――。

久保がそのことを指摘すると、

「時間がないのだから、しょうがないよ。それに、審議会や検討会での議論は、これまで散々やってきたんじゃないか」と、外山も譲らない。

「私も、厚労大臣の時から何度も少子化対策に取り組んできたのだけど、うまくいかないことが多くてね……。もう、残された時間はあまりないんだ。最終的には、私が決めるよ」

こう言って佐野が議論を収めたが、その後、衆議を尽くすプロセスが大事だとする周囲からのアドバイスもあり、総理大臣が有識者や関係団体の意見を直接聴く、「有識者ヒアリング」が行われることとなった。

この有識者ヒアリングは、おおむね週1回というハイペースで年内に7回開催され、人口・経済・社会保障などの専門家、保育・幼児教育や医療福祉の関係団体、経済団体、労働団体、女性団体、地方自治体など幅広い関係者が招かれ、人口減少や若年世代支援などをめぐり活発な意見交換が行われた。総理のみならず検討本部の事務局にとって、様々な関係者の意見を聴く貴重な機会となるとともに、会議はすべて公開で行われたため、国民への情報発信にもなった。そして、この有識者ヒアリングをきっかけに、人口戦略に関するいくつかの重要な政策決定が行われることになったのである。

検討の開始——「人口戦略の柱（素案）」の内容

1週間後に開催された第2回本部会議では、本部事務局から「人口戦略の柱（素案）」が示された。通常、大きな方針を議題とする場合は、ある程度会合を重ねたあとに、このような素案が提出される。今回の対応は異例であるが、これは、来年初めの法案決定までに時間がないため、一刻も早く実質的な議論を進めたいという本部事務局の強い希望によるものであった。

会議では、本部事務局から提出された素案（図1―11）に基づき、事務局次長の百瀬が説明を行った。

——これは、検討本部で検討を進める「人口戦略」の主な論点と、それについて考えられる政策の方向性を示したものである。あくまでも素案であって、これから検討を加え、必要な修正を行っていく趣旨であることをご理解いただきたい。

1点目は、「目標」の設定とその実現のための「5か年計画」の策定である。今回の人口戦略は、総理が所信表明演説で言われたように、将来にわたる「一億人国家」の維持が長期目標となる。その実現のために、約20年後の2040年までの中期目標と当面の10年間の短期目標を設定する。この目標は、国だけでなく、都道府県や市町村も設定することとする。そして、5年ごとに実績を検証し、必要に応じて目標を改定していく。それに合わせて、国及び地方自治体は、5か年計画を作成し、必要な政策を推進する。

2点目は、「政策体系」。人口戦略には、大きく3つの政策体系が考えられる。

図1-11　人口戦略の柱（素案）

人口戦略検討本部事務局

◎今後、人口戦略を検討するにあたり、主な柱は以下のとおり。

1．目標の設定と5か年計画の策定

○長期目標は、「日本の人口が、2060年に1億人を維持し、2100年以降、1億人程度の水準で安定する」こと。この実現のために、2040年までの中期目標及び当面の10年間の短期目標を設定する。

○国の目標を踏まえ、地方自治体も目標を設定する。

○5年ごとに実績を検証し、必要に応じて目標を改定する。それに合わせて、国及び地方自治体は、「5か年計画」を策定し、目標達成のための政策を推進する。

2．3つの政策体系

○目標の実現のため、3つの観点から必要な政策を講ずる。

①日本全体の「出生率底上げ」

・全国に共通する課題（※）に取り組み、出生率の全般的な向上を図る。
（※）子育て支援や働き方改革など

②若者の地方居住による「出生率向上」

③外国からの移民による「人口増加」

3．戦略推進体制

○人口戦略の基本方針の企画立案と関連政策の総合調整を担う「人口戦略統合本部」を法律に基づき設置し、長期的な戦略推進体制を構築。

◎必要となる法案を、来年の次期通常国会へ提出することを視野。

以上

資料：筆者作成

第1に、「出生率の向上」のための政策として、日本社会全体に共通する課題を解決することにより、いわば「出生率の底上げ」を図るものである。たとえば、子育て支援や働き方改革などは、全国的に共通する課題であり、国が主導して取り組む必要がある。

一方、出生率には大きな地域格差がある。このため、若者が、出産・育児環境が厳しく、出生率が非常に低い東京圏へ転入することなく、もしくは、東京圏から転出して、出産・育児がしやすい「地方居住」の動きが強まれば、出生率が高まる。これが第2である。

そして、第3が、外国からの「移民」。出生率向上による人口増加にどうしても限界がある場合に、最後の方策として考えられるものである。

3点目が、以上の取り組みを担う「戦略推進体制」についてである。人口問題は、幅広い分野の政策が関わり、政策の成果が表れるのに時間がかかる。したがって、長期的な視野に立って、人口戦略を統合的に推進していく体制を構築していくことが必要と考えられる。

以上申し上げたような人口戦略を実施するために必要な法案を、来年の次期通常国会に提出する方向で、今後検討作業を進めたらいかがか、と考える——。

検討本部での議論

百瀬の説明が終わると、出席者による意見交換となった。

本部事務局は、進め方が性急であるがゆえに、本部員である各大臣から多くの注文や異論が出るのではないかと心配していた。

しかし、実際には、各大臣からの発言は、それぞれの所掌分野で対策にしっかり取り組んでいきたい、という決意表明のようなものばかりであった。明らかに各府省庁は、総理の熱意に気圧されており、反対や疑問の声を上げることができる雰囲気にはなかった。

一方、与党との調整会議では、今後の進め方を問う、いくつかの発言があった。中でも、政友党の政調会長田崎守男の発言は、重要な意味を持つものだった。

「これから議論が始まるので、あまり細かなことは言いたくないのだが、『政策体系』のところに、『外国からの移民』がテーマとして入っているのはいかがなものか、と思いますね。私は、人口戦略というのは、日本国民の出生率を向上させて、移民に頼ることがないようにする戦略だと思っています。それを最初から、移民を前提として議論をするというのは、違和感がありますね」

これに対し百瀬は、出生率向上にどうしても限界がある場合の最後の方策として、検討項目に入れていると説明したが、田崎は、「そうなると、議論の方向性が分かりづらくなってしまう。まずは、出生率の向上に最大限、取り組まないと……」と不機嫌そうに返す。

田崎の承服しかねる様子を見て、岩渕大臣が議論を引き取って答えた。

「政調会長がおっしゃることはよく分かりますので、これから検討を進めていく中で、移民問題はどう扱うのか、よく議論させていただきます」

移民の問題は、これまでも与党内で賛成と反対の意見がぶつかり合ってきたテーマである。それだけに、田崎の発言には真剣味があった。百瀬は、移民政策のとりまとめは難航するだろうと予想した。

また、会議の最後に、政友党の幹事長である松嶋賢太郎から、来年通常国会に法案を出すという方針について、「えらく急いでいますなあ」という、意見のような、コメントのような発言があった。

松嶋は政治を知り抜いた人物であり、最近、人口戦略の参議院選挙への影響を口にしているとの噂があっただけに、百瀬は気になったが、今は政治情勢のことを考えている心境ではなかった。幕が切って落とされたのである。

「いよいよ始まるぞ」と彼は小さくつぶやいた。

実際のところ、本部会議は、この後もおおむね1週間に1度のペースで開催され、次から次へと大きな課題を取り上げていくこととなった。

第2章

高出生率国と低出生率国の違い

3 出生率低下の構造・要因の分析（202X年11月上旬）

本部事務局の多忙な日々

本部会議と有識者ヒアリングが、それぞれ週1回程度のペースで開催されることもあり、検討本部の事務局は非常に忙しい。ほぼ毎日、事務局次長の百瀬亮太の部屋で部内会議が開催される。

事務局職員は、テーマに沿って作業班に分かれ、検討作業を進めている。各作業班には各府省庁や民間からの出向者が参加しているが、メンバーの間で意見が異なるのはしばしばで、意見対立が部内会議にそのまま上がることも珍しくない。

百瀬は、幅広い観点から活発な議論を行いたいと考えており、部内会議には担当以外の者もできる限り参加するよう指示している。また、こうした部内会議の合間を縫って、外部有識者から話を聞く機会も積極的に設けられている。

筆頭格の参事官である野口淳一は、本部事務局全体をとりまとめる総括として作業全般に関わるため、最も忙しい。席を温める暇はほとんどなく、席に戻っても、立って他の職員と話し合っている。机の上には、他の者が置いたメモや書類が重なり、山のようになっている。

現在、本部事務局で最も検討が急がれているのが、新たな子育て支援策である。これは、若年世代の結婚・妊娠・出産・育児全般に関する政策であり、人口戦略の「目玉」である。

この作業班のリーダーは、野口自身が務め、メンバーとしては、厚労省出身の参事官である武井伸人や、民間企業からの出向で数理担当参事官の荒川麻衣などが参加している。

週末の話題

ウイークデーは、このように多忙な日々を送っている野口だが、週末は久しぶりに、妻ののぞみと妹夫婦、そして野口の友人の岩橋夫妻とで一緒に食事をした。

話題は、大半が子どものこととなった。育児休業から職場復帰したのぞみは、苦労を重ねている。

「育休は取れたんだけど、うちの職場、人手が足りないから相当に気を遣ったわ。育休明けは仕事の内容も変わっちゃったし、かなり大変。保育所のほうは、点数で入所の優先順位が決まるでしょ。最近は競争率も下がっているというけれど、1歳児クラスは競争が激しいから、淳一さんと申請書を作るのにも苦労したのよ。入所が決まるまではすごく不安で……。去年の暮れに内々定をもらったときには、ホッとして涙が出てきたわ」

野口は保育所への送りは夫婦交代でやっているが、迎えはのぞみに頼んでいる。のぞみの勤務が長引いた時は保育時間を延長してもらっている。保育士の仕事は、長時間労働で、本当に大変だと思う。なり手が少なくなっているのも分かる気がする。とはいえ、2人目ができたら、また保育所探しをしなければならない。仮に保育所に空きがあっても、2人の子どもの保育所が別々だったりしたら、大変である。

野口の妹は、2カ月前に子どもが生まれたばかりである。非正規雇用で育児休業制度が利用できなかったため、出産前に退職した。これから別の職場でパートの仕事に就きたいので、ゼロ歳児保育を考えているらしい。

「生まれたばかりで心配だけど、ゼロ歳のうちに保育所に入れれば、そのまま持ち上がりでいられるから有利でしょ」という。住んでいる自治体の認可保育所を希望しているが、現在は無職だし、勤めてもパート勤務だと労働時間が少なく、入所選別の点数が低くなるので、選ばれるかどうか心配している。非正規やパートは、育児休業だけでなく保育所の入所でも格差がある。

「お義姉さんは正社員だから恵まれているわよ。非正規は損だと、つくづく思う。2人目は欲しいけど、このままじゃ無理」とあきらめ気味に話す。

それでも、妹夫婦がどうにか子育てができそうなのは、野口の母親が近くに住んでおり、何かと手伝ってくれているからだ。野口自身の子育ても妻の親族の助けが大きな力になっている。これが、もし地方出身で、近くに親族がいなかったらどうなるのか……と思ってしまう。

友人の岩橋夫妻は、子どもが欲しくて以前から不妊治療を受けているが、30代後半になると妊娠が難しいらしい。不妊治療は考えていた以上に、身体的、精神的、経済的につらいので、そろそろやめようかと思っているという。

野口夫婦にとっても、年齢的に見て2人目の決断をいつすべきかは、悩みの種である。

「20代後半から30代前半」の出生率の格差

週明けから、子育て支援策の本格的な検討が始まった。

野口は、部内会議で議論を始める前に外部有識者を招いて、2回に分けて話を聞くこととした。1回目の勉強会の講師は、人口学者の壱岐孝一である。壱岐とは、百瀬の朝食勉強会に参加してもらって以来、連絡を取り合っている。出生率向上のための子育て支援策を検討する前提として、壱岐には、スウェーデンなどの高出生率国と、日本のような低出生率国の違いについて、分かりやすく説明してほしいとお願いしていた。

壱岐は、資料を配布しながら説明を始めた。

――国民希望出生率のことは、すでにご存知だと思うので詳細は省くが、わが国の若年世代が結婚し、子どもを持つ希望が実現すると、出生率は1・8にまで向上すると試算されている。ところが、わが国の現状はというと、1・30（2021年）という低出生率である。そこで、1・8程度の出生率を維持している「高出生率国」のスウェーデンやフランスなどと、「低出生率国」の日本などとでは、どこがどう違うのか、その状況を比較分析してみることとしたい。

図（2―1）は、女性が何歳の時に子どもを出産しているかを示す「女性年齢階層別出生率」を国別に比較したものである。これを見ると、国によって出生率が大きくバラついているのは、「20代後半から30代前半」（図の灰色の部分）であることがよく分かると思う。

図2-1　女性年齢階層別の出生率（国別）

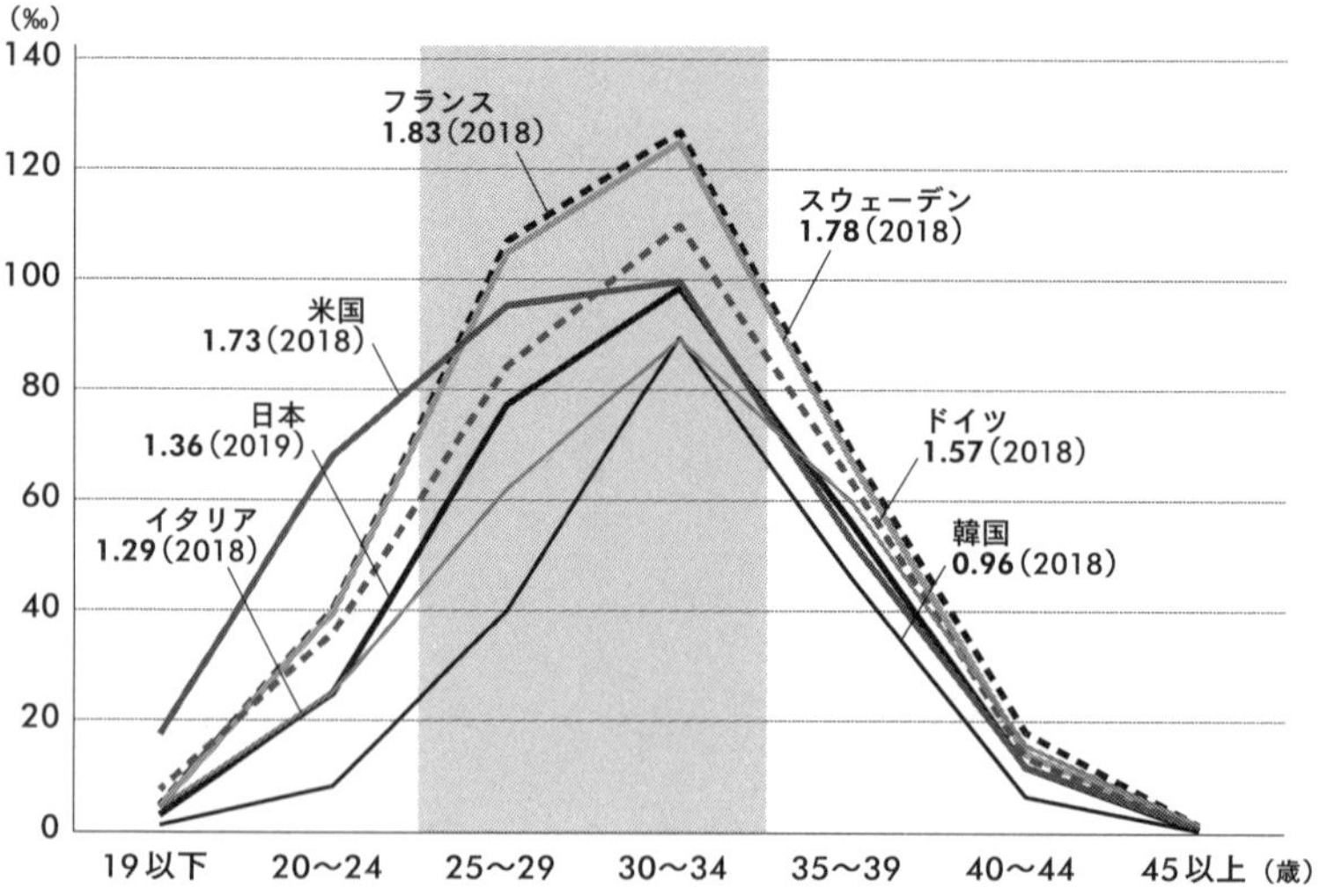

資料：国立社会保障・人口問題研究所「人口統計資料集」（2021年版）に基づき筆者作成

スウェーデンやフランスなどの「高出生率国」は、この年齢層の出生率が、日本やイタリア、韓国といった「低出生率国」に比べて相当高い。ドイツは、両者の中間に位置している。米国はやや特有で、20代前半から高い。そして、いずれの国も30代後半になるとバラツキは縮まり、40代以降は一様に非常に低い。

なお、韓国の場合は、30代前半の出生率は日本などと大きくは変わらないが、20代の出生率が前後半を通じて非常に低いことが、出生率全体を大きく引き下げている。

このように「20代後半から30代前半」にかけての格差が、出生率全体に大きな違いをもたらしているのである。

では、なぜ、このような格差が生じたのか。その答えを知るためには、1970年代以降、各国で起きた現象をまず理解する必要がある――。

「出産の先送り（晩産化）」と「生み戻し（キャッチ・アップ）」

――実は、1970年ごろまでは各国の出生率の構造には、それほど大きな違いはなく、女性の出産のピークはおしなべて25歳前後だった。ところが、1970年代以降、各国では社会経済の変化、とりわけ女性の就業機会の増加によって、一斉に出産時期の高齢化が始まり、それに伴い出生率は、人口置換水準を大きく下回る水準まで低下していった。

「出産の先送り（晩産化）」という現象である。この現象を、人口学の専門家の中には、晩産化を特徴とする「第二の人口転換」と呼ぶ人もいる。

ただし、出産の先送りは、それだけでは「実質的」に出生率が低下することにはならない。「実質的」という言葉がミソなのだが、出産の先送り、すなわち女性が子どもを生むタイミングが遅れていった場合には、その時点の出生率は当然ながら低下する。

しかし、もし出産を先送りした女性が何年かのちに出産し始めれば、それ以降から出生率（正確には、女性が一生で生む子ども数を意味する「合計特殊出生率」）は上昇し始め、最終的には同じ水準に回復する。

したがって、この場合は出生率の「実質的」な低下ではなく、「一時的」な低下となる。この現象を人口学では、出産の「タイミングの遅れ」による効果であるとして、「テンポ効果」または「タイミング効果」と呼んでいる。この言葉は重要なので、覚えておいていただきたい。

わが国も1970年代半ばから出生率が低下し始めたが、当時は、これはテンポ効果に過ぎないだろう、というのが専門家の支配的な見方だった。やがて先送りの動きが止まり、以前より高い年齢で出産し始めれば、「生み戻し（キャッチ・アップという）」が始まる、そうすれば出生率は再び回復するだろう、と考えたわけである。

しかし、わが国では、キャッチ・アップは起きなかった——。

日本の出生率の構造的な変化

——ここで、わが国の出生率の動きを、構造面から見てみよう。

わが国の出生率は、1970年代半ば以降、ほぼ一貫して低下し続け、2005年には過去最低の1・26となった。その後、持ち直したが、最近は再び低下に転じている。

図（2−2）は、こうした出生率の動きを、女性の年齢別出生率の視点から分析したものである。これを見ると、わが国では出産の先送りをめぐって、次のような3つの動きがあり、出生率の構造そのものが大きく変わっていったことが分かる。[2]

【Aの動き】20代は、前後半を通じて出生率が大幅に低下した。25歳の出生率は、0・22（1975年）から0・05（2019年）へと、4分の1にまで大幅に低下した。

【Bの動き】出生率のピーク年齢が25歳（1975年）から30歳（2019年）へと、5歳高齢化し

図2-2　女性の年齢別出生率の動き（1975⇒2019年）

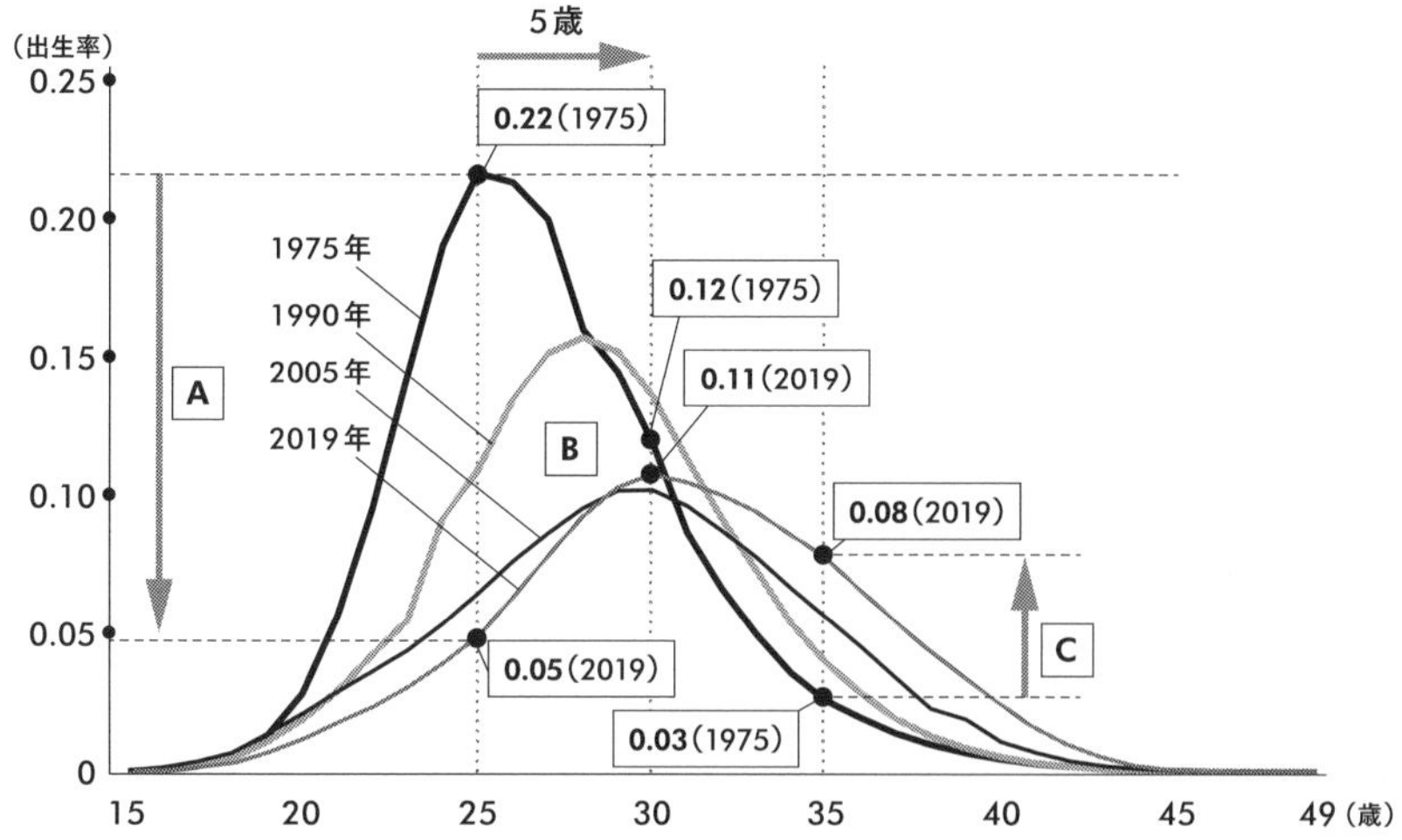

資料：国立社会保障・人口問題研究所「人口統計資料集2021」を基に作成。
注：女性の年齢別出生率は、（各歳別）出生数を（各歳別）女性人口で除したものである。
資料：内閣府「令和3年版少子化社会対策白書」P9より筆者作成

た。30歳の出生率は、1975年と2019年を比べると、途中でわずかな上下動はあったものの、最終的にはほとんど変化がなかった。

その結果、ピーク年齢時の出生率は、1975年の0・22（25歳）から、2019年の0・11（30歳）へと半減した。

【Cの動き】一方、30〜40代の出生率は上昇した。ただし、35歳の出生率を見ても、0・03（75年）から0・08（2019年）へと、その上昇幅は限られたものだった。

こうした結果、20代の出生率の大幅な低下によるマイナスの影響を、30〜40代の出生率の上昇ではカバーし切れず、わが国の出生率は、全体として大きく低下していったのである——。

「キャッチ・アップ」があった国と、なかった国

——次の**図**（**2—3**）を見ていただきたい。これは、前の**図**（**2—2**）と同じく、女性の年齢別出生率の動きを、スウェーデンやフランス、そして、低出生率国のイタリアについて示したものである。

これによると、スウェーデンやフランスのような高出生率国では、出産の先送りによって20代前半の出生率は大幅に低下したが、その後、一定期間をおいて「20代後半から30代前半」の出生率が大幅に上昇した。まさに、テンポ効果によって、出生率はいったん下がったが、1980年代後半以降、再び回復していく「キャッチ・アップ」が起きたのである。

ところが、日本やイタリアといった低出生率国の状況は異なった。同様に、出産の先送りによ

図2-3 諸外国の女性の年齢別出生率の動き

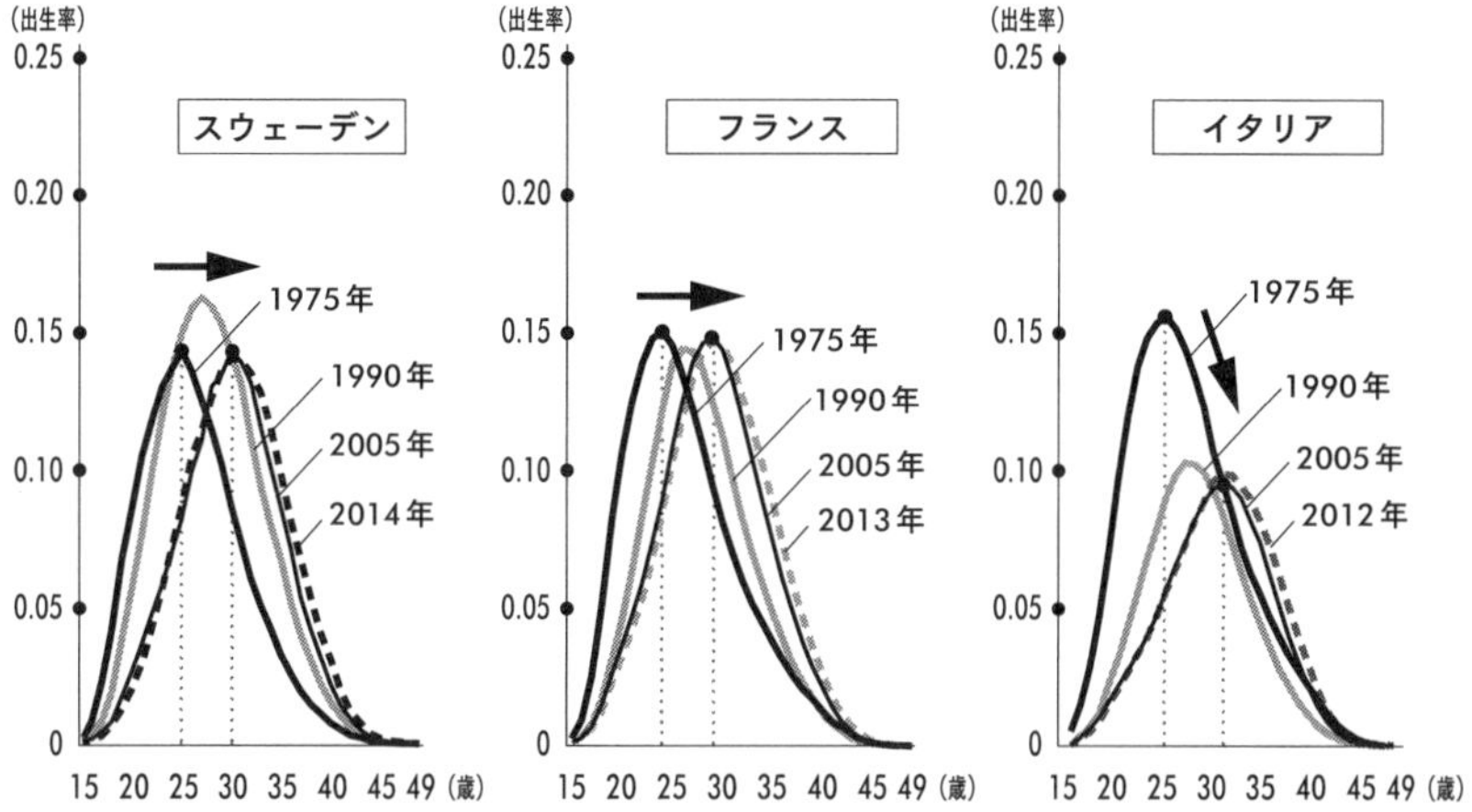

資料：内閣府「平成29年度版少子化社会対策白書」P32～33より筆者作成

って20代前半の出生率は大幅に低下していったが、「20代後半から30代前半」の出生率のほうも低下、または、ほとんど上昇しない状況が続いた。そのため、30代後半以降の出生率は若干上昇したものの、本格的なキャッチ・アップとはならず、その結果、出生率全体が非常に低い水準にまで低下していったのである。[3]

つまり、スウェーデンやフランスの場合は、出生率の「山」は、同じピークの高さと形を保ったまま平行移動したため、全体の出生率を表す「面積」は変わらなかった。これに対して、日本やイタリアは、出生率の「山」のピークの高さが大幅に低くなり（日本の場合は、半分の高さになった）、山の形全体が〝変形〟したことにより、「面積」（出生率）が小さくなったのである。先ほど**図**（**2**－**1**）で示したように、各国の「20代後半から30代前半」の出生率（すなわち「山」のピーク の高さ）に大きな格差が存在しているのは、こうした歴史的な構造変化の結果である。

そうなると、この20～30代の年齢層に、1970年代半ば以降、何が起きたのか、そして、今なお何が起きているのかが焦点となる。それを解明すれば、出生率向上の方策が見えてくるかもしれないからである――。

「晩婚化」と「晩産化」の動き

壱岐は、ここまで一気に話すと、「それでは、1970年代半ば以降、わが国の20～30代の年齢層に、一体、何が起きたのか、それを詳しく見てみましょう」と述べ、「ご存知のように、出生率は2つの要素、すなわち結婚するかどうかという『結婚行動』と、結婚した女性が何人の子どもを生むかという『出生行動』（出生力）に分解できます。この2つに着目してみたいと思います」と話を続けた。

――この2つの要素のうち、わが国において最初に変化が現れ始めたのは、「結婚行動」だった。

図（**2**－**4**）は、男女の未婚率の推移である。男性の未婚率は、1970年代半ばから上昇し始め、2000年代半ばごろになって、ようやく落ち着いた。結果として、1975年には48・3％だった20代後半の未婚率は、2015年には72・7％へと40年間で約24ポイント上昇した。

女性のほうの動きは、もっと急激である。女性の20代後半の未婚率が上昇し始めるのは、男性と同じく1970年代半ばだが、1975年に20・9％だったのが、2015年は61・3％へと約40ポイントも上昇した。

そして、この未婚率の上昇は、一定の期間を置きながら順次、広がっていった。女性の場合はよりはっきりしているが、1970年代半ばから、20代後半の女性の未婚率の上昇が始まり、その後、1980年代半ばから30代前半、1990年代半ばから30代後半、そして2000年代か

図2-4　年齢別未婚率及び生涯未婚率の推移（男性、女性）

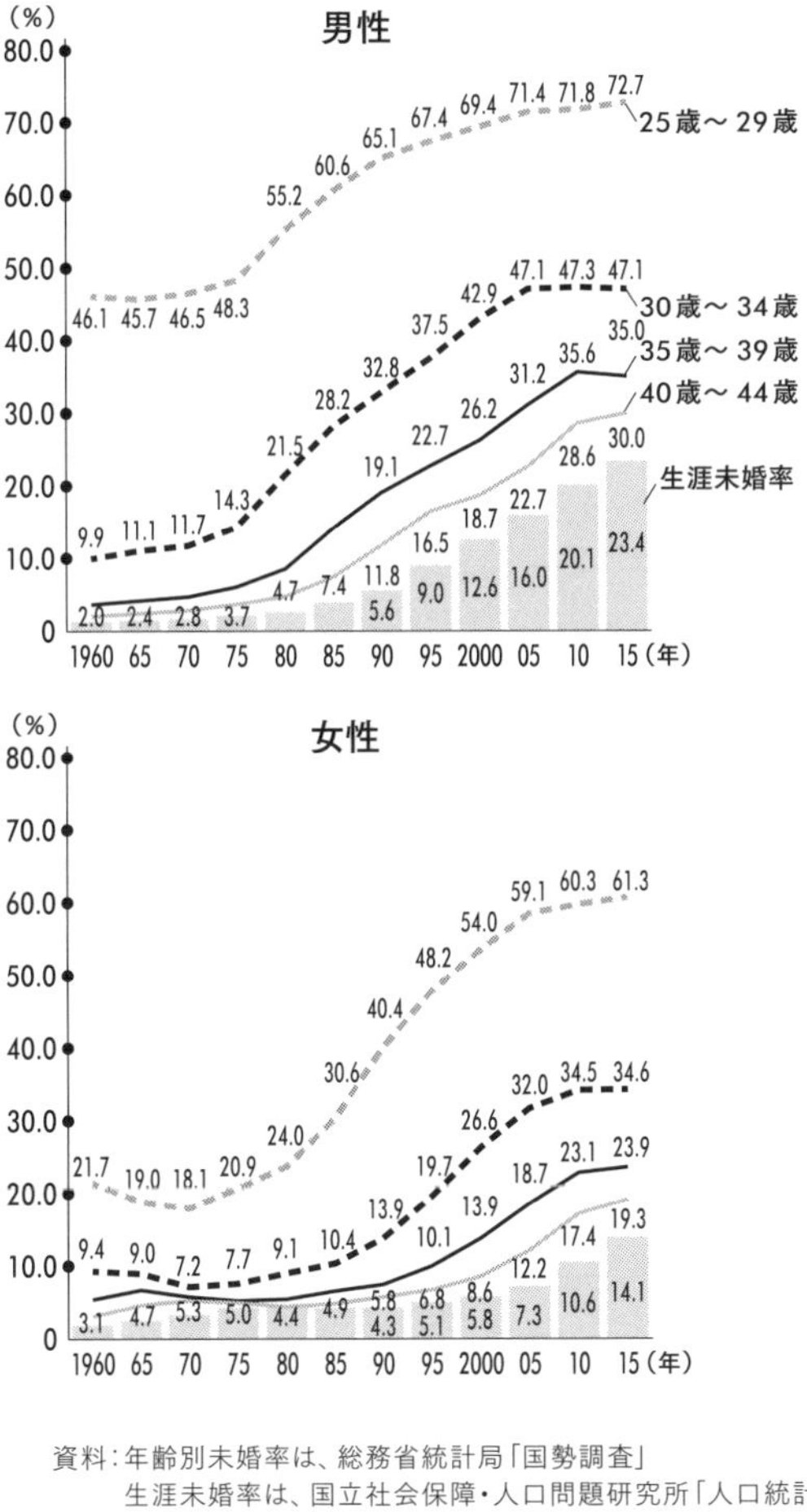

資料：年齢別未婚率は、総務省統計局「国勢調査」
生涯未婚率は、国立社会保障・人口問題研究所「人口統計資料集」（2021年）

ら40代前半の未婚率が上昇し始めた。結婚の先送り、すなわち「晩婚化」は、世代の動きとともに高年齢層に及んでいったのである。

わが国は婚外子が非常に少ないため、「結婚行動」はストレートに「出生行動」に影響を与える。つまり、結婚の先送り（晩婚化）は、出産の先送り（晩産化）につながる。

出生行動を表す指標として、母親の第1子出生時の平均年齢の推移[4]を見ると、1975年は25・7歳だったのが、1985年は26・7歳、1995年は27・5歳、2005年は29・1歳、2015年は30・7歳と、10年ごとにほぼ1歳ずつ高齢化してきている。晩産化が急速に進んでいったことが、はっきりとうかがえる。

このようにわが国では、1970年代半ばから、「晩婚化」と「晩産化」の2つの現象が、相次いで進行していったのである――。

「晩婚化」から「非婚化」へ、「晩産化」から「少産化・非産化」へ

――ただし、このことだけでは、先ほど述べたように、テンポ効果による一時的な出生率低下に止まる可能性もある。ところが、わが国の場合は、それが2つのルートを通じて、趨勢的な出生率低下へと結び付いていった。

1つは「結婚行動」に関する動きで、結婚が遅れるという「晩婚化」が、結婚しないという「非婚化」に結びついていったことである。

晩婚化は、30代のみならず40代でも歯止めがかからず、1990年代以降は、非婚に至るケー

スが増えていった。**図**（**2－4**）にある「生涯未婚率」（50歳の時点で一度も結婚したことのない人の割合）の推移[5]を見ると、男性は1990年に5・6％であったのが、2015年には23・4％へと約4倍にも上昇している。女性も1990年の4・3％から2015年の14・1％へと、約3倍となっている。こうした非婚化の動きは、出生率に重大な影響を与えた。

もう1つは「出生行動」に関する動きで、「晩産化」が「少産化・非産化」をもたらしたことである。

晩婚化に伴い、晩産化の動きも歯止めがかからなかったため、出産の機会は30代後半以降にまで先送りされていった。30代後半以降になると、女性の妊娠確率の低下と高齢出産を忌避する傾向によって、本来意図していなかった「出産の逸失」につながる可能性が高まる。[6]統計データ（**図2－5**）においても、結婚した時の妻の年齢が高齢であればあるほど、出生児数が減っていくことが明らかとなっている。この結果、1990年代から、第2子や第3子を持たない「少産化」や、子どもを持たない「非産化」が進み、出生率が低下していったのである。

このように結婚行動と出生行動の2つの要因が重なり合うことによって、わが国の出生率は急速に低下していった。専門家の分析によると、1970年代半ばから2012年までの出生率の低下要因を、結婚行動と出生行動の変化の2つに分解すると、前者（結婚行動の変化）による効果が、後者（出生行動の変化）に比べて、格段に大きいとされている[7]──。

図2-5　結婚時の妻の年齢別完結出生児数（2015年調査）

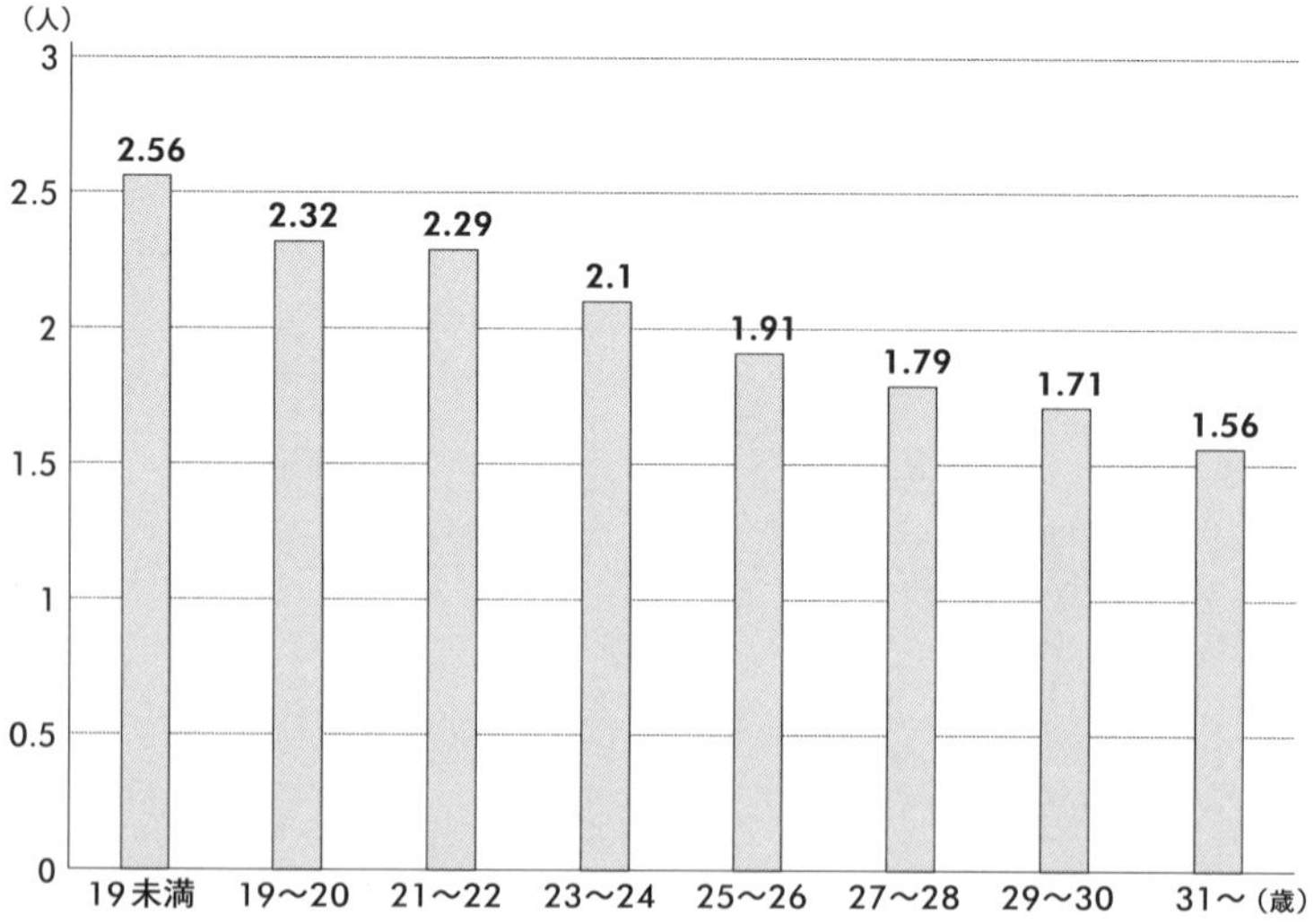

資料：国立社会保障・人口問題研究所「第15回出生動向基本調査（夫婦調査）」（2015年）

なぜ、「結婚行動の変化」が起きたのか

――なぜ、わが国では、このような現象が起きたのだろうか。

「結婚行動の変化」が生じた社会的な背景として、人口学の専門家の阿藤誠氏は次のような4点を挙げている。[8]

第1点は、高度成長の結果訪れた豊かな社会の到来によって、結婚に関する「社会的規範」（皆婚、結婚適齢期、離婚忌避などの規範）や「性別役割分業規範」が徐々に弛緩していき、結婚の先送りにつながったことである。第2点は、女性の高学歴化や雇用機会の拡大が、未婚女性の経済的自立性を高め、結婚の先送りを可能としたこと。第3点は、90年代後半以降、不安定雇用の若者が増大したこと。そして、第4点として、日本をはじめとする低出生率国は、高出生率国に比べ、より家族主義的、権威主義的で男女平等意識が弱いことを指摘している。

同じく専門家の河野稠果氏は、「結婚が男女にとってあまり魅力的なものでなくなったこと」、「適齢期の男女のミスマッチ」、そして「男女の出会いの場の狭隘性（見合い制度の衰退に代わる自由恋愛市場の機能が十分に作動していないこと）」を要因として挙げている。[9]

また、社会学者の山田昌弘氏は、近年のフリーターや非正規といった「将来の収入見通しが立たなくなった若年男性の大量発生」という状況に対して、わが国では「パラサイト・シングル」という条件が加わったことで、少子化が深刻化したと指摘する。[10]

山田氏によると、パラサイト・シングルとは「学卒後も親に基本的生活を依存する独身者」のことである。スウェーデンやフランスなどの北西欧諸国や米国のように、子どもは学卒後は親から独立するのが一般的な社会とは異なり、日本では、学卒後も親と同居する未婚者が多い。そうなると、収入の低い場合はもちろん、そうでない場合でも、子どもは親と同居することによって安定的な生活を得るので、結婚し、独立する必要性は高まらない。それが、未婚率を上昇させた。この現象は、東アジア諸国やスペイン、イタリアなどの南欧諸国にも共通しており、それらの国は軒並み「低出生率国」となった、としている。[11]

以上述べたような要因は重複が可能で、かつ多寡はあるとしても、それぞれに該当するケースが存在しそうである。したがって、どれが正しいか一概には決められない。

わが国の社会経済の大きな動きから見ると、「結婚行動の変化」は、1970年代半ば以降の女性の「就業機会の増加」が大きな要因となって進行し始め、その後、90年代後半以降は「若年世代の雇用・経済基盤の不安定化」が重なることで、深刻化していったと言えよう――。

結婚をめぐる「年収の壁」

壱岐の話は、わが国の出生率をめぐる動きを、若年男女の「結婚行動」と「出生行動」という「ミクロ的な視点」から捉えたものだった。夏の朝食勉強会での壱岐の話は、人口規模や人口推計などの「マクロ的な視点」の話が中心だったが、野口は、出生率向上策を検討するためには、出生率に影響を与えている様々な要素を分解し、相互の関係を分析することが重要と考えていた。壱岐が説明した内容は、野口のそうした期待に応えるものだった。壱岐は話を続けた。

――さて、こうした「晩婚化・非婚化」や「晩産化・少産化・非産化」は、若年世代が本当に望んでいることなのだろうか。

結論から言うと、そうではない。わが国の若年世代の結婚・出産に対する希望は強い。にもかかわらず、結婚や出産が希望通りになっていないのは、彼らの理想と現実の間にギャップがあるからに他ならない。

その大きな理由の1つとして考えられているのが、経済面の問題である。結婚するためには、一定以上の年収が必要と考えられ、それがハードルになっているという、いわゆる「年収の壁」である。

図2-6　男性の従業上の地位・雇用形態別有配偶者率

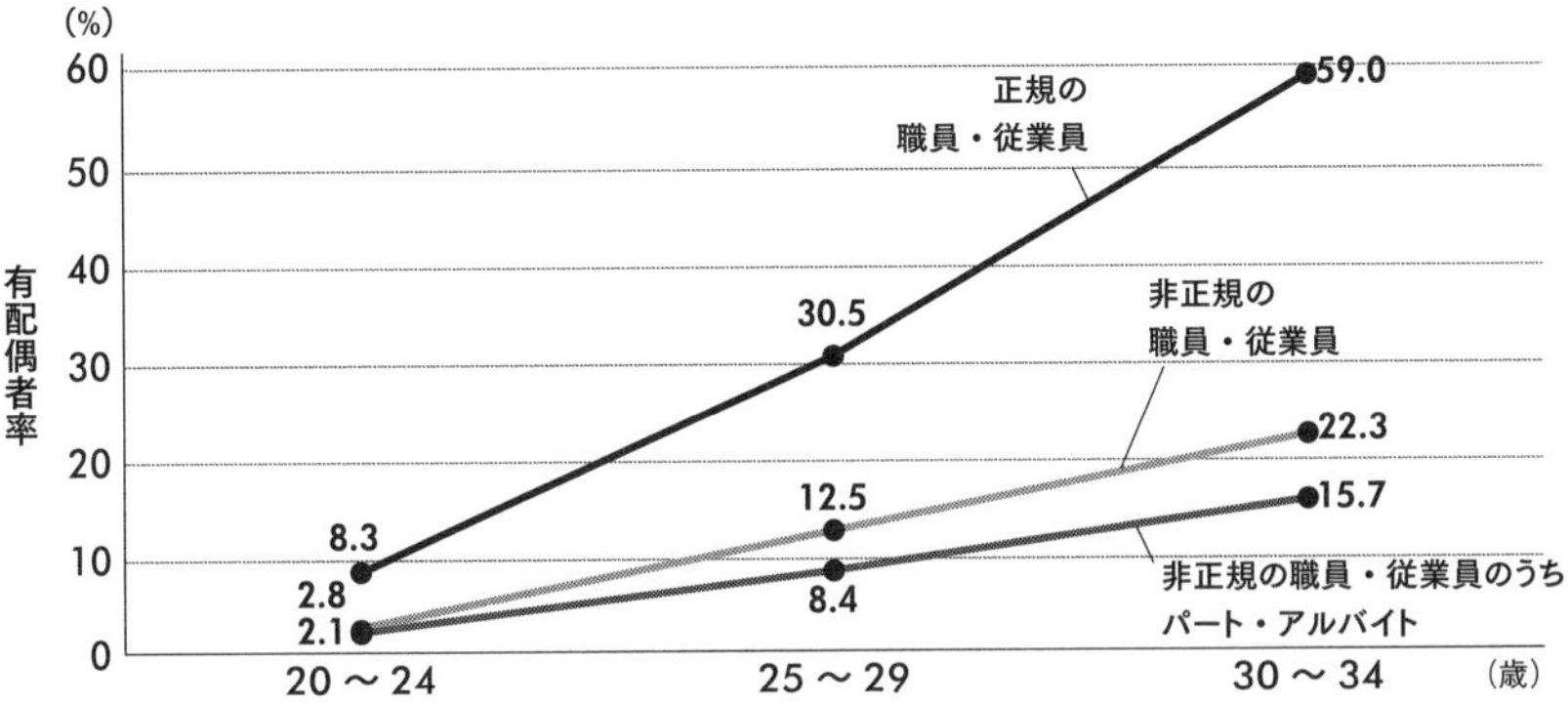

資料：総務省「平成29年就業構造基本調査」を基に作成。
注：数値は、未婚でない者の割合。
参考：内閣府「令和3年版少子化社会対策白書」P20

一体、若年世代は、結婚生活にどの程度の年収が必要と考えているのだろうか。

20～30代の男女を対象とした内閣府調査（2014年）[12]と札幌市の調査（2016年）によると、「結婚生活をスタートさせるのに必要と思う夫婦の年収」の金額は、全国平均で約490万円、東京圏で約525万円、札幌市で約463万円となっている。

この年収水準については高すぎるのではないかとの指摘もあり、こうした結婚に対する希望水準の高まりが晩婚化の要因となっているとする見方もある。実態としては、男性の場合は年収300万円を境として、結婚割合に大きな差がある[13]とされる。

そして、このような結婚をめぐる「年収の壁」の存在によって、非常に厳しい状況にあるのが非正規雇用者である。わが国では、不本意ながら非正規雇用で働く労働者は、減少はしているものの、今なお若年世代や就職氷河期世代を含め、230万人（2020年）存在している。[14] 大企業の正規雇用者は、勤続年数に応じて賃金が上昇する年功序列型賃金であるが、非正規雇用者の賃金は、年齢にかかわらず300万円程度で頭打ちとなっている。

図（2―6）を見ていただきたい。男性の正規と非正規で結婚している割合を比較したものである。私は、この調査結果を最初に目にした時、衝撃を受けた記憶がある。20代後半では、正規の結婚割合が30・5％に対し非正規は12・5％、30代前半では、同じく59％に対し22・3％と、両者の間には2倍を超える格差がある。パート・アルバイトの場合は、4倍近い格差になっている。賃金格差が、結婚にもそのまま表れているのである――。

出産をめぐる「3人目の壁」と「年齢の壁」

――出産についても、理想と現実の間にギャップが見られる。社人研調査（2015年）[15] によると、夫婦が理想とする子ども数より、予定子ども数（現存の子ども数に追加予定の子ども数を加えた数）は低い状況にある。

その理由を聞いたところ、2つの理由が突出していた。1つは、「子育てや教育にお金がかかりすぎるから」という経済的理由であり、他の1つは、「高年齢で生むのがいやだから」や「欲しいけれどもできないから」といった年齢・身体的理由である。

図（2―7）は、こうした理由を妻の年齢別に見たものである。一目瞭然だが、妻の年齢によっ

図2-7 妻の年齢別に見た、理想の子ども数を持たない理由（2015年）

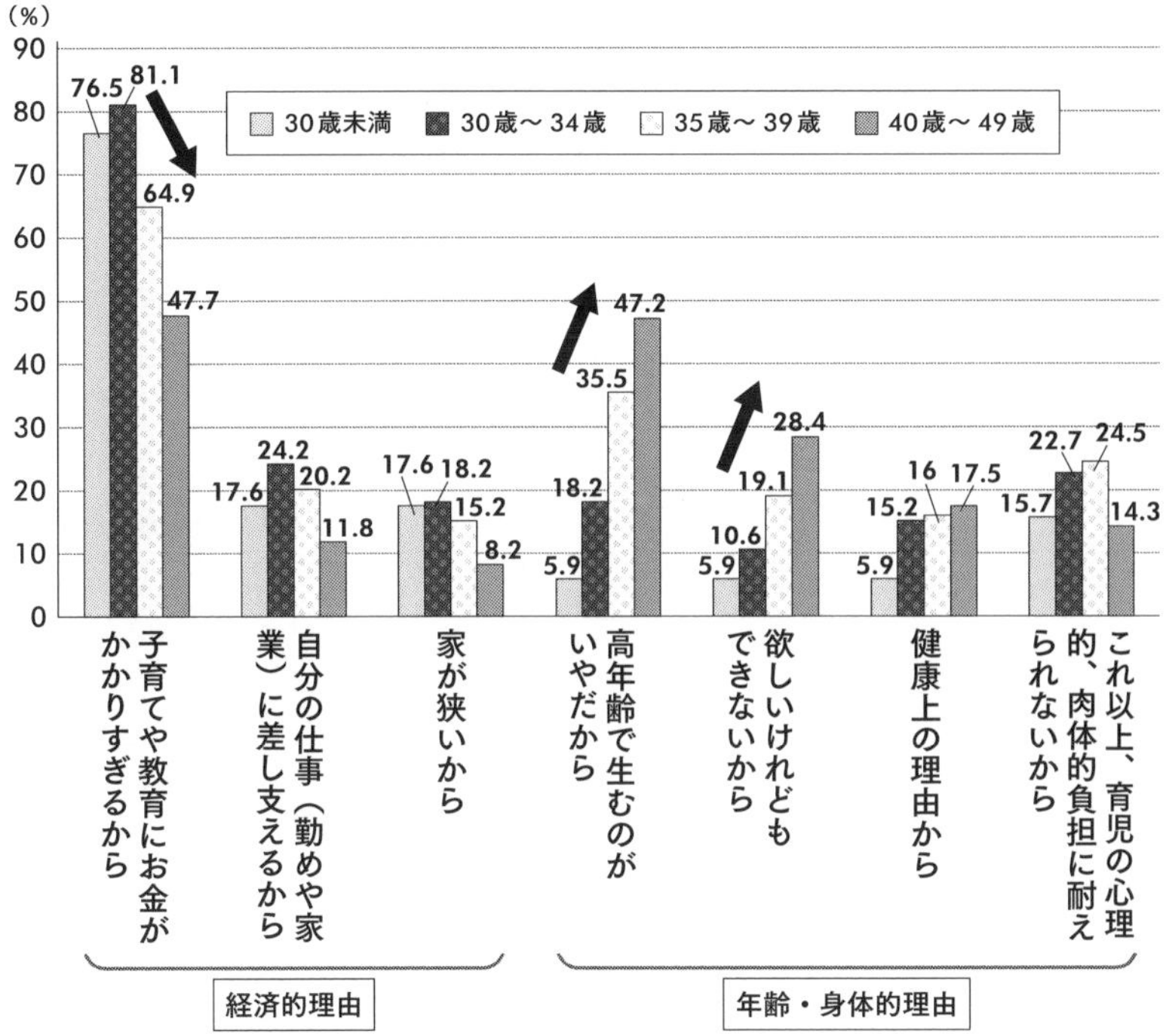

資料：国立社会保障・人口問題研究所「第15回出生動向基本調査（独身・夫婦調査共通項目）」（2015年）より筆者作成

て状況は大きく異なる。年齢が若い層は、経済的理由をあげることが多く、一方、年齢が高くなると、経済的理由は減り、年齢・身体的理由が増えている。

このうち「経済的理由」に関しては、3人目について顕著である。同調査によると、夫婦が理想どおり3人目を生まない理由の7割近くが、経済的理由である。厚労省「21世紀成年者縦断調査」を基に分析したところ[16]、夫婦が希望する子ども数と現実との一致度合は、3人以上の子どもが欲しいと願う夫婦のケースが最も一致せず、希望達成率は2〜3割にとどまっていた。また、東京圏に住む夫婦は他の地域に比べて、第3子を持つ割合が低いとの分析結果もある[17]。まさに、「3人目の壁」である。

そして、年齢が高くなるにつれて「欲しいけれどもできないから」という理由が増えているが、これは、加齢に伴う女性の妊娠確率の低下に関わるものであり、「年齢の壁」と言える。こうした状況もあって、近年は不妊を心配し、不妊治療を受けている夫婦が急増している[18]――。

「共働き」という選択肢

小休止の後、壱岐は、「それでは、いよいよ本題に入ります」と言って、出生率向上のための方策について語りはじめた。

――こうした結婚や出産の希望と現実のギャップを埋めることができれば、出生率向上への道が開けていくこととなる。そこで、有力な選択肢の1つとなっているのが、女性の就業機会の増

図2-8　専業主婦世帯と共働き世帯（1980〜2020年）

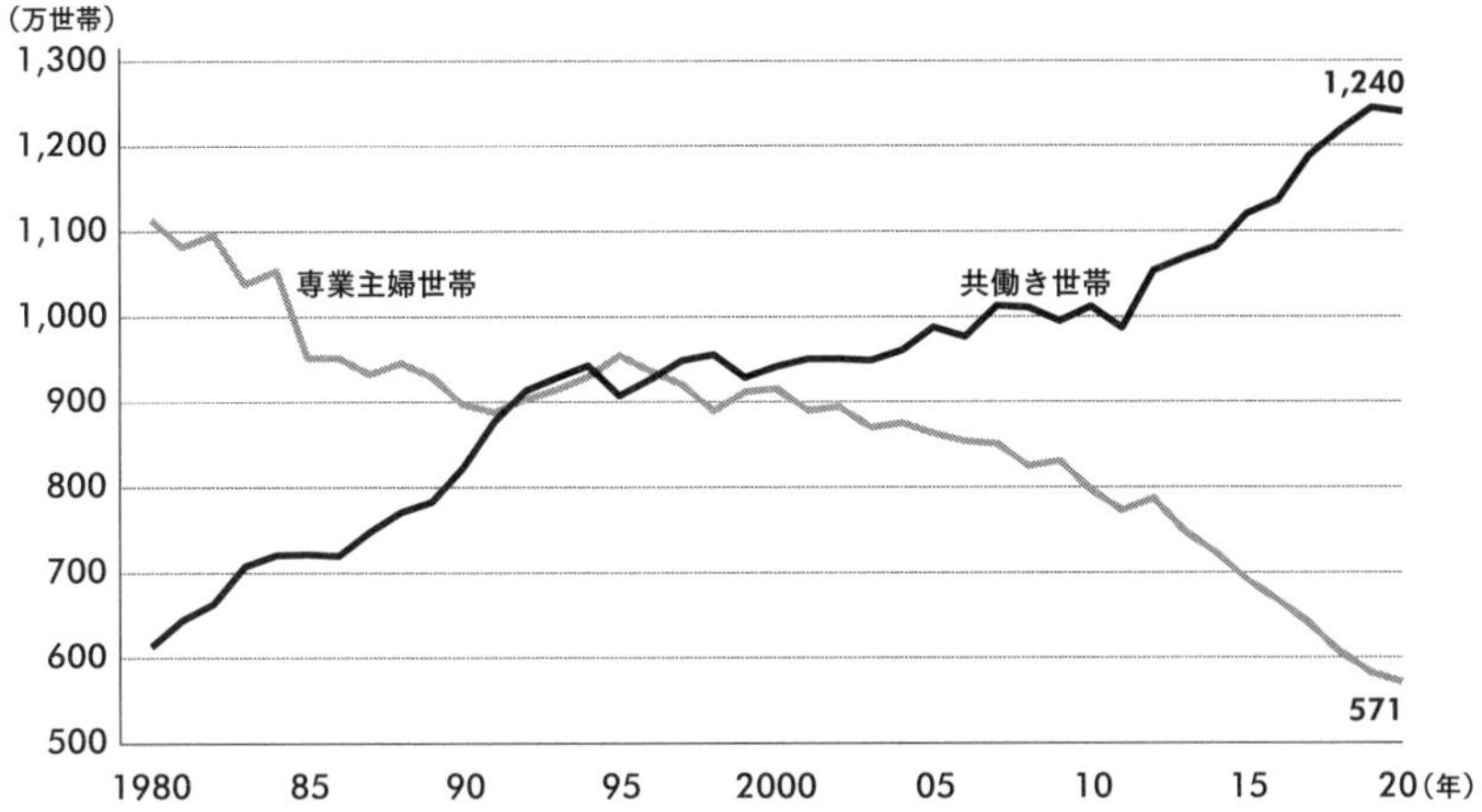

資料出所：総務省「労働力調査特別調査」、総務省「労働力調査（詳細集計）」

出典：（独法）労働政策研究・研修機構「早わかり　グラフでみる長期労働統計」

加を背景として、結婚後も夫婦が共に仕事を続ける「共働き」である。

先ほど、結婚に必要と考えられている年収が、全国平均では約490万円、東京圏では約525万円と述べたが、この年収の水準は夫1人分では足りなくても、共働きであれば到達可能で、経済面での結婚や出産のハードルは一気に下がる。もちろん、若年労働者の雇用環境が改善し、1人あたりの賃金が大幅に上がれば、それも解決方策になるが、実際には短期間の状況改善は難しい。そうなると、現実的な選択肢は、「共働き」ということになる。

では、現状はどうか。わが国の世帯の状況を見ると、共働き世帯の比率は年々高まっている（**図2―8**）。専業主婦世帯は、1980年には

1100万世帯を超えていたが、その後減少し、代わりに、1990年代には共働き世帯のほうが上回る状況となった。そして、2000年代後半以降、共働き世帯は急速に増大し、2020年には全体の7割近くの1240万世帯に達している。

今やわが国では、共働き世帯が主流となっているのである。

共働きの増大は、わが国のみならず、スウェーデンなど欧米諸国において共通して見られる動きである。そこで重要となるのは、こうした共働きの増大が、各国の出生率にどのような影響を及ぼしてきたかであるが、この点は後ほど取り上げることとしたい。

その前に、わが国の共働きの実態を詳しく見てみよう——。

「出産退職」が多く、出産後に再就職する実態

——実は、先ほどの**図**（**2**―**8**）で掲げている共働き世帯には、妻がフルタイムで働いているケースだけでなく、パートタイム（週間就業時間35時間未満）で働いているケースも、すべて含まれている。総務省「労働力調査」（2020年）によると、共働き世帯の妻のうち、フルタイムで働いているのは41・7%で、過半数の58・3%はパートタイムである。[19]また、近年の共働き世帯の増加分の大半は、妻がパートタイムのケースであるとされている。[20]

こうした実態は、女性の年齢別の労働状況からも確認できる。**図**（**2**―**9**）は、2012年と2019年の女性の就業率と正規雇用率の変化を比較したものである。これによると、女性の就業率において、結婚・出産時にいったん低下し、その後再び上昇する「M字カーブ」は、近年解

図2-9　女性の就業率と正規雇用率（M字カーブとL字カーブ）

○女性の就業率について、年々「M字カーブ」は解消しつつある。
○一方で、30歳以上は非正規雇用が中心であり、正規雇用者率で見れば「L字カーブ」となっている。

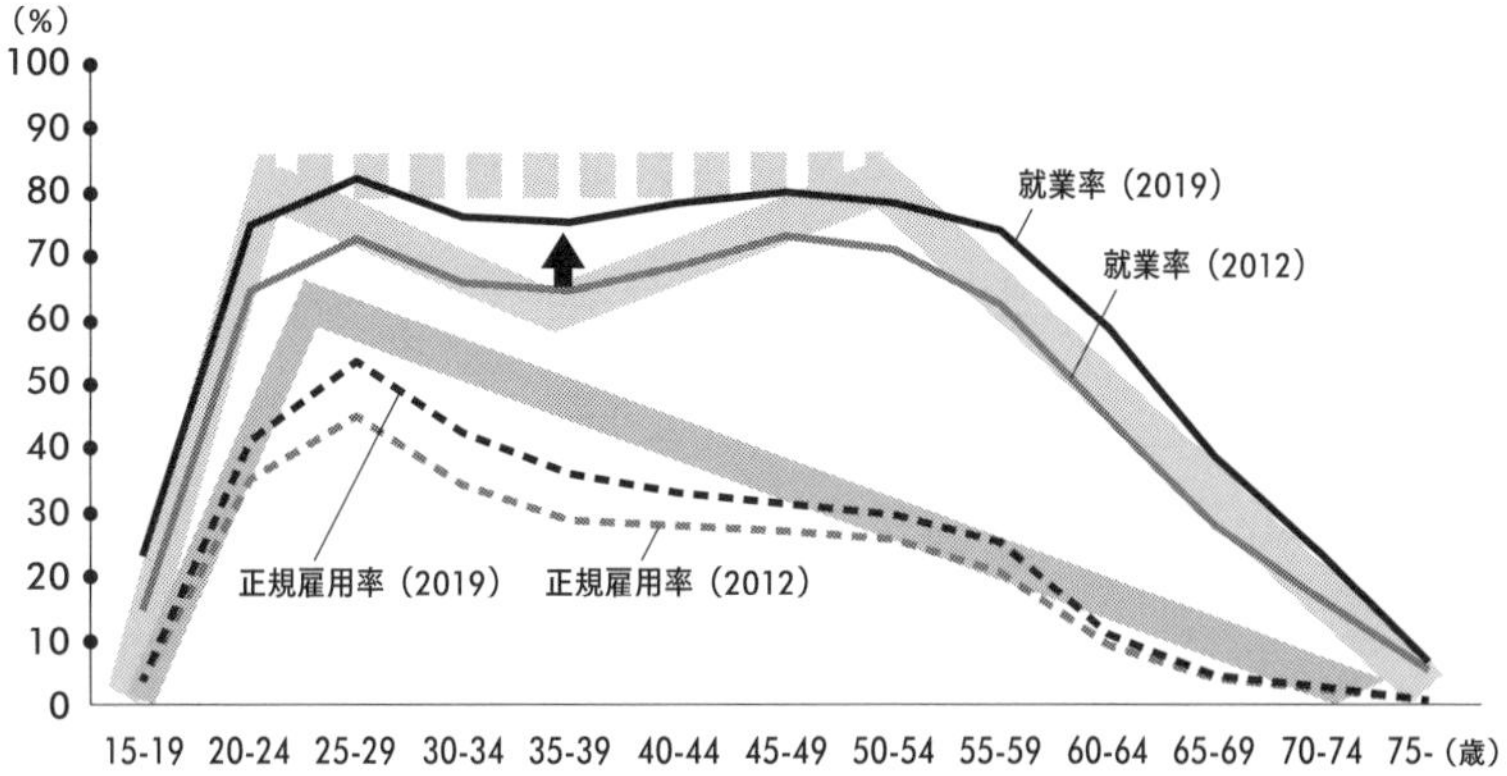

備考：1．総務省「労働力調査（詳細集計）」により作成。
　　　2．正規の職員・従業員数、自営業者数等の人口に占める割合。
資料：内閣府「選択する未来2.0」中間報告参考資料（2020年7月）

消されつつあることが分かる。一方、30歳以上は非正規雇用が中心となっており、正規雇用率が20代後半でピークを迎えたのち、低下を続ける「L字カーブ」という状況は変わっていない。[21]

　こうした状況が生じている背景としては、結婚を機に退職する「結婚退職」は大幅に減少したものの、出産・育児を機に退職する「出産退職」は依然として多いことがあげられる。社人研調査（2021年）によると、共働きで就業していた妻が第1子出産に伴い退職する割合は、従来の6割だった頃に比べ低下しているものの、いまだ30・5%となっている。[22]

　そして、出産後の女性の多くは、就業を強く希望している。社人研の調査（2015年）によると、子どもを生み終えた無職の妻のうち、就職を希望している人は86％にものぼる。末子の年齢が「0～2歳」の場合で12・4％、「3～5歳」の場合で17・8％の妻が、「すぐにでも働きたい」と回答している。そして、その就職希望者のうち、87・5％が「パート・派遣など」を希望しているのである。[23]

このため、出産退職ののち、かなりの女性が出産後に経済的理由から再就職しており、その際には非正規雇用の場合が多い。こうしたケースが、「再就職コース」と呼ばれるものであり、共働きの中で大きな割合を占めている。

総務省の就業構造基本調査（2017年）によると、出産・育児のために離職した女性のうち、再就職している有業者の割合は29・9％となっており、近年、増加する傾向にある。[24]

「再就職コース」の詳しい状況を、厚労省委託調査（2014年）[25]で見ると、「出産・育児等を機に離職した理由」は、「家事・育児に専念するため」というのが最も多く、次いで「時間的に両立が難しかった」である。再就職をした女性のほとんどが、離職時に再就職の意向を有していたとしている。再就職した時の子ども（末子）の年齢は、再就職先での就労形態によって大きな差が見られる。正規・非正規を問わずフルタイム勤務の場合は、子が「0歳」が31・8％、「1歳」が24・8％で、子どもが小さいうちから再就職したケースが過半を占めている。一方、非正規の短時間勤務の場合は、「0～1歳」が28・5％、「2～3歳」が29・6％、「4歳以上」が41・9％となっており、子どもがある程度大きくなってから再就職したケースが多い。

こうした「再就職コース」に対し、出産時に離職せず、そのまま就業を継続するケースが「就業継続コース」である。

共働きの妻において「就業継続コース」を選択している割合は、先ほど述べたように、近年上昇しているものの、69・5％にとどまっている。[26]そして、その多くは正規雇用である。大半は、育児休業制度を利用したのちに、同じ職場に復帰しているが、育児休業を取らずに就業を継続する場合も見られる。[27]

これが、わが国の共働きの実態である——。

未婚男女が理想とする「ライフコース」とは

——さらに、わが国の未婚男女が自らの結婚、出産、仕事といった「ライフコース」について、どのように考えているのかも見ておこう。参考となる意識調査[28]がある（図2－10）。

これは、未婚女性に対して、自らのライフコースをどのように考えているかを尋ねた調査で、理想とするライフコース（理想ライフコース）と実際になりそうなライフコース（予想ライフコース）の2つの問いに分かれている。未婚男性にも、パートナーとなる女性に望むライフコースを質問している。調査結果を見ると、以下のようなことが分かる。

① 「専業主婦コース」を理想とする女性は数十年前に比べて半減し、現在は14％弱である。

② 仕事を持つことを理想とする女性は年々増加しており、過半を占める。その内訳は、結婚後も仕事を一生続ける「両立コース」（先ほどの「就業継続コース」）が約31％、結婚・出産の機会にいったん退職し、子育て後に再び仕事を持つ「再就職コース」が約26％である。

③ 理想として、子どもを持たないＤＩＮＫＳコースは約8％、非婚就業コースは約12％で、

図2-10　女性の理想・予想のライフコース、男性がパートナーに望むライフコース

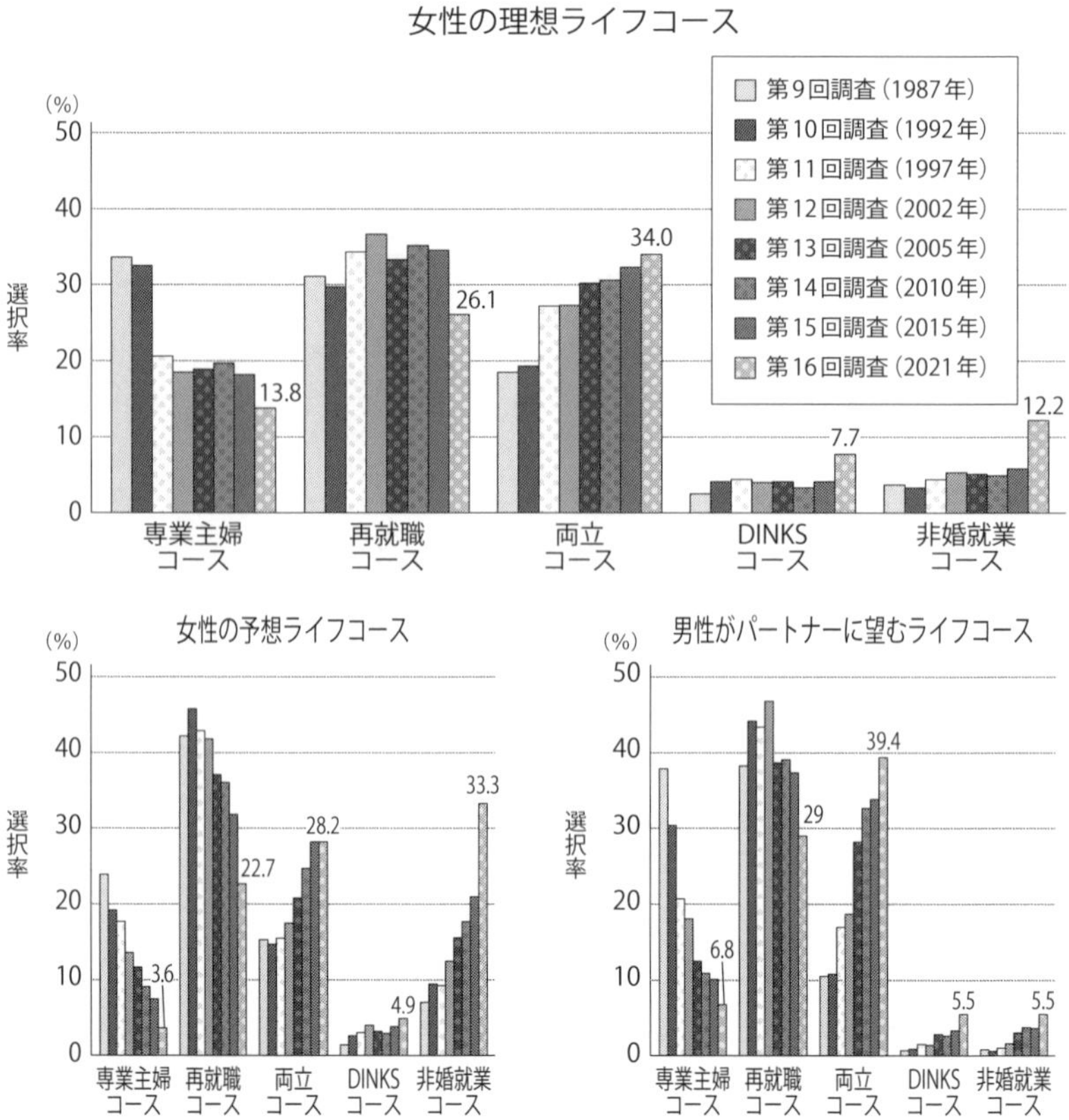

（ライフコースの説明）
○専業主婦コース＝結婚し子どもを持ち、結婚あるいは出産の機会に退職し、その後は仕事を持たない
○再就職コース＝結婚し子どもを持つが、結婚あるいは出産の機会にいったん退職し、子育て後に再び仕事を持つ
○両立コース＝結婚し子どもを持つが、仕事も一生続ける
○DINKSコース＝結婚するが子どもは持たず、仕事は一生続ける
○非婚就業コース＝結婚せず、仕事は一生続ける

資料：国立社会保障・人口問題研究所「第16回出生動向基本調査（独身調査）」（2021年）

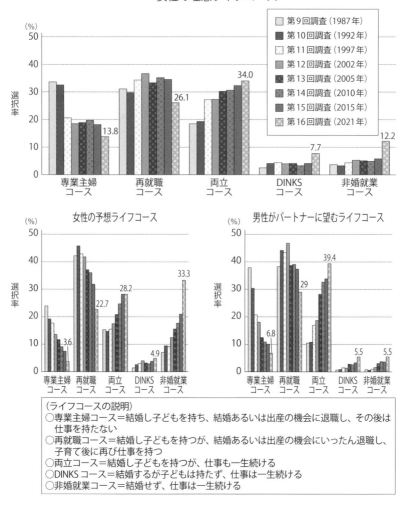

後者の伸びが大きい。

④　実際になりそうと考える予想ライフコースでは、「非婚就業コース」が最も多く約33％となっている。続いて「両立コース」が約28％、「再就職コース」が約23％で、非婚就業コースが急増している。これに対して、「専業主婦コース」は、約４％と急減している。

⑤　男性がパートナーに望む状況は、「専業主婦コース」が約７％にまで急減し、「両立コース」と「再就職コース」が、それぞれ約39％、約29％と高い割合となっている。

この調査結果では、女性の理想及び予想のライフコース、さらに男性がパートナーに望むライフコースのいずれにおいても、共働きが非常に大きな割合を占めており、未婚男女の意識の面においても主流となっていることがうかがえる。

ただし、共働きの内訳を見ると、「両立コース」、「再就職コース」ともに、かなり高い水準となっていることにも着目しなければならない。「両立コース」の希望は増加してはいるものの、「再就職コース」のほうも、従来から大きな部分を占めている。

以上、わが国の共働きの全体状況をまとめると、次のようになる。

「共働き」は、今や、実態及び意識の両面において主流となっており、年々その傾向は強まっている。と同時に、出産退職の割合は依然として高い水準にある。このため、共働き世帯の女性の就労形態は「就業継続（両立）コース」とともに、「再就職コース」も一定の水準に達しており、その中には非正規が多い。

仕事と育児の両立支援策を考える上では、こうした共働きの実態や意識が重要となってくるので、忘れないでおいていただきたい——。

女性就業によって、出産は抑制されるのか

——さて話を出生率に戻そう。問題は、こうした共働きの増大が、出生率にどのような影響を及ぼすかである。

共働きが増えれば、結婚する男女が増え、未婚率が低下するし、結婚後も経済基盤が安定するので、生む子ども数が増えて、出生率は向上するのではないかと期待してしまう。ところが、そう簡単にはいかない。共働き世帯に関する実証研究によると、「女性の就業によって、出産が抑制される」という分析結果がこれまで多く示されているのである。[29]

なぜ、共働きが、出産に対しマイナスの影響を与えるのだろうか。

参考となる見解がある。それは、出産・育児によって、就業している女性に2種類の経済的損失（機会費用）が生ずるというものである。[30] 1つは、離職期間中に生ずる「賃金の損失」という直接的損失であり、他の1つは、就業（キャリア）の中断で生ずる「キャリアアップ（賃金上昇）の機会の喪失」という中長期的で、間接的な損失である。

たとえば、非正規雇用の女性の場合は、育児休業制度の対象となっていないことが多いため、出産・育児のために離職せざるを得ず、離職によって生ずる前者の直接的損失が大きい。これに対し、高学歴者や正規公務員の女性の場合は、育児休業制度などには恵まれているものの、後者のキャリア中断による間接的損失が大きいという。[31] 正規、非正規ともに、こうした損失を避けるために、出産を抑制する傾向が見られるとされるのである。

また、出産時に退職したあとに、再び働く「再就職コース」の場合には、「就業↓退職↓第1

子出産→育児→再就職」という目まぐるしい環境変化の中で、身体的・精神的な負担によって女性は疲れ果て、それが第2子以降の出産をためらわせていることも否定できない。

そこで、こうしたことを逆に見れば、仕事と出産・育児の「両立支援策」として、育児休業制度や保育制度などの拡充、キャリアアップ・システムの見直しが進むならば、女性就業による出産抑制を防ぐことは可能ではないか、と考えることができる。

そして、実際に「両立支援策」が充実すると、女性就業の出生率へのマイナス効果が緩和され、加えて、「共働き」という選択が結婚や出産への道を広げることから、出生率向上にプラスに働くという見解が、近年、一般的になってきているのである――。

こう言って、壱岐が示した資料は、女性の労働参加水準と出生率の関係であった。

スウェーデンなどで起きたこと

――そのことを示すのが**図**（2―11）である。少し見づらいかもしれないが、スウェーデンやフランス、英国、米国では、1970年頃は概ね2の近辺の水準にあった出生率が、女性労働参加率が高まるにつれ、いったん下がっていったが、その後2017年時点には1・8あたりに回復している。このことは、先ほど、出産の先送りとキャッチ・アップの現象として説明したが、それを可能とした背景には、女性就業と出生率の関係が変化してきたことが考えられるのである。

この点について、社会学者の筒井淳也氏は、次のような考え方を示している。[32]

図2-11　主要国における女性労働参加率と合計特殊出生率の推移

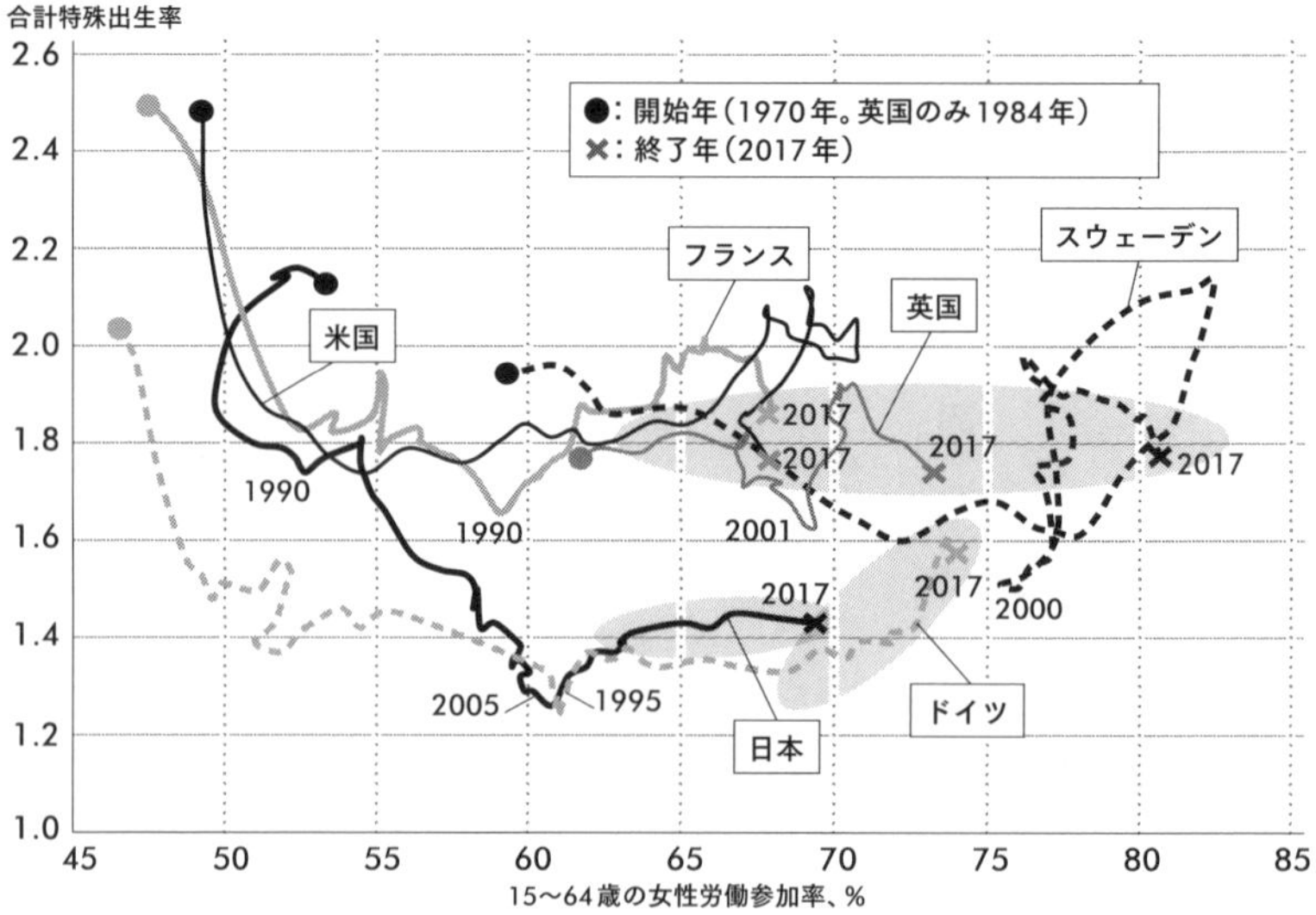

備考：OECD Family Database, OECD Stats に基づく
資料：内閣府・第４回「選択する未来2.0」参考資料② 2020年4月より筆者作成

「雇用労働に従事する女性が増えるにつれて、どの国でも出生率が下がることになった。しかし、女性の労働力参加が出生率へ与える負の影響は、アメリカやスウェーデンといった少子化を克服した国においては、ある時点から中和されるようになった」

「おそらく、スウェーデンでは、長期的には公的両立支援制度の影響、アメリカでは民間企業主導の柔軟な働き方の影響で、女性が賃労働と子育てを両立しやすくなったからだと思われる」

「その後、女性の労働力参加と出生率との関係はいよいよ反転し、女性が働くことは出生率に正の効果を持つようになる。これは不況あるいは経済成長の鈍化のなかで若年者の雇用が不安定化し、それへの対応として男女がカップルを形成し、共働きによって生計を維持するというケースが増えたからである」

この指摘にあるように、スウェーデンなどでこうした変化を可能としたのは、早い時期から両立支援策に精力的に取り組んだことが大きいと考えられる。スウェーデンは1974年に、育児休業制度の「両親保険」を導入し、フランスも1985年に「育児親手当」を導入した。加えて、1970年代以降、両国は保育サービスの整備に努めてきた。こうした両立支援策への積極的な取り組みが、出産の先送りが始まっても、その後キャッチ・アップを可能とし、その結果、出生率は回復していったのである。また、ドイツも、最近になって両立支援策の拡充が図られ、出生率を回復させつつある。

一方、日本はどうか。**図**（2─11）にあるように、出生率は1970年には2を超えていたのだが、それが女性労働参加率の上昇とともに低下し続け、いまだに女性就業の進展がそのまま出生率低下につながる段階を脱し切れていない。日本の場合は、育児休業の制度化は1991年、育児休給付制度の導入は1995年になるなど、両立支援策への取り組みが遅れた。その上に、現在も十分な両立支援が行われていないことが一因となっているのではないか、と考えざるを得ない──。

「両立支援策などの政策対応」の違い

ここで、壱岐は参加者に、一枚のペーパー（図2―12）を配布した。

――これは、これまで話した内容をまとめたものである。要約すると、次のとおりである。

① 1970年代から、欧米や日本などでは、出生率が人口置換水準を大きく下回るところまで低下していった。これは、社会経済の変化、特に女性就業の機会の増加に伴い、「出産の先送り」が始まったためである。

② こうした状況に対して、各国は「両立支援策などの政策対応」に力を入れ始めた。中でも、スウェーデンやフランスは早い時点から積極的に取り組み始めた。

③ その成果もあって、その後、スウェーデンやフランスなどでは、本格的な「生み戻し（キャッチ・アップ）」が始まり、その結果、出生率が回復していった。

④ 一方、日本やイタリアなどでは、本格的なキャッチ・アップは起こらず、出生率は、現在も非常に低い水準にとどまっている。その結果、高出生率国と低出生率国との間で、「20代後半から30代前半」の出生率に大きな格差が生じることとなった。

⑤ 日本の出生率低下の背景には、「晩婚化」と「晩産化」があり、それが「非婚化」と「少産化・非産化」へと結びついていった。日本でも、女性就業が進み、共働き世帯が増加したが、いまだに出生率の回復傾向は見られない。

⑥ 日本と同じように低出生率であったドイツは、最近、出生率が回復しており、高出生率国

図2-12 1970年代以降の「出生率」をめぐる動き（メモ）

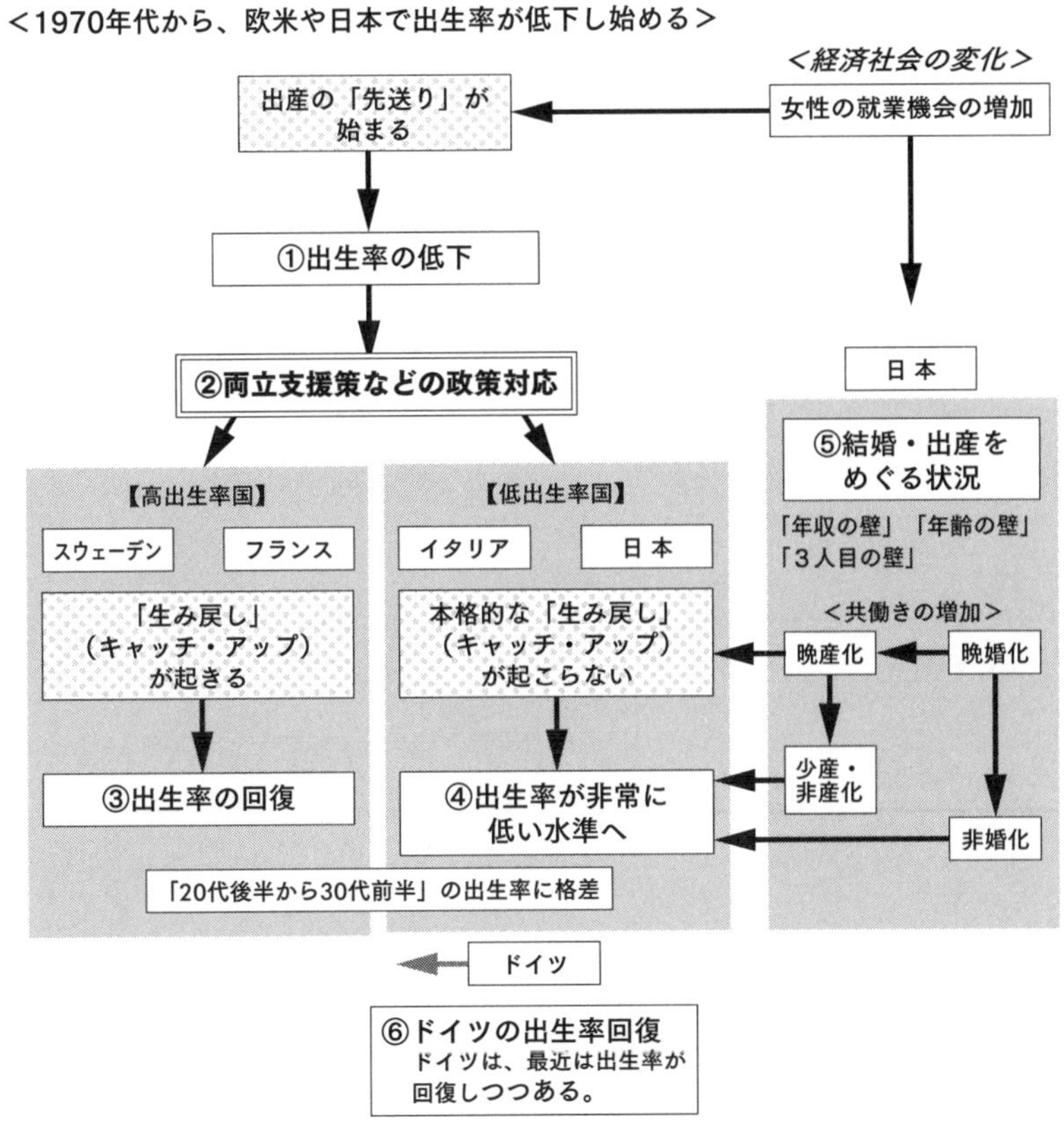

資料：筆者作成

へ移行しつつある。

以上が、高出生国と低出生国の出生率の格差をめぐる、全体構図である。

そして、こうした格差を生んだ要因は何かというと、先ほど述べたように、政府による両立支援策の影響が大きいというのが、私の意見である。つまり、**図**（2－12）に掲げている「②両立支援策などの政策対応」の違いが、「20代後半から30代前半」の年齢層のキャッチ・アップの有無を決定づけ、出生率に格差を生じさせる大きな要因になったのではないか、と考えている。

したがって、今回の人口戦略の検討にあたっては、スウェーデンなどと日本の両立支援策の具体的な内容について、何がどう違うのかを詳細に分析し、それを踏まえた上で、出生率向上の方策を策定することが肝要と考える――。

「まず、自分の足もとをよく見る」

以上の壱岐の説明のあと、若干の質疑が行われた。

野口が「そうなると、やはりわが国の両立支援策をめぐる問題が、出生率低下の要因ということになりますね」と言うと、壱岐は慎重に言葉を選びながら、こう答えた。

「そこは、誤解しないでいただきたいと思います。出生率の動きには様々な要因が絡みますので、出生率低下の要因も〝一刀両断〟に結論を下すようなわけにはいきません。また、以前、百瀬統括官の勉強会でも申し上げましたが、『これさえすれば』というような即効薬はありません（42頁参照）。私は、両立支援策の違いという『政策的要因』が大きいと思ってはいますが、それ以外の要因が関わっていることも否定しません。たとえば、若年男女の結婚・家族観の変化や結婚に関する社会システムの変貌も考えられます。さらには、『年齢の壁』といった生理学的な要素が関わっていることも間違いないでしょう。

ただし、そうしたことを念頭に置いたうえで、政府としては、何よりもまず、現在の政策・制度に問題点はないのか、スウェーデンなどの高出生率国の制度と比べて、不十分な点はないのかを検討すべきだと思います。もし、政策・制度に問題点や限界が内在しているとすれば、それを取り除き、改めるだけで、相応の効果が期待できるからです」

「なるほど。『脚下照顧《きゃっかしょうこ》』、政府は、『まず、自分の足もとをよく見てみろ』ということですね」

百瀬がそう言うと、壱岐が、

「まさにその通りです。こうした政策・制度論については、後日、社会保障が専門の小川さんがお話になるということなので、そこで、よく議論していただきたいと思います。以上、私は問題提起ということで、話を終えたいと思います」と述べて、第1回目の勉強会は終わった。

4 制度をめぐる議論（202X年11月中旬）

カギをにぎる「育児休業制度」の制度設計

本部事務局内の2回目の勉強会は、社会保障の研究者である小川涼子が講師であった。

野口は、小川とは、内閣府に入った頃からの知り合いである。小川は、百瀬の朝食勉強会に、野口の推薦で参加した。彼女は経済学をベースとしているが、社会保障政策のみならず労働政策にも通じていることから、両分野が関わる「子育て支援策」を語ってもらうには、うってつけの人材である。温和な性格だが、自らが正しいと思ったことは誰をも怖れず、正論を堂々と述べることで知られている。

前回の壱岐の問題提起を受けて、小川には「両立支援策などの政策対応」をテーマに、諸外国や日本の制度の現状と課題について説明してもらうこととした。

小川は一枚のメモ（図2―13）を配布しながら、話を始めた。

――今回の依頼を受けて、私も改めてスウェーデンやフランスなどの両立支援策について詳しく調べてみた。そして、調べれば調べるほど、これらの国の政策が、いかに若年世代に対してき

図2-13 「育休制度モデル」とわが国制度の実態

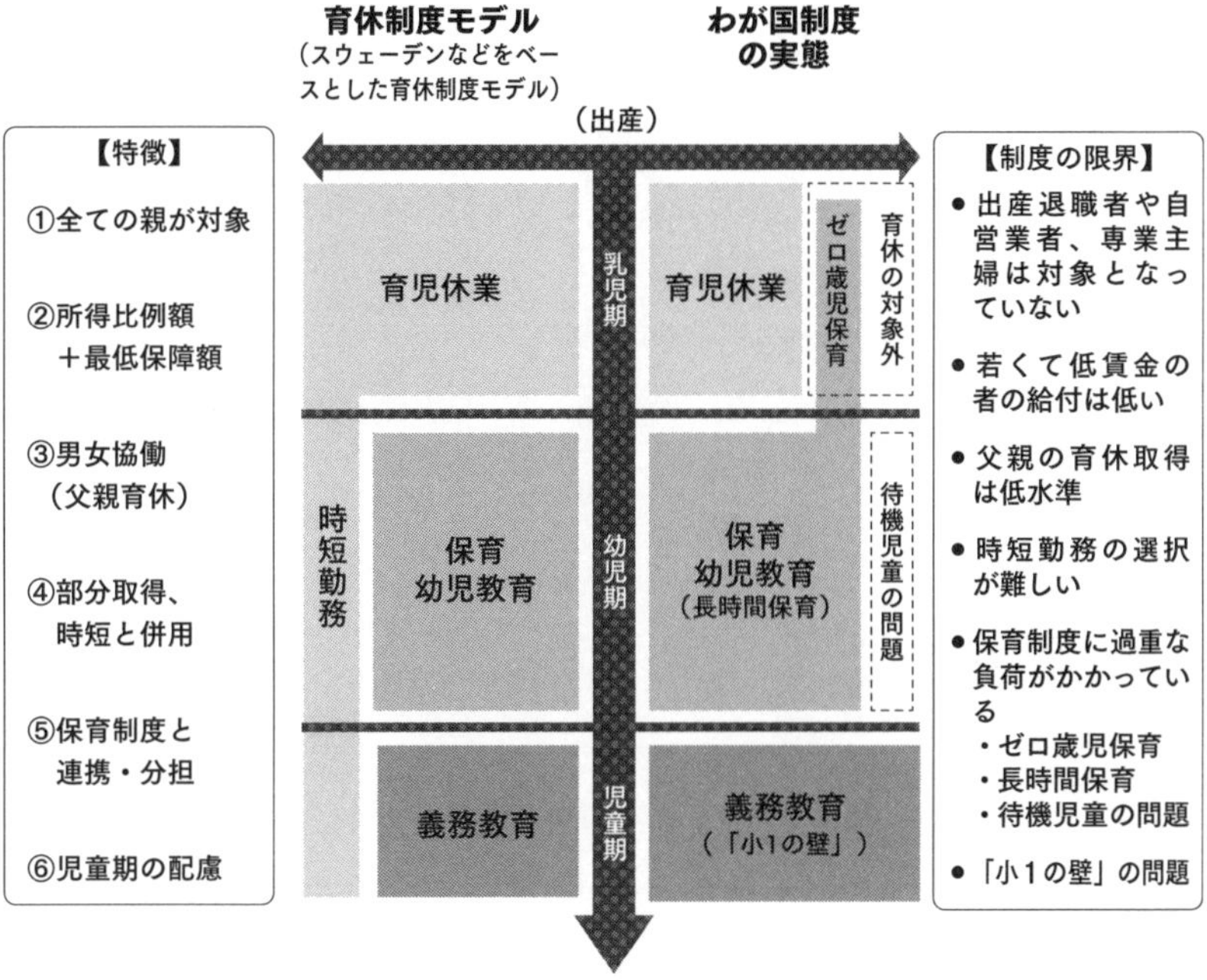

資料：筆者作成

め細かく、手厚くかつ効果的であるかに驚いた。今日、これらの国が高出生率を維持している理由がよく理解できた。

もちろん、彼らは試行錯誤を重ねる中で、現在の政策体系を築き上げてきた。そして、それを参考にしながら、近年、政策の大転換を進めているのがドイツであり、制度改革の議論を始めているのが韓国である。

両立支援の制度・政策を「ヨコ軸」と「タテ軸」の2つの角度から見てみると、問題の所在が分かりやすいと思う。ヨコ軸は、制度の対象者の「拡がり」である。タテ軸は、両立支援の「時間的な流れ」であり、出産後から1歳程度までの「乳児期」と、その後6歳程度までの「幼児期」、さらにそれ以降の「児童期（青少年期も含む）」に分けられる。

そして、この乳児期、幼児期、児童期のいずれにも関わり、両立支援策全体のカギを握っているのが、私は「育児休業制度」であると考えている。

改めて言うまでもないが、育児休業制度とは、働いている人が出産後に子どもを育てるために一定期間取ることができる、法律に基づく休暇制度のことである。休暇中は賃金は支払われないが、別途、育児休業給付金を支給する給付制度があるのが一般的である。以下、こうした給付制度も含めて、「育休制度」と呼ぶこととする。

育休制度は、産前産後の出産休業（産休）と合わせて乳児期に位置するとともに、短時間勤務制度（時短制度）や保育制度との関わりを通じて、幼児期や児童期にも大きな影響を与え得る存在である。

以前、壱岐さんが、百瀬統括官の朝食勉強会で配った『人口減少――5つの不都合』の5番目で、『「一波動けば万波生ず」のように、取り組んだ施策が次々と他に連鎖していき、最終的に全体を大きく変えていくような展開が望まれる」と述べた。まさに、わが国の場合は、育休制度の改革によって、そのような展開になるのではないかと期待している――。

「育休制度モデル」とは

――そこで、スウェーデンの「両親保険」などをベースにして、モデルとなる育休制度の特徴をあげると、次の通りとなる。配布したメモ（図2―13）は、この「育休制度モデル」とわが国制度の実態を簡略的に対比したものである。

〈育休制度モデル〉

① 普遍性――就業の有無や形態を問わず、すべての親を育休制度の対象とする。
② 給付水準――①に対応して、育休給付の支給額は、従前所得の一定水準とする「所得比例額」と、定額の「最低保障額」の組み合わせとする。
③ 男女協働――父親の育児参加を推進する仕組み（パパ・クオータ制度等）を導入する。
④ 時短制度との連携――利用者の選択によって、全日休暇だけでなく、休暇の部分取得も認め、時短制度との併用を可能とする。
⑤ 保育制度との連携・分担――子どもが1歳までは育休で対応し、保育は原則として1歳児以降を対象とする。時短制度を活用して長時間保育を避ける。

⑥ 児童期の配慮——小学校入学後も、学校行事等に配慮して、時短を認める。

まず、第1が「普遍性」である。これは、制度の対象者の拡がりで、「ヨコ」軸に関わる問題である。スウェーデンやフランス、ドイツは、すべての親を育休制度の対象としている。企業の正規雇用者のみならず、非正規雇用や自営業者、無職、学生なども対象としており、養子縁組の親の場合も含まれる。

これに対して、日本や韓国の育休制度は、雇用保険制度の対象者である、出産時に就業を継続している者のみを対象としている。このため、出産時に退職した者や自営業者、無職の専業主婦などは、育休制度の対象となっていない。この対象者の違いは、両立支援策において決定的な違いをもたらしている。

第2は「給付水準」である。モデルでは、第1の「普遍性」を踏まえ、対象者の属性に対応した給付となっている。企業に勤めている就労者については、従前給与（休暇前の給与）の一定割合（たとえば80%）とする「所得比例額」が支給され、一方、従前給与が低い人や自営業者、無職などの人には、定額の「最低保障額」が支給される。

第3は「男女協働」。父親の育児参加を推進するため、スウェーデンなどでは「パパ・クオータ（父親割当）制度」などの仕組みが導入されており、実態としても父親の育休取得が普及している。一方、日本の父親の育休取得は低調である。

第4は「時短制度との連携」である。これは、乳児期のみならず、幼児期や児童期にも関係してくる。モデルとなる育休制度は、全日（フルタイム）休暇だけでなく、休暇の部分取得も認める、柔軟性の高い仕組みとなっている。そして、時短制度との併用によって、育休給付（部分）と時短勤務に対応した賃金の合計で十分な収入が確保される。これに対して、日本の育休制度では、休暇の部分取得は認められておらず、時短制度との併用もない。

第5は「保育制度との連携・分担」である。これは、乳児期と幼児期の両方に関わる問題である。スウェーデンでは、1歳までは育休によって家庭で養育するため、保育所は1歳児以降が対象となっている。また、子どもを保育所に預けている期間中は時短制度を活用するのが通例のため、保育時間は長くはならない。待機児童もほとんどない。日本では「ゼロ歳児保育」や「長時間保育」が散見され、「待機児童問題」も解消していない。

第6は「児童期の配慮」である。スウェーデンでは、12歳または小学校第5学年修了まで、学校行事などへの参加に配慮して、育休（部分取得も可）が認められている。日本では、「小一の壁」と言われているが、小学校の学習時間や学校行事と、親の長時間勤務との両立が難しいことが指摘されている。[33]

以上のような制度面の違いが、先日、壱岐さんが宿題として残した「高出生率国と低出生率国の間の『両立支援策などの政策対応』の違い」の具体的な内容ではないかと、私は思う――。

「普遍性」をめぐる課題――5割を超える女性が育休制度の対象外

――それでは、個別に取り上げていきたい。

まず、わが国の最大の課題は、育休制度をはじめとする両立支援制度が「普遍性」に欠け、対

表2-1　わが国の子育て世代支援制度の概要
−出産休業、育児休業、保育−

出産休業制度 （産休）	・女性は、産前6週間と産後8週間の休暇が取得できる。 ・男性は、子どもの生後8週までに、4週間以内の休暇が取得できる。休暇は2回に分割して取得することも可。 ・健康保険の被保険者である女性は、産休中は「出産手当」（賃金の2/3）が、健康保険から支給される。 ・健康保険及び国保から、「出産一時金」（1子、原則42万円）が支給される。
育児休業制度 ①制度体系	・雇用保険制度における給付
②対象	・正規雇用者と一部の非正規雇用者が対象 ＜要件＞ ・雇用保険に加入している者（雇用された期間が1年未満の者については、労使協定で対象外とすることも可） ・有期の非正規雇用の場合は、子が1歳6カ月になるまでの間に労働契約が満了にならないことが要件。
③支給内容 （ア）給付水準	・育児休業給付金 ・給付金額は、所得比例（6カ月以内67%保障、それ以降50%保障） ・上限、下限あり
（イ）育休取得期限	・育休を取得できる期限は、子が1歳になるまでの間。ただし、保育所に入所できない場合は最長2歳まで延長可。 ・「パパ・ママ育休プラス」による特例あり（下記）。
（ウ）「パパ・ママ育休プラス」	・両親が育休を取得する場合には、育休取得期限が1歳2カ月まで延長。
④財源	・雇用保険の保険料（労使折半）と国庫補助。保険料率は、雇用給付とは別算定。
保育制度 ①制度体系	・2015年から、保育や幼児教育、地域の子ども支援を総合的に推進する「子ども・子育て支援制度」が施行された。
②保育サービス	・0～5歳児は「保育所」と「認定子ども園」を、3～5歳の子どもは「幼稚園」を利用できる。また、0～2歳児は「小規模保育」や「家庭的保育」などを利用できる。 ・保護者が昼間家庭にいない小学生を対象に、「放課後児童クラブ」事業が実施されている。さらに、各種の地域子ども・子育て支援事業のほか、企業主導の事業として、事業所内保育などの保育サービスが実施されている。
③財源	・公費（国と地方で分担）、ただし、企業主導事業については事業主拠出金。

資料：筆者作成

象者が限定されていることである（表2－1）。実態を見てみよう。
図（2－14）は、社人研調査（2021年）が明らかにした、わが国における子育て支援制度の利用割合の実態である。[34] この調査結果によると、両立支援策のカギを握っている育休の「利用割合」は、妻の場合で43・0％、5割に達していない。夫の利用割合は、わずか3・7％にすぎない。

この数値に驚く人もいるかもしれない。育休に関しては、「育休取得率」というデータがある。そこでは2020年度の実績として、女性は81・6％、男性は12・65％という数値が公表されているからである。[35] 女性について、「43・0％」と「81・6％」では大きく違う。なぜか。

実はこの違いは、それぞれの計算方法の違いからきている。

「利用割合」のほうは、第1子が3～15歳の初婚同士の夫婦すべてを分母としている。

これに対し、「取得率」は厚労省調査[36]によるもので、女性の数値の分母は「在職中に出産した女性」、つまり出産時に就業を継続していた、多くは正規雇用の女性である。そもそも、育休制度の対象となっていない「自営業者」や「無職の専業主婦」はもちろんのこと、出産のために退職した（または、退職せざるを得なかった）「出産退職」の女性は、正規・非正規を問わず含まれていない。ちなみに、就業していた女性が、第1子出産に伴い退職する割合は、非正規雇用の場合は実に57・6％に達し、正規雇用の場合も16・0％となっている。[37]

つまり、女性の「育休取得率」とは、出産時も就業を継続し、育休を制度上取得できる人のうち、育休を取得した人の割合である。これは、労働政策や雇用保険制度の運用という点では意味を持つデータかもしれない。しかし、わが国の女性全体の出産や子育ての状況を理解する上で

図2-14　子育て支援制度・施設利用割合の推移

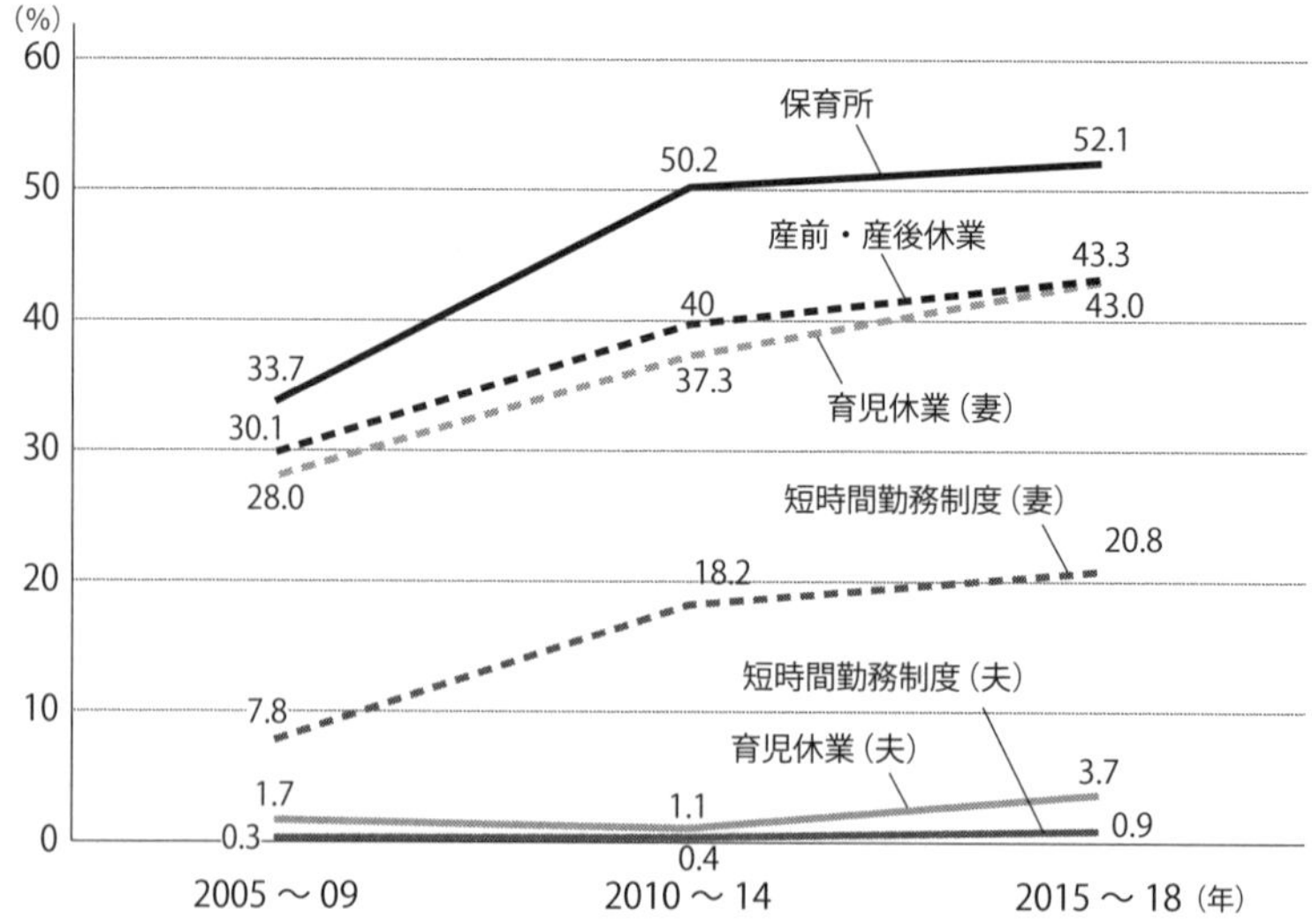

（注）対象者は、第一子が3歳以上、15歳未満の初婚どうしの夫婦（妻が55歳未満）。「保育所」は、認可保育所、認定こども園、事業所内保育施設・企業主導型保育

資料：国立社会保障・人口問題研究所「第16回出生動向基本調査（夫婦調査）」（2021年）

は、この数値は実態を表していない。[38] 重要なのは、むしろ「利用割合」のほうである。

そうだとすると、男性の育休取得の低さは問題ではあるが、事態の深刻度という点では、5割を超える女性が育休制度の対象外となっていることのほうが、より重大である。男性の育休取得キャンペーンの必要性は認めるが、女性のこのような実態を放置したのでは、出生率向上の点で大きな効果は期待できない。

ちなみに、わが国の育休制度の対象は、雇用保険制度の対象者となっている労働者である。ただし、雇用された期間が1年未満の者については、労使協定で対象外とすることが可能となっている。有期の非正規雇用についても、近年の制度改正によって育休制度の対象となる道が開け、さらに最近、要件緩和が行われたが、現在も、生まれてくる子が1歳6カ月になるまでの間に、労働契約が満了とならないことが要件とされている。実際に、非正規雇用者の女性で、育休を取得して就業を継続している割合は、わずか21・2%にとどまっている。[39]

このように「雇用の継続」を念頭に置いた育休制度の制度設計は、壱岐さんが前回の勉強会で述べた、わが国において「出産退職」が依然として多い実態とは、明らかに適合していない。[40] その結果、多くの女性が、育休制度の対象から外れる事態となっているのである。

さらに、出産休業などをめぐる問題もある。出産育児一時金（1子につき42万円が基本）は、健康保険や国民健康保険の被保険者や被扶養者に支給されるのに対して、産前産後休業（出産予定日の前6週間、出産翌日から8週間）中に支給される「出産手当」は、企業や官庁に勤め健康保険に加入している女性のみが対象である。多くの非正規雇用者や自営業、無職の専業主婦には、出産手当は支給されない。社人研調査でも、出産手当を伴う「産前産後休業」を利用している妻の割合は、約43%にとどまっている[41]――。

目指すのは、「雇用の継続」か「出産・子育て支援」か

ここで、厚労省出身で、育休制度に詳しい武井伸人参事官が手を挙げた。

「小川先生、質問があるのですが」

「あの、その『先生』というのは、やめてくださいませんか」

「あっ、そうですか。それでは、小川さん。確かに育休制度は、『雇用の継続』を目的とした制度設計になっていますので、出産時に退職している場合には対象から外れます。しかし、どうなんでしょうか。女性活躍の観点からは、出産・子育ての間も就業を継続する『就業継続コース』こそが、目指すべき方向なのじゃないですか。その点で、育休制度に問題があるわけではなく、出産退職が依然として多く、その中で『再就職コース』が増えている実態のほうが、問題なのだと思います。つまり、育休の利用割合を高めたいならば、女性が出産退職しないように、実態の改善に取り組むべきと考えますが、いかがですか」

「そうした意見はあり得るでしょう。確かに、出産前後の継続就業率を高めるため、短時間勤務の限定正社員などの選択肢の拡大や、助成制度の活用などに取り組むべきという意見もあります[42]。私も、そうした必要性は認めます。しかし、だからといって、眼前に、多くの女性が制度の恩恵をまったく受けられない実態が広がっているのを、放置してよいものなのでしょうか。いくら共働きの希望が増えているといっても、女性のかなりの割合が、出産退職し、その後再び働き出す『再就職コース』を

希望している状況があります。[43] また、自営業者や専業主婦を希望する女性も、当然多く存在していま す。つまり、実態と意識の両面から見て、『就業継続コース』のみが女性の選択肢になっているわけ ではありません。公平性の観点から見て、現行制度の対象外となっている女性に対しても、支援を行 うことは当然だと思います」

「それは、制度・政策のあり方と実態とを、ごちゃごちゃにした議論だと思いますよ。育休制度は、あくまでも労働政策の一環として、出産・子育てによって雇用が途絶えないようにすること、つまり『雇用の継続』を実現することが目的です。そして、継続就業率の向上を図ることが、労働政策として目指すべき方向なのです。だからこそ、政府は、女性の継続就業率を53・1%（2015年）から、2025年までに70%に高める政策目標を定めて、取り組んでいるのです。[44] それなのに、出産退職まで育休制度の対象とするのは、制度目的に沿っていないし、労働政策の範囲を逸脱しているとしか思えませんね」

と武井が反論すると、さすがに小川も語気を強めた。

「そういう考え方の下で、多くの女性を育休制度の外に追いやり、それを放置してきたからこそ、まさにわが国の出生率は低下してきたのです。制度論で言うならば、スウェーデンが1974年に導入した両親保険は、それまでの『雇用の継続』という狭い意味での『労働政策』の視点に基づく育休制度を、すべての親を対象とした『出産・子育て支援』という『家族政策』の視点を加えた制度へ再構築するものだったのです。[45] つまり、基本的な制度設計の変更です。

ところが、わが国は、今日まで、あくまでも『雇用の継続』を前提として、雇用保険制度という労働政策に立脚した制度内で、『出産・子育て支援』の問題に対処しようとしているのです。日本と同じく雇用保険制度の中で育休制度を運用している韓国も、最近この問題に気づいて、制度改革の議論を始めました。[46] 両立支援というテーマを、『労働政策』のみの視点で考えるのか、『家族政策』の視点も合わせて考えるのか、という政府の基本姿勢の問題です」

野口も小川に同調する。

「武井君は、制度的に無理、と言うけれど、今のわが国の育休制度に比べて、女性活躍と出生率向上の両方に成果を上げているスウェーデンの制度のほうが、優れているに決まっているじゃないか。だから、わが国の制度をスウェーデンのように見直せばいいんだよ。実態がどうあろうとも、今の制度・政策が正しい、という君の考え方にはまったく賛成できないな」

しかし、武井は納得がゆかない表情である。見かねた百瀬が、その場を収めた。

「まあまあ、この議論は後にして、まず全体のお話を聞きましょう。小川さん、すみません、続きをお願いします」

「祖母力」に頼る、日本の育児

テーブルに置かれた水を飲み、少し間を置いてから小川が話を再開した。

——いずれにせよ、このように両立支援制度の対象となっていない女性たちが、実際に子育てをする際に頼りにしているのが、自分の母親（つまり子の祖母）である。

社人研調査（2015年）によると、「再就職コース」や「専業主婦型」の4割近くが、制度の支援がなく、祖母の支援のみで子育てしている実態にある。[47] 実は、育休制度などが利用できる「就業継続コース」の場合も、その6割近くが制度の利用とともに、祖母の支援を受けている。

わが国の制度に空いている穴を、祖母が懸命に埋めていると言える。

ただし、地方から大都市に移住したため、親族が近くに住んでいない夫婦の場合は、そうしたサポートを受けることすらできない。東京圏在住者の中でも、地方出身者の出生率が低い実態は、そうしたことが反映しているのではないかと考えている。

以上述べたように、わが国の両立支援制度は対象者が限定されており、現在も約7割の女性は制度の恩恵を受けていない。就業の有無や形態といった就労格差が、そのまま出産・子育て環境の格差に結びついている。スウェーデンなどのように、「普遍的な制度」によって、すべての親に育休給付などの受給権が保障され、[48] 若年男女が出産・子育てを安心してできる社会との違いは、あまりに大きい――。

「給付水準」をめぐる課題――年功序列型賃金の影響

――第2は、育休給付の「給付水準」をめぐる課題である。

わが国の育休給付の支給額は、本人の従前給与（休暇開始時の賃金）の一定割合（収入代替率）とする「所得比例額」となっており、その割合は、育休開始後6カ月までは67%、6カ月以降は50%である。

この67%という数値は、給付が非課税であることや、育休期間中は社会保険料免除があることから、実質的な給付率は80％程度になり、[49] スウェーデンの80％（企業が、さらに上乗せしている場合が多い）に比べ遜色ない水準とされている。

しかし、問題なのは、20代や30代の若年世代の賃金の実態である。

わが国の企業の多くや官庁の正規雇用者は、勤続年数に応じて賃金が上昇する「年功序列型賃金」となっているため、中高年に比べ、若年世代の賃金水準は一般的に低い（図2-15）。平均給与（2019年分）で見ると、20代前半で男278万円、女248万円、20代後半で男403万円、女328万円、30代前半で男470万円、女321万円である。[50] そして、非正規雇用者は、年齢にかかわらず300万円程度で頭打ちとなっている。

したがって、賃金の低い若年世代にとっては、賃金にリンクした「所得比例額」では、支給額が低い水準にとどまり、子どもを養育するのに十分な生活費が保障されない場合が生じてくる。

この点は、「連帯賃金制度」と呼ばれる仕組みによって、同一労働同一賃金の考え方が徹底し、年齢や正規・非正規の就業形態にかかわらず、賃金水準がほぼ同一水準のスウェーデンとは実態が異なる。

わが国の賃金体系そのものを抜本的に見直すべきだとする意見はあるが、その実現は一朝一夕にはいかない。そうなると、育休給付について十分な給付水準を確保するためには、育休制度の中で、適切な水準の「最低保障額」を設定する必要がある。

現行制度でも、育休給付額の下限が定められており、育休開始後6カ月までは月額5万1737円、6カ月以降は3万8610円となっているが（2020年8月現在）、この給付額で、若年夫婦が乳幼児を抱えながら十分な生活が維持できるのか、疑問を抱かざるを得ない――。

図2-15 正規雇用労働者・非正規雇用労働者の賃金カーブ（年齢階級別・時給ベース・2019年）

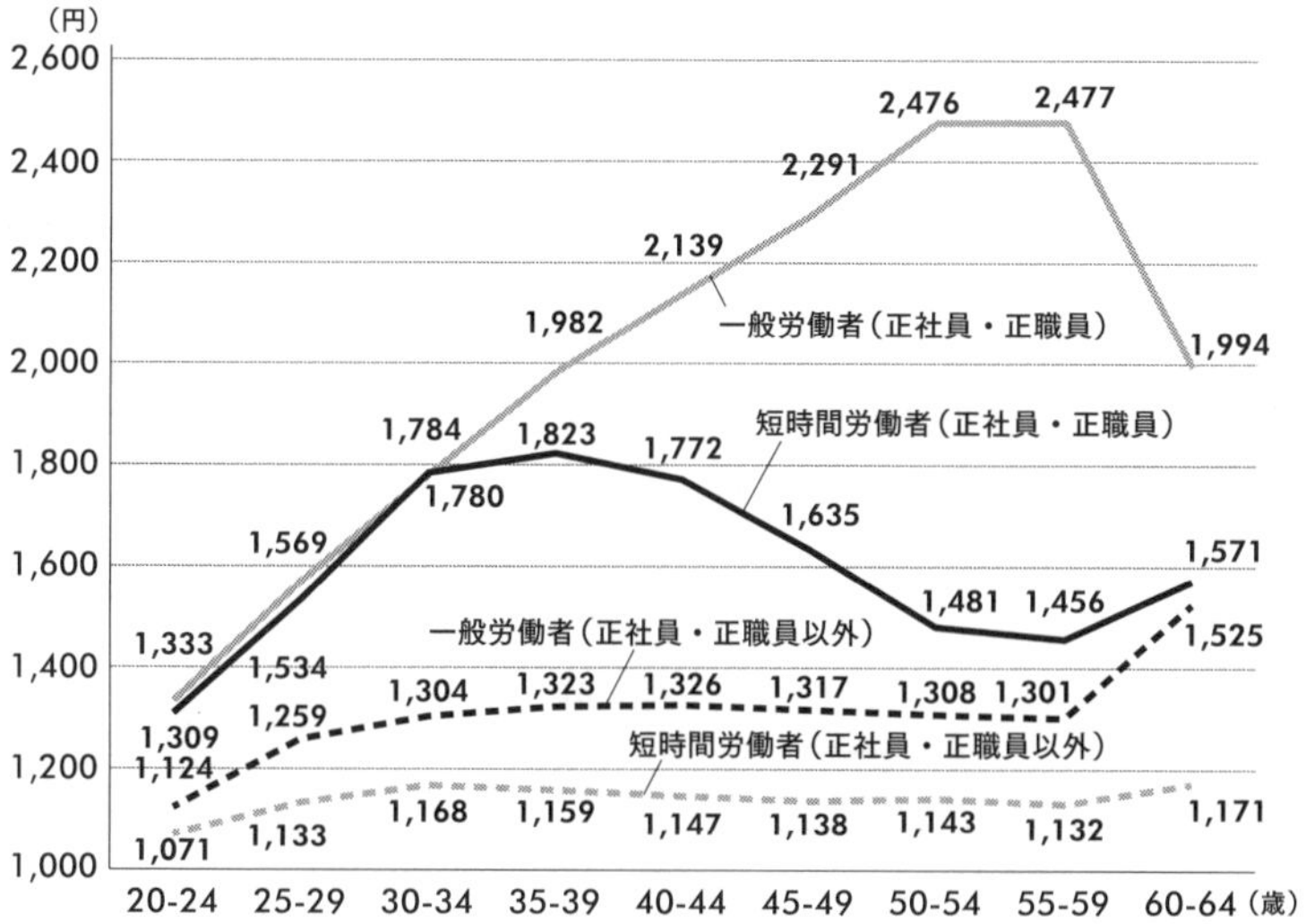

資料：厚生労働省政策統括官付参事官付賃金福祉統計室「賃金構造基本統計調査」

注：賃金は各調査年の6月分の所定内給与額（一般労働者については、民営事業所の労働者の所定内給与額を所定内労働時間で除した値）。「一般労働者」は、常用労働者のうち、「短時間労働者」以外の者である。「短時間労働者」は、同一の事業所の一般の労働者より1日の所定労働時間が短い又は1日の所定労働時間が同じでも1週の所定労働日数が少ない労働者である。「正社員・正職員」は、事業所で正社員・正職員とする者であり、「正社員・正職員以外」は事業所で正社員・正職員以外の者である。

資料：厚生労働省「令和2年版厚生労働白書」P40

「男女協働」をめぐる課題——父親の育休取得

——第3は、子育ての「男女協働」である。

わが国の夫の育児参加は低レベルにとどまっている。夫の1日当たりの家事・育児関連時間は、日本は83分（2016年）で、フランス150分、スウェーデン101分などに比べて、格段に少ない。[51]このため、わが国では、妻1人が育児をする、いわゆる「ワンオペ育児」という言葉も広まっている。

夫の家事・育児に対する参加度合は、妻の第2子以降の出産意欲に大きな影響を与えるとされている。**図**（**2—16**）は、夫が休日に家事・育児にかけている時間と第2子以降の出産があった割合の関係を分析したものだが、夫の家事・育児時間が「なし」の場合に、第2子以降の出産があったのは、わずか10・0％に過ぎない。そして、「2時間未満」が32・8％、「2〜4時間未満」が59・2％、「4〜6時間未満」が79・7％、「6時間以上」が87・15％と、夫の参加度合いが高まるに応じて、出産の割合も上昇している。また、妻が専業主婦である場合において、夫の家事・育児参加が高まると、第2子以降の出産確率が向上するという調査結果も明らかにされている。[52]

妻が正規雇用で働いている場合は、夫の育児参加が、妻のキャリア中断を防ぐ効果があるという分析もある。[53]ＯＥＣＤ（経済協力開発機構）加盟国では、育休が2年以上になると、女性の就業に悪影響が出るとの調査結果が示されており、[54]日本での調査でも、[55]育休が1年以内では影響は出ないが、それを超えると女性の管理職登用の確率が下がるという結果が出ている。夫が育休を取

図2-16　夫の休日の家事・育児時間別に見た第2子以降の出生状況

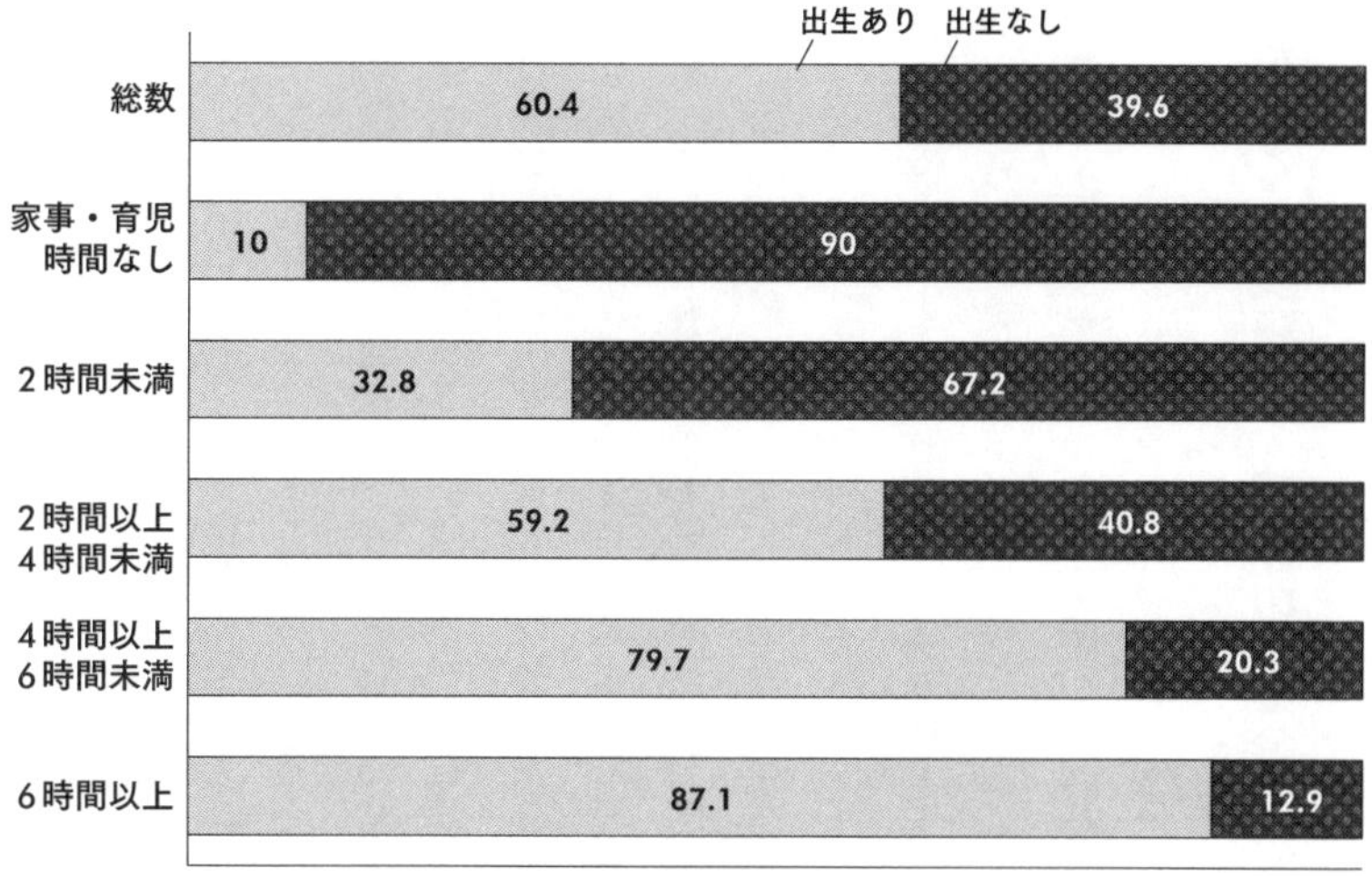

資料：厚生労働省「第14回21世紀成年者縦断調査（平成14年成年者）」（2015年）

得するようになれば、妻が長期間にわたって職場を離れないで済むようにもなる。

夫（父親）の育児参加を促進する仕組みとしては、1993年に初めてノルウェーで導入された、育休制度における「パパ・クオータ（父親割当）制度」が知られている。スウェーデンにも導入されている。両親それぞれに提供される育休給付の受給権（各240日間）は父親と母親の間で移転が可能となっているが、このうち90日間については移転できない。この90日間は「パパ月・ママ月」と呼ばれ、父親と母親は自ら育休を取得し、育児しなければならないのである。

他の例としては、ドイツでは、母親だけでなく父親も2カ月以上育休を取得して育児に参加すると、育休給付期間（通常12カ月）が2カ月分追加される仕組みとなっている。

こうした父親の育休への制度的なインセンティブもあって、スウェーデンはもちろんのこと、ドイツでも、最近は父親の育休取得が急増している。

わが国においても、「パパ・ママ育休プラス」という制度が導入されている。これは、両親ともに育休を取得する場合は、子が1歳になるまでとされている育休取得期限が、1歳2カ月にまで延長されるという特例である。また、最近の改正によって、父親について、子ども出生後8週までに4週間以内の「出産時育休」を認め、2回の分割取得を可能とする制度が導入された。

こうした取り組みが効果を上げることが期待されるが、わが国において父親の育休が進まない背景として、そもそも男性の労働時間や通勤時間が、非常に長いことが指摘されている。

就業時間の国際比較において、日本は、長時間労働者の割合（2022年）が21・5%と、フランス（12・3%）やスウェーデン（7・8%）と比べて格段に高い。[56] その中でも、子育て期にある30代、40代の男性は、それぞれ9・9%、10・4%（2022年）が週60時間以上就業しており、他の年齢層より高い割合となっている。[57] このような実態をどう変えていくかという点において、わが国の男性の「働き方」そのものが関わる問題と言える——。

時短制度をめぐる課題——育休の「部分取得」

——第4は、「時短制度との連携」である。

スウェーデンやフランス、ドイツの育休制度では、全日（フルタイム）休暇だけでなく、休暇の部分取得が、利用者の選択肢として認められており、時短制度との併用が可能となっている。たとえば、スウェーデンでは、勤務時間の4分の3、2分の1、4分の1、8分の1といった割合で育休の部分取得ができ、その割合に応じて育休給付が行われる。就労者が時短制度を併用すると、育休給付（部分）に加えて、時短勤務に対応した賃金が支払われるので、合計で十分な収入が確保される。

時短勤務に対する配慮から、第2子に対する育休給付にもきめ細かな対応がとられている。スウェーデンでは、第1子が生まれたあとは時短勤務とするのが通例なので、その期間中に次の第2子を続けて出産すると、育休給付の支給額が低くなってしまう（時短勤務によって従前所得が低くなるため）。この不都合を防止するため、「スピード・プレミアム制度」が導入されている。これは、第1子出生後30カ月以内に第2子を出産した場合は、第2子の支給額は第1子と同額とする特例措置である。[58]この制度は、1980年代の出生率向上に寄与したとされている。[59]

また、ドイツでは、時短勤務を選んだ場合にも育休給付金の満額が受け取れるよう、制度改正が行われた。時短勤務によって、育休給付の支給額が減額（半額が上限）されると、その代わりに育休給付期間を最長28カ月まで延長できるようにしたのである。この制度は、「両親手当プラス」と呼ばれており、若年世代から高い評価を受けている。[60]

フランスでも、育休は完全休暇とともに、パートタイム勤務のコースが設定されており、パート勤務を選択した場合にも育休給付が行われ、育休明けには、賃金など同じ労働条件での復帰が保障されている。フランスでは、完全な休暇では職場復帰がうまくいかなかったことから、時短勤務を活用したほうが職場復帰が容易になるとの考え方に基づき、そうした対応が推奨されている。

これに対して、わが国の制度の現状はどうだろうか。残念ながら、わが国の育休制度では、育休の部分取得は認められていないし、時短制度との併用もない。[61]

育児に関する時短制度（子が3歳になるまでの間）は、2009年の育児・介護休業法改正により、事業主の採るべき措置の1つとして義務付けられ、厚労省の調査[62]によると、時短制度がある事業所は73・4％（2020年度）となっている。ただし、こうした制度が導入されている事務所であっても、時短勤務に対応した賃金は支払われるものの、育休給付は行われない。実態としては、図（2―14）で示したように、時短制度の利用割合（妻）は21％の低率にとどまっている。

研究者の分析[63]によると、いくら育休制度があっても、女性の労働時間が長い場合には、育休の出産促進効果は期待できないとの結果が示されている。労働時間が長い状態では、育休制度があっても、女性は出産退職や出産しないことを選択する可能性が高いのである。

このように出生率向上の点において、時短制度は非常に重要な意味を持っている。[64]

わが国でも、県独自の取り組みとして、育児期の時短勤務を推進している事例がある。全国的に見ても出生率が1・57（2021年）と高い、福井県の取り組みである（**図2―17**）。

福井県は、出産・子育てのライフプラン設計をサポートする施策（ライフサポート企業促進奨励金）として、小学校3年の年度末まで利用できる「育児短時間勤務制度」を導入した企業（従業員100人未満）に対し、従業員が子が3歳以降に6カ月以上時短勤務をした場合には助成措置（1企業当たり20万円支給）を行っている。国の時短制度が子が3歳になるまでを対象としているのに対

図2-17　福井県における仕事と子育ての両立支援の取り組み

1. 出産・子育てのライフプラン設計をサポートする企業を奨励 （ライフプランサポート企業促進奨励金）

（1）育児短時間勤務について
①小学校3年生の年度末まで利用できる「育児短時間勤務制度」を規定し、
②従業員が子が3歳以降に6カ月以上時短勤務をした企業（従業員100人未満）に対し、1企業あたり20万円を支給

（2）男性の育休について
男性従業員が、子の出生後8週間経過後に2週間以上の育休を取得した企業（中小企業）に対し、1企業あたり最大30万円を支給

（3）不妊治療休暇について
①不妊治療のために取得できる休暇制度（有休・3日以上）を規定し、
②従業員が不妊治療のための特別休暇（半日以上）を取得した企業（全企業）に対し、1企業あたり最大10万円を支給

2．子育てしやすい職場環境づくりに取り組む企業をPR

◎父親子育て応援企業
父親の子育てを応援する職場環境づくりを進める企業を登録

◎家族時間デー実施企業
ノー残業デーなど定時退社を実施する企業を登録

資料：福井県作成リーフレットなどに基づき筆者作成

し、当時者の多くが3歳以降の利用を望んでいることに応えた措置である。その他にも、男性従業員が2週間以上の育休を取得した場合や、従業員が不妊治療のための特別休暇（半日以上）を取得した場合にも、企業に対して助成を行っている――。

ゼロ歳児保育と長時間保育、そして「小1の壁」

――第5が、「保育制度」をめぐる課題である。

保育制度は、各国によって制度や状況が異なっており、スウェーデンやフランス、ドイツの間でもかなりの違いが見られる。その中で、待機児童の問題を解決したスウェーデンの取り組みを、モデルとして紹介したい。

スウェーデンの保育サービスは、1970年代以降、国をあげて整備に取り組んできた結果、質量ともに充実が図られており、保育所（プレスクール）のほかに、放課後保育所や家庭保育が提供されている。待機児童は、現在はほとんどない。

一方、わが国の場合は、いまだに保育制度をめぐり多くの課題が指摘されている。ただし、その中には、育休制度や時短制度など他制度との連携や分担によって、解決の道筋が見えてくる課題も多い。なぜならば、わが国の場合、保育制度に「過重な負荷」がかかっていると考えられるからである。

その1つが、「ゼロ歳児保育」である。

スウェーデンの保育制度で注目されるのは、保育所の対象年齢が1～6歳児、家族保育も1～

12歳児となっている点である。ゼロ歳児は、いずれも対象となっていない[65]。これは、1歳半ぐらいまでは、手厚い育休制度によって、すべての親が家庭で養育することが制度的に保障されているからである。

2つ目は、先に述べた「長時間保育」の問題である。

保育所に預けるようになる1歳児以降も、育休制度を活用しながら時短勤務を行い、早めに帰宅するため、保育時間は長時間に及ばないのが、スウェーデンでは通例となっている[66]。子どもが病気の時も、親が育休（看護手当）を取得して家庭で養育するので、病児保育は必要ない。わが国のように長時間の保育が常態化し、それが保育士の労働環境を悪化させる一因となっている状況[67]とは、大きく違う。

さらに、わが国では、先ほど述べたように「小一の壁」という問題がある。これは、小学校に入学したあと、学校の開始・終了時間が親の勤務時間と合わなかったり、学校行事に親が参加できなかったりするため、児童期になっても仕事との両立に苦しむ親が多いことを指している。この問題に対処するため、政府は学童保育の充実を推進しており、現場ではその対応に追われている。

この児童期の問題についても、スウェーデンでは、子どもが成長したあとの学校行事への参加など親の休暇ニーズに対応する観点から、育休の取得期間を12歳または小学校第5学年修了にまで延長する改正が行われている――。

保育にかかる「過重な負荷」

——話を「ゼロ歳児保育」に戻そう。

わが国の場合も、制度上、育休は子どもが1歳になるまで取得できるし、最近の制度改正で、子どもが保育所に入所できない場合は、育休を最長2歳まで延長できることとなっている。ところが、わが国では、多くのゼロ歳児が保育所を利用しており、その利用児童数は、令和4年（2022年）4月1日現在で約14万5000人にのぼっている（**表2−2**）。

その背景には、育休制度をめぐる問題がある。これまで述べてきたように、第1に、「育休制度の対象になっていない」ケースがあること、第2に、育休が取れるとしても「育休給付の支給額が低すぎる」こと、さらに第3には、職場の労働環境や雰囲気、キャリア形成などの事情から、「育休が取りづらい」ケースがあることである。こうした理由から、親は、ゼロ歳児保育を利用しながら、育休なしで働き始めているのである。保育に関わる事情もある。大都市のように共働きが増え、その結果、待機児童が減らないような地域では、ゼロ歳児の時点から入所していないと、1歳児以降では入所が難しいといった親の声も寄せられている。

このように親は、切実な思いでゼロ歳児保育を選択しているが、一方で、保育現場ではゼロ歳児保育をめぐる悩みは深い。ゼロ歳児保育は、1、2歳児などと比べて安全面の配慮が特に求められることなどから、保育士はより厚い配置が必要とされる。保育士が担当する児童数を定めた配置基準で見ると、1、2歳児は児童6人に保育士1人、3歳児は児童20人に保育士1人であるのに対し、ゼロ歳児は児童3人に保育士1人となっている。1、2歳児の2倍、3歳児の7倍近

表2-2　年齢区分別の保育所等利用児童（令和4年（2022年）4月）

年齢区分	保育所等の利用児童	待機児童数
0歳児	144,835人	304人
1・2歳児	956,090人	2,272人
3歳児以上	1,628,974人	368人
全年齢児計	2,729,899人	2,944人

保育所等＝保育所、幼保連携型認定こども園、幼稚園型認定こども園、地方裁量型認定子ども園、小規模保育事業、家庭的保育事業、事業所内保育事業、居宅訪問型保育事業

資料：厚生労働省「保育所等関連状況取りまとめ（令和4年4月1日）」（2022年8月）

くの保育士が必要となる。

保育士不足が深刻になる中で、保育所がゼロ歳児保育の態勢を確保することは容易ではない。その結果、他の保育にしわ寄せがいくことになる。育休制度の充実を図り、ゼロ歳児保育の保育士を、1～2歳児の保育の充実に充てることができるようになれば、もっと手厚い保育が可能となるし、待機児童の解消にもつながる。[68]

全国の待機児童数は、2022年4月時点で2944人であり、1年前に比べ2690人減少した[69]（**表2－2**）。これは、地域で保育所整備の努力が続けられた成果であるが、2021年度から4年間で、さらに約14万人分の整備が必要になると見込まれているほか、「隠れ待機児童」の問題も指摘されており、依然として状況は厳しい。このため、今後も保育所整備に努める必要があるが、同時に育休制度や時短制度の充実を図らないと、保育制度に対して、いつまでも「過重な負荷」がかかり続けることとなる。

このように育休制度のあり方は、保育制度が抱える課題にも大きな影響を及ぼしているのである――。

育休制度のブレーク・スルー

小川の説明が終わると、意見交換の時間が持たれた。部外者の小川も入っての会議だが、百瀬はそうしたことは構わないタイプなので、いつもの部内会議のように自由な議論となった。

口火を切ったのは野口だった。

「小川さん、大変、的確で刺激的なお話を、どうもありがとうございました。前回と今回の勉強会ではっきりと分かったのは、わが国の両立支援策には、大きな穴が空いているということです。出産退職者や自営業者、専業主婦などが、制度から排除されていて、出産手当や育休給付がまったく支給されていない。育休制度の対象となっている場合も、休暇の部分取得がないなど制度が非常に使いづらい。これでは出生率が上がらないのは当然です」

「野口君は、自分が同じような状況にあるだけに、熱が入っているね」

百瀬が揶揄するかのように言うと、野口は口をとがらせまくしたてる。

「当たり前ですよ。わが国では、いまだに多くの若者が、仕事と出産・育児との両立にほど遠い環境に置かれているんです。やっと子どもが生まれたあとも、保育所に入れるのに点数制があって、『選別』が行われている。私は、なぜ、この配給制みたいな状況が一向に変わらないのか、正直、よく分からなかったのですが、小川さんの話を聞いて、理由がよく理解できました。制度体系から見れば、育休制度や時短制度は『川上』で、保育制度は『川下』なんです。

川上の育休制度などが力不足だから、川下の保育制度に過重な負荷がかかっているんです。こんな状態で、増え続ける女性就業のニーズを、全部、保育で受け止めろ、保育所や学童保育の整備は市区町村や地域の責任だ、と言っていること自体が理不尽ですよ」

もはや野口は行政官というよりも、子育てに悩み、不満を抱く1人の当事者になっていた。これに黙っていられないのが、厚労省出身で、先ほどから小川に嚙みついていた武井である。

「そんな育休制度ばかり問題があるような、一方的な見方はどうなんですかね。育休給付は、これまでも雇用保険制度の中で、相当無理を重ねて充実を図ってきています。本来、雇用保険制度のメインは失業の予防・救済なんです。コロナ禍で、急に多額の雇用調整助成金が必要となったように、経済や雇用情勢はいつ何どき、急変するか分からないので、そうした事態に備えるための雇用保険制度なんです。

それに対して、育休給付はかなり異質なんですよ。支出が確実に見込まれ、年々増え続けるし、子ども支援という点では福祉政策の要素も強い。そうしたこともあって、育休給付についての保険料は、最近、本体の失業手当と別建てにしたんです」

「まず『制度ありき』じゃなくて、若年世代が求めていることにどう応えるかを考えるべきだよ。今の育休制度で排除されている人たちを育休制度の中に取り込んで、すべての親を対象とする『普遍的な制度』にしていく。それしかないよ」と野口が言い返すと、

「そんな理想論、通用しませんよ。雇用されている就労者を対象にしている雇用保険制度で、出産退職者のみならず、自営業者や専業主婦まで救うのは、土台無理ですよ。今は雇用調整助成金の財源確保で手一杯なんです」と、武井はあきれ顔で言った。

その時、突然、百瀬が強い口調で叫んだ。

「そこなんだよ、問題の核心は」

武井は不意を突かれたのか、「えっ」と声を出したまま絶句してしまった。

「これまでは何とか、労働政策の一環として雇用保険制度で対応してきたが、もう限界なんだ。『普遍的な制度』を導入していくとすれば、雇用保険制度から切り離して、別の基本理念に基づいた、新たな制度を創設するしかないんじゃないか。[70] そのブレーク・スルーを、今回の人口戦略でやるかどうかだと思うんだ。違うかね」と百瀬が話すと、

「ブレーク・スルー⁉」武井が驚いた声をあげたが、百瀬は構わず、

「小川さんは、どう思いますか」と問いかけた。

スウェーデンの「両親保険」と、ドイツ・韓国での議論

それに、小川が答える。
「確かに、今や育休制度は、純粋な『労働政策』を超えたものとなってきています。先ほどお話ししましたが、スウェーデンは、女性の就業機会の増加などに伴い出生率が低下し始めたことを受けて、1974年に両親保険を導入しました。それまでも産休・育休制度はあったのですが、雇用の継続を保障する、狭い意味での『労働政策』でした。それをすべての親を対象に出産・子育てを支援するという『家族政策』の視点、さらに、父親にも育休取得を認める『男女平等政策』の視点も加えて、新たな制度として再構築したのです」[71]
そして、小川は、この制度の導入によって、仕事と出産・育児の両立支援の基盤が作られ、さらに時短制度や保育制度が円滑に機能していく条件が整えられた、と述べたうえで、

「私は、この両親保険を家族政策の『金字塔』と呼んでいます」と言った。

「スウェーデンでは、50年近く前にそこまで進んでいたのですね。少子化がここまで深刻化してしまった日本では、もう手遅れですかね」

百瀬のさらなる問いかけに、小川は答える。

「有効な政策に『手遅れ』はないと思いますよ。実は、ずっと後の2007年に、ドイツは、この制度を参考にして、新たに『両親手当』を導入したのです。その際ドイツでは、この両親手当によって、母親だけでなく父親も安心して育休を取り、1人目の育児に大きく関わることができれば、2人目、3人目の子育てに家族は前向きになる、両親手当が出生率向上に寄与する効果はスウェーデンなど北欧諸国で証明済みである、と強調していました」[72]

そして、「やる必要があれば、『すぐやる』ということだと思います」と小川は付け加え、さらに、日本以上に少子化が深刻な韓国の状況を紹介した。

――韓国で育休が制度化されたのは1988年で、日本（1991年）より早かったが、育休に伴う給付制度が導入されたのは2001年になってからで、日本（1995年）より遅い。韓国の女性の仕事と育児の両立をめぐる状況は厳しく、出産年齢層の女性就業率が低下する「M字カーブ」現象が続いている。[73]

2017年の調査によると、15〜54歳既婚女性の46・3%が妊娠・出産・育児によって「経歴（キャリア）中断」を経験しているほか、雇用保険上のデータによると、妊娠期の女性労働者の約3分の1は出産前に退職し、残り3分の2が育休を利用しているが、その育休利用者の約4分の

1は育休取得後1年以内に仕事を辞めている[74]。韓国も、日本と同様に厳しい状況にある。韓国の育休給付は、日本と同じく雇用保険制度の中で行われており、多くの非正規雇用者や中小事業所の従業員、失業者などは対象となっていない。これは、雇用保険制度の「給付死角地帯」と呼ばれ、正規・非正規の格差や大企業と中小企業の格差などに直結する「社会的不平等」として批判が高まっている[75]。

韓国政府も相次いで制度を拡充してきた。育休給付の「所得比例額」の収入代替率は40%から50%へ、さらに80%（最初3か月）へと引き上げられ、2011年には「育児期勤労時間短縮制度」が導入され、時短勤務の場合も雇用保険制度から給付金（通常賃金の80%）が支給されている。父親の育休取得を促進するため、2014年に「パパの月」という父親育児ボーナス制も導入しており、韓国政府は、今後も制度の拡充を図っていくことを明らかにしている。しかし、それだけでは「給付死角地帯」の問題は解決されないとして、育休制度の抜本的な改革を求める議論が高まっている。

2018年には、韓国の国会立法調査処が、「育児休職活性化のための親の保険導入案」という政策レポートを公表した。担当調査官は、レポートの趣旨を説明する中で、「雇用保険システムに基づいた現行の育児休業制度の対応能力は力不足」なので、「親保険導入により、普遍的な家族支援政策に拡大しなければならない」と述べた。2019年4月の国会討論会では、親保険の具体的な導入方向として、普遍性確保のため被保険者はすべての父母または養育者を包括すること、持続可能な財源確保のため、現行の雇用保険基金とは分離した「父母保険基金（仮称）」を作ることなどが提案されている[76]――。

「主要国の中で、育休給付を雇用保険制度の中で行っている国は、日本と韓国など限られています。この制度の基本設計ゆえに、両国では育休給付の対象は限定され、普遍性に欠ける仕組みとなっています。それだけにわが国にとって、韓国の親保険をめぐる議論は注目されますね」

小川がそう締めくくると、野口は我が意を得たりという表情を浮かべ、

「なるほど。韓国でも、新制度の創設に向けて議論が始まっているのですか。我々も真剣に検討すべき時ですね」とうなずいた。

新育休制度の「財政方式」は、どうするのか

そこに割って入ったのは、先ほどから熱くなっている武井だった。

「ちょっと待ってください。新たな育休制度といっても、一体、財源はどうするのですか。これまでは雇用保険制度の中だから、企業も保険料として拠出してくれているのですよ。現行制度でも、増大する育休給付の費用をどうやって賄うのか、関係者はそれだけで頭が一杯です。そして、公費として子育て財源に充てられるべき消費税は、当分の間、税率引き上げはできないだろう、というのが大方の見方じゃないですか。それなのに、今から新たな負担を求めて制度を創設するなんてことが、国民に受け容れられるんですか」

「現在の状況はよく分かっているよ。だが、このままじゃ、日本は人口減少で、いずれ、もたなくなる。だから、佐野総理は、国民に日本が置かれている実情を率直に訴えて、もう一度この問題にしっ

かりと取り組もうとしているんだ。最初からあきらめているようでは何もできないよ」

諭すように語りかける野口だったが、武井は、

「じゃ、一体、どんな仕組みにするのですか。雇用保険制度から離れて、新たな社会保険を作るのですか、それとも税方式にするのですか。そこが詰まっていないと、所詮、空理空論に過ぎませんよ」

と切って捨てた。

「その案を考えるのが、我々、行政官の仕事だろう」

「こんな難しい問題は、10年くらい時間をかけて徹底的に詰めないと、結論は出せませんよ」

「そんな悠長なことをしていたら、わが国は人口減少で身動きがとれなくなってしまう。私は、官僚はあくまでも提案者のスタンスで、良いと思う案を提案すればいいと思う。最後に決めるのは、国民であり、その代表である政治家なんだから」

野口と武井の議論には均衡点が見えない。

「まあまあ、二人ともそんなにムキにならないで」

百瀬が割って入る。どのような「財政方式」にするかは、事の成否を左右するほど重要なことだと、百瀬は武井の見解を受け止めた上で、小川に外国の財政方式はどのようになっているのかを尋ねた。

「国によって違います」

そう言うと、小川は各国の制度について説明した。

――スウェーデンは社会保険方式である。産休給付と育休給付は、ともに両親保険から支給さ

れているが、これは使用者（企業）が支払う「社会保険拠出金」で賄われている。この社会保険拠出金は従業員給与の2・6%で、企業が支払い、労働者本人は支払わない。フィンランドの産休・育休給付も、すべての親を対象にした「普遍的な制度」であり、社会保険方式（国民健康保険）である。

フランスも社会保険方式と言っていいが、近年は公費（税財源）も一部投入されている。フランスの育休給付は、労使が運営する「家族手当金庫」から行われるが、この金庫は、使用者（企業）が支払う社会保険料の「社会保障基金」（従業員賃金の5・25%）と、全国民が負担する社会保障目的税の「一般社会拠出金（CGS）」、そして国からの補助などで運営されている。

一方、ドイツの場合は、産休給付は医療保険（疾病金庫）から支給されているが、育休給付は連邦政府の税財源で賄われている。

日本は、雇用保険制度なので、社会保険方式だが、狭い意味で言えば、労働政策の視点から実施されている「労働保険」である——。

労働政策と家族政策の融合

小川の説明を聞いた野口が、「統括官は、どのようにお考えですか」と尋ねると、百瀬は満を持したように口を開いた。

「それでは、私の意見を言わせてもらう」

一呼吸置いて、百瀬が口にしたのは、次のような新たな制度の創設案だった。

「私は、すべての親を対象とする、新たな育休制度を創設すべきだと考えている。そして、それは、『労働政策』と『家族政策』の両方を融合させた制度になるのじゃないかと思う。たとえば、現在、医療保険制度から給付されている産休給付（出産手当）と、雇用保険制度から給付されている育休給付を1つの制度に統合する。

現在は産休給付も育休給付も、出産退職者や自営業者、無職の専業主婦は給付対象から外されているが、新制度ではそうした限定は一切なくす。新制度の育休給付は、企業に雇用されている就労者が育休をとった場合は、従前給与の一定割合の『所得比例額』とし、その上で、『最低保障額』を設定する。この就労者の中には、非正規雇用も入ってくる。一方、自営業者や専業主婦などが育児に専念する場合には、『最低保障額』を支給する。この両方を組み合わせた制度とするというものだ」

百瀬の話を聞いた野口が立ち上がり、室内にあったホワイトボードに図を描き始めた。そして、「こんな感じですか、統括官の提案は」と、描いた図（図2―18）を指しつつ言うと、

「そうだ。そして、重要なのは、妊娠判明時に企業に就労していた女性が、出産で退職した場合の扱いなんだ。このケースについては、正規・非正規を問わず、その後退職しても、育休明けに再就職する意向であることを申請すれば、その期間中の産休・育休給付は、就労者と同等の扱いとする。ただし、育児に支障のない範囲で職業能力の維持・向上に努めることを条件とする。そうすれば、出産退職して再就職する女性も、産休・育休期間中は退職前の従前給与の『所得比例額』の支給額が受けられ、収入が大幅に下がるようなことは避けられる」と百瀬が答えた。

「なるほど」

「そして、就業継続コースにせよ、再就職コースにせよ、就労者への育休給付は、労働政策の視点に

図2-18 新育休制度の基本構造

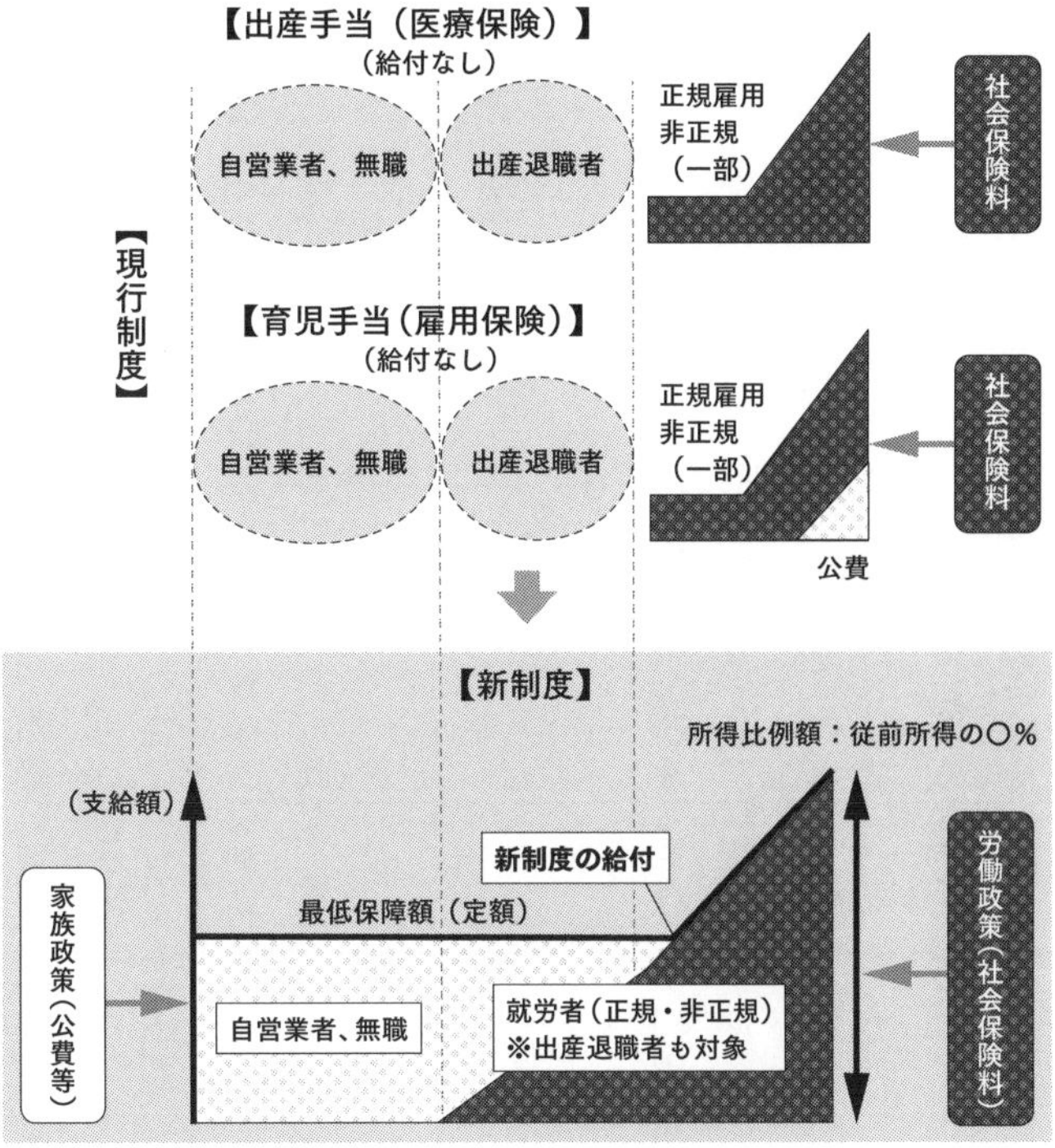

資料：筆者作成

よる『労働保険』として、企業が社会保険料の形で費用を拠出する。ただし、低賃金の就労者に対しては、家族政策の観点から、最低保障額の一部を公費などで費用補填する。これに対し、自営業者や専業主婦などへの給付は、家族政策の観点から、全額公費などで賄う。全体から見ると、女性の労働参加が進めば、徐々に企業の社会保険料負担のほうが拡大していくことになる」

この百瀬の提案に対して、野口は目を輝かせた。

「制度の枠組みは、すべての親を対象とする『普遍的な制度』とした上で、費用負担のほうは、労働参加の動向に合わせて変動していくわけですね。これなら経済界も納得すると思いますね」

企業負担のあり方

そこに嚙みついてきたのは、またもや武井だった。

「いや、そんなことはないですよ。出産後に再就職するとはいえ、退職している人の分まで経済界が負担するのには、非常に強い反対が出るでしょうね。経済界は、退職者への給付は、全部公費で賄うべきだと主張すると思いますよ」

これに対し、百瀬は、経済界との調整は容易ではないだろう、しかし、最近は出産退職者の再雇用制度を導入する企業も出てきているし、今後、女性の継続就業率の上昇を目指すならば経済界の負担の増加は避けられない、出産退職者が職業能力の維持・向上に努めるならば、女性労働力の活用という点で経済界にもメリットはある、それを考えるならば、経済界に負担してもらうのは決して理不尽なことではない、と見解を述べたが、武井は腹落ちしていない様子だった。そして、武井は小川に向かって言った。

「それに、社会保険方式といっても、この仕組みだと、従業員本人の保険料拠出がない形になりますが……。小川さん、社会保障の制度論として、それはおかしいのじゃないですか」

「この案では、就労者の部分は、給付が従前給与額にリンクした『所得比例額』になることから、『労働保険』と言えます。労働保険では、費用を企業と労働者本人がどう負担するかは、わが国でも制度によって異なっています。雇用保険制度の失業手当などは労使折半の保険料ですが、労災保険制度はすべて企業が負担し、労働者本人は負担していません。諸外国でも、労働保険では企業のみが費用を払うという例は多く見られます。スウェーデンもフランスも本人が保険料を支払っているわけではありません。実は、経済学的には、企業が負担するといっても、企業側の負担が転嫁されて、労働者の賃金水準へ反映されれば、労働者本人が負担したのと同じ効果になるとされています。いずれにせよ、『社会保険制度だから、本人も保険料を支払わなければおかしい』というわけではありません」

1つの制度に「融合」する意義

小川の見解を聞いた武井は、別の観点から小川に続けて尋ねた。

「なるほど。でもどうなんでしょうか、労働政策と家族政策という異なる性格のものをわざわざ合体させて、1つの制度とするような必要性があるのですか。別々の制度でもいいじゃないですか。たとえば、就業継続コースの就労者への育休給付は、今まで通り雇用保険制度に残しておき、それ以外の再就職コースや自営業者、無業者を対象として新制度を別途作るのなら、経済界の理解は得やすいと思いますが……」

これに小川は、異を唱える。

「いや、むしろ、私は、統括官が言われるとおり、両者を『融合』させて1つの制度とすることこそ、政策的に意味が大きいと思います。理由の1つは、制度が別々では、就労の形態や有無による格差の解消がなかなか進まないからです。若年世代の生活を保障する『最低保障額』が、就労者とそれ以外の者に共通する形で設定され、運用されることは、格差解消に大きく寄与します。2つ目は、それゆえに、就労者についても、最低保障額という形で、家族政策の視点から公費による費用補塡が行われることになり、『所得比例額』の弱点（所得が低いと、給付も低くなること）を克服できることです。3つ目が、別々の制度だと、利用者は退職したり、就労形態を変更するたびに、制度からの脱退・加入手続きをしなければならない。それを忘れると、時には『制度の谷間』に落ち込んでしまう。そうした制度の縦割りを防ぐことができることです。これは、当事者にとって、大きな助けになると思いますね」

「その通りです」声をあげたのは、野口だった。「出産間近の大変な時に、いろいろな窓口に行って手続きをしなければならないようでは困りますからね。そうすると、保育所への手続きなども考えると、住んでいる市区町村が新制度の窓口になるのがいいですね。そうすれば、夫婦にとっては同じ窓口で一貫した支援が受けられ、便利ですね」

自身の体験から発せられる言葉には、切実な願いが込められている。

しかし武井は、「自治体がウンと言いますかね」と首をかしげる。

「君は、本当に心配性だね」呆れたような笑みを浮かべながら、百瀬が視線を向けると、

「すみません。性格なもんで」とばつの悪そうな表情をして首をすくめた。

最後に、百瀬が小川に向かって言った。

「小川さん、長時間、大変ありがとうございました。その上でお願いなのですが、もう1回、お付き合いいただけませんか。次回、児童手当についても、外国の事例などを説明していただけると、大変ありがたいのですが……」

「結構ですよ。私も、皆さんとの議論に参加できることは刺激的ですから」

結局、勉強会は3回となった。

児童手当の各国比較、見劣りする日本

3回目の勉強会は、5日後に持たれた。小川による説明は、各国の児童手当の制度比較から始まった。


――日本と各国の児童手当（家族手当）を比較すると、次のとおりである（**表2―3**）。

支給額の水準は、為替レートや国内生活水準などを考慮する必要があるため、簡単には比較できないが、フランスなどのほうが日本より手厚いというのが一般的な見方である。制度上明らかに違うのは、まず支給期間である。フランスやドイツは、子どもが20歳や18歳になるまでとなっているのに対し、日本は中学校修了までである。

そして、多子世帯に対する対応である。古くは1930年代から家族手当が導入されてきたフ

表2-3　児童手当(家族手当)等の各国比較

	フランス	スウェーデン	ドイツ	日本
制度導入年	1932年 (家族手当)	1948年 (児童手当)	1955年 (児童手当)	1972年 (児童手当)
支給対象	・給付対象の子が2人以上の家庭	・子を持つ親	・子を扶養する者	・子を扶養する者
支給期間	・子が20歳になるまで	・子が16歳未満 ・16歳過ぎても義務教育を受けている場合は最長18歳まで	・子が18歳未満 ・教育期間中は25歳まで	・子が中学校修了まで
支給額	・子2人家庭で月額131.95ユーロ(低所得層)、所得に応じた減額制導入(中高所得層は減額)。 ・子3人以上や多胎出産はより厚い支給額。子が14歳以上になると加算。 ・他に低所得家庭やひとり親家庭対象の手当がある。	・「基礎児童手当」が子1人あたり月額1,250クローナ・子2人以上には多子加算がある。・他に住宅手当(所得制限あり)がある。	・第1子・2子が月額204ユーロ ・第3子が月額210ユーロ、第4子以降が月額235ユーロ。	・支給月額(3歳未満)1.5万円(3歳〜小学校修了)第1、2子1万円3子以降1.5万円(中学生) 1万円(所得制限以上)5千円(当分の間の特例措置)ただし、年収1200万円以上は支給対象外(2022年10月以降)。
財政方式	・労使が参加する家族手当金庫が支給。財源は、使用者(企業)が払う社会保険料とCSG(社会保障目的税)等	・公費(全額国庫負担)	・公費(連邦及び地方の税財源)	・公費(国及び地方自治体の税財源)と事業主拠出金(一部)
税制	所得税に「N分N乗方式」(※)の多子世帯優遇の税制がある。	・児童手当導入に伴い、児童扶養控除は廃止	・個々人の所得に応じて、児童手当と児童扶養控除の有利な方が適用される。	・扶養控除(扶養親族一人あたり38万円の所得控除)。 ・ベビーシッターや認可外保育所、一時預かり等の利用料の所得税・個人住民税の非課税(2021年度税制改正)。

資料:筆者作成。外国制度は、厚生労働省「2019年海外情勢報告」などをベースとしている。
(※)フランスの「N分N乗方式」は、以下の方法により所得税を算定するものである。
(ア)世帯を課税単位とし、世帯全員の所得を合算。
(イ)合算所得を「家族除数(N)★」で割り、「家族除数1単位あたり所得」を算出。
(ウ)「家族除数1 単位あたり所得」に累進税率を適用し、「1単位あたり税額」を算出。
(エ)「1単位あたり税額」に家族除数(N)を乗じ、その額が世帯全体の納税額となる。
★「家族除数(N)」は、大人は1、扶養する子(21歳未満)は、2人まではそれぞれ0.5、3人目以上は1で算出される(1981年に0.5から1へ引き上げられた)。単身者は1、夫婦は2、子1人夫婦は2.5、子2人夫婦は3、子3人夫婦は4である 。

ランスは、意外に思うかもしれないが、支給対象が子ども2人以上の家庭となっており、さらに子ども3人以上の多子家庭や双子などの多胎出産に対しては厚めの支給額となっている。これは、フランスの家族手当が出産奨励を主目的としているからである。スウェーデンやドイツは第1子も支給対象としているが、多子世帯には加算や厚めの給付が設定されている。日本も、第3子以降に対しては支給額が積み増されているが、その金額はごくわずかである。

子育て関係の税制面の扱いは、各国によって大きく違う。制度論で言うと、児童手当と税制措置は、効果の点で対象となる階層が異なる。税制措置は、一定以上の所得がないと効果はなく、所得が多い者ほど効果が大きくなる。これに対し、税制措置の恩恵を受けられない低所得者には、児童手当などの現金給付が有効である。フランスでは、有名な「N分N乗方式」と呼ばれる税方式が古くから導入され、子どもが多い家庭ほど税制面で有利となっている。また、ドイツは、個々の対象者に応じて児童手当と税制措置（児童扶養控除）のうち有利なほうが適用される──。

安定財源を見出せなかった、日本の児童手当

──そこで、日本の児童手当についてである。

わが国の場合、児童手当の導入は1972年で、かなり遅い。これは、制度導入の目的自体をめぐり議論がなかなかまとまらなかったためである。当時、わが国の出生率は他国に比べて高い水準にあった上に、戦後の出生抑制政策の流れが続いていたため、フランスのような「出産奨

励」が制度目的とされることはなかった。結局、児童手当は、「児童養育家庭の生活安定」という多子による貧困防止と「児童の健全育成・資質の向上」という児童福祉の目的から導入されることになったが、制度導入当初の支給対象者は、第3子以降で5歳未満かつ一定所得以下の世帯という、信じられないほど小粒なものであった。当時の制度担当者は、それでも児童手当をスタートさせたかったのである。

そして、1970年代半ば以降、わが国においても出生率が低下し始めたが、児童手当の機能が高まることはなかった。むしろ、制度導入以降、財源の一部を負担する経済界からは、子育て費用は賃金でカバーされており、二重負担だとの声が常に上がり続け、また、公費も投入されていたため、財政当局からは無駄使いだと何度も見直し論が提起された。

支給対象は、「子育て支援」という視点から、第2子（1985年）、第1子（1990年）と徐々に拡大されたものの、併せて所得制限の強化や支給期間の限定が行われた。導入当初のスローガンは「小さく生んで大きく育てる」はずだったのに、その期待に反して、「小さいまま」の状態が続いた[77]。

2000年代に入り、児童手当は「少子化対策」としての位置づけが強調され始め、2006年には小学校修了までに対象を拡大するとともに、2007年には3歳未満児に対する支給額は1万円に増額された。その後、政権交代期の2010年度には「子ども手当」に名称を変え、所得制限なしで、義務教育修了年齢までのすべての子どもを対象に、一律月額1万3000円の支給が行われた。これは、「子育て支援」の視点を重視し、普遍的な制度にしようとするものであり、「少子化対策」としての位置づけは後退した。その後2012年からは、再び「児童手当」

に名称を変え、所得制限が復活し、子どもの年齢と数によって支給額に差を設ける制度へと改められ、今日に至っている。

わが国の出生率が低下し続けている中にあって、このように児童手当は、制度の目的や位置づけが数度にわたって変わり、それに伴い支給対象などの制度設計の変更が、たびたび行われてきた。諸外国の例を見れば分かるように、児童手当が、少子化対策として児童期や青少年期における重要な施策であることは間違いない。それなのに、なぜ、わが国の児童手当は今日に至るまで伸び悩んできたのだろうか。制度理念の整理が不十分だったのだろうか。それとも、制度設計が稚拙だったのだろうか。

私は、そうしたことが主たる要因だとは思わない。児童手当の歴史において最も大きな制約要因となったのは、結局のところ財源問題だったのである。児童手当は費用が嵩《かさ》む制度である。支給対象をどう設定するかにもよるが、すべての子どもに一律に給付するとなると、すぐ数千億円や兆円単位の金が必要となる。したがって、財政当局は、一貫して制度拡充に慎重であり、その基本姿勢は今も変わらない。

どのような制度理念の議論が行われ、制度設計が変更されようとも、結局は、制度を支える安定的な財源を見出せない限り、「絵にかいた餅」ということである。

児童手当をはじめとする家族政策は、わが国では安定財源を確保することができなかった。それゆえに、2000年以降は「介護保険」という安定財源を探し当てた高齢者介護と、明暗を大きく分けることになったのである――。

児童手当の効果は

小川の児童手当の説明が終わると、意見交換となった。早速、武井が質問した。

「小川さん、いつもうるさいことばかり言って、申し訳ないのですが、研究者の間で、出産促進効果があるという結論が得られているのが育休制度です[78]。保育制度も、保育の充実が出生率に対してプラスの効果を与えるという結論が得られています[79]。

一方、児童手当（家族手当）などの経済的支援については、多くの研究では、出生率に対してプラスの影響を与えるが、効果はそれほど大きくないという結論が示されています[80]。児童手当のお金は、実際に何に使われるか分からないし、『費用対効果』という点では、優先順位は低いと言わざるを得ませんが、いかがですか」

「児童手当が出生率に与える影響は、支給の仕方によって変わってくると思いますね。多くの研究が示している結果は、『多額の費用がかかる割には効果は大きくない』ですから、費用の使い方を配慮すれば効果も変わってくると思います。たとえば、第2子、第3子以降の支給額を重点的に引き上げれば、『費用対効果』は相当上がるでしょう。先ほど紹介したように、フランスの家族手当は、1939年以降、子どもが2人以上の家庭しか支給していませんし、子ども3人以上の場合は手厚くしています。私は、フランスは、第1子に支給しても出生率向上効果は大きく期待できない、と冷静に考えてきたからだと思います。

日本の場合も、第2子、第3子になるほど、経済的理由から希望通りの子どもを持てないという調査結果が出ていますし[81]、『3人目の壁』の存在はよく知られています。したがって、第2子や第3子に重点的に資金を投入するという選択も考えられます。また、児童手当の使い途については、子育て分野に限定するために、バウチャーを活用する方法も考えられます。ただし、こうしたことは、財源が十分に確保され、支給額が一定額以上である場合の話です。お金がないので、第2子、第3子以降の支給額を現行のままにして、第1子への給付はやめました、では困ります」

「そうですね。全体的に給付を厚くした上で、第2子、第3子以降への支給をもっと充実するということですね」百瀬が納得した表情を浮かべると、小川はこう付け加えた。

「ええ。それに支給期間もせめて高校修了ぐらいまでに延ばすことができればいいのですが」

「子ども保険」が、突破口になるか

心配性の武井が、「いずれにせよ、結局は、小川さんがおっしゃるように『安定財源』をどう確保するか、という点に尽きますね。現在は、少子化対策に充てられる消費税財源は限られているし、与党などでは消費税率の引き上げは当分無理だ、という意見が強いので、これ以上の財源ねん出は困難ですね」と言えば、野口も、

「私は、先日、議論になった『育休改革』だけでも、かなり成果が上がると思うんです。児童手当の改革までとなると、膨大な財源が必要となりますので、育休改革のほうも頓挫してしまわないか、心配です」と意見を重ねた。

「確かにそうかもしれないが」と言って、百瀬が主張したのは、いくら育休改革によって出生後1年間程度の経済支援を充実しても、その後、支援がガクンと減るのでは、経済力が弱い夫婦は困ってし

まう。出産時に退職し子育て後に再就職するケースを考えても、子どもが3、4歳ぐらいになった後に再就職する場合が相当ある。そうした実態を考えると、育休制度によって乳児期をカバーするだけでなく、児童手当も充実して、幼児期から児童期さらにできれば高校修了までの経済的な支援を強化しないと、両立支援の効果は上がらない、ということだった。

「しかし、財源確保はなかなか難しいですから……」と野口が苦悶の表情を浮かべると、武井は、「もう20年間近く、同じような堂々巡りの議論なんですから、これ以上議論したって無駄ですよ」と投げやりな言葉を口にした。

そして、しばらく沈黙が続いたのち、百瀬が自らに言い聞かせるようにつぶやく。

「やはり、まったく新しい発想でいくしかないなあ……」

「統括官、何か、新しいプランがあるんですか」野口は百瀬の言葉を聞き逃さなかった。

腕組みをして考え込んでいた百瀬が、静かに語り始めた。

「実は、『子ども保険』はどうかと思ってね」

「えっ！」野口と武井は、そろって声をあげたまま、二の句が継げなかった。

「二人とも、そんなに驚かないでくれ。私は、人口戦略の検討が始まった時から、『子ども保険』のことが気にかかっていたんだよ」

「だけど、子ども保険は、以前、政治レベルで構想として打ち上げられたけど、それ以上は前に進まなかったんじゃないんですか」武井が疑問を呈したが、百瀬は、

「あの時はまだ粗い提案で、本格的議論にまでは至らなかった、と私は思っている」と意に介さない。

するとと野口は、「確かに、具体的な制度案までの議論はなかったですね」と身を乗り出す。

「そうなんだ。何のための子ども保険か、国民から集めた保険料は何に使われるのか、など具体性のある提案として示すことができれば、見込みは十分あるんじゃないかと思う。たとえば、前回議論した、新たな育休給付制度の導入と、拡充した児童手当を合体させ、1つの『子ども保険』として打ち出したらいいんじゃないか」

野口の言葉に意を強くした百瀬が話し終わるかどうか、のタイミングで声を上げたのは小川だった。

「私は、統括官の意見に賛成です。以前申し上げましたが、世論調査[82]では、国民の9割以上が『子どもを生み、育てることによる負担は社会全体で支えるべき』と答えているのです。分かりやすい制度設計さえできれば、理解してくれる人は多いと思います」

「保育サービスは、どうするのですか。児童手当と育休給付を入れるんだったら、保育サービスも子ども保険ですか」と、焦った声で武井が尋ねると、百瀬は答える。

「そこは、慎重に検討しなければならないと思っている。理念的には、子どもが安心して育っていくために必要な保育サービスも保険給付に加え、総合的な保険とするほうがすっきりはしている。が、しかし、新たな『子ども・子育て支援新制度』が導入されたばかりで、地方自治体や保育現場は保育所整備や保育士確保に懸命に取り組んでいる最中だ。ここで、また大きな制度変更をすると、無用の混乱を招きかねない。だから、保育サービスは保険給付に入れなくて、子ども保険に国民が拠出してくれた資金の一部を、自治体が実施している保育事業の支援に充てる仕組みができればいいのじゃないか」

「制度設計がうまくいくか、どうか……」

野口が弱気を見せると、百瀬は強い口調で声をかける。

「何を弱気なことを言っているんだ。最後は、政治が、そして国民が決めるんだ、と言っていたのは君じゃないか。野口君を中心に、作業班全員が協力して制度案を作ってくれたまえ」

「期待しています。頑張ってください」と、野口を激励した小川は、百瀬に意見を求めたいことがあるという。

「実は再来週、総理の有識者ヒアリングに呼ばれていまして、その時に、子育て分野の新たな財源論を取り上げたいと思っていたんです。もし、できれば、皆さんの検討状況を参考にして、『子ども保険』を導入すべきだ、というプレゼンをしたいと思うのですが、どうでしょうか」

「それはいい！　ぜひお願いします。いずれ、大臣や総理に『子ども保険』の話をしなければならないと思っていますので、小川さんから事前に政策論の話があると、実にありがたいですね。私もヒアリングに出席しますので、期待しています」

「精一杯、頑張ります」

小川の言葉に「よろしくお願いします」と返した百瀬は、周囲を見渡すと、力強い口調でこう問いかけた。

「さて、我々は制度案づくりだ。どうかね」

「分かりました。やってみます。1週間、時間をください」

野口の決意表明に、武井は「1週間でできますかね……」と心配性の顔をのぞかせる。

「武井君も頼んだよ」

普段柔和な百瀬が、最後に真剣な表情で会議を締めくくった。

第3章

出生率向上のための「3本柱」

5 「子ども保険」の提案（202X年11月下旬〜12月上旬）

「子ども保険」の全体骨格

百瀬亮太の検討指示を受けて、野口淳一は、武井伸人ら作業班メンバーと精力的に議論を重ね、「子ども保険」の制度案づくりを進めた。新制度となると、武井が言ったとおり検討しなければならない論点は数多くある。いくら急ぐといっても1週間では詰め切れないので、まず、議論のたたき台となる「制度素案」をまとめることとした。

制度や政策を作り上げていく過程は人さまざまであるが、野口たちが多用している手法は、ホワイトボードの活用である。数人が集まってブレインストーミングをしている間ずっと、書記担当がメンバーの出すアイデアや意見を書き連ねていく。新たなアイデアが浮かぶたびに書き足すが、議論の結果、ボツとなったものは消され、同じような意見は1つに統合される。

ホワイトボードに記されるのは文章もあれば図もある。これを1つのテーマを対象に2時間も続ければ、おおむね全員の意見が集約された案が出来上がってくる。それをペーパーに書き写し、ホワイトボードを消して、次のテーマに移る、といった具合である。

もちろん、その後、新たなアイデアが浮かべば、元のテーマに戻って議論を行うので、行ったり来たりの作業が続く。こんなことを半日ばかり行い、残りの時間は、関連制度などの調査や有識者からの意見聴取に費やす。

そうした作業が重ねられた1週間ののち、百瀬の部屋で、野口たちがとりまとめた制度素案についての部内会議が開催された。野口は、配布した「子ども保険」制度〈全体骨格（イメージ案）〉（図3―1）に基づき説明を始めた。

――新制度の名称は、「子ども保険」としている。他にも「育児保険」など様々な名称案があるが、あくまでも「子ども」を制度の中心に置き、子どもが安心して養育が受けられるように社会的に支援するという趣旨からは、「子ども保険」という名称がふさわしいと思う。

「子ども保険」の制度の構造は、大きく3つの部分から成る。

第1は、右側の「子ども保険給付」の一番上の部分である。これは、出産前から乳児期に当たる給付で、産休・育休給付を合体した「両親手当」である。この両親手当の支給額は、親が就労している場合は「所得比例額（A）」とした上で「最低保障額（B）」を設定する。親が就労していない場合は「最低保障額（B）」を支給する。両親手当のうち所得比例額の部分は、企業が「保険料」として拠出する。これに加えて、最低保障額に足りない部分は、後で述べる「子ども支援基金」から費用を拠出する。

第2は、右側の真ん中の部分である。これは、幼児期から青少年期に当たる給付で、「児童手当（C）」である。児童手当の支給額は、子ども1人当たり定額である。ただし、多子世帯への支援の趣旨から、第1子に比べて第2子、第3子以降を厚くしたいと思う。この児童手当の費用

図3-1 「子ども保険」制度〈全体骨格(イメージ案)〉

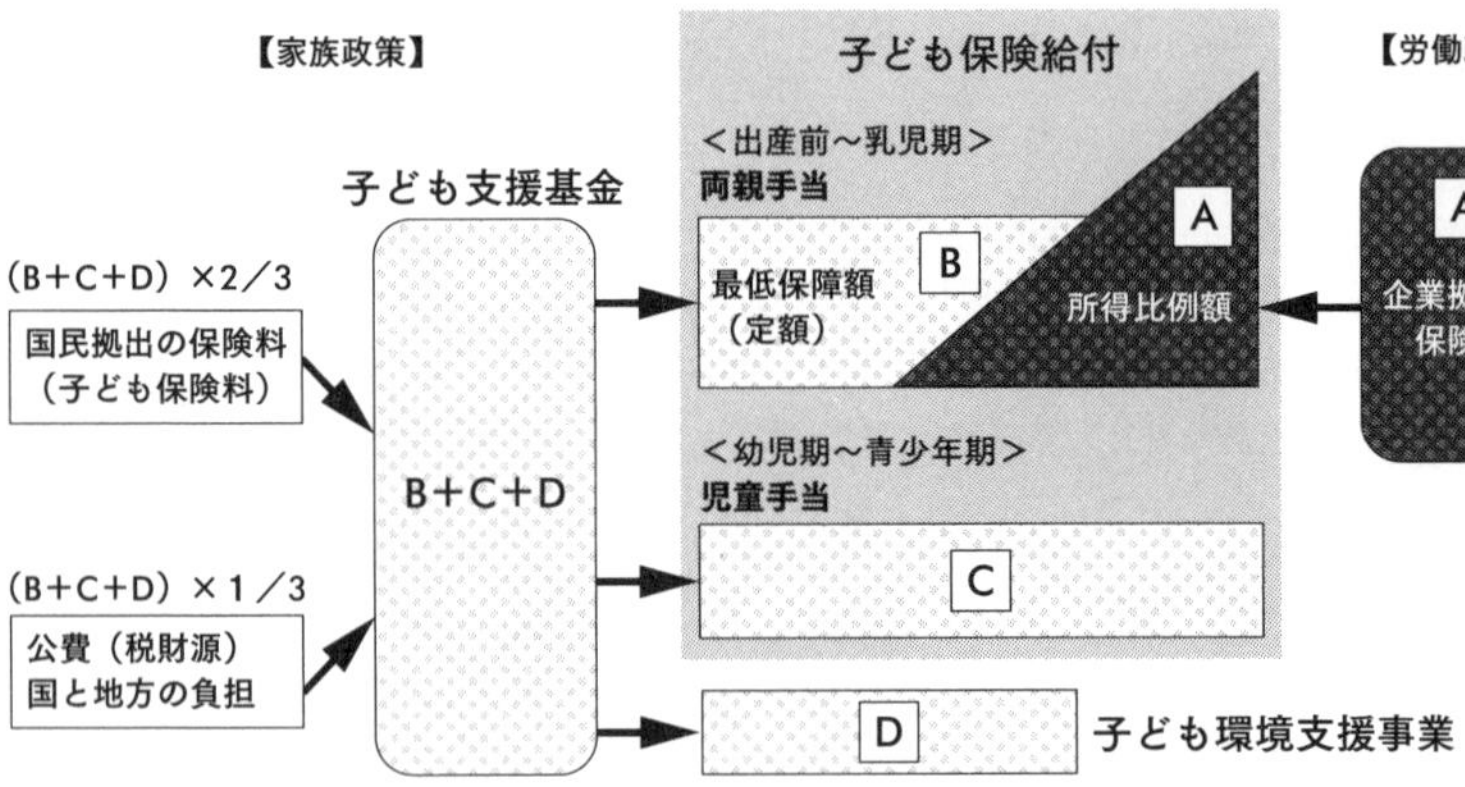

資料：筆者作成

は、全額「子ども支援基金」から拠出する。

第3は、右側の下の部分である。これは、給付ではないが、地方自治体に対して保育・幼児教育や児童虐待防止などの事業について財政支援を行う「子ども環境支援事業（D）」で、この費用も全額「子ども支援基金」から拠出する。

そして、左側にある「子ども支援基金」は、すべての成人が拠出する「国民拠出の保険料（子ども保険料）」と「公費（税財源）」が、2対1の割合で負担し合う。子ども保険料は、各人の医療保険料に上乗せして徴収する。公費は、国と地方で分担する。

以上を全体としてまとめると、「子ども保険」は、国民拠出の保険料、企業拠出の保険料、そして、公費である国費と地方負担によって、社会全体で連帯して支え合う制度となる。

そして、制度論から言えば、両親手当の最

低保障額と児童手当、子ども環境支援事業は「家族政策」の視点に基づくものであり、これに対し、両親手当の所得比例部分は「労働政策」の視点に基づくものである。したがって、全体としては、「家族政策」と「労働政策」の両者が融合した制度であると言える――。

「子ども保険」の基本理念

百瀬はじっと聞き入っていたため、野口は、「制度素案」（図3―2）を配布し、制度の具体的内容の説明に入った。

――子ども保険の「基本理念」は5つである。

第1点目は、「子どもの養育支援」。子ども保険の基本目標は「子どもが安心して養育が受けられるようにすること」である。この場合、子どもの養育は、親が第一義的責任を有していることから、出産及び乳幼児期から青少年期までの間、親が行う養育を社会的に支援する。

第2点目は、「普遍的な制度」である。親の就業の有無や形態を問わず、すべての子どもを支援対象とする。これには、養子縁組の場合も含む。

第3点目が、「男女協働」。母親だけでなく、父親もともに育児に参加するよう制度面から推進していく。

第4点目が、「制度間連携」。育休制度と時短制度、保育制度などの連携と機能分担を重視する。

図3-2 「子ども保険（仮称）」〈制度素案〉

1. 基本理念

◆**「子どもの養育支援」**

・子ども保険の基本目標は「子どもが安心して養育が受けられるようにすること」である。この場合、子どもの養育は、親が第一義的責任を有していることから、出産及び乳幼児期から青少年期までの間、親が行う養育を社会的に支援する。

◆**「普遍的な制度」**

・親の就業の有無や形態を問わず、すべての子どもを支援対象とする。養子縁組の場合も含む。

◆**「男女協働」**

・母親だけでなく、父親もともに育児に参加することを推進する。

◆**「制度間連携」**

・育休制度と時短制度、保育制度などの連携と機能分担を重視する。

◆**「社会全体の支え合い」**

・国民拠出の保険料、企業拠出の保険料及び公費（税財源）によって、社会全体で連帯して費用を支え合う。国民拠出の保険料（子ども保険料）は、すべての成人からなる「親世代」が拠出する。

◎子ども保険は、上記の基本理念を踏まえ、「家族政策」と「労働政策」の両者が融合した制度とする。
現行の雇用保険制度の育休給付、医療保険制度の出産育児一時金・出産手当及び児童手当制度は廃止し、子ども保険に移行する。

2. 制度の骨格

（1）制度主体（保険者）

・子ども保険は、国を制度運営の主体（保険者）とする。なお、保険給付事務は、住民に最も身近な市区町村の窓口（子育て世代包括支援センターなど）で行う（法定受託事務）。

（2）被保険者（各手当の支給先）

・被保険者（各手当の支給先）は、子を出産し、養育するすべての親とする。養子縁組の親も含む。各手当は、夫婦1組を単位として支給し、ひとり親の場合は子を扶養する親に支給する。

(3) 両親手当（出産から乳児期までの給付）

(3)−1 両親手当Ⅰ（出産手当、出産育児一時金）

- すべての妊娠、出産した女性は、産前6週間、産後8週間の産休を取得できる。父親は、産後4週間の産休を取得できる。
- 産休を取得した場合には、両親手当Ⅰが支給される。これは、現在の「出産手当」や「出産育児一時金」に相当する。
- 出産手当の支給内容は、両親手当Ⅱと同様の扱いとする。出産育児一時金の支給金額は、出産費用の平均実態を踏まえ、原則50万円（現行は42万円）とする。

(3)−2 両親手当Ⅱ（育児手当）

- 親は、子が1歳まで（ただし、子が保育所に入所できない場合は、最長2歳まで）の間、育休を取得でき、その育休中、両親手当Ⅱが支給される。親が自営業者や専業主婦、無業者、学生など非就労の場合は育休という概念はないが、子が1歳になるまでの間、育児に専念することを要件として、両親手当Ⅱが支給される（就労者の父親が育休を取っている期間は、非就労の母親への手当支給は行わない）。
- 父親が育休を2ヵ月以上取得する場合は、上記の育休期間が2カ月分追加される。
- 両親手当Ⅱの支給額は、「所得比例額」と「最低保障額（年額200万円）」の組み合わせとする。就労者（非正規を含む）が休暇を取得する場合は、従前所得の80％とし、最低保障額を下限とする。自営業者や専業主婦などには最低保障額を支給する。
- 妊娠判明時に就労していた女性（非正規を含む）については、その後、退職しても、育休に相当する期間（子が1歳まで、保育所に入所できない場合は、最長2歳まで）終了後に再就職するという旨を申請すれば、育児に支障のない範囲で職業能力の維持・向上に努めることを条件に、就労者と同等の扱い（「所得比例額」＋「最低保障額」）とする。
- 育休の「部分取得」が選択でき、時短制度との併用も認められる。その場合には、時短分に相当する両親手当Ⅱと、時短勤務に対応した賃金が支給される。育休の部分取得の場合は、両親手当Ⅱの支給額は減額されるが、代わりに、相当する期間分の休暇期間が追加される。
- 第1子出産後30カ月以内に第2子を出産した場合には、第1子と同額の支給額とする（スピード・プレミアム制度）。

(3)－3 両親手当Ⅲ（時短手当）

・両親のいずれかは、両親手当Ⅱが終了した後、子が小学校修了までの間、時短制度を活用して時短勤務を選択することができる。その場合には、時短分に相当する両親手当Ⅲと、時短勤務に対応した賃金が支給される。

(3)－4 両親手当Ⅳ（病児手当）

・両親のいずれかは、子が小学校修了までの間に病気になり、親による家庭での付き添いが真に必要と医師が判断した場合は、必要な期間中、育休（時短を含む）を取得でき、両親手当Ⅳが支給される。なお、専門の病児保育サービスの利用は可能。

※両親手当（Ⅰ～Ⅲ）については、多胎出産加算がある。

※自営業者や専業主婦など非就労者は、両親手当Ⅱについて育休の部分取得は想定されず、両親手当Ⅲ、Ⅳは支給されない。

※養子縁組（特別養子縁組及び普通養子縁組）の場合は、両親手当Ⅰは出産育児一時金の支給のみとし、両親手当Ⅱ、Ⅲ、Ⅳは、出産のケースと同様の扱いとする。

※子ども保険が子ども養育を保障するための制度である趣旨を明確にするため、両親手当の支給対象となる親は、手当の支給期間中は、子のために育児に専念しなければならない旨を定める。育児放棄などのケースは、給付返還などの措置を講じる。

(4) 児童手当（幼児期から青少年期までの給付）

・子が高校修了までの間、子1人につき、以下の月額を支給する。

〈第1子の場合〉 1万円

〈第2子の場合〉 3万円

〈第3子以降の場合〉 6万円

・(2)－2の両親手当Ⅱの支給を受けている間は、児童手当は支給しない。

※子ども保険が子どもの養育を保障するための制度である趣旨を明確にするため、親は、児童手当を子どもの成長に資することに使わなければならない旨を定める。使途を限ったバウチャーの仕組みの利用を検討することも考えられる。

(5) 子ども環境支援事業

・地方自治体に対して、(a) 保育、幼児教育、地域子ども・子育て支援事業と、(b) 児童虐待防止・社会的養育事業に関する財政支援を行う。

・財政支援額としては、(a) については、保育所等の整備、保育士の確保・資質向上、義務教育との接続・連携強化のための財政支援額として総額3000億円を、(b) については、子どもの見守りや児童相談支援体制強化のための財政支援額として総額2000億円を想定。

(6) 負担構造

(6)－1 両親手当Ⅰ～Ⅳに要する費用

・両親手当（Ⅰ～Ⅳ）に要する費用は、下記のとおり負担する。

(a) 休暇を取得した就労者（非正規を含む）に対する支給費用

・就労者が子どもの養育によって失う収入の一部（所得比例部分）については、企業拠出の保険料（従業員総賃金の○%）によって賄う。ただし、所得比例による給付額が最低保障額を下回る場合に補填に要する費用は、子ども支援基金から拠出する。

(b) 育児に専念する非就労者に対する支給費用

・子ども支援基金から拠出する。

(6)－2 児童手当に要する費用

・子ども支援基金から拠出する。

(6)－3 子ども環境支援事業に要する費用

・子ども支援基金から拠出する。

(6)－4 子ども支援基金に要する費用

・子ども支援基金に要する費用は、下記のとおり負担する。

(a) 国民拠出の保険料（基金費用の2／3）

・すべての18歳以上成人が、「子ども保険料」として拠出する。これは、加入している医療保険制度及び後期高齢者医療制度において拠出している保険料に、上乗せする形で徴収。保険料額は、成人本人の収入など負担能力に応じて算定する。

(b) 公費（基金費用の1/3）

・国及び地方公共団体が負担する。負担割合は2:1とする。

(7) 関連制度における対応

(7)－1 育休中、育休明けの配慮

・企業は、育休期間中の従業員に対して、育児に支障のない範囲で職業能力の維持・向上を図るため、業務に関する情報提供や研修機会の確保とともに、育休明けの公平な職場復帰に努めることとする。

(7)－2 保育制度の見直し

・市区町村は、子ども保険制度の導入による家庭での育児環境の改善状況を見極めながら、保育の対象を1歳児以上（※）とする見直しを進める。

※真にやむを得ない理由により、ゼロ歳児の家庭内育児が困難なケースを除く。

資料：筆者作成

第5点目が、費用負担面での「社会全体の支え合い」である。国民拠出の保険料、企業拠出の保険料及び公費（税財源）によって、社会全体で連帯して費用を支え合う。この場合、国民拠出の保険料（子ども保険料）は、すべての成人からなる「親世代」が拠出する。

子ども保険が導入されると、現行の雇用保険制度の育休給付金や医療保険制度の出産育児一時金・出産手当及び児童手当制度は廃止され、子ども保険に移行する。

子ども保険の制度運営の主体（保険者）は、国とする。なお、保険給付事務は、住民にとって最も身近な市区町村の窓口で行う（法定受託事務とする）。

子ども保険の各手当の支給先、すなわち子ども保険の「被保険者」は、子を出産し、養育するすべての親とし、養子縁組の親も含む。各手当は、夫婦1組を単位として支給することとし、ひとり親の場合は子を扶養する親に支給する――。

4種類の「両親手当」

――保険給付としては、まず、出産から乳児期までの給付として、4種類の「両親手当」を考えている。

両親手当Ⅰは、現在の「出産手当」や「出産育児一時金」に相当するものである。

すべての妊娠、出産した女性は、産前6週間、産後8週間の産休を取得できる。父親も、産後4週間の産休が認められる。産休を取得した場合の出産手当の支給内容は、両親手当Ⅱと同様とする。また、出産育児一時金の支給金額は、出産費用の平均実態を踏まえ、原則50万円（現行42万円）とする。

両親手当IIは、現在の「育休給付金」に相当する、中心的な給付である。親は、子どもが1歳になるまでの間に育休を取得することができ、その育休中、両親手当IIが支給される。この育休期間は、子どもが保育所に入所できない場合は最長2歳まで延長される。これは、現行制度をベースとしている。

親が自営業者や専業主婦、無業者、学生など非就労の場合は、育休という概念はないが、子どもが1歳になるまでの間、育児に専念することを要件として、両親手当IIが支給される。なお、専業主婦家庭の場合は、就労している父親は、子どもが1歳になるまでの間に育休を取得できるが、父親が育休を取って手当が支給されている期間中は、母親への手当支給は行わない。

「男女協働」の観点から、父親の育休取得を推進する仕組みを導入する。具体的には、父親が育休を2カ月以上取得する場合には、育休期間が2カ月分追加される。狙いとしているのは、この2カ月を「パパ月」として、父親が積極的に育休を取得し、育児に参加することである。

両親手当IIの支給額は、「所得比例額」と「最低保障額」の組み合わせとする。就労者（非正規を含む）が育休を取得する場合は、従前所得の80％とする。所得比例を採用しているのは、親が子どもの養育に専念することによって失う収入をカバーする趣旨である。80％という収入代替率は、男性の育休取得を促進させる上で有効である。ただし、賃金が低いケースを想定し、「最低保障額」として年額200万円を設定する。自営業者や専業主婦、無業者、学生などの場合は、同じ額の最低保障額を支給する。

そして、妊娠判明時に就労していた女性（非正規を含む）については、その後、退職しても、育休に相当する期間（子どもが1歳になるまでの期間、子が保育所に入所できない場合は最長2歳まで）終了後に再就職するという旨を申請すれば、育児に支障のない範囲で職業能力の維持・向上に努めることを条件に、就労者と同等の扱い（「所得比例額」と「最低保障額」の組み合わせ）とする。

育休については「部分取得」が選択でき、時短制度との併用が認められる。時短制度と併用した場合は、両親手当（部分）とともに、時短勤務に対応した賃金が支払われる。部分取得の場合、両親手当IIの支給額は減額されるが、代わりに、それに相当する期間分の休暇期間が追加される。たとえば、2分の1の育休の部分取得を2カ月間とった場合には、育休期間が1か月分追加されることとなる。これにより、時短勤務を選択しても両親手当の支給総額は変わらないので、時短勤務の利用が進むものと考えられる。

また、スウェーデンの「スピード・プレミアム制度」の導入を検討したい。これは、第1子出産後30カ月以内に第2子を出産した場合に、親の直前の所得水準低下（時短勤務のため）に伴い育休給付の支給額が低下することを防ぐため、第2子の支給額は第1子と同額とする制度である。この制度は、出生間隔を短縮させる効果があったとされる。

両親手当IIIは、両親手当IIが終了したあと、子どもが小学校修了までの間に、時短制度を使って時短勤務を選択しやすくすることを目的としている。この期間中、両親のいずれかが時短勤務を選択した場合には、時短分に相当する両親手当IIIと、時短勤務に対応した賃金が支給され、合計で十分な収入が保障される。時短勤務の活用によって、保育所に預けるようになる1歳児以降も、親は早めに帰宅することができるようになり、長時間保育を避けることが可能となる。また、小学校に上がったあとも、学校の学習時間や親の参加行事への対応が可能となる。

両親手当Ⅳは、子どもが小学校修了までの間に病気になり、親による家庭での付き添いが真に必要と医師が判断した場合には、育休(部分所得も含む)を取得した親に対して支給される。専門の病児保育サービスがある地域では、現行の「地域子ども・子育て支援事業」のサービスの利用も可能とする。

なお、自営業者や専業主婦などの非就労者は、両親手当Ⅱについては育休の部分取得は想定されておらず、両親手当Ⅲ、Ⅳは支給されない。

また、先に述べたように、養子縁組の場合も対象としているが、これは、特別養子縁組に限らず、普通養子縁組も含む。この場合、両親手当Ⅰは出産育児一時金のみとし、両親手当Ⅱ、Ⅲ、Ⅳは、出産のケースと同様の扱いとする。

そして、子ども保険が子どもの養育を保障するための制度である趣旨を明確にするため、両親手当の支給対象となる親は、手当の支給期間中は、子どものために育児に専念しなければならない旨を定める。それに反する育児放棄のようなケースは給付返還などの措置を講じる――。

児童手当は、高校修了までとし、多子世帯を支援

――次に、幼児期から青少年期までの給付としての「児童手当」である。

児童手当の支給対象は、現在は中学校修了までとなっているが、子ども保険では、「高校修了」まで延長する。これにより教育費など養育費の支援を強化する。

児童手当の支給額(月額)は、第1子の場合は1万円、第2子の場合は3万円、第3子以降の

場合は、1子につき6万円とする。多子世帯への支援を強化する趣旨である。

育休給付の充実に伴い、現行制度の3歳未満児への特別の対応は廃止し、両親手当IIの支給を受けている間は、児童手当は支給しない。

また、現行制度の所得制限は、社会保険の趣旨を踏まえ、廃止する。

さらに、子ども保険が子どもの養育を保障するための制度である趣旨を明確にするため、親は、児童手当を子どもの成長に資することに使わなければならない旨を定める。使途を限ったバウチャーの仕組みの利用を検討することも考えられる――。

保育・幼児教育と児童虐待防止を財政支援

――最後に、これは保険給付ではないが、地方自治体に対して、保育や幼児教育、地域子ども・子育て支援事業と、児童虐待防止や社会的養育事業について財政支援を行う「子ども環境支援事業」である。この仕組みは、先日、百瀬統括官が言われた趣旨を踏まえたものである。

具体的には、第1には、保育所等の整備や保育士の確保・資質向上などのほか、義務教育との接続・連携強化に対する財政支援である。この中では、スウェーデンなどにおいて進められているような、教育政策の観点からの保育・幼児教育の質的向上に向けた取り組みを推進することが期待される。

子ども保険の基本理念から言えば、子どもが安心して育っていくために必要な社会的支援として、保育サービスも給付に加えることが筋と考える。しかし、現実には、2015年4月から

「子ども・子育て支援新制度」が導入され、地方自治体や保育現場では、新制度の施行のほか、都市部を中心に保育所整備や保育士確保に懸命に取り組んでいる最中である。したがって、保育サービスを子ども保険の給付の中に組み込んで、再度大きな制度変更を行い、現場に混乱をもたらすことは避けたい。

その代わりに、子ども保険の基本理念を踏まえ、国民が保険料として拠出した資金などの一部を、財政支援事業として、地方自治体に交付するものである。財政支援額としては、年額3000億円を想定している。

第2は、児童虐待防止や社会的養育事業の充実・強化に充てるものである。これは、児童虐待の問題が深刻化していることから、子どもの見守りや児童相談支援体制の強化を支援するものである。財政支援額としては、2000億円を想定している。児童虐待防止等の予算は、現在は約1740億円(2021年度当初予算)なので、この財政支援によって2倍以上に増額される。

こうした財政支援事業は、必要があれば増額を検討する。保険給付ではないが、子どもの養育支援に資する点で意義は大きいと考えている――。

社会全体で支え合う

――子ども保険は、「家族政策」と「労働政策」の両者が融合した制度として、国民拠出の保険料、企業拠出の保険料及び公費(税財源)によって、社会全体で連帯して費用を支え合う。その分担の仕方は、先に述べたとおりである。

このうち、国民拠出の保険料は、「親世代」が負担し合う趣旨から、すべての18歳以上の成人が「子ども保険料」として拠出する。これは、加入している医療保険制度及び後期高齢者医療制度に拠出している医療保険料に上乗せする形で徴収し、保険料額は、成人本人の収入など負担能力に応じて算定する。

企業拠出の保険料は、従業員総賃金の○％という形で算定する。この保険料は「労働保険」としての性格を有している。企業のみが保険料を支払い、労働者本人は支払わない。

公費は、国と地方公共団体が負担するものとし、その負担割合は、国2対地方1とする——。

職場の配慮と保育制度の見直し

——子ども保険の導入に合わせて、関連制度も見直したいと考えている。

1つ目は、職場における育休中及び育休明けの配慮である。

これは従来から言われていることであるが、育休制度があっても利用しづらい理由として、職場から離れると、情報がまったく入らなくなり、ビジネス環境の変化や業務の進展についていけなくなることがある。そして、育休明けの職場復帰で不利な扱いを受けないようにしてほしいとの声も強い。

このため、企業は、就業を継続している育休期間中の従業員に対して、育児に支障のない範囲で職業能力の維持・向上を図るため、業務に関する情報提供や研修機会を確保するとともに、育休明けの公平な職場復帰を図るように努めることとする。

2つ目は、保育制度の見直しである。

育休制度を充実することによりゼロ歳児保育を解消するため、市区町村は、子ども保険の導入に伴い、保育サービスの対象を原則として1歳児以上とする見直しを行う。

ただし、これは性急に行うと利用者に大変な混乱と負担が生じるので、自治体は、育休制度の充実によって家庭での養育が無理なく行える状況となっているかどうかを見極めながら、見直しのタイミングを決定することとする。また、真にやむを得ない理由により、ゼロ歳児の家庭内での養育が困難なケースはこれまで通りとする――。

現行制度と新制度では、何が変わるのか

野口の説明が終わると、百瀬が口を開いた。

「ご苦労様。よくできていると思うが、最も重要なのは、子ども保険によって、実際に出産・育児に苦労している女性の状況がどう改善するかだ。特に、育休給付のところは複雑なので、もう少し具体的に説明してくれないか」

すると、野口が別の資料（**図3－3**）を取り出して百瀬に渡し、説明を始めた。

「ご存知のように、出産・育児を迎える女性のライフコースは、『就業継続コース』と『再就職コースを含む、出産退職者』、そして『自営業・専業主婦コース』と大きく3つに分かれます。この3つのケースと『児童がいる家庭』について、現行制度と子ども保険とでは、どう違ってくるのかをまとめたのが**図3－3**です。

図3-3　現行制度と新制度（子ども保険）の比較

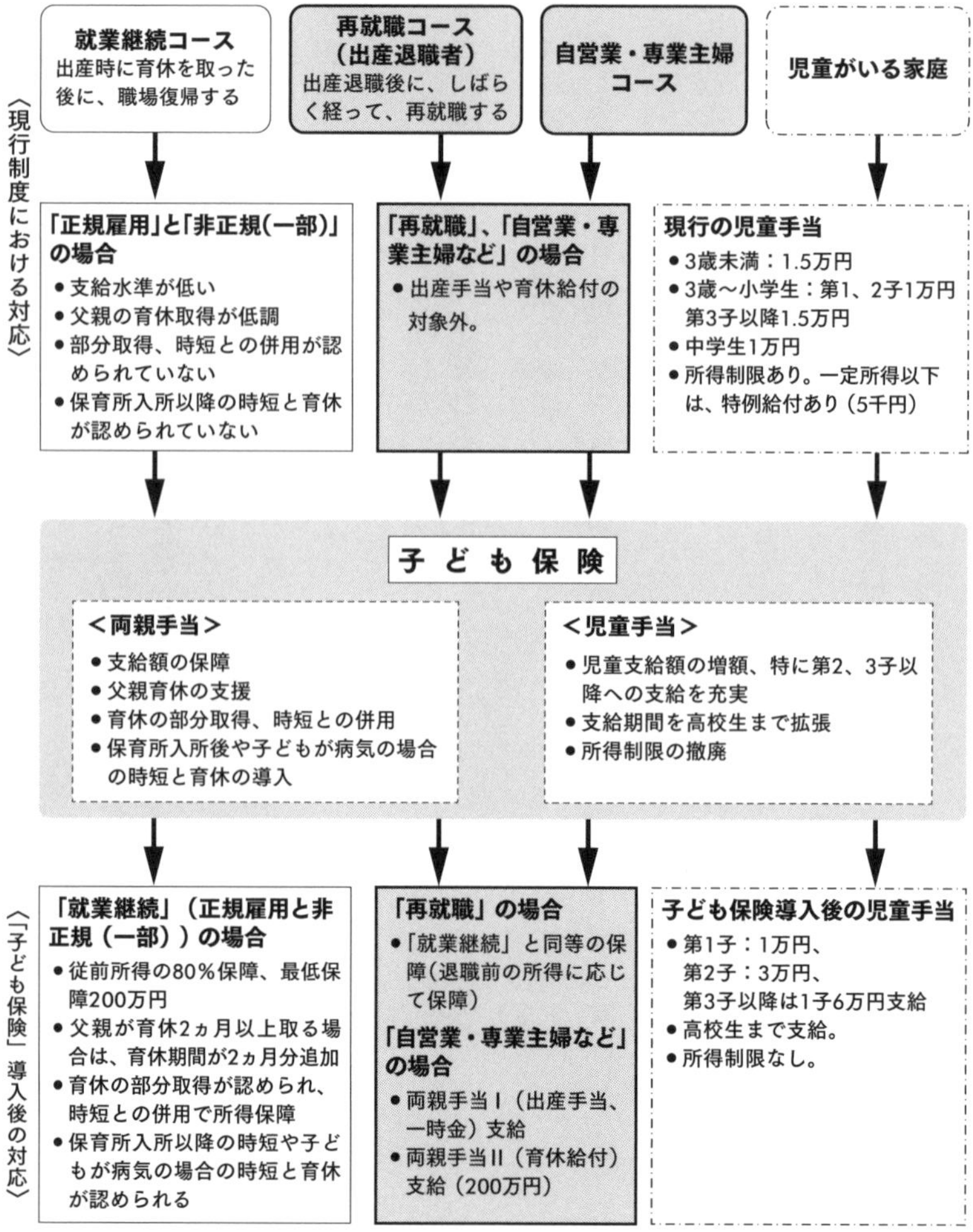

資料：筆者作成

ご覧のとおり、すべての場合について、子ども保険によって支援内容が改善されます。まず、『就業継続コース』の場合は、育休給付の内容が充実されます。支給額について、収入代替率が従前所得の67％から80％へ引き上げられ、年額２００万円の最低保障額も設定されます。父親の育休も充実します。その他に、育休の部分取得が認められ、時短制度との併用もできるようになります。保育所や小学校に入った以降も時短勤務が認められ、それに対応した育休給付も導入されます」

百瀬はうなずきながら、「かなり手厚く、きめ細かい給付内容になるね」と応じた。

「最も大きく変わるのは、『再就職コース』を含む出産退職者と、『自営業・専業主婦コース』です。この2つのケースは、現行制度ではほとんど給付がありませんでしたので。まず、『再就職コース』の場合は、一定の条件の下で、第1の『就業継続コース』と同等の水準の給付を受けられます。これによって、たとえば、非正規で就労していた女性が出産退職しても、出産し再就職するまでの期間中、退職前の従前給与の80％または最低保障額の手当が支給されますので、所得が大幅に下がる事態が避けられ、安心して出産・育児ができます」

「これは大事なポイントだね」百瀬はペーパーに見入りながら、満足している様子だった。

さらに野口は続ける。

「『自営業・専業主婦コース』や再就職しない出産退職者の場合は、就労者とは少し扱いが違ってきます。育休取得という概念が想定できませんので、代わりに、子どもが1歳になるまでの間、育児に専念するということを要件に、両親手当を支給します。支給額は、定額の最低保障額２００万円になります。ただし、専業主婦家庭においても、父親の育休取得を促進したいので、父親は、子どもが１歳になるまでの間に育休を取得し、所得比例額の手当を受給できます。さらに、父親が育休を２カ月以上取得する場合は、育休期間が2カ月分追加されます。これらは、共働き世帯と同じです」

ここまでの説明を聞いた百瀬は、「うんっ」と深くうなずき、ペーパーから視線を外すと、会議室にいた作業班メンバーを見やりながら所見を述べた。

「これを見れば、子ども保険の主な狙いが、これまで制度から排除されてきた、出産退職者や自営業者、専業主婦、無業者、学生などを包含する『普遍的な制度』の導入であることが、国民にもよく理解してもらえると思うね。これは、正規・非正規の格差是正にもつながるしね」

それを聞いたメンバーの顔にパッと明るい表情が浮かんだ。野口が弾んだ声で返す。

「さらに、児童手当については、多子世帯に対する支給額が大幅にアップしますし、支給期間は中学校修了までだったのが、高校修了まで延長されます。所得制限も撤廃されます」

「これは大きな給付改善になるね」と百瀬が言う。

「制度素案の多くは、武井君が整理したものです」

野口の言葉を聞いた百瀬が武井に視線を送り、「そうか、武井君は制度設計に強いね」と声をかけると、武井は「どうも」と、はにかんだ笑いを浮かべた。

新制度創設に伴う「粗い財政試算」

ここで、民間企業からの出向で、数理担当の参事官である荒川麻衣が声を上げた。

本部事務局のスタッフのほとんどは、各府省庁から出向しているが、民間企業からの出向者も数人混じっている。「官民人事交流法」に基づく人事交流の一環で行われているもので、行政職員を民間

表3-1　子ども保険創設に伴う「粗い財政試算結果」

（単位：兆円）

	子ども保険				現行制度	差し引き（子ども保険ー現行）
	総額	両親手当	児童手当	子ども環境		
国民拠出の保険料	4.7	0.8	3.5	0.3	0.6(※)	＋4.1
企業拠出の保険料	3.2	3.2	0	0	0.8	＋2.4
公費	2.3	0.4	1.8	0.2	2.1	＋0.3
給付費総額	10.2	4.4	5.3	0.5	3.4	＋6.8

★国民拠出の子ども保険料＝4.7兆円／1.1億人＝43000円（年額）＝3600円（月額）
※出産育児一時金・出産手当金・雇用保険の保険料本人負担分
注：端数計算により、数値の合計が合致しない場合がある。
資料：公表されている統計資料をベースに、一定の条件の下で筆者が算出した粗い試算である。

企業に派遣する一方で、民間企業から民間企業特有の業務手法などを体得している者を官庁で採用しているのである。

荒川は、民間のシンクタンクからの出向であるが、大学では数学科に在籍していた数理専門家である。数理人口学にも詳しい。

「私は、今回の子ども保険の創設に伴う財政試算を担当していますので、その報告をさせていただきます。お手元にお配りしました資料（表３―１）は、今回作成した『粗い財政試算結果』です。

子ども保険の創設に伴い、両親手当の支給総額は４・４兆円、児童手当の支給総額は５・３兆円、子ども環境支援事業は０・５兆円で、給付費総額は10・２兆円となります。

現行の雇用保険、医療保険、児童手当制度からの給付総額の合計３・４兆円と比べると、３倍となり、差し引き６・８兆円の増額です。消費税で換算すると、税率を２〜３％引き上げた増収分を、すべて子ども保険の財源に充てることに相当します」

この説明に、野口が口を挟んだ。

「消費税1％の増収が2・3〜2・8兆円（軽減税率によって変動）ですから、6・8兆円の増額は2〜3％の消費税率引き上げに相当するわけです」

荒川が説明を続けた。

「6・8兆円の内訳を見ると、国民が拠出する『子ども保険料』の負担分が、4・1兆円の増加となります。そして、すべての成人が拠出することになりますので、成人1人当たり平均の保険料額で計算すると、年額では約4万3000円、月額では3600円です。

次に、企業が拠出する保険料負担分は、2・4兆円の増額です。一方、国と地方が負担する公費のほうは、国家財政の現状に鑑み、これ以上の歳出増は難しいため、現行とほぼ同額で設定しています」

ここで再び、野口が間に入った。

「負担の内訳を見ると、企業負担も増えていますが、やはり国民負担が最も大きい。これを国民が納得してくれるかどうかですね」

百瀬はじっと資料に見入っていたが、やがて自分自身を納得させるかのように言った。

「分かりました。相当な金額になるが、これはすべて国民に還元されるわけだから、国民にとって〝負担〟ではなく、〝若者への投資〟だと、理解してもらうようお願いするしかないね」

荒川が、「この子ども保険を創設すると、家族政策関係の社会支出の規模もかなり大きくなります。2018年の対GDP比は1・65％ですが、子ども保険を導入すると、3％程度まで上昇します」と付け加えた。

「子ども保険が10・2兆円の規模とすると、今の介護保険と同じぐらいの規模だね。介護保険は〝第5番目〟の社会保険と言われたけれど、子ども保険ができると、〝第6番目〟の社会保険か……。これで、わが国の『全世代型社会保障』が完成することになる」

百瀬は、そう言い終えると、気合を入れなおしてメンバーに向かい、指示をした。

これからの段取り――財務省をすっ飛ばす

「さて、これから、この子ども保険構想を、政府与党内でどういうふうに了解をとっていくかだ。まず、岩渕大臣に説明して、ご了解を得ることが先決だ。大臣には、さきほどの『制度素案』と『現行制度と新制度の比較』の資料、それから荒川さんが作成してくれた『粗い財政試算結果』を使って説明しようと思う。野口君、子ども保険が分かる簡単な〝ポンチ絵〟も作ってくれるかな」

「分かりました。ポンチ絵は1枚か、多くて2枚ぐらいですかね」

野口が答えると、荒川が首をかしげながら尋ねる。

「あの、〝ポンチ絵〟って、何なのですか」

そこに居合わせた荒川以外のメンバー全員が、きょとんとした表情を浮かべ、しばらく間があいたのち、武井が逆に尋ねた。

「荒川さん、〝ポンチ絵〟、知らないの?」

「知りませんよ。そんな言葉、初めて聞きました」

武井が、ポンチ絵は、文書では分かりにくい場合に、伝えたい内容の趣旨を図や記号などを使って、一目で分かるようにしたペーパーのことだと説明した。

「そうか、〝役所言葉〟だったのかあ」と百瀬がつぶやき、「いずれにせよ、よろしく頼む。字を大きくしてくれ。時々、細かい字でびっしり書き込まれたのも見かけるが、あれじゃポンチ絵の意味がない」と言った。

そして、対財務省の話題になった。岩渕大臣に上げるまではいいが、そのあと、官房長官や総理へ上げていくことになると、その前に財務省に話しておかないと、モメるのは間違いない。財務省とは、予算もさることながら、子育て財源を消費税増税でなく、社会保険方式で対応すること自体が大きな議論になる。百瀬は、財務省はこの構想に最終的には反対しないだろうが、簡単にはＯＫは出さないだろうとも考えている。事前に話すと、十分な調整が終わるまで官邸へ上げてくれるな、と言い出しかねない。そうなると、物事が前に進まなくなる。

百瀬が「人口戦略は、総理案件の〝一丁目一番地〟なんだから、中央突破でいくか……」と問いかけると、武井が「財務の担当主査あたりからは、人口戦略はできる限り〝前びろ〟に話をもってきてほしいと、いつも言われていますから、それを無視すると財務は怒りますよ」と返した。

そこで声を上げたのは、また荒川だった。

「その〝前びろ〟っていうのは、どういう意味なんですか？」

再び一同は虚を突かれたような雰囲気となり、武井が荒川の疑問に答える。

「まあ、『早い時点』というか、『案が固まる前の段階』といった感じですね。それにしても、我々は気が付かないうちに、ずいぶんと〝役所言葉〟を使っているんですね」

みなが軽く笑うと、百瀬は意を決したように声を上げた。

「よしっ。それでは、私の責任ということで、大臣の了承を得たら、財務をすっ飛ばして、官邸に持ち込むことにしよう。財務のことだから、すぐこちらの動きを察知して、対抗してくるだろうけど、どうにか総理のところまで持ち込めたら道が開けてくる。ここで時間を使っている余裕は、ない」

力強い言葉に、メンバーの表情は引き締まった。

こうして子ども保険構想が、いよいよ動き始めることとなった。

日本の家族政策の支出規模は低い

数日後の12月初め、佐野総理主宰の「有識者ヒアリング」が首相官邸で開催された。今回は4回目にあたる。この有識者ヒアリングは、当初は国民の間ではさほどの関心を集めていなかったが、会議が全面的に公開され一般向けに中継されたため、回を重ねるごとに国民の関心も高まっている。

今回は、社会保障分野の専門家や保育・幼児教育関係団体代表など5名が招かれており、その中には、本部事務局の勉強会に出席していた小川涼子も含まれている。

出席者は、総理をはじめ、司会役の岩渕大臣のほか関係閣僚、官房副長官や各府省庁の幹部で、百瀬や野口も出席していた。最初にスピーカーからのプレゼンが行われる。順序が2番目だった小川は、配布資料を使いながら、家族政策の現状から話を始めた。

――まず、最初に、**図**（**3**―**4**）をご覧いただきたい。この図は、ＯＥＣＤが子育て支援など家族政策関係の公的社会支出の規模（２０１７年）を比較したものである。これによると、日本は対

図3-4 OECD諸国における家族政策の公的社会支出対GDP比（2017年）

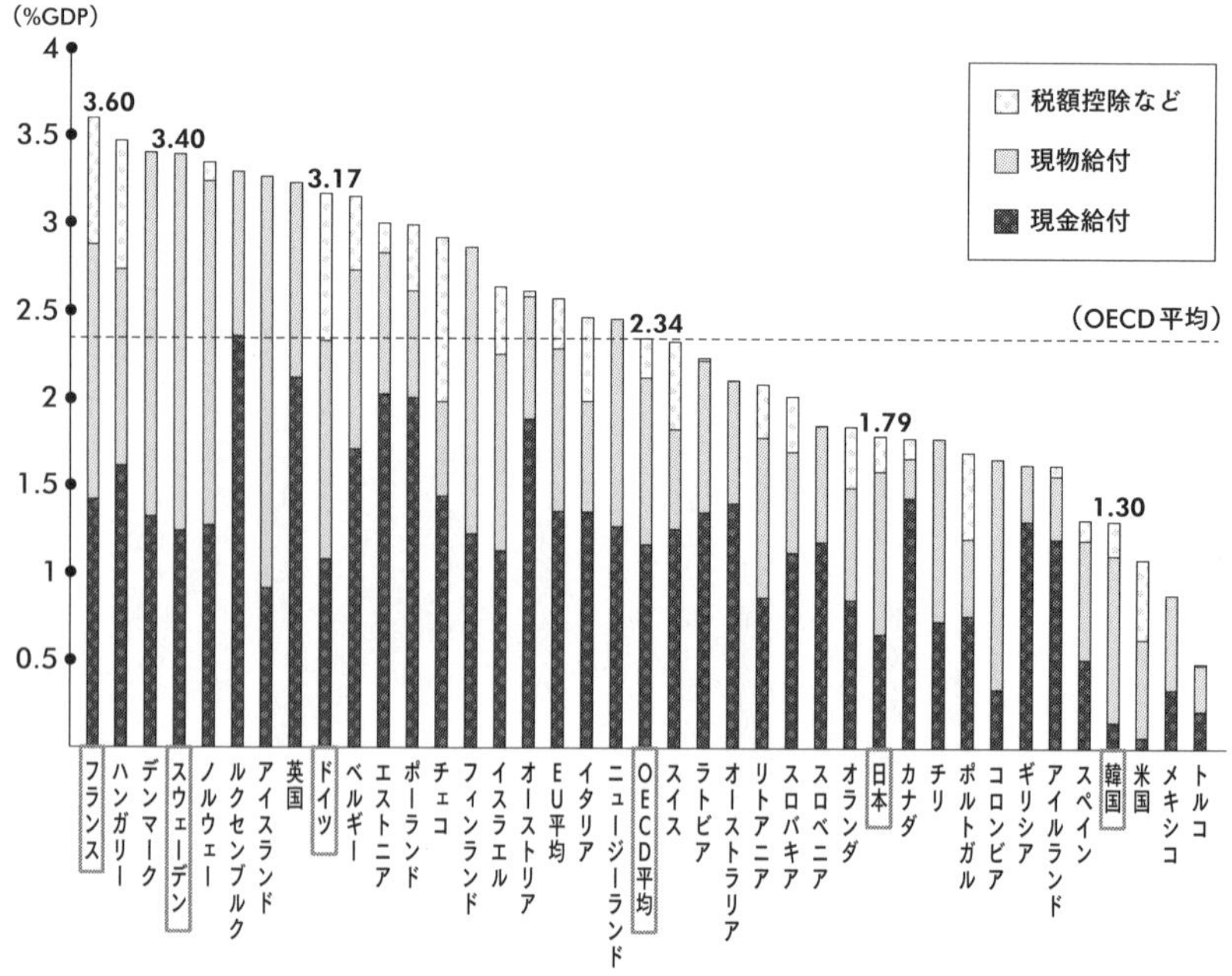

資料：OECD　family Database（2021年6月取得）に基づき筆者作成

GDP比でわずか1・79％、調査対象国であるOECD37か国のうち上から26番目、下から12番目である。同じく低出生率国である韓国やスペインの数値はいずれも低い。

これに対し、高出生率国であるフランスは3・60％、スウェーデンは3・40％で、日本の2倍の水準である。ドイツも3・17％と、かなり高い水準である。

かつて、わが国においてフランス並みの施策を行った場合に、どの程度の費用が必要になるのかという試算が行われたことがある。それによると、2003年時点で10・6兆円という数字が算出された。当時のわが国の家族政策関係予算が3・7兆円だったので、差し引き約7兆円もの追加投資が必要となるわけで、いかに予算の格差が大きいかが分かる。[2]

家族政策の内容は、児童手当（家族手当）や出産手当、育休給付などの「現金給付」と保育サービスの「現物給付」、そして「税制控除」の3つから成っているが、各国の状況を見ると、それぞれの国の特徴が表れている。たとえば、フランスは、家族手当などの「現金給付」と「現物給付」、そして「税制控除」がバランスのよい割合となっているのが特徴である。フランスの税制控除は、「N分N乗方式」と呼ばれる有名な多子世帯優遇税制である。スウェーデンは育休給付などの「現金給付」よりも、「現物給付」すなわち保育サービスの支出割合が高い。

わが国の支出規模は、残念ながら、それらの国と比較すると、「現金給付」と「現物給付」の両方において見劣りしていると言わざるを得ない。

政策論として、出生率の向上という点で現金給付と現物給付のいずれが、より効果的かといった議論がなされることがある。たとえば、児童手当のような現金給付より、保育サービスの現物給付を優先すべきという意見もあるが、そもそも両者は対象者や期間が異なっている。前者は、通例、子どもを持つ世帯全体について、学齢期まで対象としているのに対して、後者は共働き世帯について、乳幼児期のみが対象となっている。したがって、一概に比較しようがない。

しかも、残念なことに、わが国の現行水準では、どちらを増やして、どちらを減らせばよい、といったレベルの議論にはならない。両方とも、出生率向上に効果を上げるのに十分な水準に達しているとは考えられないからである――。

社会保障全体の規模も、フランスなどに比べ高くない

――なぜ、わが国の家族政策の支出規模は、このように低いのか。

よく言われるのが、「社会保障の金を、高齢者分野に使い過ぎているからだ」ということである。

確かに、わが国の社会支出（社会保障費用）の中で、高齢者関係支出は高い割合を占めている。しかし、ここで誤解してはならないのは、主要国との比較では、日本の高齢者関係支出の対GDP比は、高齢化率の高さを考慮するとかなり抑えられていることである。次の**図**（3―5）は、社会支出の対GDP比を政策分野別に見たものである。主要国と比較すると、高齢者関係支出は10・52%と、フランスの12・67%より低く、スウェーデンの9・09%と比べても、さほど高いわけではない。このほかに、遺族や保健といった分野に高齢者関係支出が含まれているとしても、状況は変わらない。

何よりも、社会保障（社会支出）全体の規模で見ると、日本は22・87%で、フランス32・06%、

図3-5　政策分野別社会支出対GDP比国際比較（2017年度）

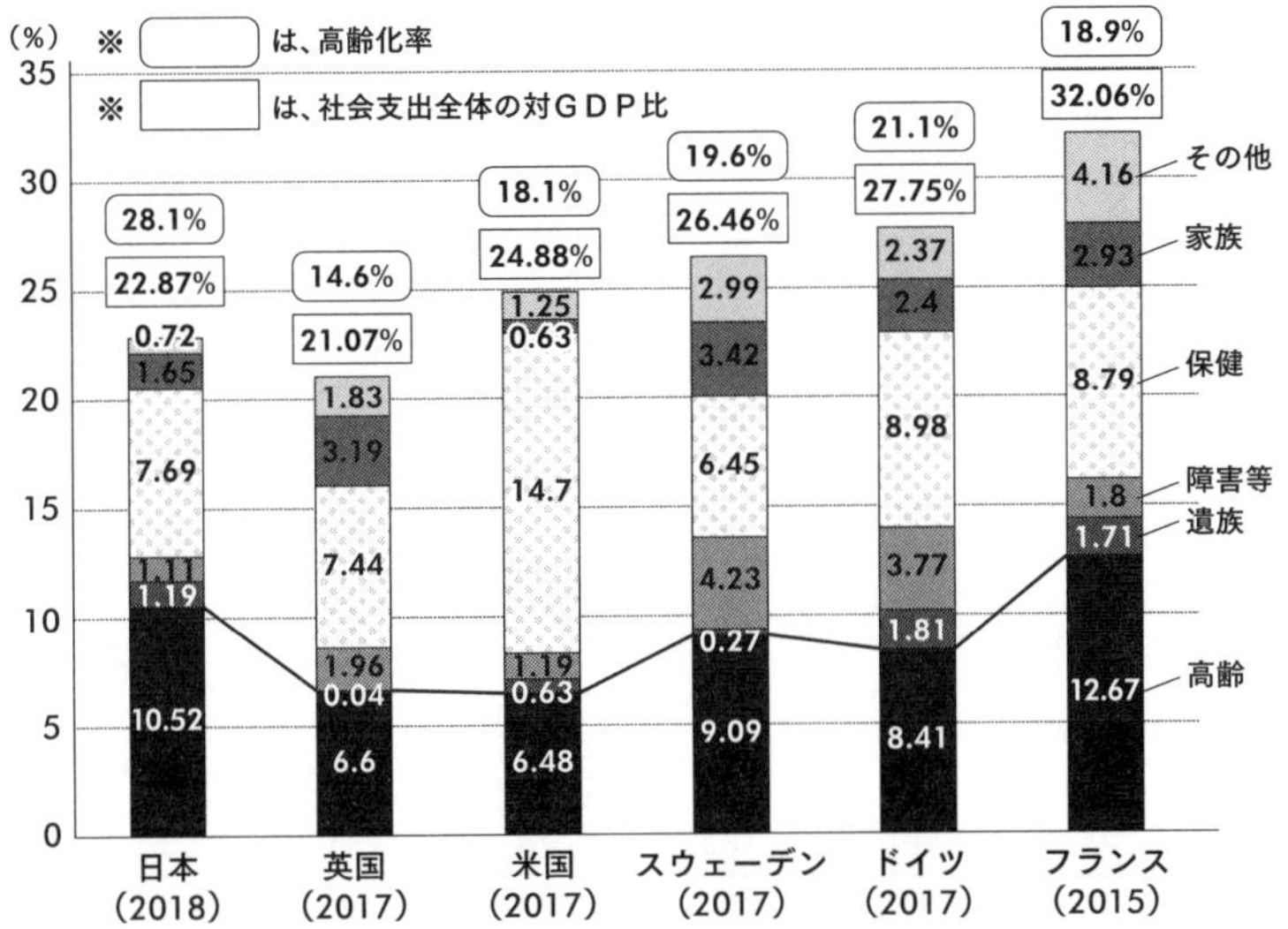

資料：社人研「平成30年度社会保障費用統計」総務省統計局「人口推計」、UN World Population Prospects に基づき筆者作成

ドイツ27・75%、スウェーデン26・46%に比べると、かなり低い水準にある。こうした点から、高齢者分野に使っている社会保障費を若者に回せばよいという主張は、日本の実情に合っているとは言えない。

2013年に発表された「社会保障制度改革国民会議」の報告書[3]においても、社会保障制度改革の方向性として、「全世代型の社会保障への転換は、世代間の財源の取り合いをするのではなく、それぞれ必要な財源を確保することによって達成を図っていく必要がある」とされているのは、まさにその趣旨である。

したがって、家族政策の拡充

を図るためには、社会保障内の財源の移し替えではなく、家族政策への社会支出を純増させるような、政策自体の抜本的な見直しが必要となる。

そこで、改めて社会保障政策の基本論に立ち戻って、家族政策の安定財源のあり方を考えることとしたい――。

「社会保険方式」と「税(公費)方式」

――わが国の社会保障体系の最大の特徴は、「社会保険方式」が中心となっていることである。これには、社会保障の歴史的な経緯が深く関わっている。戦後、わが国の社会保障を再建するにあたって最大の論点となったのは、「社会保険方式」と「税方式(「公費方式」ともいう)」のいずれを社会保障の中心とすべきか、ということであった。社会保険方式も税方式も、国民が健康で安心して生活を送ることを保障するために、公的に支援する制度であるという点には変わりはない。違うのは、支援に要する財源をどう確保し、それをどのように提供するかといった具体的な仕組みである。

国民の生活を保障するという目的が同じなのだから、どちらでも大差ないと思われるかもしれない。しかし、それは誤りである。この両方式のいずれを選択したかは、社会保障が果たす機能や課題のあり様に重大な影響を与える。

両方式の具体的な内容を説明しよう。

「社会保険方式」は、人々が「リスク(保険事故)」に備えて「保険料」を出し合い、リスク(保険事故）が生じた場合にはお金やサービスといった「保険給付」を受け取る、という『保険の仕組み』をベースとしている。ただし、民間保険とは異なり、社会保険は、どのような保険事故に対して、どのような人々が保険料を支払い、どのような保険給付を受けるかは、すべて法令によって定められている。そして、全部または一部の国民が保険へ加入することが義務づけられている「強制保険」である。

医療保険や年金、介護保険のように、わが国では広範な分野に社会保険が導入されている。なお、雇用保険や労災保険も社会保険の一種であるが、対象が企業の従業員であり、労働政策の視点から導入されているので「労働保険」と言われている。

これに対し、「税方式」とは、その名の通り、国などが徴収する租税収入を財源として、支援の必要な人々に給付を行う仕組みである。最も分かりやすい例としては、公的扶助と呼ばれる生活保護がある。

図（3−6）は、わが国の社会保障の各制度における財源構成を示したものである。制度ごとの面積は、財政規模の大きさを示しており、この図を見ると分かるように、社会保険方式が占める割合（図のAの部分）の方が大きい。租税収入（国庫及び地方負担）もかなり投入されているが、それは、基礎年金や国民健康保険、後期高齢者医療、介護保険などの社会保険制度に対する負担金や補助金としてであって、租税収入（公費）のみで運営されている公費制度（図のBの部分）は、生活保護のほかは、障害福祉と児童手当（一部、事業主拠出）や保育などの児童福祉だけである――。

図3-6 社会保障財源の全体像(イメージ)

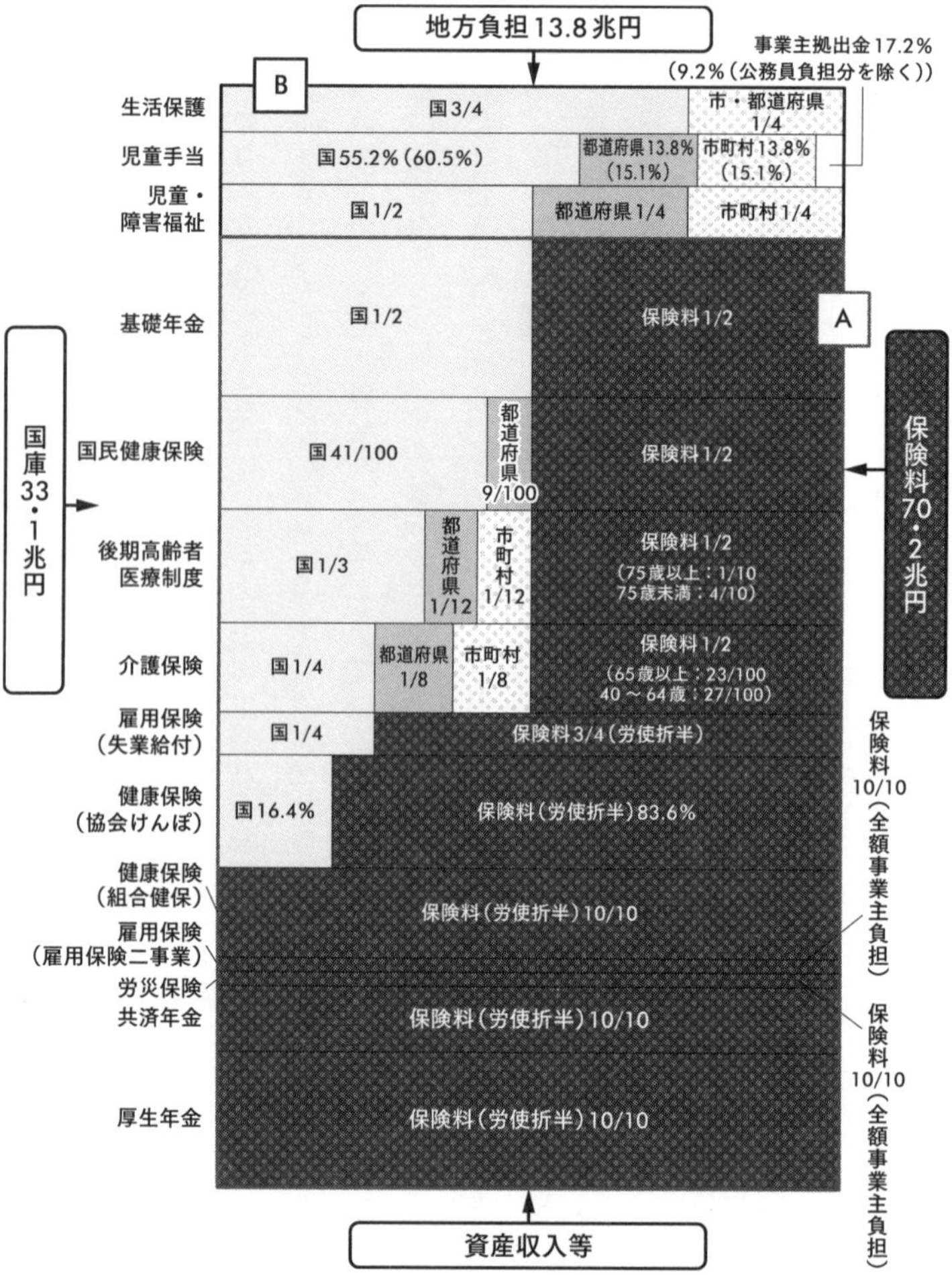

資料:厚生労働省資料をもとに筆者作成
注:平成30年度当初予算ベース

「社会保険方式」という選択

――現在も、世界の国々には、社会保険方式を中心とする国（フランスやドイツなど）もあれば、税方式を中心とする国（スウェーデンなど北欧諸国）もある。一般的な政策論として、いずれが正しくて、いずれが誤っているというような性格のものではない。それぞれの国が自らの歴史や国情、国民意識を踏まえながら、妥当と考える方式を選んできたということである。

そして、日本は、「社会保険方式」を中心とする途を選択した。税方式の選択肢がないわけではなかった。むしろ、戦後制定された新憲法の第25条において生存権が規定された直後の状況では、社会保障の国家責任を強調する意見が学界を中心に強く、そうした立場からすれば、税方式のほうが国家責任をストレートに表す制度としてふさわしいとする意見もあった。

それでは、この社会保険方式という選択は、正しい判断だったのだろうか。

かつて、社会保障研究者や関係行政官、与野党の政治家をメンバーとして設置されていた政府の諮問機関に「社会保障制度審議会（以下「制度審」）」があった。戦後、米国社会保障制度調査団の勧告によって設置されたもので、政府の中でも特別の地位を占めていた。制度審は数次にわたって勧告や提言を行ったが、１９９５年に出された勧告は、戦後50年間の社会保障の歩みを総括するものだった。その95年勧告は、社会保険方式の選択を高く評価した（傍点は筆者）。

「我が国は、当時の社会保障のモデルとされたイギリスが社会保険方式を中心としていたということもあり、さらには当時の厳しい財政状況の下では後者（「社会保険方式」のこと、筆者注）の途を採る以外にないという事情もあり、社会保険方式を採ることとなった。それは当時としてはやむを得ざる選択であったが、結果的にはより良い途を選んだといって誤りではない。我が国の社会保障体制はその後の発展過程においても、基本的にこの路線を歩んだ。」

95年勧告は、その理由として、社会保険に対する国民の意識をあげている。

「社会保険は、その保険料の負担が全体として給付に結び付いていることからその負担について国民の同意を得やすく、また給付がその負担に基づく権利として確定されていることなど、多くの利点をもっているため、今後とも我が国社会保障制度の中核としての位置を占めていかなければならない。」――

重視された「負担と給付の関係性」

――この点を少し補足したい。

社会保険方式と税方式の大きな違いの1つは、国民がお金を支払う時点で、その使い途があらかじめ決まっているかどうかである。社会保険方式では、国民が保険料として支払うお金はすべて保険給付に使われることが、あらかじめ決まっている。たとえば、医療保険に加入している人が支払う保険料は、医療サービスのみに使われ、それが道路の整備とか産業振興などに使われることはない。介護保険などの他の社会保険も同様である。

これに対して、税（公費）方式では、国民が支払う時点では、その税が何に使われるかはあらかじめ決まっていない。国税の使い途が決まるのは、毎年政府が行う予算案の編成作業を通じてである。なお、消費税については、税収のすべてを社会保障4分野（年金、医療、介護、少子化対策）

に使わなければならないこととなっている。[4] 消費税の「社会保障目的税化」と呼ばれるものである。それでも、国民が消費税を支払う時点で分かっているのは、社会保障分野以外には使わないことだけで、そのお金が年金、医療、介護など個別分野にいくら使われるのかまで決まっているわけではない。また、近年、少子化対策の観点から高等教育の無償化経費に充てるなど、[5] 使途について政府の判断の余地があるとされている。

さて、95年勧告は、社会保険方式は「保険料の負担が全体として給付に結び付いている」とする。このことを制度論で言うと、「負担と給付の関係性」ということになる。これに対し、税方式は負担と給付の間に予算編成という国や地方自治体の政策判断が介在する点で、直接的には「負担と給付の関係性」はない。

このことがそんなに大きな違いなのだろうか、と思うかもしれないが、この違いが国民の意識に大きな影響を及ぼしているのである。

負担と給付が直接結びついているということは、国民からすれば、自分が払った保険料は、制度で約束された通りに使ってもらわなければならない。さらに言えば、自分が支払った保険料は、保険という仕組みを通じて、いずれ自分が必要となったら（リスクが生じたら）、負担の見返りとして自分に還元されるようにしてもらわなければならない、ということになる。国民にとって、「給付がその負担に基づく権利として確定されている」とされる所以である。

一方、税方式では、国民が支払った税の使途は、国や地方自治体の責任で方針が決められ、最終的には国会や地方議会の審議を通じて決定されていくことになる。

わが国の社会保障は、こうした「負担と給付の関係性」が強い社会保険方式を中心に置くことで発展してきた。国民の困窮につながる疾病や負傷、老齢、失業、さらに介護といったリスクに備える仕組みとして、各分野で社会保険が導入されてきた。その結果、各分野のサービス拡大がもたらされ、国民生活の安定に大きな成果を上げてきたのである――。

高齢者介護における「介護保険」という選択

ここで、小川が「もう10分経っていますが、続けてよろしいでしょうか」と聞いた。佐野総理が「大変いい話なので、どうぞ続けてください」と応じ、小川は説明を続けた。

――それでは、一体、社会保険方式と税方式の選択は、どのような基準に基づいて行われてきたのか。結論から言うと、そこに明確な基準があるわけではなく、結局のところ、その政策選択を国民が納得し、支持するかどうかによって決まってきたと言ってよい。

近年の格好の事例が、「高齢者介護」である。[6]

高齢者介護が大きな社会問題となった１９８０〜90年代当時、介護サービスは、税方式の「老人福祉」と社会保険方式（医療保険）の「老人医療」の２つの制度から提供されていた。しかし、老人福祉は予算面の制約のため、サービスが慢性的に不足しており、一方、老人医療は薬漬けなどにより適切なサービスが提供されない、という問題を抱えていた。

そこで、当初、この問題の打開策として１９９４年に提案されたのは、税方式の「国民福祉税」であった。これは、消費税率を３％（当時）から７％へ引き上げ、その増税分を介護サービスの充実などに充てようとする構想だった。しかし、税率根拠の不明確さや使途が福祉に限られていなかったことなどから、マスコミなどの集中砲火を浴び、当時の総理は、構想発表の翌日に白紙撤回せざるを得ない事態に追い込まれた。先ほど述べた「負担と給付の関係性」の弱さゆえに、多くの人々の納得が得られなかったのである。

その後、政府部内で本格的な検討が始まったのが、社会保険方式の介護保険である。介護保険は、「負担と給付の関係性」が明確で、収入となる保険料はすべて介護サービスに使われる。高齢化が進み、多くの人々が介護サービスを利用したいという要望が高まる中で、国民が拠出するお金が介護サービスの拡大に直結するという点で、介護保険は国民の理解を得やすいのではないかと考えられたのである。最終的に介護保険は2000年に導入され、その後、貧弱だった介護サービスは急激に拡大（介護サービス利用者は、18年間で3・2倍という、高齢化スピード（1・6倍）の2倍の速さで拡大）し、国民の期待通り介護サービスの利用が一気に広がった——。

「高齢者介護」に対する社会的支援

——このように多くの国民が介護保険を支持した背景には、家族による介護が限界に達していたことがある。かつてわが国は三世代同居などの割合が高く、家族同士が支え合う機能が強いので、介護サービスは少なくても済むという「日本型福祉社会論」が盛んだった。

ところが、高齢者介護の実態は、そうした政策論とは大きくかけ離れていた。核家族化など「世帯規模の縮小」が急速に進むとともに、介護は長期化、重度化し、家族は高齢者を支えきれず、「介護地獄」と呼ばれるような状況が現出していた。この「家族機能」をめぐる状況変化が、介護サービスの拡大を求める世論を巻き起こし、介護保険を推進する原動力となったのである。

介護保険は、構想の検討から制度導入までに、実に6年に及ぶ期間が費やされ、導入までの間に、何度も実現が危ぶまれる場面があった。特に、法案が成立し、施行準備が大詰めを迎えた1999年には、介護保険の実施を凍結する政治的な動きが急浮上し、関係者は大混乱に陥った。この動きは、当時、衆院解散・総選挙の機運が強まる中で、介護保険料という新たな負担を国民に課すことに、政治レベルで慎重論が急速に高まったことが背景にあったとされている。

ところが、この時に起きたのが、それまで介護保険創設の議論や準備に関わった多くの有識者や地方自治体関係者、さらに市民団体の有志による「凍結反対運動」であった。この運動は世論を動かし、当時の日経新聞「全国世論調査結果」（1999年6月実施）によると、介護保険について「予定どおり実施を」と答えた国民が、実に71・8％にも達した。そして、介護保険は、予定どおり2000年4月に実施されたのである。

家族の実態に即した社会のニーズ（介護サービスの増大）と、提案された政策手法（介護保険）が見事に適合した、政策選択の好事例であったと言えよう——。

「子育て」に対する社会的支援の必要性

——そこで、問題は「子育て分野」である。私は、現在の子育て分野の状況は、介護保険導入前夜の高齢者介護に似ていると思う。

現行の子育て支援は、税方式の「児童手当」や「保育」と、労働保険方式（雇用保険制度）の「育休給付金」が柱となっている。しかし、児童手当は予算面の制約から小粒のままであり、保育所も待機児童問題の解消が図られていない。そして、雇用保険制度の育休給付金の対象は限定されており、多くの女性が制度から排除されている。

こうした事態を解決していくためには、若年世代を支援する家族政策を大幅に拡充するしかないが、問題は、そのための安定財源がいまだに見つかっていないことである。このため、同じ子育て支援策の間で、なけなしの予算を付け替えたり、その時々の財政措置に頼ったりの「綱渡り」の状態が続いている。これでは、出生率回復など、夢のまた夢である。

さらに、このことが最も重要なのだが、高齢者介護と同じように、わが国の「家族機能」には、大きな変化が生じており、それによって、子育てに対する社会的支援の必要性が大きく高まっているのである。

言うまでもないが、家族は社会の基礎的な単位である。家族が果たす機能は、家族の構成員の生活を維持し、保障するという生活保持機能が基本に置かれている。その中には、介護に関しては、年老いて働けなくなり、介護を必要とするようになった場合に互いに助け合う「扶助機能」が、また、子育てに関しては、子を生み育てる「養育・教育機能」や次の世代を担う者を育む「次世代育成機能」が含まれている。

その家族をめぐる状況に、近年、大きな変化が生じてきている。1つは、先ほど述べた「世帯規模の縮小」である。三世代同居が急激に減少し、核家族や単身世帯が増えることによって、家族機能は大きく低下している。これは、若い世代においては、東京圏などに移住し、近くに親族が住んでいない地域で生活することによって一層、深刻化している。

2つ目は、子育てに最も深く関わる変化であるが、夫婦がともに外で働く「共働き」の増加である。かつて例外的な存在であった共働き世帯は、今や7割に達している。

そして3つ目は、若年世代の雇用・経済基盤の不安定化である。非正規雇用が増大し、経済面で不安を抱える若年夫婦が多くなっている。

このように家族機能の低下が進む中で、家族とりわけ親が担うことが期待されている「養育・教育機能」や「次世代育成機能」を補強していく必要性が高まっている――。

「子どものリスク」をカバーする、子ども保険

――以上のことから、親が十分に子の養育ができるよう、社会的に支援する新たな制度を導入すべきものと考える。お手元のペーパー（図3―7）をご覧いただきたい。

私は、この点で、子育ての社会的支援に要する費用を国民が保険料として拠出し合う「社会保険方式」が、最もふさわしいのではないかと思う。具体的には、すべての成人男女からなる「親世代」が負担能力に応じて拠出する「国民拠出」の社会保険を中心に据え、それに労働保険としての「企業拠出」と国や地方の「公費」によって、費用を連帯して支え合う仕組みである。

名称はいろいろあり得るだろうが、「子ども保険」が最もいいのではないか。なぜかというと、基本理念は、子どものための保険、すなわち、子どもが安心して育っていけるようにするための保険だからである。支給を受けるのは親だが、「真の受益者」は子どもである。

図3-7 「子ども保険」の構想

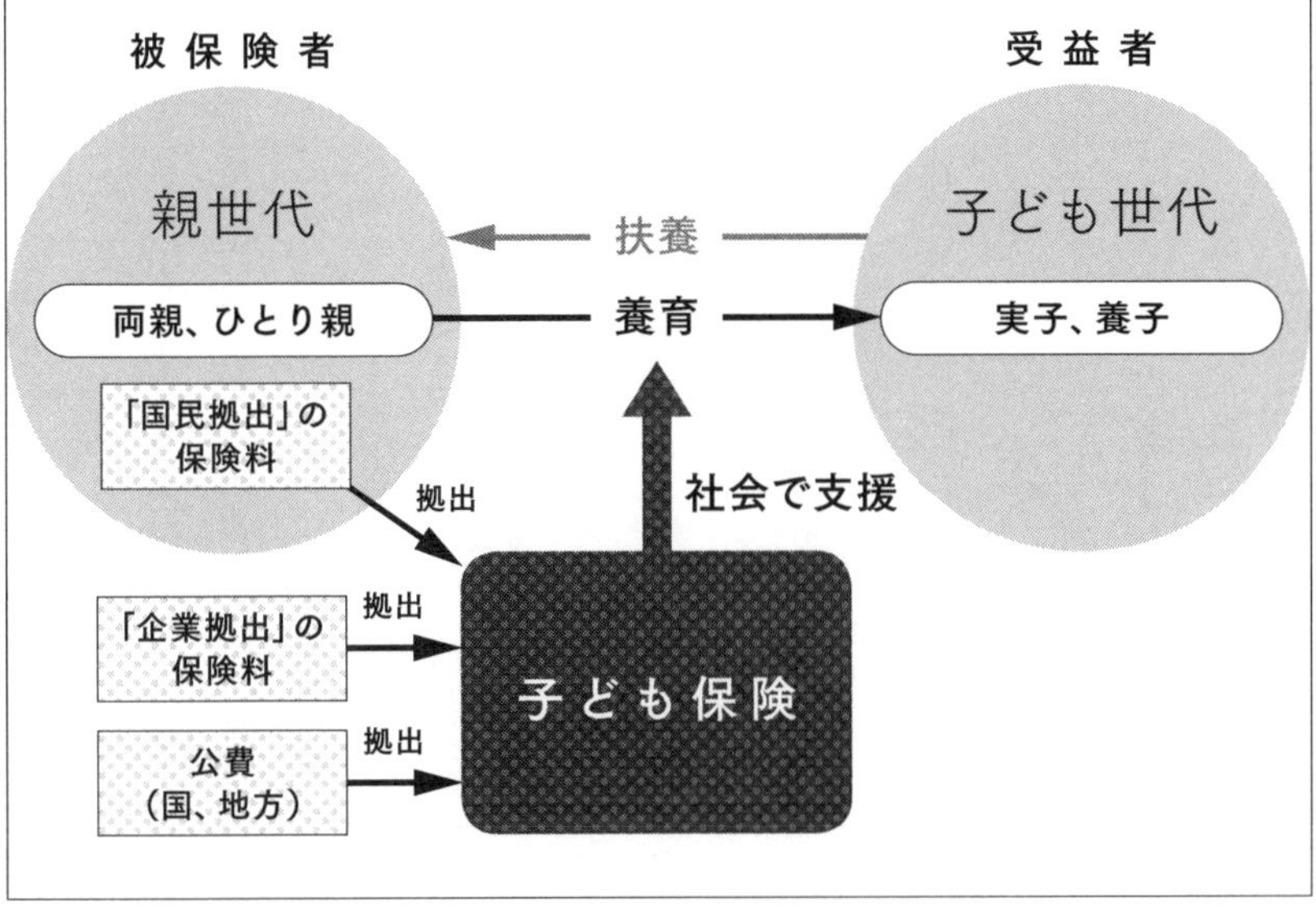

資料：筆者作成

「子ども保険」の基本理念は、「子どもの養育支援」であり、親の就業の有無や形態を問わず、すべての子どもを支援対象とする。給付は、子の養育に必要なもの、出産・乳児期の支援である出産手当・育休給付、幼児期から青少年期の児童手当や保育である。

保育については、給付にせず財政支援という形もあるかもしれない。また、子どもの養育支援の観点から、児童虐待防止の事業に対する財政支援にあてることも考えられる。

今回の人口戦略において、この「子ども保険」構想を、子育て支援の強化を願う、すべての若い男女の期待に応える政策として打ち出すことを提案したい――。

小川のプレゼンが終了したあと、他のスピーカーからのプレゼンが行われ、最後に質疑の時間となった。司会役の岩渕大臣自らが、小川に質問をした。

「提案されている『子ども保険』は、大変注目に値する構想だと思います。これまで政治レベルでも、何度か議論にのぼったことがあります。ただし、その時には疑問視する意見もありました。その1つは、『子育ては、保険には馴染まない』のじゃないか、という意見です。保険というのは、個人の人生や生活の上で生じる様々なリスクですね、たとえば、病気になるとか、高齢になるとか、介護が必要となるとか、そうしたリスクを社会全体で分かち、支え合うのが基本です。その点で、『子育て』というのは、親にとってのリスクなのでしょうか。子どもが生まれることをリスクと考えるのはおかしいのではないか、という意見ですが、どう思われますか」

「私は、子育て支援も、社会保険方式に十分馴染むと思っています。この点で重要なのは、子ども保険は、一体、誰のリスクを分かち合う保険なのか、ということです。厳密に言えば、それは『子どものリスク』です。親が負うリスクではありません。子どもは、安心、安全な環境で養育される必要性があります。かつては、ほとんどの子どもは親をはじめ家族が家に居て養育してきました。しかし、社会や家族が変化する中で、子どもが親や家族から適切な養育を受けられないリスクが高まっているのです。そこで、この子どものリスクを社会全体で分かち、支え合おうというのが、子ども保険だと考えています。

つまり、子ども保険は、親のための保険ではなく、『子どものための保険』なのです。介護保険を参考にすると、理解しやすいかもしれません。介護保険は、高齢者と同居する家族が少なくなり、高齢者が家族から十分な介護を受けられないリスクが高まったため、導入されたものです。その点で、介護保険は家族のための保険ではなく、高齢者のための保険なのです」

「親世代」が「子ども世代」のために拠出する、子ども保険

この小川の答えに対し、岩渕はさらに質問を重ねる。

「しかし、当たり前ですが、介護保険は高齢者のリスクをカバーする制度なので、高齢者本人が保険料を拠出し、保険制度の加入者（被保険者）になっています。ところが、子どもは、保険制度の加入者（被保険者）になって、保険料を拠出することは無理ですよね」

「その点は、他の保険とは仕組みが異なる、独自性のあるところです。子どものリスクをプールする目的ですが、子ども自身は保険料を払う資力はありませんし、また、保険給付をもらっても管理する能力に欠けています。そこで、子の養育について第一義的責任を負い、かつ、将来子どもが成人になった時には扶養してもらうことが期待できる『親世代』が、保険制度の被保険者として保険料を拠出し、保険給付を受ける形となります。

しかし、ここで誤解してはならないのは、いくら親世代が保険の被保険者になるといっても、子どもも保険は、親のためにあるのではなくて、あくまでも子どものためにある、ということです。したがって、その趣旨を明確にするため、育休給付を受けた親は、その期間中は育児に専念しなければならない責務を定めることとし、また、支給された児童手当についても、親に対して、子どもの成長に資

することに使うよう求めることになります。児童手当は、もしコストや管理の問題がクリアできれば、使途を限ったバウチャーの仕組みを利用することも考えられますね」

岩渕は、この小川の見解に対し、「つまり、親世代が子どものために保険料を拠出し、その保険から支給される給付を利用して、子どものために養育をしっかり行う、ということですね」と念を押すように述べた。

「はい。万一、親が育児放棄のように子どもの養育を適切に行っていない場合は、子ども保険において、親に対して給付返還を求めるなどのペナルティを科すことを検討すべきと思います。これによって、児童虐待を防ぐ効果も子ども保険に期待できます」

この小川の意見に対し岩渕は、賛意を示しつつ、「ただし、くどいようですが……」と述べたうえで、実際の負担を考えると、養子縁組で子を養育する人も中にはいるかもしれないものの、子どもができない人もいれば、自分の意志で子どもを持たない人もいる、そうした人の多くは、自分には見返りはないと言って、保険料負担に反発するのではないか、さらに高齢者が保険料を出すことにも、やはり無理があるのではないか、と疑問を呈した。

それに対し小川はこう答えた。

「そこは、社会保険ですから、国民全体としての合意が得られるかどうか、ということになります。子ども保険で『親世代』が保険料を負担する理由には、将来的には『子ども世代』から『扶養してもらう』という受益が期待できるから、ということがあります。その点では、現代社会では、子どもがいない人も高齢者も、『子ども世代』が支えている年金や医療保険、介護保険を通じて、『社会的扶養』の受益を得ているし、将来得る可能性があります。つまり、子どもが生まれ、育つことは、社会のすべての人にとって、自分の老後生活を支えてくれる人が増えることを意味します。そう考えた時に、自分は社会から何もサポートも受けずに、人生を全うするのだから負担しない、と主張できる人がいるのでしょうか。

　現代社会は、世代間の支え合いで成り立っているのです。そして、この世代間の支え合いとは、若年世代が高齢世代を支えるだけの一方通行ではありません。高齢世代が子ども世代を支えることがあっても、決して不合理ではありません。そして、子ども保険は、こうした国民の拠出のみならず、労働保険としての企業の拠出さらには公費によって、社会全体で連帯して費用を支え合う仕組みとして位置づけられます。私は、事あるごとに紹介していますが、世論調査[8]では、国民の9割以上が『子どもを生み、育てることによる負担は社会全体で支えるべき』と答えているのです。きっと日本国民は理解してくれると思います」

　一連のやりとりを、じっと聞いていた総理の佐野が、小川を見ながら発言した。

「つまり、これは、『親世代』が『子ども世代』に投資する、という意味での『未来への投資』ということですね」

「ええ、そうです」小川は力強くうなずいた。

　こうして有識者ヒアリングは終わった。

　首相官邸から本部事務局に戻る途中、百瀬は野口に言った。

「今日の小川さんのプレゼンのお陰で、大臣レクと総理レクは本当にやりやすくなったね。戻ったら、すぐ大臣レクを申し入れてくれ。『子ども保険』の制度素案を相談したいと伝えれば、すぐに来い、ということになるだろう」

「ヒアリングに出席していた財務省の担当官は、相当焦っていましたね。財務は財務で身構えるでしょうね。どうせ、今日の小川さんの話は、検討本部が仕組んだことだろうと思うでしょうから」

「それは、しょうがないよ。彼らは彼らでやるべきことがあるだろう。いずれにせよ、最後は佐野総理の決断次第だよ。それはそうと、小川さんのペーパーは、そのままレクに使えるね。ポンチ絵はいらなくなったようだ」

百瀬が問いかけると、野口は「本当に、小川涼子様様ですね」と返した。

説得より納得

翌日、本部事務局から岩渕大臣へ、制度素案のレクが行われた。岩渕は、社会保障畑の政治家としてのキャリアが長いだけに、理解ははやかった。制度素案について様々な質疑があったあと、岩渕は子ども保険構想に強い意欲を示した。

「昨日の小川さんの話は分かりやすかった。私も、介護保険導入の時に、与党の厚労部会長を務めていたので、20年前のことを思い出したよ。私は、自分のこれまでの経験から、国民に負担をお願いする時には、『説得』より『納得』だと、常々言っているんだよ。もちろん、国民負担をお願いする以上、根拠はしっかりと説明しなければならない。しかし、社会保障のお金が足りないからと言って、君たち、官僚がいくら数字を並べて国民を説得する材料を揃えても、それだけではうまくいかない」

説得より納得——。百瀬がこの言葉を噛みしめていると、岩渕は続ける。

「苦労し、身を削る思いで手にした自分のお金を出すのは、誰しも嫌だ。その貴重なお金を出すなら、結局、それが自分に何をもたらしてくれるのかが、最大の関心事となる。使い途が自分にとって意味があり、納得できるものならば、しぶしぶだが、出す。したがって、その「納得」が得られるか、どうかだ。私は、小川さんの『子どものための保険』という言葉を聞いてハッとした。子ども世代のためにお金を出すのならば、自分の子や孫はもちろん、他人の子や孫であっても納得感は随分高まる。直接的ではないかもしれないが、いずれは自分のためになると思えるから、心にも響く。もちろん簡単ではないが、この構想ならば、最終的には国民も納得してくれると、私は思う」

「子どものための保険ですね」

「こうした感覚は、官僚より我々政治家のほうが優れていると思っている。ただ、制度の具体的な内容や財政試算などは、君たちの仕事だ。しっかり詰めてくれ」

岩渕は、いつもと比べ高揚気味であった。すぐに総理に上げよう、と大臣自ら総理に連絡を入れると言った。事態は急速に動き始めた。

財務省、動く

結局、総理へのレクは2日後となった。本部事務局にとっては、総理レクがセットされたあとが大変だった。財務省出身の総理秘書官経由で動きを知った財務省からは、直ちに制度素案を説明してくれとの連絡が入り、事務局はその対応に大わらわとなった。

やがて財務省から山のような質問が届き、野口や武井などが総出で、説明にあたった。財務省も、来年度予算編成や税制改正の大詰めの時期にもかかわらず、主計局や主税局などの幹部が対応している。

子ども保険については、制度案の中身に関する論点も多いが、そもそも、子育て支援の費用を消費税増税でなく、新たな社会保険の導入によって対応するという点で、財務省にとって、財政の基本方針に絡む重大なテーマである。

百瀬にも、たびたび担当主計官から電話が入ったが、すでに大臣に上げて了承を得ている以上、百瀬に調整の余地はほとんどなかった。相手方には「総理のご判断次第ですね」という答えを繰り返すだけだった。

そして、総理レク当日となった。百瀬は、2日間徹夜に近い状態の野口たちを連れて、首相官邸に急いだ。官邸玄関には、総理番の記者が多数いたが、その中には、百瀬の部屋にちょくちょく顔を出す、経財新聞の大塚文治記者もいた。「行き先は総理ですか、官房長官ですか、何の用ですか」と聞かれたが、百瀬は「ちょっと」と言って、エレベーターに乗り込んだ。

総理執務室がある階に着き、エレベーターのドアが開くと、驚いたことに、そこには財務次官や主計局長など財務省の幹部が立っていた。検討本部の総理レクの前に、財務省はすでに佐野総理にレクをして、帰るところだったようである。

百瀬は、財務次官とは旧知の間柄なので、「どうも」と挨拶すると、先方は「百瀬さん、お手柔らかに頼みますよ」とニヤリと笑って、エレベーターに乗り込んでいった。対照的に、主計局長は不機嫌そうな顔を崩さなかった。

やはり財務は対応がすばやい、と百瀬は思ったが、いまさらどうしようもない。財務だって、現時点で総理に子ども保険を止めるよう働きかけることはしないだろう、と思いながら、総理執務室へ向かった。

消費税と少子化対策

ここで、参考のために、消費税と少子化対策との関わりについて説明しておこう。

消費税の社会保障目的税化は、１９９９年度から始まった。予算総則で、消費税収入は「高齢者３経費（基礎年金、老人医療、介護）」に使途を限定する措置が定められ、さらに２０１２年に成立した社会保障・税一体改革関連法によって、「少子化に対処するための施策」、つまり子育てなどの少子化対策も加わった。

この措置によって、国は、予算編成において、消費税収入はすべて「社会保障４経費」に充てることとなっている。そして、社会保障・税一体改革に基づき、消費税率の引き上げによる増収分のうち０・７兆円程度と、さらに０・３兆円程度の追加財源が、保育サービス（子ども・子育て支援制度）の量的拡充と質的向上に投入されることとされた。

ただし、注意しなければならないのは、いくら消費税を社会保障目的税化したといっても、消費税収入だけでは、社会保障４経費（厳密には、当該４分野経費のうちの国庫負担分）の総額には大きく足りないことである。２０２０年度予算で見ても、消費税収入（国分）17・5兆円に対し、該当する国庫負担分の総額は31・7兆円で、差し引き14・2兆円も足りない。したがって、その分は、他の税収入（所得税など）や国債収入などの財源が充てられているのが実情だ。

そこで、少子化対策の予算を増やそうとすると、どうなるか。

他の財源から持ってくれれば増やせそうだが、実際にはそうは簡単にいかない。財務省にすれば、法人税や所得税などといった他の税収は、経済動向によって大きく変動するので安定性に欠けるし、国債発行残高が１０００兆円を突破しようとしている状況下で、国債収入にこれ以上頼るわけにはいかない。

仮に、先ほど述べた保育の拡充以外の部分で、少子化対策予算を増額しようとするなら、同時に消費税率を引き上げて増収を図るのが筋であり、その引き上げができない限りは、予算増額はあきらめるか、他の経費を削って回すしかない、ということになる。まさに「ない袖は振れぬ」である。

それでも医療や介護の分野は、予算規模が大きいこともあって、いろいろな工夫でどうにか対応してきている。しかし、少子化対策のほうは、予算が小規模で、やりくりしようがない。したがって、たとえば、待機児童の解消のために保育所予算を増やそうとすると、その代わりに児童手当の予算額を削る話が出てくるのである。これでは、何のための少子化対策か分からなくなってしまう。

こうしたことから、少子化対策の予算を増やしたい立場にすれば、消費税という税財源以外の安定的な財源を探し求めるわけで、今回の「子ども保険」はまさに、その有力な方策なのである。予算の確保で苦しんできているのは、なにも内閣府や厚労省などの役所だけでなく、与党の政治家も同じなので、岩渕大臣が子ども保険に意欲を示すのも当然である。

財務省のスタンス

それでは、財務省は、一体、この子ども保険の構想に対してどういうスタンスをとるかだが、これには、様々な要素が絡んでくる。

一般論から言えば、財務省にとって、子ども保険の導入が、国が負担している予算増大圧力を減らすことにつながれば、歓迎である。特に「子ども(教育)国債」のような国債発行の増大につながる財源措置を回避する上では、有効な手法と言える。

それなら全面的に賛成かといえば、必ずしもそうではない。子ども保険の導入は、消費税の増税チャンスを減少させるおそれがある。消費税率を上げなくても、子ども保険の保険料収入分で少子化対策を充実できるようになるからである。加えて、子ども保険は、社会保険方式といっても、国民に新たな負担を求めることに変わりはない。仮に子ども保険を導入するとなれば、同時期に増税を行うことは、いわば「二重の負担増」となり、政治的に困難が伴う。したがって、増税が当分見送られる可能性だってある。

そこで、現時点で、財務省としてどう対応するかである。

子ども保険の構想では、公費(国費)負担は現行制度と比べそれほど増えるわけではない。そして、消費税のほうは、増税に向けた本格的な動きが始まっておらず、子ども保険をどうしても止めなければならないほどの切迫感はない。また、佐野総理が自らの最大テーマとしている人口戦略に、正面から反対することは憚られる。

したがって、結論としては、今回の本部事務局の動きに対して「待った」をかけることはしないが、注意深く今後の行方を見極めていく、というのが基本スタンスとなる。ただし、子ども保険の行方が、消費税論議や今後の財政方針に大きな影響を与えるおそれがあることは、少なくとも総理には伝えておく必要がある――。

これが財務省の現時点の判断だった。

安定財源の方策

総理執務室前の控室に行くと、すでに大臣や官房副長官は到着していた。塩山官房長官も総理レクに出席するということで、総理秘書官だけでなく官房長官秘書官など、かなりの人数が待機している。

（こんなに多くの出席者がいて、情報管理は大丈夫なのだろうか……）と百瀬は思った。

総理レクは少し遅れて始まった。冒頭、岩渕大臣が話を切り出し、続いて百瀬から子ども保険の制度素案の説明が行われた。

佐野総理は、終始、真剣な顔で聞き入っていた。そして、百瀬に向かって質問した。

「百瀬統括官。子育て支援の安定財源案は、消費税引き上げと、この子ども保険構想以外にはないのかね」

「実現可能性は別として、理論的には他に3つの方策があり得ます。1つは、フランスで導入されている『一般社会拠出金（CSG）』と呼ばれるものです。これは、社会連帯の理念に基づき、家族手当（児童手当）の財源として1991年に導入されました。全国民が拠出し合う、社会保障目的税と言えます。税率はフラットですが、所得税に比べると、賃金収入だけでなく、資産収入や不動産収入なども対象としており、賦課ベースが広くなっています。導入の際には徹底した議論が重ねられ、7年を要したのですが、今やフランス国内では高い評価を得ており、税率も引き上げられ、投入先も年金や医療保険などに拡大されています」[10]

「フランスは、社会連帯の国だからね」

「もう1つの案は、社会保障政策の研究者の権丈善一氏が提唱している『子育て支援連帯基金』の構想です。[11] この構想は、子育て支援の財源として新たに設置する基金に、年金や医療保険、介護保険などの社会保険が連帯して、費用を拠出するというものです。年金などの社会保険にとって、社会保険を支えてくれる子どもが増えれば、制度の持続可能性を強化し、将来の給付水準を高めていくことにつながりますので、社会保険制度に横串を刺した仕組みとして導入したらどうか、というものです。この構想だと、個々の国民レベルでは、新たな保険料ではなく、それぞれ加入している社会保険を通じて、間接的に負担することとなります」

「専門家らしいプランだね。子育て支援は、年金などの社会保険が持続していく上でも重要だという問題意識だね」

「最後が、『子ども国債』または『教育国債』という名称で、国債をさらに発行して、その収入を子育て財源に充てる案です。これについては、負担を子ども世代に先送りするものですし、実際に収入が家族政策の財源として使われるのを担保するのも難しいという問題があります。もちろん、国家財政はさらに悪化することになります」

佐野総理の決断

百瀬の説明を一通り聞くと、佐野は「なるほど」と相槌を打ち、

「先ほど財務省の諸君が来て、財政再建のほうもお忘れなく、と言ってきたよ。これから数十年間の日本国総理大臣は、『人口』と『財政』という2つの大きなテーマに、頭を悩まし続けるだろうね……。さて、子育て財源の問題、岩渕大臣はどう思われますか」と岩渕のほうを見た。

話を向けられた岩渕は、子ども保険は国民に提案するに値する構想であり、「子ども世代」のために「親世代」が支えるというメッセージは分かりやすい、と自身の見解を述べた。

さらに、佐野が官房長官の塩山にも意見を求めると、「私も大臣と同じ意見です」という答えが返ってきた。それを確認したのち、佐野は出席者全員を見回しながら言った。

「私も、この子ども保険構想は、『未来への投資』という人口戦略の基本理念にふさわしいものだと考えます。それでは、子ども保険を人口戦略の柱として進めていきましょう」

この言葉に、岩渕が「与党とも相談して、なるべく早く本部会議にかけたいと思います」と意気込んだ。

そこに口を挟んだのが、塩山だった。

「ちょっと、待ってください。子ども保険はいい構想だとは思いますが、次期通常国会の法案でどう扱うかについては、よく考える必要があると思いますね。来年1月に人口戦略で決定したあと、すぐに具体的な法案を出すのは、いくら何でも拙速じゃないか、という批判が出かねません。『子ども保険を検討する』という検討規定を法案に書く程度ならば、問題ないかもしれませんが……」

これに対しては、岩渕は、手を額に当てながら話す。

「うーん。それは、どうですかね……。ある程度、具体的な内容まで示さないと、国民も判断しようがない。それだと、子ども保険の検討は前に進まないのじゃないかと思いますが」

佐野も同感の様子で、

「私も、検討規定だけだと、今からさらに1年以上の期間をかけて、一から議論するということになりかねない感じがします。子育て分野はこれまで散々、議論をしてきたわけですから、ここでまた、議論が先送りになることは、何としても避けたいですね」

「そうすると、総理は、次期国会で、子ども保険について具体的な議論を深めたい、というお考えですね」塩山の念押しに、佐野は、

「そうです。少しでも具体的な議論に入って、実質的に国会の了承を得ることができればベストですね」と答える。

「分かりました。それでは、事務方には、総理のご意向に沿った形で準備を進めてもらいましょう。百瀬統括官、その方向で法案の作成作業に入ってください」

塩山の指示に、百瀬は力強い声で「はい」と答えた。

「よろしく頼むよ」と佐野は百瀬に向かって言ったあと、

「それにしても、導入までに介護保険が6年で、フランスの拠出金が7年か。やはり国民負担の問題は、時間がかかるね。今回は、少しでも時間を縮めたいものだね」と、自らを鼓舞するように締めくくり、総理レクは終わった。

総理執務室を出た岩渕大臣は上機嫌で、百瀬に本部会議に提案する準備を始めるよう指示をした。

翌朝、「子ども保険、導入へ」のスクープ

総理レクが無事に済み、百瀬をはじめ本部事務局にはホッとした雰囲気が流れた。今回は、有識者ヒアリングでの小川の活躍のお陰もあって、予想以上のスピードで総理大臣の了解を得ることができたからである。

ただし、こういう場合は、政策決定のスピードが速すぎて、周囲がついていけない事態となり、それはそれでモメることになる。明日以降、主だった関係者に根回しに行かなければならないと、百瀬は思った。

翌朝、早くも百瀬の心配は現実のものとなった。経財新聞が、朝刊一面に『子ども保険、導入へ』の見出しのスクープを載せたのである。

記事には、制度素案が丸ごと掲載されていた。しかも、「国民負担増は6・8兆円、消費税2〜3%の引き上げに相当。子ども保険料は平均年額4万3000円、月額3600円」と負担見通しが示され、「消費税とは異なる形の、新たな国民負担の導入は、今後大きな論議を呼ぶことになるだろう」という言葉で締めくくられていた。

朝、百瀬が本部事務局に着くと、秘書が疲れた顔で言う。

「本部の電話がひっきりなしに鳴って、みんな大変です。統括官には政友党の松嶋幹事長室から電話があって、登庁次第、幹事長のところに説明に来てほしいとのことです」

この日、百瀬や野口らは一日中、外に出ずっぱりとなった。

ようやく夕方、百瀬が部屋に戻ると、問題の大塚記者が入り口で待っていた。

「どうも、ご迷惑をおかけしちゃって、すみません」

「本当は、そんなこと思っていないくせに……」

「いやぁー、有識者ヒアリングの時の小川さんの子ども保険構想は、ベタ記事の紹介だったのですが、佐野総理が了承したとなると、話は別ですからね。うちのデスクが頑張っちゃいまして、一面の記事になっちゃいましたよ」大塚が頭を掻きながら、笑みを浮かべる。

「一体、この国は、情報保持が一日としてもたない。海外と比べても、これほど『ガラス張り』の国はないと、つくづく思うよ。それはそうと、負担ばかり強調して……。どうせ書くならもっと、この制度でどれだけ多くの若者たちが救われるのかを正確に伝えてほしいね」

百瀬があきれ顔で話すと、大塚は、

「だったら、もっと情報をくださいよ。私は個人的には、子ども保険は国民の支持を得ると思っていますよ。負担には変わりないけど、何に使われるかはっきりしているし、使い途が、若年世代の最も困っている人たちに対する給付だと分かれば、最終的には国民は納得しますよ。私も20代だから、支持したいですね」と真顔になった。

「大塚君は、政策に相当、関心ありそうだね」

「当然ですよ。政治部ですから」

「政治部の記者は、普段は政策に関心があるって言うけど、政局になったら、政策どころでなくなっちゃうからね。政局より政策で、お願いしますよ」

百瀬は、疲れ切った表情を浮かべ、部屋に入っていった。

この日以降、子ども保険構想は、マスコミを中心に様々な場面で取り上げられ、大きな話題となっていった。与野党議員はもちろんのこと、経済界、労働界、地方自治体関係者、女性団体、保育・幼児教育団体などの関係者から、様々な意見が出された。

中には、子ども保険構想に好意的な意見やコメントがあったが、一方では、「国民に不人気の消費税率引き上げを避けて、取りやすいところから取ろうと目論んでいる」という国民負担の〝陰謀論〟や「子ども保険に騙されるな」といった〝懐疑論〟、さらには「6・8兆円もの負担増を議論するのはまだ早い、まずは無駄撲滅だ」という〝行革論〟が飛びかった。

百瀬は、20年前の介護保険の時とまったく同じだな、と思った。

6

「不妊治療・ライフプラン」と「結婚支援」の問題提起（202X年12月中旬）

不妊治療の現状

東京都内の遠藤和英医師のクリニックの一室。遠藤は、長年、不妊治療にあたっている生殖医療専門医で、これまでも少子化問題について積極的に発言してきた。その遠藤に、先日、首相官邸から有識者ヒアリングへの出席依頼があり、本人は意気に感じている。基本的には自由な意見交換だが、遠藤には、不妊治療の現状と課題についての意見陳述が期待されている。

今日は、来週のヒアリングの準備のため、以前からの友人で、若者の結婚や生活実態に詳しいジャーナリストの木村誠子と、その知り合いである25歳の大学院生の菅原弘菜と28歳の会社員の石黒雄喜に若者代表として参加してもらい、オンライン・ミーティングを始めたところである。遠藤が話し始める。

「今日は、よろしくお願い致します。まず私から、当日の発表用に用意しました資料に沿って、順次プレゼンをしていきますので、皆さんから忌憚のないご意見をお聞きしたいと思います。最初は、『不妊治療』についてです。現在、国は不妊治療の医療保険適用を検討していますが、それに伴う課題もあります。次に、若い皆さんにぜひ知っておいてほしい『妊娠適齢期』についてです。そして、そのあと、妊娠・出産の情報を知った上での、若年世代の人生設計、すなわち『ライフプラン』についてお話しします」

遠藤はそう言って、不妊治療のスライド（表3―2）をパソコンに映し出し、不妊治療について説明を始めた。

――不妊治療には、大きく分けて、医療保険適用の対象になる治療法（一般不妊治療の「タイミング法」や「排卵誘発法」）と、対象にならない治療法がある。

後者は、「人工授精」や「生殖補助医療（ART）」と呼ばれ、多くの種類の治療法がある。

「人工授精」は、精液を注入器で直接子宮に注入する治療法で、配偶者間（AIH）と非配偶者間（AID）の両方がある。この治療法の費用は、比較的安価である。これに対し、「生殖補助医療」と呼ばれる治療法には、「体外受精・胚移植（IVF―ET）」、「凍結胚・融解移植」及び「顕微授精（ICSI）」の3種類（これらを「体外受精（広義）」という）と、男性の治療法として「顕微鏡下精巣内精子回収法（MD―TESE）」がある。

これら4種類の治療法は、保険適用外であり、かつ費用が高額であることから、経済的負担を軽減するために国費による助成が行われていたが、2021年1月から助成額が増額された[12]後、2022年4月から医療保険適用となった。

わが国では、不妊を心配し治療を受ける夫婦が増えている。社人研調査（2015年）[13]によると、「不妊を心配したことがある」夫婦は全体で35%、子どものいない夫婦で見ると、実に55・2%と過半数にのぼっている。そして、実際に不妊の検査や治療を受けた夫婦は全体で18・

表3-2　不妊治療の主な治療法の概要

治療法			概要	治療費（1回当たり平均額）	医療保険適用 公費助成
一般不妊治療		タイミング法	基礎体温表や超音波、尿検査により排卵日を予測し、医師の指示で夫婦生活を営む治療法	数千～2万円／回	医療保険適用
		排卵誘発法	卵巣を薬物で刺激して排卵をおこさせる治療法	数千～2万円／回	医療保険適用
人工授精		配偶者間人工授精（AIH）	排卵予測日に、男性精液をより分けて子宮に注入する治療法	1～3万円／回	
		非配偶者間人工授精（AID）	第3者の精子を用いて人工授精を行う	—	
生殖補助医療（ART）	体外受精（広義）	体外受精・胚移植（IVF-ET）	体外で受精させた受精卵を周期内ですぐに子宮の中に移植する	20～60万円／回	公費助成
		凍結胚・融解移植	培養した受精卵を凍結保存し、別の周期で解凍（融解）して、子宮の中に移植する		公費助成
		顕微授精（ICSI）	顕微鏡下で細い吸引ピペットを利用し、卵子に精子を注入する治療法	30～70万円／回	公費助成
	顕微鏡下精巣内精子採取術		手術用顕微鏡を用いて精巣内より精子を回収する	25～40万円／回	公費助成

備考：日本産科婦人科学会「平成30年度倫理委員会登録・調査小委員会報告」、柴田由布子「不妊治療をめぐる現状と課題」等に基づくもの。「生殖補助医療」の定義はWHO・ICMRTに基づく。
備考：内閣府「選択する未来2.0」第二回会合提出資料（2020年3月）を参考に筆者作成

2％、つまり5・5組に1組の割合になっており、子どものいない夫婦では28・2％にもなる。

不妊治療の実施件数も年々増加している。（公益社団法人）日本産科婦人科学会の調査[14]によると、2020年の体外受精（広義）による出生児数は6万381人にのぼり、年間出生数としては13・9人に1人に相当する。体外受精の実施件数は、世界の中でも最も多い水準となっている[15]――。

不妊治療をめぐる課題

――このように日本は不妊治療大国と言えるが、一方で、様々な問題を抱えている。

1つは、不妊治療における経済的な負担である。国費による助成はあるものの、負担がかなり重くなる場合がある。このため、国は、医療保険の適用拡大の方針を示すとともに、当面の対策として助成措置を拡充している。

2つ目は、不妊治療を受けている女性の身体的、精神的な負担が大きいことである。さらに、働いている女性の場合は、治療と仕事の両立が難しいという点で、時間的な負担という問題もある――。

ここまで述べたあと、遠藤は次のスライド（図3―8）を映し出し、話を続けた。

――そして、3つ目が、このように当事者が懸命に取り組んでいるにもかかわらず、不妊治療による出生率が必ずしも高くないことである。

妊娠・出産に至らないケースの最大要因は、夫婦の「年齢」の問題である。不妊治療を受けた場合の妊娠・出産率は、年齢に大きく左右され、女性の場合は35歳を超えると、急速に低下して

図3-8　生殖補助医療（ART）妊娠率・生産率、流産率（2018）

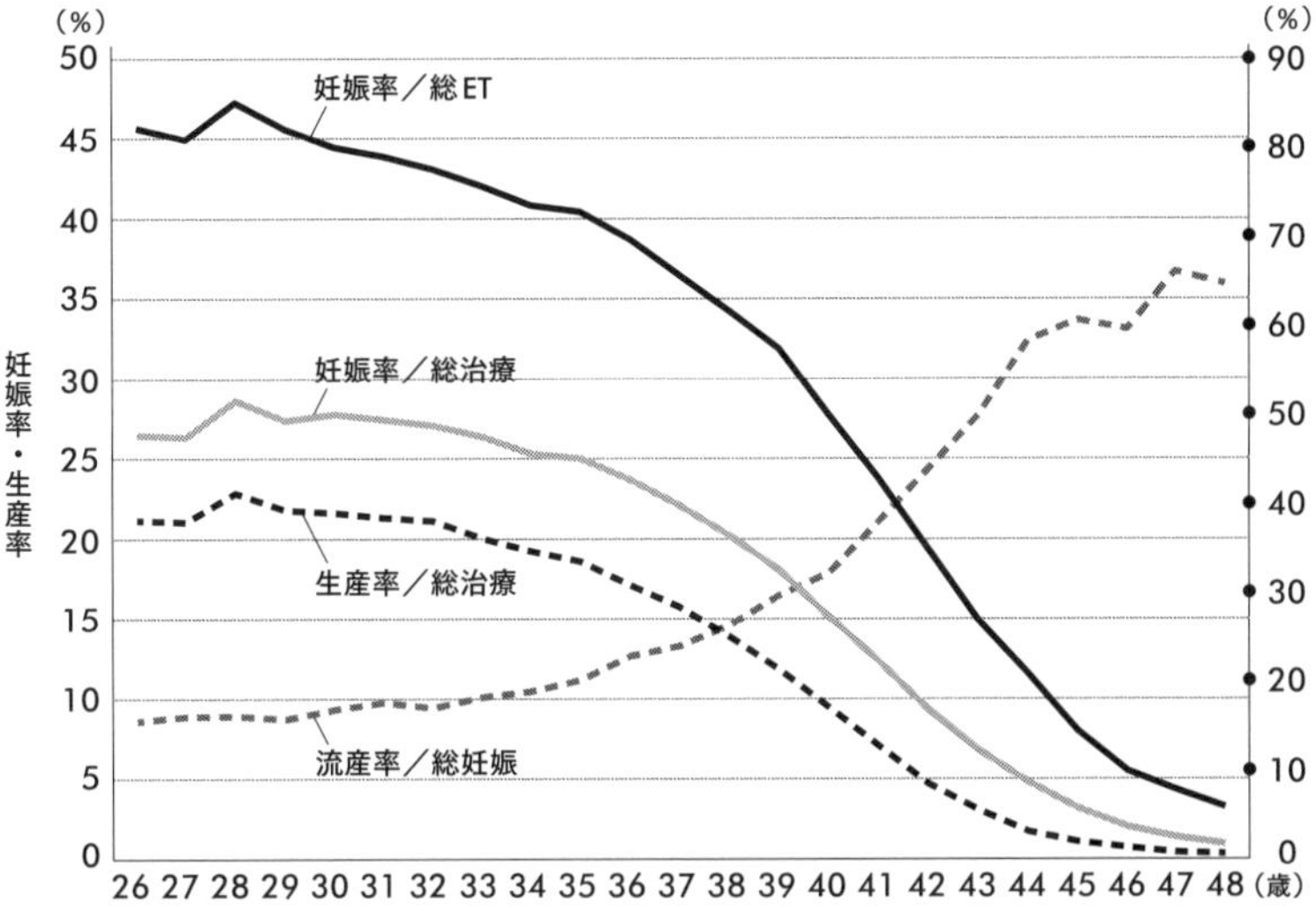

資料：日本産科婦人科学会　ARTデータブック2018
※ET＝胚移植

いく。このスライド（図3—8）は、日本産科婦人科学会が、生殖補助医療（ART）について女性の年齢別データを集計したものである。

　同学会の資料によると、生殖補助医療全体では、妊娠率は35歳までは25%程度であるが、40歳で15%に低下し、45歳では5%を切っている。生産率（子どもが生まれる率）は、32歳ぐらいまでは約20%だが、それより高齢だと緩やかに下降し、36歳ぐらいから下降率は大きくなる。40歳では約7〜8%、45歳では1%を割るとされている。[16]

　実は、諸外国の不妊治療の実情と比較すると、日本の不妊治療は、40歳以上の患者の割合が

4割を超えており、この割合は世界で最も高い。このため、結果として、治療成績が世界平均を下回っているとされている――。

ここで、木村が「個人的な意見ですが」と言って、割って入った。

「不妊治療に医療保険を適用する方針には賛成ですが、そうなると、治療成績をもっと向上させるべきだということになりますね。今までは個人負担だから、あまり問題にならなかったですけど」

それに対し遠藤が「その通りだと思います。国民のお金を使うわけですし、結構高額な費用になりますので、そういう意見は当然強くなります」と返すと、木村が「海外では不妊治療の成績向上に向けて、どのように取り組んでいるのですか」と尋ねた。

「たとえば、フランスでは、国立機関が全不妊治療機関の許認可や全不妊治療データ収集の権限を持ち、解析結果によって成果の低い医療機関の指導を行っていると聞いています。その中で、不妊治療の開始年齢の早期化も図って、不妊治療の成功率引き上げを実現しているようです[17]。そうした事例も参考にして、不妊治療の質の向上を図る必要があると思います」

遠藤の答えに同意しつつ、木村が「やはり医療関係者だけでなく、患者さんも『年齢』の問題にもっと目を向けて、早いうちから不妊治療を受けるべきだという意見も出るでしょうね」と問いかけると、遠藤もうなずきながら、

「私は、不妊治療の時期をめぐって、『年齢』の議論が起きること自体は、必ずしも悪いことではないと思っています。実は、私のクリニックに通っている不妊治療の患者さんも、もっと早くから治療しておけばよかったと後悔している人が多いのです。年齢と妊娠の関係について、広く国民に知って

もらうには、いい機会になるかもしれません」と返した。

木村が遠藤の言葉に重ねた。

「そうなると、やはり『妊娠適齢期』のことを、国民にしっかりと伝えていく必要がありますね」

男女の「妊娠適齢期」

遠藤は、次のスライド（図3―9）を映し出し、「妊娠適齢期」について説明し始めた。
――医学的には、男性、女性ともに妊娠・出産に適した年齢（妊娠適齢期）がある。
女性の卵子は、母親の胎内にいる妊娠5～6か月に約７００万個まで増加するが、出生後は新たに作られることはない。出生時には約２００万個の卵子があるが、卵巣にある卵子の数は排卵しなくても生理的に減少していく。月経が開始するころには20～30万個にまで減少しており、さらに閉経を迎える50歳頃にはゼロに近づく。卵子は、加齢とともに質、量ともに低下するため、女性の自然に妊娠する力は30歳頃から低下するとされている。[18]
誤解してはならないのは、女性の年齢による「妊娠のしやすさ」（「妊孕性《にんようせい》」という）の低下は、女性の平均寿命が伸びても、あまり変わらないことである。避妊法が確立されていない17～20世紀における女性の年齢と出産数の変化について調べた研究があるが、出産数は30歳から徐々に減少し、35歳を過ぎるとその傾向は顕著になり、40歳を過ぎると急速に減少しており、現在とさほど変わらなかった。[19]いくら平均寿命が伸びて人生１００年時代になろうと、「妊娠適齢期」のほう

図3-9　女性の年齢の変化による卵子の数の変化

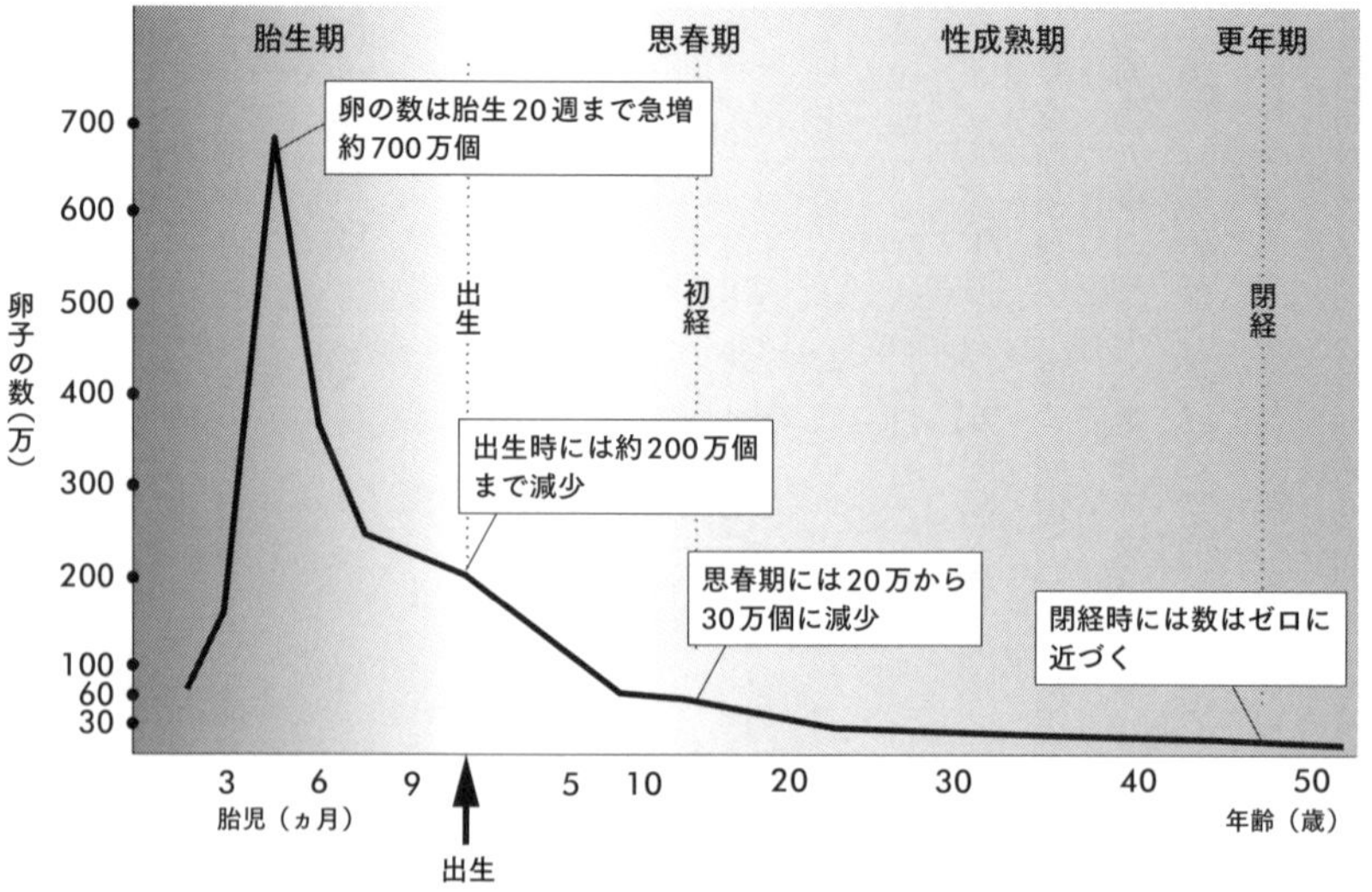

資料：Baker TG (1972) Gametogenesis, Acta Endocrinol Sullpl. 166；18-42
出典：厚生労働省「平成25年版厚生労働白書」P107

は伸びない。

さらに、妊娠したとしても流産する率が、加齢とともに高まる。40歳では20〜30%、45歳では30〜50%の女性に流産が起こるとされている。[20]また、30代前半から、妊娠高血圧症候群、前置胎盤の母体と胎児に与えるリスクなど、妊娠・出産のリスクも高くなる。[21]

ホルモンバランスがよく、子宮や卵巣の問題が少なく、心身、卵巣機能、卵細胞が元気な期間、それが女性の「妊娠適齢期」ということになるが、それは一体、何歳なのか。

医学的なデータから見ると、女性の妊娠に最も適している期間が「25〜29歳」であることは間違いない。「25〜35歳前後」という考え方が、日本産科婦人科学会では示されているが[22]、これは年齢的には許容幅を最大限広げて示したものであり、30代半ばになると、リスクがかなり高まることを想定しなければならない。

子どもが欲しいと願うならば、妊娠適齢期は、ギリギリ「25〜32歳前後」と考えたほうがよいと思う[23]――。

遠藤の話を聞き、石黒雄喜が、男性にも「妊娠適齢期」があるのかを尋ねた。

「そこがよく誤解されているのですが、妊娠適齢期は男女、両方にあります。研究分析結果[24]によると、男性の年齢が20歳代までは約半年で相手の女性が妊娠しますが、30歳代から40歳代前半だと相手が妊娠するまでの期間が約10か月かかります。40代後半だと約1年半かかるようになり、50歳以上だと2年以上かかるようになります。男性の年齢が高くなると、相手の女性の年齢も高くなる傾向はありますが、これを補正しても、男性の年齢につれて、相手が妊娠までにかかる期間が長くなるとされています。また、妊娠した相手の流産リスクも上昇するとされています[25]」

この話を聞いた石黒は驚いたようで、「初めて知りました」と言った。

「不妊治療にいらっしゃる夫婦の方も、妻側の原因だけでなく、夫に原因があるケースがかなりあります。不妊症の原因は様々ですが、夫側に原因があるケースは48%とされています。男性不妊症の原因としては、精子を製造する能力に問題がある場合（造精機能障害）が約80%と最も多いのです[26]。先ほど紹介しましたように、男性の不妊治療も行われています。不妊といえば、女性の問題だと思っているのは、間違いです」

そう遠藤が言い足すと、「分かりました」と、石黒は真剣な面持ちで答えた。

子どもが欲しいけれども、できない

遠藤は話を続けた。

――こうした男女の「妊娠適齢期」のために、いくら夫婦が子どもを持ちたいと願っても、妊娠・出産までに至らないケースがかなりある。続いて、スライドを2枚紹介したい。

次のスライド（**図3―10**）は、社人研の調査（2015年）[27]において、夫婦を対象に「理想の子ども数を持たない理由」を尋ねた結果である。これによると、子どもが少なくとも1人は欲しいのだが、実際には0人になるだろうと考えている夫婦では、実に4分の3が「欲しいけれどもできないから」ということを理由にあげている。子どもが2人欲しいのに1人で終わるだろうと考えている夫婦の場合も、3分の1は同じ理由である。また、妻の年齢が高くなるほど、この「欲しいけれどもできないから」という理由をあげている割合は高くなっている。

そうなると、出生率の向上を目指すのならば、やはり、妊娠・出産の時期をもっと早める必要がある。我々としては、そうなってほしいと願っているが、実態はというと、ご存知のように「晩婚化」、「晩産化」の流れはなかなか変わらない。

続いて紹介するスライド（**図3―11**）は、民間シンクタンクの調査結果[28]であるが、これによると、子どものいる既婚者の多くが「もっと早く産めばよかった」と考えている。その割合は、20

図3-10 「理想の子ども数を持たない理由」として、「欲しいけどできないから」をあげた夫婦の割合

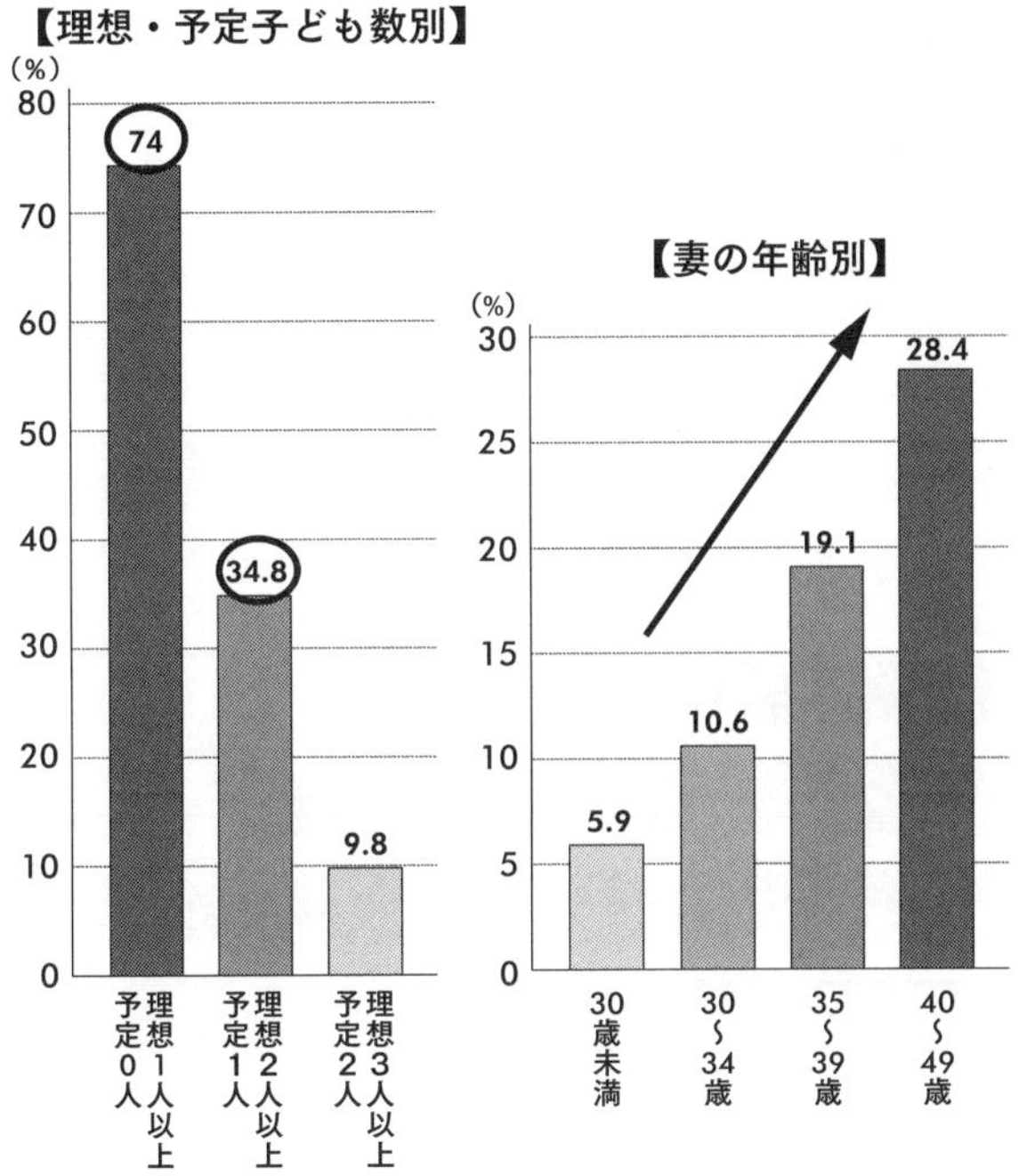

資料：国立社会保障・人口問題研究所「第15回出生動向基本調査（2015年）」より筆者作成

図3-11 第1子が実際に生まれた時の年齢と第1子を産むのに望ましいと思う年齢の関係

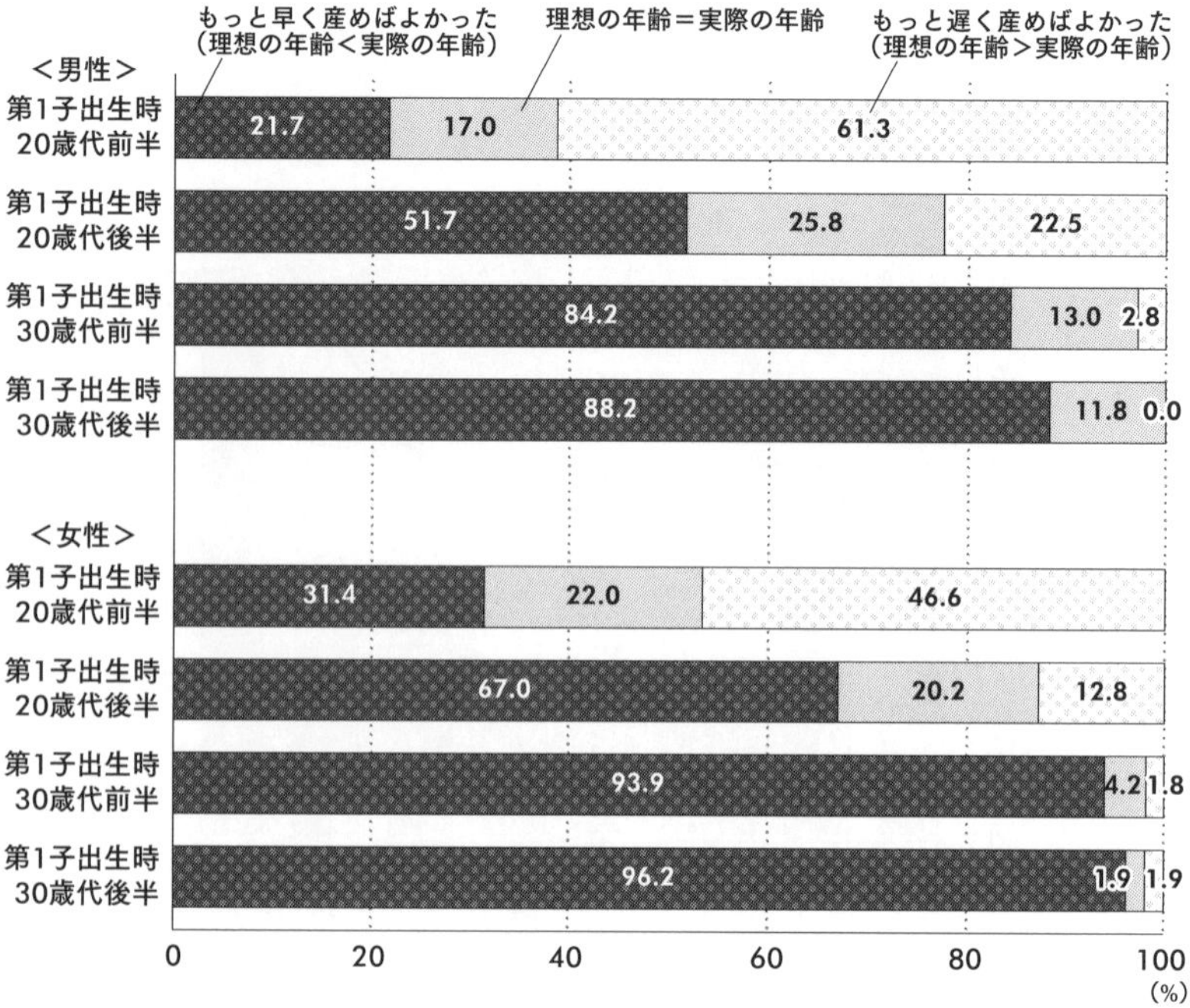

資料：株式会社明治安田生活福祉研究所「第7回結婚・出産に関する調査」(2013年)

資料：厚生労働省「平成27年版厚生労働白書」P103

代後半に第1子が生まれたケースでは男性51・7%、女性67%で、30代前半に第1子が生まれたケースでは、実に男性84・2%、女性93・9%に達していた。出産年齢の高齢化が進んでいる中で、夫婦当事者の多くは、過去を振り返って、もっと若いうちに子どもを出生しておけばよかったと思っているのである――。

妊娠・出産の医学的情報・知識の重要性

――最近は、年齢を重ねても若々しさを保つ人が増えていたり、高齢出産のニュースに触れる機会があったりして、「いつでも子どもは持てる」と思う人もいるかもしれない。しかし、医学的には、年齢が上がると、妊娠・出産に関するリスクが上昇するとともに、妊娠しにくくなることは明らかである。[29] このことを正確に知ってもらう必要がある。

そして、私が心配しているのは、こうした「妊娠適齢期」に関する正確な情報・知識が、国民、特に若年世代に十分に伝わっていないのではないか、ということである。

私のクリニックを訪ねてくる患者さんの多くは、30代になると妊娠がしにくくなることを知っている。しかし、そのことを知った時期を聞くと、かなりの人が「子どもを欲しい」と思ってからだと答える。もっと前に知っていたら、不妊治療が必要でなかったかもしれないし、不妊治療による妊娠の可能性も高まっていたかもしれないと思うと、実に残念である。また、私のクリニックの患者さんは、そもそも妊娠について関心が高い層なので知識も豊富だが、一般的にはそうではない。

図3-12　妊娠・出産の医学的情報の意識調査（20～39歳男女）

「医学的に見ると、女性の妊娠する力は35歳前後からだんだんと下がり始め、40歳をすぎると妊娠はかなり難しくなる（（公社）日本産科婦人科学会調べ）」

（問）この情報を知って、あなたはどう思いますか。

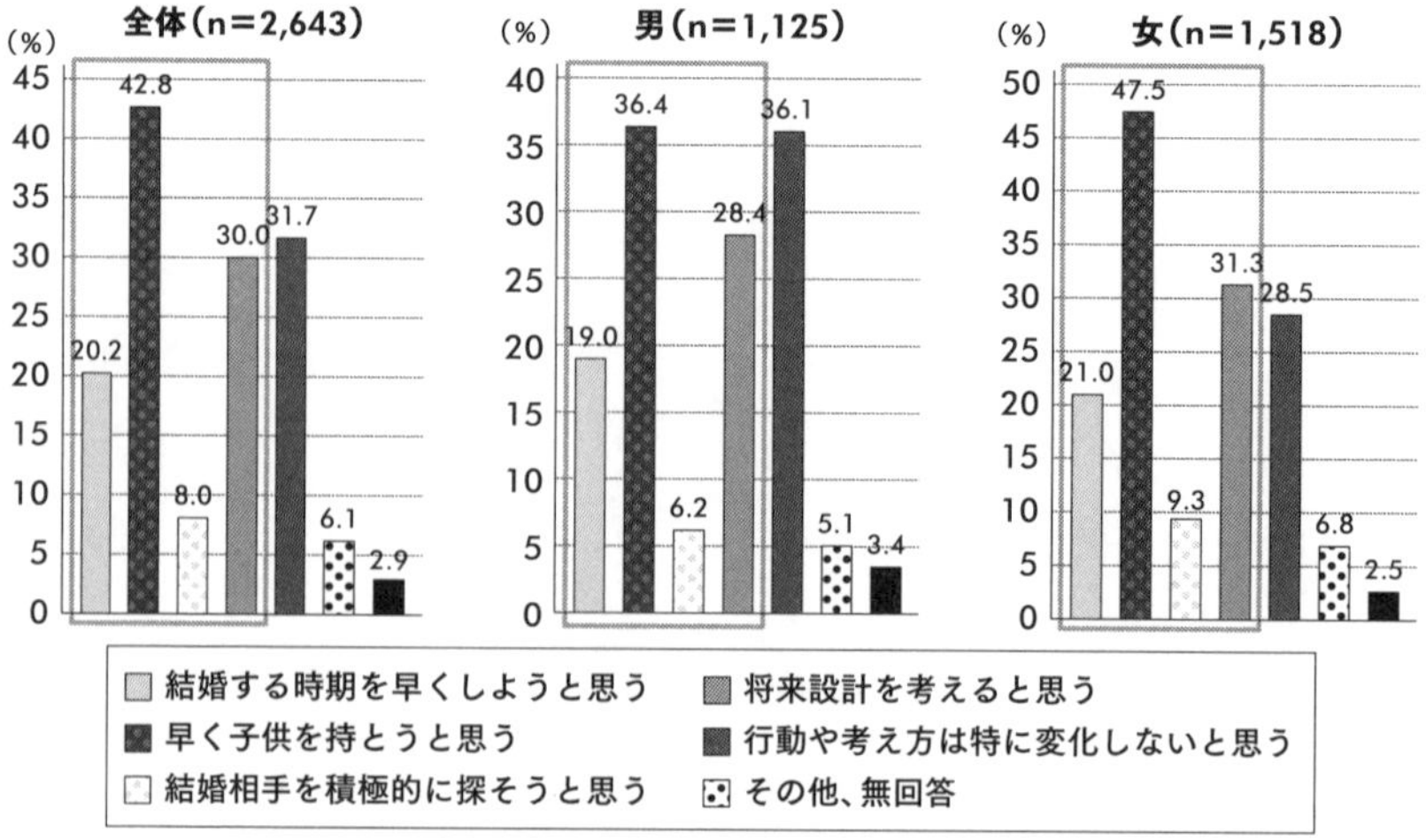

（問）この情報をいつ頃に知っておくのがよいと思いますか。

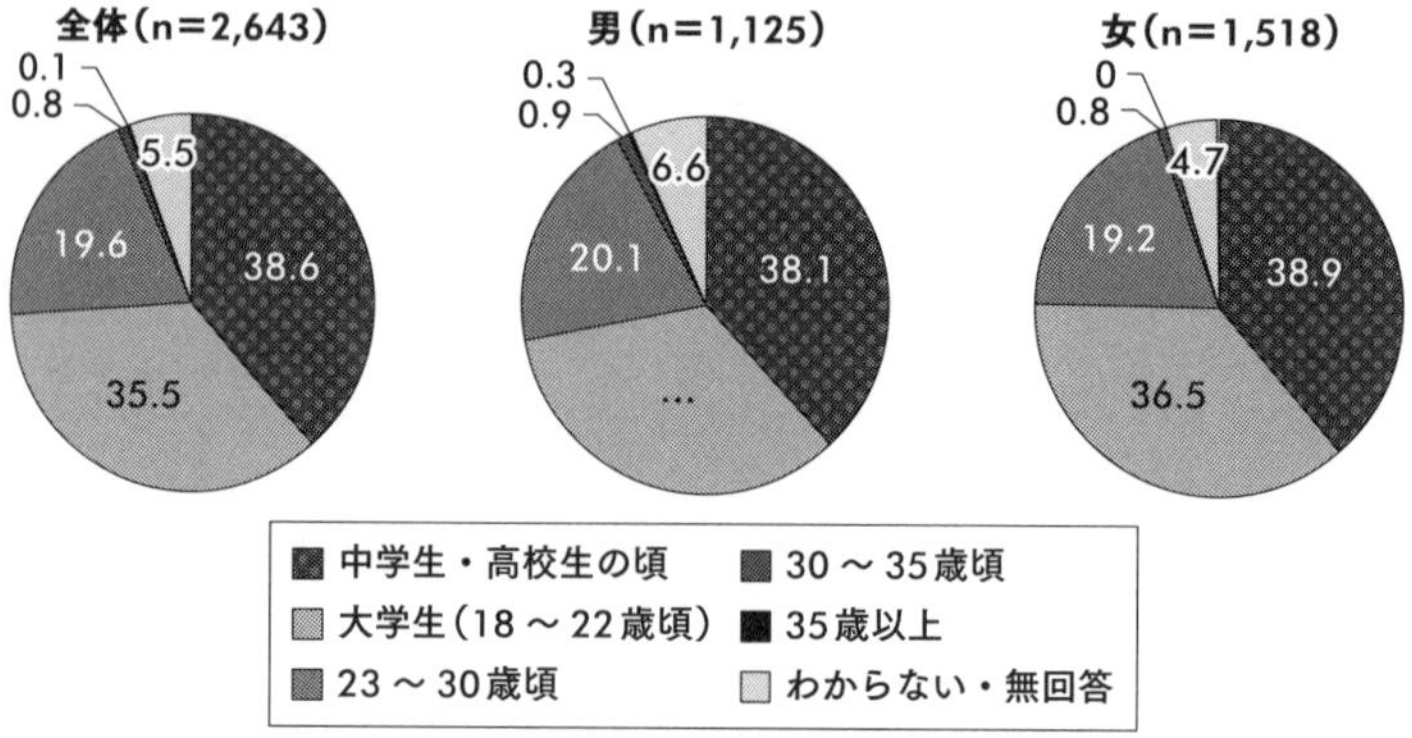

資料：内閣府「平成26年度結婚・家族形成に関する意識調査」2014年）

次に紹介するスライド（図3―12）は、実際に、若年男女が、妊娠・出産の医学的情報についてどのように考えているのかを調べた内閣府調査（2014年）[30]である。これは、20～39歳男女を対象とした意識調査であるが、妊娠・出産の医学的情報を知ってどう思ったかを聞いたところ、「早く子どもを持とうと思う（42・8％）」や「将来設計を考えると思う（30・0％）」、「結婚する時期を早くしようと思う（20・2％）」などが高い割合を占めている。この調査結果からも明らかなように、妊娠適齢期に関する情報発信の有効性は高い。

しかも、こうした情報を「いつ頃に知っておくのがよいと思いますか」と聞いたところ、「中学生・高校生」と「大学生」がそれぞれ4割近くを占めている。一般に、自らの学業、就職、結婚、出産など将来の人生設計を具体的に考え始めるのが、10代後半から20代である。そのことを考えると、その前段階の中高校生や大学生の時期に、学校教育と連携して、こうした医学的情報を提供していくことが重要である。最近、専門医などが男子高に出向き、妊娠適齢期についての「出前授業」を行ったところ、授業を聞いた高校生から大きな反応が寄せられたという[31]――。

「プレコンセプションケア」の取り組み

ここまで話したのち、遠藤が菅原と石黒に対し、「皆さんは、『プレコンセプションケア（Preconception care）』という言葉を聞いたことはありますか」と尋ねた。2人が「いいえ、まったくありません」と首を横に振ると、遠藤が説明し始めた。

「コンセプション（Conception）」という言葉は、英語で『受胎』、つまり新しい命をさずかる妊娠のことを言います。『プレ』は、『その前』という意味ですから、「妊娠前のケア」という意味になります。国立成育医療研究センターは、2015年に日本で初めてプレコンセプションケアセンターを開設しましたが、この考え方を『将来の妊娠を考えながら、女性やカップルが自分たちの生活や健康に向き合うこと』と定義しています。このことによって、女性やカップルがより健康になること、元気な赤ちゃんをさずかるチャンスを増やすこと、さらに女性や将来の家族がより健康な生活を送れることを目指すものです[32]」

菅原弘菜が「そのプレ…、プレコンセプ…、あのー、『妊娠前ケア』でいいでしょうか。その妊娠前ケアが重要となってきているのは、なぜですか」と尋ねた。

それに遠藤が答える。

——プレコンセプションケア（妊娠前ケア）の考え方は、2006年に米国のCDC（疾病管理予防センター）が提唱し始めたものである。米国では、他の先進国に比べ早産比率が高く、低出生体重児などが多いという問題があることから、妊娠前からのケアの必要性が叫ばれるようになった。その後、WHO（世界保健機関）でも取り上げられ、妊産婦死亡を削減していくための取り組みとして推奨されている。

わが国の場合は、妊婦や乳幼児の死亡率は低いので状況は異なるが、最近は低出生体重児が増えている状況も見られ、そして、何よりも晩産化に伴う妊娠をめぐる問題がある。そうした妊娠・出産をめぐる健康問題全般に対応するものとして、重要性が増している[33]。

プレコンセプションケアセンターでは、来訪者に対し検診と、それに基づくカウンセリングのほか、将来の妊娠に関する相談にも専門医が応じる相談外来を設置している。[34] 対象は、妊娠を具体的に計画している場合だけではない。すべての妊娠可能な女性やカップルが対象となる。いわゆる妊活のような、早期の妊娠を目指した不妊治療や生活指導よりはもっと広い範囲をカバーしており、将来の妊娠に備えて健康な生活習慣を維持し、妊娠・出産に関する正しい知識や情報を得ることを含んでいる。したがって、妊娠に関して心配していることや相談したいことがある方なら、誰でも相談に応じている——。

遠藤の説明に、木村が付け加えた。

「プレコンセプションケア（妊娠前ケア）は、最近は、健康教育や知識の普及啓発という点でも重視されてきています。2020年12月に国が定めた『第5次男女共同参画基本計画』では、生涯にわたる男女の健康の包括的な支援として、学童・思春期の早い時期からの取り組みが明記されました。そこでは、『医学的に妊娠・出産に適した年齢、計画的な妊娠、葉酸の摂取、男女の不妊、性感染症の予防など、妊娠の計画の有無に関わらず、早い段階から妊娠・出産の知識を持ち、自分の身体への健康意識を高めること（プレコンセプションケア）』が掲げられています[35]」

遠藤と木村の説明を聞いた菅原は身を乗り出し、「なるほど。『妊娠前ケア』の動きが広まれば、早い時期から『妊娠適齢期』の知識や、妊娠・出産について知っておくべき健康情報を知ることができるのですね」と納得した様子だった。

図3-13　プレコンセプションケア・チェックシート

～もっとすてきな自分に　そして未来の家族のために～

プレコンセプションケア・チェックシート　　女性用

- □ 将来の妊娠・出産やライフプランについて考えてみよう。
- □ 適正体重をキープしよう！
- □ 禁煙する。受動喫煙を避ける。
- □ アルコールを控える。
- □ バランスの良い食事をこころがける。
- □ 食事とサプリメントから葉酸を積極的に摂取しよう。
- □ 150分／週運動しよう。こころもからだも活発に！
- □ ストレスをためこまない。
- □ 感染症から自分を守ろう。（風疹・B型肝炎・C型肝炎・性感染症など）
- □ ワクチン接種をしよう。（風疹ワクチン・インフルエンザワクチンなど）
- □ 危険ドラッグを使用しない。
- □ 有害な薬品を避ける。
- □ 生活習慣病をチェックしよう！（血圧・糖尿病・検尿など）
- □ がんのチェックをしよう！（乳がん・子宮頸がんなど）
- □ 持病と妊娠について知ろう。（薬の内服についてなど）
- □ 家族の病気を知っておこう。（生活習慣病・遺伝疾患など）
- □ 歯のケアをしよう。
- □ かかりつけの婦人科医をつくろう。

著者注：「プレコンセプションケア・チェックシート」は、男性用もある。
また、囲みは、筆者によるものである。
資料：国立成育医療研究センター・プレコンセプションケアセンターのホームページより
https://www.ncchd.go.jp/hospital/about/section/preconception/pcc_check-list.html

「ライフプラン」の重要性

遠藤が、さらに話を続けた。

「そこで、プレコンセプションケアセンターでは、すべての女性と男性用に、妊娠・出産に関する意識を高めてもらうための『チェックシート』を作成し、公表しています。次のスライド（図3―13）をご覧ください。このチェックシートの内容を見ると、妊娠・出産や生まれてくる赤ちゃんのために気をつけるべき点を理解してもらえると思います。そして、様々なリスクとともに、取り組んでほしい項目が掲げられています。その中に、『将来の妊娠・出産やライフプランについて考えてみよう』という項目（図3―13の囲み部分）がありますが、この『ライフプラン』というのは、ご存知ですか」

会社員の石黒が、首をかしげながら答える。

『ライフプラン』ですか。ライフプランといえば、私は、お金のことをまず思い出しますが……。よく金融機関などでライフプランの講習をしていますし、フィナンシャルプランナーという収入・支出プランをアドバイスしてくれる専門家がいるのは知っています。しかし、妊娠とか出産とか、そういったことについての『ライフプラン』なのですか」

遠藤が少し困った顔をした。

「そうですか。ご存知ないですか……。プレコンセプションケア（妊娠前ケア）は、個人やカップルの『リプロダクティブ・ライフプラン（Reproductive Life Plan）』、つまり『生殖に関するライフプラン』づくりを支援することから始まります。[36]

これは、子どもを持つのか、持たないのか、そして、それをどう達成するのかを考えるものです。つまり、たとえば、将来子どもを持ちたいとすれば、『いつ頃』『何人持ちたいか』『子どもを持つまでどのように過ごすか』という計画（ライフプラン）を考えることになります。[37] こうしたライフプランを立てることが、個人の希望に合わせて、適切な専門的な助言などを得ることにつながります。日本のプレコンセプションケアセンターもそうですが、欧米ではいろいろな機関がライフプランづくりの支援を行っています。米国のＣＤＣでは、ウェブサイトにライフプラン作成ツールを掲載しています[38]」

ライフイベントが集中する「決断の10年間」

遠藤が説明する「ライフプラン」に対し、若い2人の反応は鈍かった。

菅原は「私も、いずれ結婚をして、子どももぜひ欲しいと思っていますが、妊娠や出産のことまで入れたライフプランとなると、まだピンと来なくて……」と言い、石黒も「私もまったく同じです。結婚となると、やっぱり将来の経済基盤がしっかりしていないといけないと思っています。だから、20代は、自分のスキルや能力を磨き、将来のキャリアを形成していく準備期間だと私は思っていますので、結婚や子どもを持つのはその後ですね」と言う。

これを聞いた木村が2人に語りかけた。

「皆さんの年齢は、自分のライフコースを決める大事な時期です。25歳ごろから35歳までの10年間は、人生のライフイベントが集中し、幾度も決断が求められる「決断の10年間」なのです。それだけに、あっという間に時間が過ぎて、そろそろ子どもが欲しいなと思うと、それが難しくなっているのです。だからこそ、今、ライフプランを考えてほしいのです」

菅原はしばらく考えていたが、「そうしたことに疎くて、どんなところに相談に行けばいいかもよく知らなくて……」としか答えられない。

「専門の相談先としては、プレコンセプションケアセンターだけでなく、産科のクリニックもあります。最近は、地方自治体の中でも、高校生向け（山形県）や大学生向け（兵庫県）にライフプランのセミナーを開催しているところなどもありますよ」と木村が答えたが、今度は、石黒が「正直なところ、毎日忙しくて……。もっと気軽に身近なところで相談できると、ありがたいのですが」と言う。

2人の答えを聞き、木村が遠藤に言った。

「遠藤先生、若い方々の話を聞くたびに、専門家のほうも今まで通り『待ち』の姿勢でいいのだろうか、と疑問が湧いてきますね。若年世代にとって、妊娠・出産を決断するべき時期は限られているうえに、彼らは人生で最も忙しい時にあたっています。そうなると、単に関係する情報を発信し、ライフプランの重要性を唱えているだけでは、十分な効果が上がらないのではないか、とつくづく感じますね。若年世代に必要な情報が確実に届けられ、実際の行動に結び付けていく取り組みをよく考える必要があると思います」

個別アセスメントに利用できる「AMH検査」

「まったく同感です」とうなずいたあと、遠藤は「ライフプランづくりには、個々人の『妊孕性《にんようせい》（妊娠しやすさ）』についての個別アセスメントが重要になります」と言って、次のスライドを映し出した。テーマは、「AMH検査」であった。

——「個別アセスメント」は、あくまでも本人の希望に応じて行うものだが、その場合に利用が推奨されるのが、「AMH検査」である。[39]

AMH検査は、卵子の数を推定できる抗ミュラー管ホルモンを測定するもので、簡易な血液検査で済む。AMHが高い場合は卵子の数が多く、低い場合は卵子の数は少ないことが分かる。

このスライド（**図3―14**）には、各年齢のAMHの平均値、標準偏差と中央値が記載されている。平均値で見ると、20歳代が高く、だんだん低下することが分かる。そして、ここで注意すべきは、標準偏差が大きいことである。25歳でも標準偏差の下限の人は、平均でいうと47歳ぐらいと同じ卵子数となっている。逆に、44歳で標準偏差の上限の人だと、36歳の人と同じぐらいの卵子数を持っていることになる。

つまり、持っている卵子数は年齢によって減少していくが、個人差も大きい。また、標準偏差の上限より上、または標準偏差の下限より下にそれぞれ15%ぐらいの人が存在している可能性があるので、それを考慮すると、たとえば、20歳代後半でもかなり妊娠が厳しい人が出てくることが推測される。

一方、卵子には「数」だけでなく、「質」の要素がある。

いくら、AMH値が低くて卵子の数が少なくても、排卵がある限りは妊娠の可能性がある。そして、女性の年齢が若い場合は、卵子も若いため、妊娠の可能性は高い。しかし、卵子の数が少ないことから、早めに枯渇し、妊娠できなくなることが予想されるため、年齢が若いうちに妊娠・出産することが推奨される。

検査の時期としては20歳以降が妥当と考えられており、3年に1回程度の検査を行うことが望まれる。ただし、抗ガン治療など卵巣へのダメージを起こす事象があれば、治療後3か月後ぐらいに検査することが適当である——。

遠藤の話を聞き、菅原が驚いた顔をして、尋ねた。

「遠藤先生、そうすると、私が子どもを持ちたいとすると、何歳ごろまでだったら妊娠の可能性が高

図3-14　年齢とAMH値

●抗ミュラー管ホルモン（AMH）は、卵巣内の卵子数を反映する

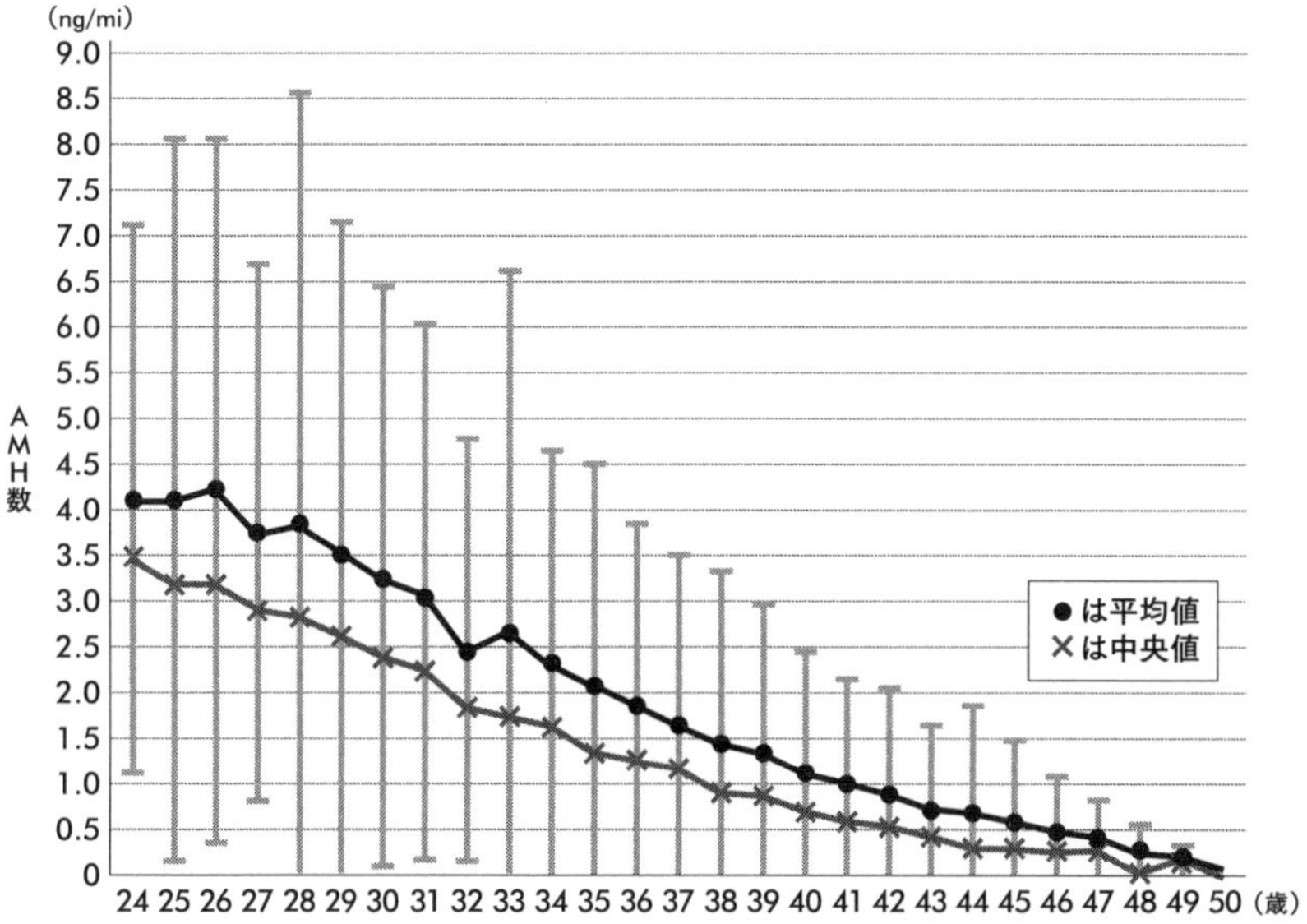

年齢	24	25	26	27	28	29	30	31	32	33	34	35	36	37	38	39	40	41	42	43	44	45	46	47	48	49	50
症例数	228	284	365	471	587	732	867	925	865	940	1019	1161	1097	1234	1233	1170	1088	893	664	489	323	227	115	69	41	22	10

資料：Siefer DB, et al Fertil Steril. 2011 Feb;95（2）:747-50）

いのか、分かるのですか⁉」

遠藤が答える。

「ええ。AMH検査は、子どもを望む人にとっては、どのような時期に妊娠・出産を考えるべきかという点で、非常に重要な情報となります」

菅原が「私も、AMH検査を受けることができるのでしょうか」と問う。

「もちろんです。不妊治療専門クリニックなら、希望すれば受けることができます。その場合は、先ほど述べたように、個人の妊娠しやすさは、AMH検査で分かる卵子の数だけでなく、卵子の質や子宮、疾病などの条件によって左右されますので、同時に専門医による相談支援(カウンセリング)を受けることが欠かせません。プレコンセプションケアセンターでは、検査とカウンセリングを一緒に受けることができます。医療機関ですから、個人情報の守秘も徹底していますので、安心して利用してください。ただし、検査もカウンセリングも医療保険の対象になっていませんので、自費での負担になりますが」

遠藤の答えに、菅原は真剣な面持ちで聞き入り、そして、言った。

「自費ですか……。遠藤先生、私たち若い世代が、身近な医療機関で気軽にそうした検査を受けたり、相談することができるようにしていただきたいと思います。ぜひお願いします。そうなれば私たちも安心です」

「本当にそうですね。私も、ヒアリングではその点を強調しようと思います」と遠藤がうなずきながら答え、「以上が、私が現在考えていますプレゼンの内容です」と言った。

すると、その言葉を待ちかねていたように、木村が意見を述べ始めた。

子どもを持たない「無子割合」が2割を超える

「遠藤先生、妊娠適齢期やライフプランのことは私も賛成です。その上での提案ですが、ヒアリングでは、『結婚問題』も取り上げてほしいのです」

「具体的にはどんなことでしょうか」

遠藤が尋ねると、木村が「それでは、私のほうから少し説明させていただきます」と言い、スライド（図3―15）を映し出し、わが国の結婚をめぐる状況を語り始めた。

――わが国では40代以上の世代で子どもを持たない「無子」の人々の割合が、非常に高まっている。スライド（図3―15）は、ちょっと古いデータだが、40～44歳で「無子」の女性の割合を国際比較した研究結果である[40]。これによると、日本は、その割合が21・5％と2割を超え、国際的にも高い水準にある。諸外国を見ると、無子割合が同様に高いのは、ドイツ、スペイン、イタリアなどの低出生率国で、ドイツでは、1990年代から無子割合の高さが社会的に大きな問題となってきた[41]。これに対し、フランスやスウェーデンの水準はかなり低い。

わが国で、このように「無子」の人が増えたのは、なぜか。

同じ研究結果によると、40～44歳で無子の女性（1970年代前半生まれの場合）のうち、約4割は「結婚していて子どもがいない」ケースであり、残り6割は「結婚していない」ケースである[42]。

このことは、少子化問題を考える上で非常に重要である。つまり、前者のケースは、遠藤先生が指摘した不妊治療や妊娠適齢期といった「出産」が関係してくるが、一方の後者のケースは、

図3-15 無子女性割合の国際比較：2010－11年に40～44歳（1960年代後半出生コーホート）

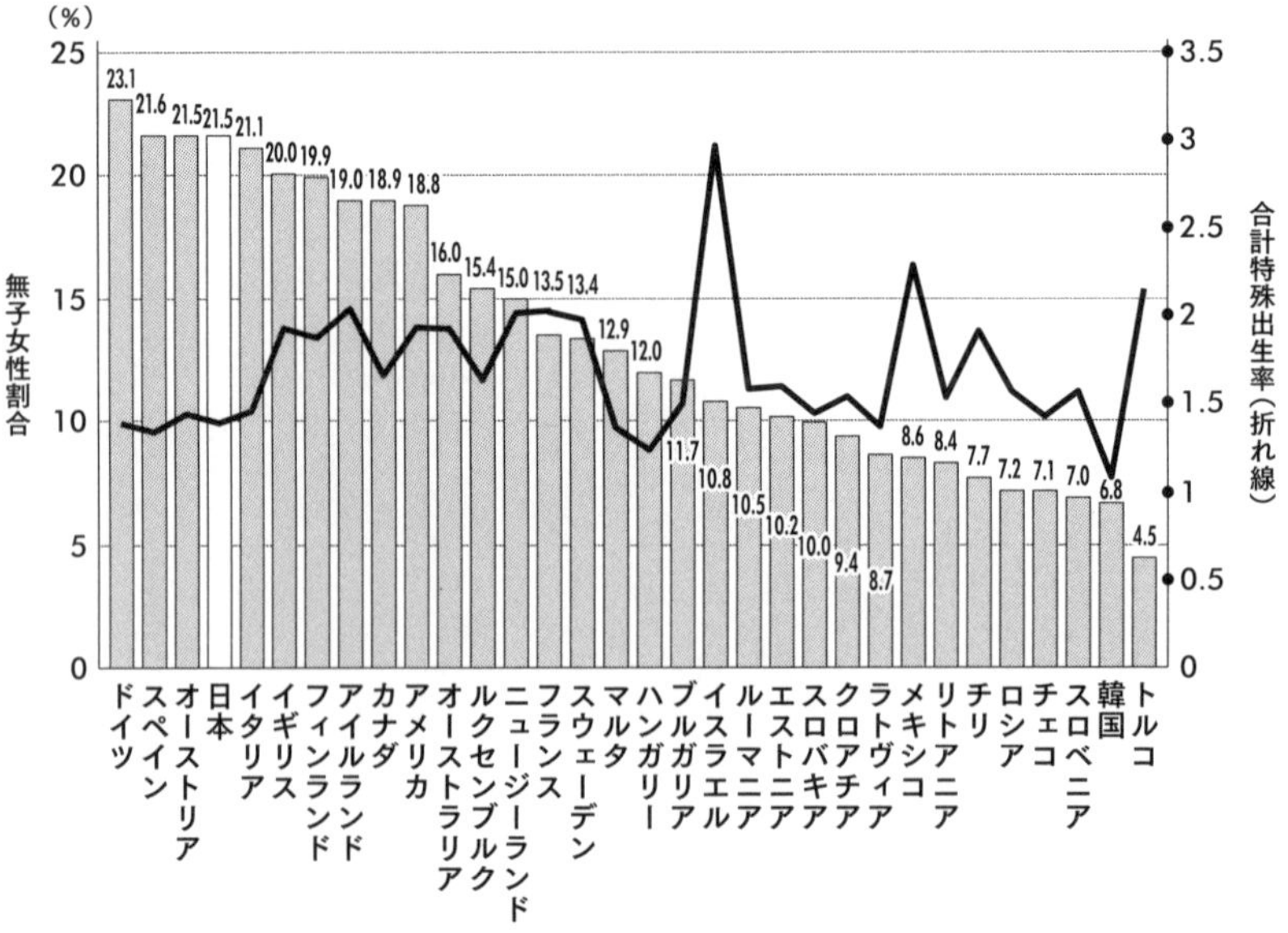

注：無子女性割合について、カナダは2007年、ニュージーランドは2006年、イスラエル・トルコは2008年、韓国は2005年のデータ。日本・イタリア・フランス・ドイツ・ロシアのデータは空欄となっていたため、日本は第14回出生動向基本調査（2010年実施）の40～44歳女性の無子割合を集計して入れた。フランスとイタリアの数値はMiettinen et al.（2015）のAppendix Table 2aより引用し、ドイツとロシアはCohort Fertility and Education（CFE, http://www.cfe-database.org/）サイトよりデータを取得して算出した。各国の合計特殊出生率（TFR）は2010年の値。

資料：無子割合はOECD Family Database（http://www.oecd.org/els/family/SF_2-5-Childlessness.pdf）、TFRはEUROSTAT Database（https://ec.europa.eu/eurostat/data/database）よりデータ取得。

資料：守泉理恵「日本における無子に関する研究」『人口問題研究』No.75-1（2019年）

「結婚」がカギとなるのである。そして、独身女性については、加齢とともに、一部の女性が結婚・出産をあきらめ、または子どもを持つことに関心を失っている状況が見られるという[43]。

したがって、「結婚問題」に真剣に取り組まない限り、わが国の少子化問題のかなりの部分は解決しない——。

「そんなに独身のケースが多いのですか」

菅原が驚きの表情を浮かべた。そして、「やはり、原因は経済問題ですか。結婚や出産には、『年収の壁』があると聞いたのですが」と、木村に尋ねた。

結婚していない理由——出会いの機会が少ない

「確かに結婚というと、経済問題がいつも話題にのぼりますが、私は、問題はそれだけではないと考えています。実は、相手方との『出会いの機会』が少ないゆえに、結婚していないケースも多いのです」

木村はそう答えると、次のスライド（図3―16）を映し出した。

——このスライドの調査結果[44]によると、独身者が結婚できない理由としては、「適当な相手にまだめぐり会わない」をあげる割合が最も高く、「結婚資金が足りない」をかなり上回っている（図3―16）。こうしたケースでは、相手方に求める条件とのマッチングという要素はあるものの、

図3-16 「結婚できない理由」の割合（18-39歳独身）

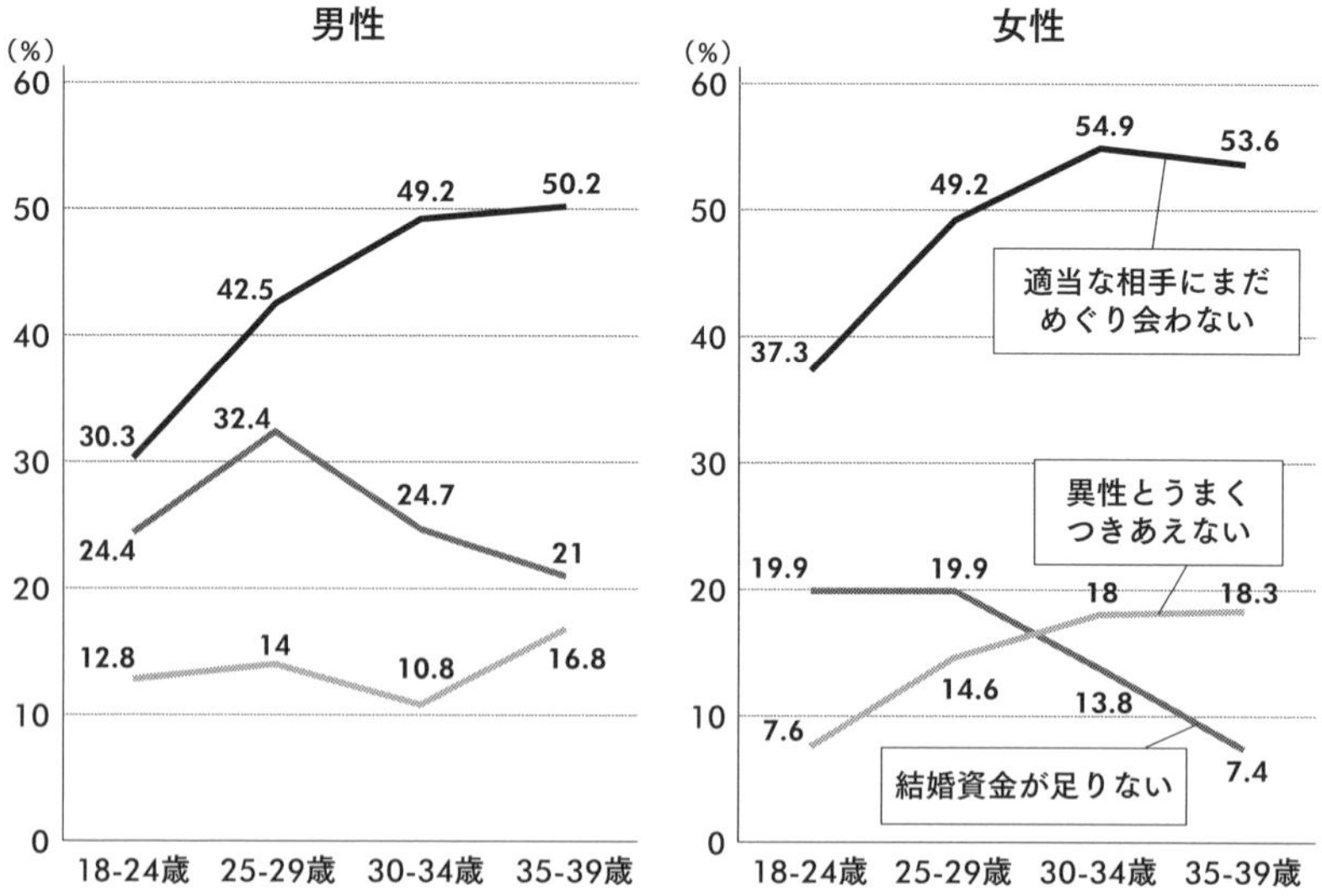

注：独身にとどまっている理由（3つまで選択）のうち、「結婚できない理由」とされる理由を集計したもの。
資料：国立社会保障・人口問題研究所「第15回出生動向調査（独身調査）」（2015年）から筆者作成

「出会いの機会」の有無が大きな意味を持っている。出会いの機会が少ないまま、結果として、結婚することをあきらめている人が多い。

別の若年男女（20～39歳）を対象にした意識調査（2014年）[45]によると、「現在交際している恋人がいない」と答えた人のうち、「そもそも出会いの場所がない」ので不安だという人が男性52・4％、女性58・9％と過半数を超えている。そして、「結婚相手を周囲の人に紹介してほしい（ほしかった）」と思っている男性が53・2％、女性が55・2％にものぼっている――。

木村の説明を聞いて、菅原がうなずきながら、「確かに、私の先輩たちも、最初から結婚しないと考えているわけでなく、仕事で忙しかったりして、結局、独身生活が続いている人が多いようですね」と言うと、続いて、石黒が「私も、結婚相手を職場の先輩や同僚に紹介してほしいと期待している1人なんですが……」と、ぼそりとつぶやいた。

「若者の文化や行動は変わった、とよく言われますが、結婚については、自力でパートナーを探し出すことができる人ばかりでないのは、今も昔も変わらないのですね」

話を聞いていた遠藤が漏らした言葉だった。

見合い結婚と職場結婚が減少し、生涯未婚が増加

木村は、こうした状況には、結婚のきっかけとなる男女の「出会いの場」の変化が関係していると言う。

——次のスライド（図3—17）は、人口問題の研究者である岩澤美帆氏の分析結果（2013年）[46]である。一見して分かるように、夫婦（初婚）が出会ったきっかけとして、「見合い・相談所」の割合が著しく減少している。1965年には42％を占めていたにもかかわらず、2009年には、わずか3・9％にまで落ち込んでいる。

そして、それに代わるものとして増加していた「職場や仕事」を通じた出会いも、実は1990年代後半からは減少している。一方、「友人や兄弟姉妹」と「学校で」が増えてはいる

図3-17 夫妻の出会い別に見た妻の50歳時の初婚の構成

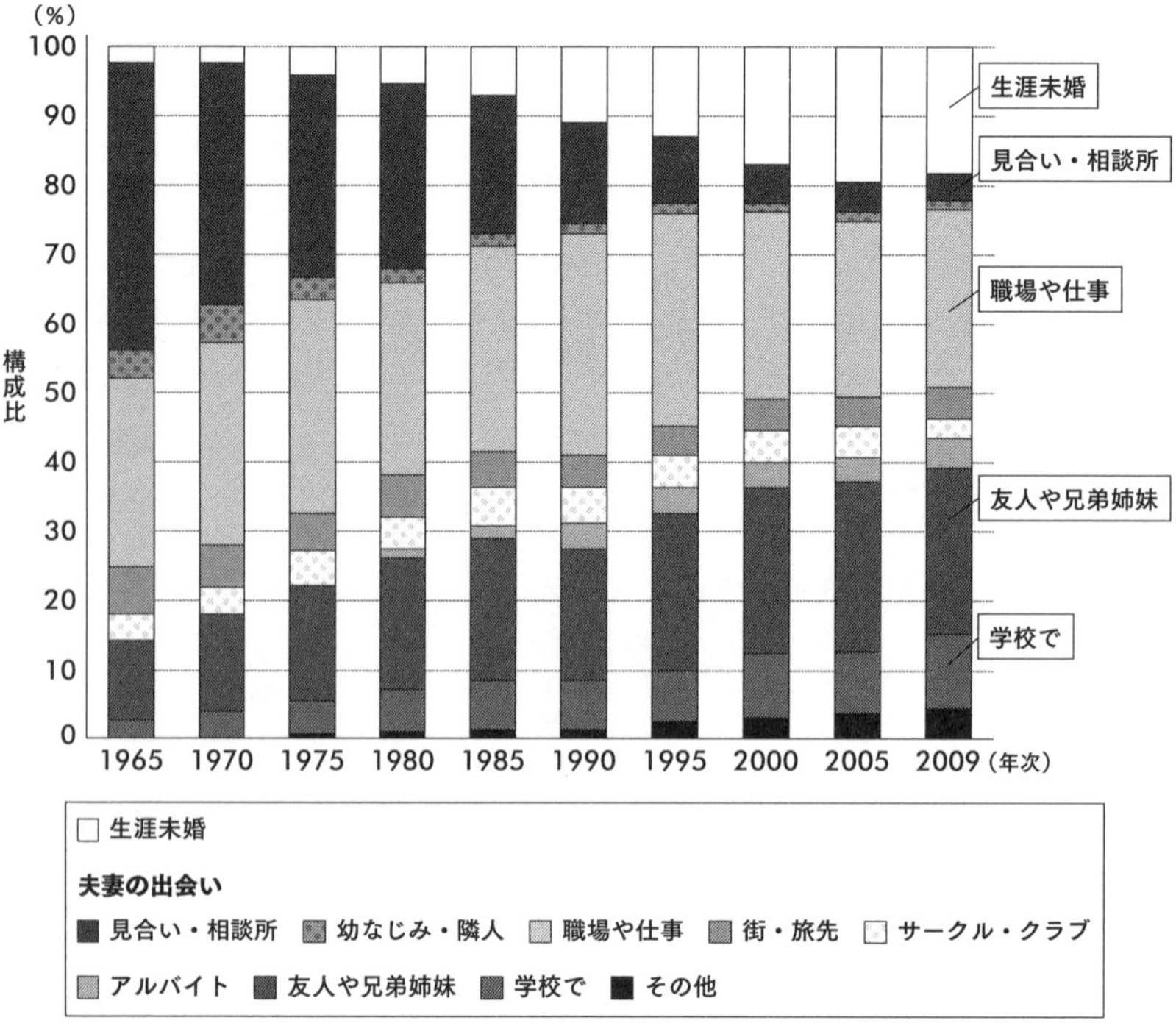

注：各初婚タイプが競合する多重減少初婚表による。
「出生動向基本調査」第8回～第14回調査のデータを使用。

資料：岩澤美帆「失われた結婚、増大する結婚：初婚タイプ別初婚表を用いた1970年代以降の未婚化と初婚構造の分析」『人口問題研究』no.69-2（2013年）

ものの、結果として大きく増えているのは、「生涯未婚」である――。

「1980年代後半以降は、『見合い』が減った分だけ、『生涯未婚』が増えている……」

木村が映し出したスライドを見た菅原の言葉に、石黒が「本当だ」と応じた。

「ええ。見合いが減ったからといって、その分だけ、男女が自由活発に恋愛するわけではありません。むしろ、結婚の出会いの機会そのものを減らしているのではないかと危惧しています」

木村はそう言いながら、解説を続ける。


――先ほどの分析を行った人口学の岩澤美帆氏と三田房美氏は、1960年代から2000年代初頭までの結婚行動を分析した別の研究結果（2005年）[47]において、「1970年代以降30年間の初婚率の低下は、ほぼ5割が『見合い結婚』の減少によって、そして4割近くが『職場や仕事の関係での結婚』の減少によって説明できる」とし、次のような見解を示した。

「恋愛結婚が主流と言われるものの、配偶者との出会いは完全に自由なものではなく、『出会いの場』がシステムによって提供されていた側面もあったということであろう。こうしたシステムが機能しなくなったからといって、即座に個人が他の方法で埋め合わせるということは実際問題としては難しい」

「結婚意欲があるにもかかわらず20代後半以上の未婚者が『独身でいる理由』として『適当な相手にめぐりあえない』を最も多く挙げている背景には、このような、個人の意識や価値観を超えた社会全体の構造変化の影響も大きいと思われる」

「かつての企業社会が果たしていたマッチング・メーカーという役割は、その後どこにも引き継がれないまま縮小に向かっている。一方、企業に勤めるほとんどの独身男女が、従来通りの長時間勤務であり、見合いや職縁結婚に代わる新たな出会いの場が開拓されてきた気配はない」

2005年の分析であるが、正鵠《せいこく》を射《い》ていると思う。

わが国では「見合い」や「職場」といった、かつて「出会いの場」として大きな機能を果たしていた社会的なマッチング・システムが弱体化した。それにもかかわらず、それに代替する社会システムが創出されていない。そのことが、多数の結婚に至らないケースを生じさせたのではないか、そのように私は考えている――。

地方自治体の結婚支援事業

――こうした社会情勢を踏まえ、最近は地方自治体が、結婚に結びつくような「出会いの機会」を増やす取り組みに懸命となっている。たとえば、茨城県の「いばらき出会いサポートセンター」の活動はよく知られている。2006年に設置されて以来、結婚件数は2000件を超える。センターの活動として、登録会員のパートナー探しのサポートから始まって、「ふれあいパーティー」の開催・支援、さらには地域で出会いのお世話をする「マリッジサポーター」の育成などにも取り組んでいる[48]――。

木村の説明に対し、菅原が「自分の友人にも、自治体のセンターを利用している人がいます。自治体なので、安心で会費も安いので、ありがたいと言っています」と応えると、石黒は「私の周りには、何も役所がそんなことまでしなくても、と言う先輩もいますが」と述べた。

この石黒のコメントに対し、木村は、

「そんなことを言う人は、社会の変化がよく分かっていないのじゃないかと思いますね。昔の日本社会のイメージを引きずっている人は、何も役所が結婚問題に首を突っ込まなくても、親族や地域、会社の誰かが良い相手を紹介してくれるだろう、と考えているのでしょう。しかし、実際には、そんな人は周囲にはいません。だから、地方自治体が、自治体の信用力をバックに一定の役割を果たそうとしているわけです」と語気を強めた。

遠藤が「それでも、公的機関は、個人の人生や生活には介入すべきではない、と言う人もいますよね。個人に、役所が結婚しろと迫っているようで、問題だという意見もありそうだし……」と口をはさむと、木村はさらに解説を重ねる。

——結婚に関するサポートを必要としない人は、それで構わないだろう。しかし、皆がそんな環境にあるわけではない。多くの若い人たちは、信頼できるところからの紹介はありがたいと感じている。厚労省の意識調査（2015年）[49]によると、自治体が公費で婚活支援を行うことについて意見を聞いたところ、15〜39歳では64・3%の人が「積極的に取り組むべき」「ある程度は取り組むべき」と答えている。

そして、地域特有の事情もある。地域によっては、若い男女の比率にかなり偏りがあり、身近でパートナーを見つけることが難しくなっている。若い女性が地方から東京圏や大都市圏に移動する傾向が強いため、結果として、地方は男性が多く、都市部は女性が多くなる。たとえば、札幌市の出生率（2008～2012年）は1・08と非常に低いが、要因としては女性の未婚率が高いことがあげられている。その未婚率の高さの背景の1つとして、30～34歳の男女比では、女性が1割程度多いことが指摘されている。[50]

このような状況下で、地方自治体は「結婚支援事業」に乗り出しているのである。私は、個人と個人の「絆」が弱まっている地域社会において、その「絆」を補強しようとする動きとして、正当に評価すべきだと思う。

もちろん、民間企業や様々な社会人グループがマッチング機能を高めていく動きも、大いに賛成である――。

オンラインの婚活イベント

遠藤は「確かに、そうですね」と同意しつつ、最近、経団連が、少子化対策の緊急提言[51]として、コロナ禍で婚姻数が減少していることを懸念し、オンラインを活用した「新しい出会いの機会」の推進を提案していることを紹介した。

それを受けて、木村がオンラインを活用した婚活イベントの動きを話す。

「今回のコロナ禍は、人と人の『出会い』が持つ意味を、私たちに改めて痛感させる機会になりましたね。そんな中で、長野県駒ヶ根市は対面式の婚活イベントを、2020年6月からはオンラインで参加者が会話を行う方式に変更したところ、メリットとデメリットの双方があったということです。[52]

メリットとしては、オンライン方式のほうが、趣味などを話題にする際に、自宅にあるものを画面越しに紹介できるので、会話だけの時よりお互いを知ることができること、経費がかからないので参加費が安くなること、対面が苦手の人が参加しやすいことなどがあげられています。一方、デメリットとしては、パソコンの通信環境の問題や、気になった人同士が連絡先を交換するのは対面式のほうがしやすい、という参加者の意見があったということです。駒ヶ根市はこうして得られた知見をこれからの企画・立案に活かして、オンラインを活用した、より効果的な結婚支援の実施に努めたいということです。

コロナ禍という困難な状況にあっても、このように現場は様々な努力をしています。社会全体のマッチング機能をどう高めるかは、これからの重要な課題です」

木村の言葉に、3人は深くうなずいた。

「婚外子」のこと

「関連で、私から木村さんに、おうかがいしたいことがあります」と、遠藤が話題を変えた。

「結婚のことを議論すると、そのたびに話題になるのが『婚外子』です。フランスやスウェーデンなどで出生率が高いのは、婚外子が多いからだ。日本は、婚外子が少ないから出生率が低い。だから、結婚制度を改めれば、日本の出生率は向上するんだ、という意見をよく聞きますが、どう思いますか」

この遠藤の質問に対し、木村が答えた。

「私もそういう意見をよく聞きます。婚外子の割合は、フランスやスウェーデンでは高く、日本では非常に低いのは確かです。しかし、だからといって、それが出生率に大きな違いをもたらしていると は、私は思いません」

遠藤がその理由を尋ねると、木村の説明は次のようなものだった。

——理由はいくつかある。

1つは統計的な事実で、フランスの婚外子が増えはじめたのは1970年代後半からだが、当時のフランスの出生率は低下傾向にあった。一方、出生率が回復し始めたのは1990年代なので、出生率回復要因として婚外子の増加をあげるのには無理がある。[53]

2つ目は、フランスやスウェーデンなどの結婚制度に関連することである。[54] 欧州にいると分かるが、キリスト教国では、夫婦関係の開始・終了の手続きに2種類あることが多い。1つは教会で式を挙げる結婚で、これは離婚時に裁判所の判決が必要となるなど、厳格な要件が定められている。もう1つは、フランスではPACS、スウェーデンではサンボと呼ばれる制度で、この制度では、夫婦関係は同棲していることを届け出るだけで成立し、離別手続きも容易である。そして、欧州では、後者を利用する若者たちが増え、その出生児を婚外子として定義している。そこで、日本だが、結婚や離婚時の手続きの点については、日本の結婚制度は、PACSなどと同じくらい、簡易である。したがって、日本の結婚制度が出生率向上の支障となっているとは考えがたい——。

「やはり結婚制度を変えれば出生率が上がる、というわけではないのですね」

遠藤もこの説明に納得した様子だった。

「そもそも最近は、婚前妊娠結婚、いわゆる『できちゃった婚』『おめでた婚』も増えて、社人研調査（2010年）[55]では、20・2%にのぼっています。要は、制度の問題というよりは、男女が子どもを生み、家族を形成しようとする結婚行動そのものが減っているということです」

ここまで述べた木村は、一息つくと、引き締まった表情でこう言った。

「つまり、地道に、男女が出会う機会を増やしたり、結婚に対する意欲を高めたりする取り組みが必要ということです」

すでにミーティングは1時間半を超えようとしていた。そこで、遠藤が感謝の意を込めて、締めくくりの言葉を発した。

「皆さん、どうもありがとうございました。大変参考になりました。ヒアリングでは、木村さんが提案された『結婚問題』もしっかりと取り上げ、結婚支援の重要性を訴えたいと思います」

すると、木村が最後に念を押すように言った。

「遠藤先生。ヒアリングでは、なぜ、わが国の少子化が進んだのか、もう一度、若年男女の視点から問題点を整理し、人口減少を止めるためには何をなすべきかを、総理や大臣によく伝えてください。最近大きな話題となっている『子ども保険』の構想は、私も大事だと思っていますが、それだけでは、出生率は十分に回復しません。先生が指摘された『妊娠適齢期』の問題や、先ほど私が申し上げた『結婚問題』にも、しっかりと取り組む必要があります。その点をよろしくお願いします」

遠藤は、木村の訴えに強くうなずいた。そして、もう一度感謝の言葉を述べて、オンライン・ミーティングは終わった。

「子ども保険」だけでは、不十分

子ども保険で大いに注目された総理主宰の有識者ヒアリングだが、さらに新たなテーマが、この場で提起されることとなった。

12月中旬に開催された第5回目の会合には、5名の専門家がスピーカーとして招かれ、その中には遠藤医師が含まれていた。当日のヒアリングは、佐野総理や岩渕大臣など政府側関係者とともに、与党幹部も出席していた。前回の会合で、子ども保険構想が提起され、それが大きな反響を呼んだこともあり、与党関係者も出席を希望したのである。

この日もまずスピーカーによるプレゼンから始まったが、遠藤の順番は最後であった。他の4名が取り上げたのが、主として子育て支援のテーマだったため、遠藤は「孤軍奮闘だな」と思いながら話を始めた。

——私は、30年間、臨床の現場で多くの不妊に悩む夫婦に出会い、子どもが欲しいと心から願う方々の希望を受けて、不妊治療の相談にあたってきた。今回、このような国の大きな基本方針を議論できる場に招かれ、大変感激している。

今、話題となっている「子ども保険」のことも、先日この会議で議論されたと聞いている。

私は、子ども保険については新聞情報以上のことは知らないが、大変意義のある取り組みだと思う。ぜひ実現してほしい。しかし、佐野総理の目標が、出生率1・8、さらには最終的には2・07の人口置換水準の達成であるとするならば、誠に言いづらいが、子ども保険だけでは、実現は到底、無理だと思う。私は、人口学の専門家ではないが、子ども保険によって出生率が上がるのは最大1・5〜1・6ぐらいまでだろうと思う。

そこで、今日は、出生率向上のために、子ども保険とともに取り組んでいただきたい施策を提案したいと思う。私は、子ども保険も含めて、これを「出生率向上のための『3本柱』」と呼びたい――。

遠藤の、かなり大胆な発言に会場はざわついた。出席者の中には、「何を言い出すのだろうか」というような顔をしている者もいる。そうしたことは気にせず、遠藤は説明し始めた。

出生率向上のための「3本柱」

――なぜ、子ども保険だけでは無理か。お手元の資料（図3―18）をご覧いただきたい。

わが国の若い男女において、希望しながらも子どもが持てないケースは、典型的には3つあると思う。

1つが真ん中のケース、つまり「結婚し、出産を希望しているが、仕事と育児の両立が難しい、特に共働きのケース」である。こうした若者を支援するのが「子ども保険」であると思う。これは、当然に重要な取り組みである。

図3-18　出生率向上のための「3本柱」

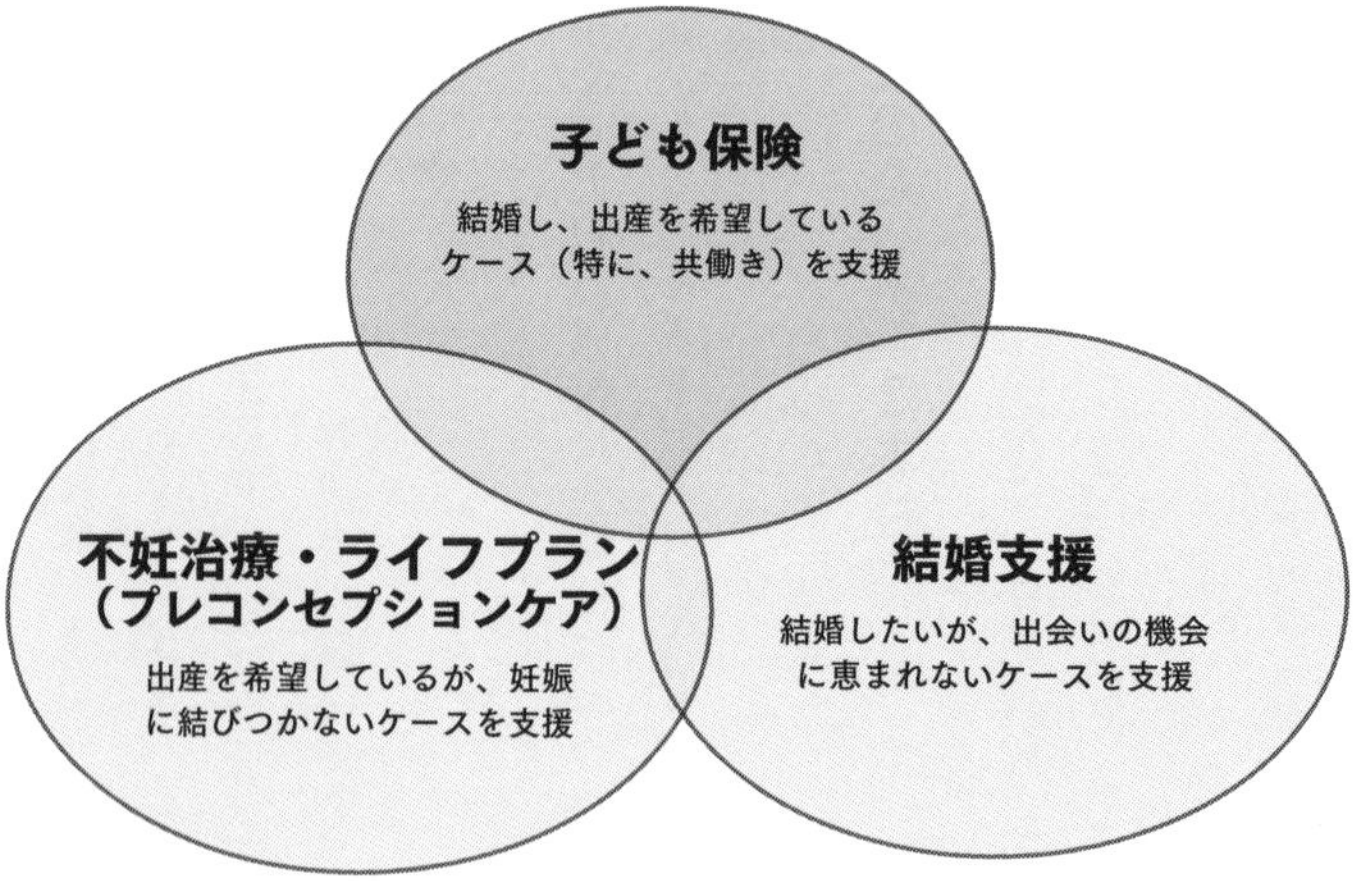

資料：筆者作成

ただし、それ以外に2つのケースがある。まず、左のケース、「出産を希望しているが、妊娠に結びつかないケース」である。

子ども保険は、これまで仕事などを理由に、出産を先送りしたり、断念していた夫婦が、子どもを生む決断をするようになるという意味では、出生率向上に有効だと思う。だが、それも、実際に妊娠・出産することができたらの話である。実態としては、夫婦ともに子どもを1人か2人は持ちたいと思っているが、なかなか希望が叶わず、妊娠・出産に結びつかないケースがかなりある。

こうしたケースに対する方策としては、まず「不妊治療」の充実がある。現在、国において、不妊治療の医療保険適用や助成措置の充実が検討されている。私ども臨床現場としては、大いに期待しているし、我々も治療成績の向上に一層努めたいと考えている。

しかし、同時に、それだけでは限界があることも知っていただきたい。なぜならば、男女の「妊娠適齢期」という、厳然たる事実があるからだ。[56]

女性の場合は、ホルモンバランスがよく、子宮や卵巣の問題が少なく、心身、卵巣機能、卵細胞が元気な期間、すなわち医学的には妊娠に最も適している期間は、「25～29歳」である。そして、子どもが欲しいと願うならば、妊娠適齢期は、ギリギリ「25～32歳前後」と考えたほうがよいと思う。男性も20代がパートナーの女性が妊娠するのに最も適した期間である。

したがって、今日のように晩婚化、晩産化が進んでいる状況では、こうした「妊娠適齢期」などの医学的情報や知識の普及啓発が重要となる。

そして、「妊孕性《にんようせい》（妊娠しやすさ）」は、個々人によっても大きな差がある。[57] 40歳を過ぎてから何も問題なく子どもを生む場合もあれば、20代後半でもかなり妊娠が厳しい場合もある。このため、個々の女性やカップルが、専門医などによる将来の妊娠に備えた健康・生活面の相談支援（これを「プレコンセプションケア」または「妊娠前ケア」という）や、卵子数を推定する「AMH検査」を身近で利用できるようにすることが重要である。

こうした取り組みを通じて、若年世代が、あらかじめ妊娠・出産の知識を正確に理解した上で、自分自身の学業や就職、そして結婚、出産といった人生設計（ライフプラン）を考えていくような環境を整えなければ、多くの若年男女の結婚や出産に対する希望は実現しない――。

ここまで説明したあと、遠藤は一呼吸入れて、3つ目のケースについて語り始めた。

——そして、もう1つの右のケースが、「結婚したいが、出会いの機会に恵まれない」ゆえに、結婚していないケースである。わが国は婚外子が少ないのだから、結婚するかどうかは、出生率にストレートに影響してくる。

言うまでもないが、憲法第24条で規定されているように「婚姻は、両性の合意のみに基づいて成立」するものである。男女の意志が最大限尊重されるべきであり、いやしくも結婚を強制するようなことはあってはならない。したがって、誤解しないでいただきたいのは、私が取り上げるのは、結婚を希望しながらも、様々な理由で結婚していない（できない）ケースのことである。

今日、生涯未婚率が高まり、独身者が非常に増えているが、これは自らが希望したというよりは、交際している異性がいないために、結婚をあきらめているケースが多いとされている。[58]そして、結婚の問題というと、収入の問題など経済的側面が強調されがちだが、それだけでなく、「相手方と出会う機会があるかどうか」ということも重要な要素である。[59]

その点では、わが国では、結婚のきっかけとなる、男女の「出会いの機会」が大きく変化してきていることに注目しなければならない。特に、1960年代には4割のカップルが該当していた「見合い結婚」が、今や数パーセントにまで急激に減少している。一時期増えていた「職場や仕事を通じた結婚」も、実は1990年代後半からは減少している。それに代わって、別の出会いの機会が増えているのならよいのだが、見合い結婚などが減った分だけ、「生涯未婚」が増えている状況が明らかになっている。[60]つまり、見合い制度が衰退しているにもかかわらず、それを補うべき有力な紹介制度がなく、結婚市場が機能不全に陥っている、というのが研究者の大方の見方なのである。[61]

こうしたことから見て、男女の「出会いの機会」をいかにして増やしていくか、ということを決して軽視してはならない。この点では、現在、地方自治体が行っている結婚支援の取り組みは有用なので、もっと拡充していただきたい。さらに、様々な形で男女のマッチング機能を高めていく取り組みを支援していくべきであると、私は考える――。

遠藤は、「以上のように、『子ども保険』を含め、『不妊治療・ライフプラン』と『結婚支援』が、出生率向上の『3本柱』ではないかと考えている」と述べた後、それぞれについて、先日のオンライン・ミーティングの資料を使って詳しく説明した。

不妊治療の治療成績の向上

遠藤のプレゼンのあと、質疑の時間となった。遠藤に質問したのは、今回のヒアリング会合に初めて出席した、与党福祉党の川本政調会長であった。福祉党は、従来から不妊治療の問題に取り組んできたこともあり、今回のテーマに大きな関心を寄せていた。

「遠藤先生に質問させてください。不妊治療を受ける夫婦の願いを叶えるためには、治療成績を上げていく必要があるというのは、まったく同感です。先ほどのお話では、フランスでは、国立機関が不妊治療のデータを収集し、解析して、医療機関の治療成績の向上を指導しているとのお話でしたが、日本の場合は、どのようになっているのでしょうか」

「日本では、専門医がメンバーとなっている日本産科婦人科学会が、学会独自の取り組みとして、全国医療施設の不妊治療のデータを収集し、解析・公表しています」

「そうすると、目下、学会のほうで治療成績の向上に向けて取り組んでおられる、ということですね」

「ええ。ただし、この事業は学会会員が拠出し合って取り組んでいるものですので、資金面などで限界があるのが事実です」

「なるほど。分かりました。不妊治療の医療保険適用を進めていくにあたっては、同時に、不妊治療の質をより一層高めていく取り組みが重要だと思います。ぜひ、国のほうでも、こうした学会の取り組みを支援していただきたいと思います」

川本がそう述べて政府に対応を要請すると、「検討したいと思います」と岩渕大臣が答えた。

「プレコンセプションケア」や「ライフプラン」の普及

次に質問したのは、同じく初めて出席した、与党政友党の政務調査会厚労部会の島村部会長だった。厚労部会は、政友党の立場で人口戦略について検討を進めていた。

「私も、遠藤先生に質問です。先ほど先生が言われた、プレ……、プレコンセプションケアですか、なかなか言いづらいですな……。その妊娠前ケアを若い人たちが身近で利用できるようにすべき、とのことでしたが、これは、現在、医療保険でカバーされているのですか。費用はどれ位かかるのですか。あっ、それからＡＭＨ検査ですか、それもどうなんですか」

「プレコンセプションケアは、来訪者に対して様々な健康状態をチェックする検査と、それに基づく相談外来（カウンセリング）ということになりますが、症状によっては一部の検査は医療保険が適用されるかもしれませんが、基本的には自費診療です。費用はケースによりますが、大体、数万円はかかるでしょう。ＡＭＨ検査のほうも医療保険の適用はなく、全額自費です。検査費用は医療機関によって違いがありますが、５０００円から1万円ぐらいですね」

「そうなると、若い人たちには、なかなか利用しづらいですな」

　島村の問いに遠藤が答える。

「はい。その点が問題なのです。費用面も含めて、若い男女がもっと身近で利用しやすいようにすることが必要です。最近、福岡市が２０２１年度からの新規事業として『プレコンセプションケアの推進』を掲げて、30歳の女性を対象に、産婦人科で受けるＡＭＨ検査の費用助成を行うことを発表しました。市が助成をして、自己負担５００円で気軽に検査を受けることができるようにするということです[62]。こうした取り組みが、全国的に進むといいのですが」

「分かりました。不妊治療も重要ですが、この妊娠前ケアやＡＭＨ検査のことも与党として、しっかり受けとめて検討したいと思います。それから、若年世代に対し『妊娠適齢期』などの医学的情報や知識の普及啓発を進めて、希望に応じてライフプランづくりを支援する体制も作っていく必要がありますね」

　島村は、政府が検討する人口戦略に対して、与党はもっと積極的に関わっていくべきである、というのが持論であり、近いうちに与党としての提言を政府に行うつもりでいた。

　島村の前向きの発言に気を強くした遠藤が、弾んだ声で答えた。

「各地域で『ライフプラン情報センター』のような組織が設置されると、大変有意義だと思います。私たち専門医や学会も、そうした情報発信をお手伝いできると思いますので、よろしくお願いいたします」

結婚支援の重要性

島村はさらに続ける。

「もう1つ質問というか、意見がありまして、これは、岩渕大臣にお聞きしたらいいのか、どうか分かりませんが……。遠藤先生が言われた結婚支援のことです。私の地元の県でも『出会いサポートセンター』を立ち上げて、マッチング支援に懸命に取り組んできましたが、これまで国の対応は、実に冷たかった。婚活に公費を投入するなんてとんでもない、といった感じで、財政支援をしてくれなかった。この辺は、国はどうなんですか」

不意に質問された岩渕は、「統括官、どうなんですか」と百瀬にそのまま質問を振った。

「確かに10年ぐらい前までは、婚活事業については国からの支援は難しかったのですが、2014年度からは、地方への交付金の対象としています。最近では、地方自治体間の連携による広域的な結婚支援やAIを活用した婚活のマッチングシステムへの補助を拡充しています。そのほかに、30代以下の若者の結婚を支援する事業も拡充しています。[63] これらの事業は、地域の婚姻率向上に効果を上げているとの分析結果[64]もあります」

百瀬の返答に、島村は岩渕のほうを見ながら、力を強めて言った。

「大臣、わが国の少子化の最大要因が、未婚率の増加、すなわち『結婚』の問題であることは、多くの専門家の意見が一致していることなんです。[65]それなのに、昔から政府の頭は固くて、『結婚』の問題となると、国の介入だと批判されるのを怖れてか、行政が関与すべきでない、の一点張りだった。私は、それがわが国の少子化対策が成果を上げることができなかった主因なのじゃないかとさえ思っているんです。最近は政府の対応も変わってきたようですが、もっと財政支援を強化してほしいと思います。いずれにせよ、党のほうでも不妊治療にあわせて、今日、指摘にあったライフプランや結婚支援を人口戦略に盛り込んでもらうよう、検討を進めたいと思います。近く提言をとりまとめ、政府に申し入れるつもりですので、本部としてよろしくお取り計らい願います」

岩渕は、島村の迫力に圧倒された様子で「分かりました」と応じた。

「ライフコースの多様化」の問題提起

ここで、遠藤が、急に岩渕のほうを振り向いて、「あのー、ちょっと追加して意見を述べさせていただいて、よろしいでしょうか」と尋ねた。ヒアリングの終了時刻が迫ってきていたため、岩渕は「簡潔にお願いします」と答える。

「実は、この『3本柱』に共通する課題なんですが、若い世代の意見として、仮に妊娠適齢期などを考えて自分に合ったライフプランを作っても、今の社会では、学習、就業、結婚、出産のライフコースがほぼ一律かつ硬直的に決まっているので、それを外れたものは選択しようがない、という問題提起があります」と遠藤が言う。これは、先日のミーティングのあと、菅原と石黒がライフプランなどの話を聞いて感じた意見として、遠藤にメールで送ってきた内容だった。遠藤が話し始めた。

――つまり、いくらライフプランを作れと言われても、わが国では、まず学校を卒業して、「新卒一括採用」で就職し、そこからキャリアを形成し始め、生活が安定したら、結婚・出産をするという「就業・キャリア先行型」のライフコースしか、事実上、選択肢がない。そして、残念だが、このライフコースでは、出産時期が高齢になるため、希望通り子どもが持てず、出生率は上がらない可能性が大きい。

これに対し、たとえば、若者が20代前半で結婚し、家庭を持ち、子どもを作りたいと考えても、今の社会では、実現が難しい。まず学業を終えないといけないし、その後、就職していなければ経済力もないので、結婚したり、子どもを持つことは考えられない。個人でスキルを持って自営業をしている人でもない限り、そのようなライフコースは、実際上は無理である。

私の意見は、若者のライフプランに対応した、多様なライフコースが作れないものだろうか、ということである。たとえば、学業修了後もしくは学業中に結婚し、出産・育児をし、その後に就職するような「家族形成先行型ライフコース」や、仕事やキャリアアップと結婚・出産・育児を並行させるような「キャリア・家族形成並行型ライフコース」も選択肢となるような社会である。

このような「ライフコースの多様化」を実現するためには、社会全般にわたる大きな改革が必要となるだろう。困難な課題であるが、こうした総合的な取り組みがあって初めて、各施策の相乗効果によって、出生率は回復すると考える――。

多岐にわたる課題

遠藤の意見は、まったくの「正論」であった。

しかし、そのような社会改革を進めるためには、わが国の社会経済を構成する、膨大な仕組みを総点検し、作り直していくことが必要となってくるだろう。出席者の誰しもが、この課題実現のためには、一体、どこから取りかかったらよいものか、また、政府がどこまで国民生活や民間活動に介入できるのだろうか、と考え込んだ。

実は、本部事務局でも、「ライフコースの多様化」を議論したことがあった。

その時に実現すべきテーマとしてあげられたのが、就労面では、企業の「新卒一括採用」を止め、年齢に関わりなく採用する方式に改めることや、社内の研修や能力開発、賃金やキャリアアップの体系についても、入社年次や年齢に関わりないようなものへ改めていくことだった。

また、学習・教育面では、大学などにおいて、結婚し、子どもを抱えた学生が学習しやすいように育児施設を整備することが必要となる。さらに、米国などの「コミュニティ・カレッジ」のように、2年制のカレッジで、学生や社会人が混じり合って教育を受け、卒業後に4年制大学への編入という途もあれば、実社会に出て働く途もあるし、その後もカレッジで学習し直すことができるような高等教育機関の充実も必要ではないか、という意見もあった。

そして、何よりも、そうした多様なライフコースを選択する若者たちが、出産や育児で経済的に困らないようにするためには、自営業や無業者、学生なども対象とする「子ども保険」の導入が必須になる、ということだった。

しばらく沈黙が続いたのち、これまで黙って話を聞いていた佐野総理が、静かに語り始めた。

「遠藤先生が言われた『ライフコースの多様化』ですが、私も、そうした社会改革を進めていかないと、人口減少の根本的な解決は図られないだろうと思います。つまり、今の少子化は、結婚、出産、育児、就職、学習など、人びとの人生を形づくる様々なライフイベントの結果として生じたものだからです。

ただし、このことは、日本の社会経済の基本構造そのものに関わるテーマです。政府が号令をかければ、すぐに改革が実現するようなものではありませんし、日本という国は、そういう国家でもありません。そうした社会改革を遂行していくには、国民が問題意識を共有し、関係する人々が改革に向けてともに歩んでいく、合意形成のプロセスと時間が必要となります。一方、人口減少は急速に進んでおり、事態は日々悪化しています。一刻も早く有効な対策を講じていかなければなりません。

したがって、結論を申し上げますと、今回の人口戦略では、子ども保険などの緊急性の高い課題には直ちに取り組む一方で、それと並行して、ご指摘のような『ライフコースの多様化』といった、中長期的な社会改革についても議論と準備を進め、社会的な合意が形成されたテーマから実行に移していくのが、現実的ではないかと思います。そして、この人口戦略がいったん動き出したならば、わが国の社会経済においても、様々な動きが生じ、新たな展望が見えてくるだろうと期待しています」

佐野のこの発言で、有識者ヒアリングは終了した。

首相官邸の玄関では、ヒアリングを別室で傍聴していたライフ新聞論説委員である高橋奈央子が百瀬を待っていた。彼女は、少子化問題について長い間、取材を続けており、百瀬とは十数年前からの知り合いである。

高橋は、百瀬に「統括官、ライフプランは政策として重要とは思いますが、一部、センシティブな人もいますので、取り扱いは気を付けてください。いずれ、遠藤先生とお伺いします」と言った。百瀬はうなずいて、その場を去った。

この有識者ヒアリングの2週間後の年末に、政友党の政務調査会厚労部会は、「不妊治療・ライフプラン」と「結婚支援」を柱とする緊急提言（図3－19）をとりまとめ、岩渕大臣に申し入れを行った。そして、この提言の内容は、人口戦略の柱の1つに取り上げられることとなった。

その中には、最後に議論となった「ライフコースの多様化」について、佐野総理の考えを踏まえ、経済界や労働界、教育・福祉関係など関係者が一堂に参加した「国民会議」を設置し、議論を進めることが盛り込まれていた。

図3-19 「不妊治療・ライフプラン」と「結婚支援」に関する緊急提言

政友党政務調査会厚生労働部会

◎政府においては、下記を内容とする「不妊治療・ライフプラン」と「結婚支援」に関する施策を、現在検討中の人口戦略に盛り込む方向で検討いただきたい。

1. 基本的な方向

・結婚、妊娠、出産を望む若い男女を支援するため、不妊治療や妊娠・出産に関する相談支援（プレコンセプションケア・妊娠前ケア）の拡充、妊娠・出産等に関する医学的知識などの普及啓発とライフプランづくりの支援、結婚支援事業の推進、ライフコースの多様化に取り組む。

2. 必要な施策の来年度以降の実施

・上記の趣旨を踏まえ、来年度以降、「不妊治療・ライフプラン」及び「結婚支援」に関して必要な措置（下記の案）を講ずるものとする。

〈「不妊治療・ライフプラン」と「結婚支援」に関する施策（案）〉
・不妊治療の支援の充実（医療保険適用や国の助成措置などによる経済的な支援の強化、治療成績の向上）
・女性やカップルに対する、将来の妊娠に備えた健康・生活面の相談支援やAMH検査の利用の促進（プレコンセプションケア・妊娠前ケアの推進）
・妊娠・出産等に関する医学的知識などの普及啓発（情報発信や学校教育における取り組み、企業における職員・管理職に対する取り組みなど）
・結婚や妊娠・出産、そして、学業や就業などの人生設計（ライフプラン）づくりの支援
・上記の情報発信やライフプランづくりの支援のための「ライフプラン情報センター」を各地域に設置
・地方自治体による結婚支援事業やマッチングの取り組みの推進
・「ライフコースの多様化」の推進のための「国民会議」の設置

資料：筆者作成

第4章

「地方創生」と「移民政策」

7　若者に焦点をあてた「地方創生」（202X年12月中下旬）

三期にわたる、大きな人口移動

本部事務局では、地方創生に関する検討も進められている。

地方創生は、少子高齢化が進行する中で、東京圏への人口の過度の集中を是正し、地方において活力ある地域社会を実現しようとする政策である。2014年から始まり、2015年には国と地方自治体の5か年の「まち・ひと・しごと創生総合戦略」が策定され、地域経済の活性化、地方移住、地域少子化対策、安心で魅力的なまちづくりなど、広範な取り組みが進められている。2020年から、総合戦略は第二期目に入っている。

地方創生は、人口という観点から見るならば、人の地域間移動、すなわち「人口移動」に着目した政策である。出産・育児がしやすく出生率が高い地方から、出生率が非常に低い東京圏への移動を抑制する、もしくは、東京圏から地方への移動を促すことによって、出生率の維持・向上を図ることが目標の1つとなっている。このように人口移動ということが重要視されているのは、そもそも、わが国の少子化が進行してきた背景に、今も続く、地方から東京圏への大量の人口移動があるからに他ならない。

そこで、地方創生に関する検討状況を取り上げる前に、まず、わが国における人口移動と、その結果出来上がった「東京一極集中」の状況を見てみよう。

図4―1は、地方から三大都市圏への人口移動の状況を示したものである。これを見ると分かるように、戦後以来これまで三期にわたって、地方から東京圏を含む三大都市圏へ大きな人口の移動が行われてきた。第一期は高度経済成長期と重なる1960～1970年代前半であり、第二期はバブル経済の1980年代後半である。そして、現在は、2000年以降から続いている第三期にあたる。このうち、第二期と第三期は東京圏への転入のみが顕著であり、今日、大幅な転入超過が続いているのは東京圏だけである。東京圏への転入超過数は、東日本大震災後いったん減少したが、そののち増加に転じ、2019年には14万6000人までになった。

2020年はコロナ禍の影響で、東京圏への転出入状況は大きく変動した。2019年と比べると、転入は3万9000人の減少、転出は9000人の増加となり、その結果、転入超過数は9万8000人と、4万8000人もの大幅な減少となった。[1] この動きが基本的な変化につながるかどうかは、現時点では定かでない。

こうした人口移動の結果として、わが国は「東京一極集中」と言われる状況となっている。2020年10月1日現在、東京圏には約3693万9000人、日本の総人口の29・3％もの人が住んでいる。[2] 欧米の比較的人口の多い国では、首都圏の人口比率が5～15％程度であることに比べると、わが国の東京圏への人口集中度は相当高いと言える。[3]

図4-1 三大都市圏及び地方圏における転入超過数の推移

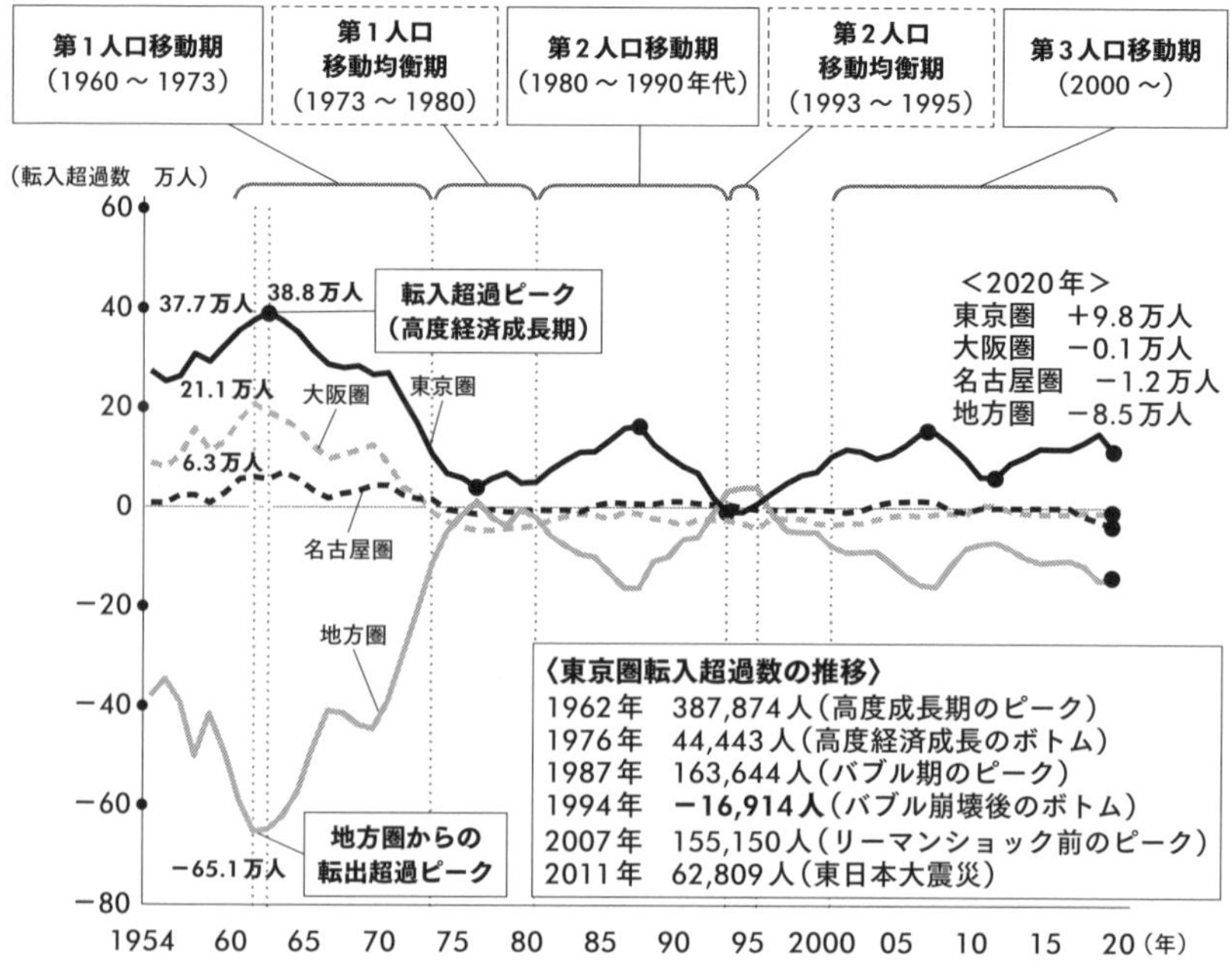

出典:総務省「住民基本台帳人口移動報告」(日本人移動)

資料:内閣官房まち・ひと・しごと創生本部事務局資料(2019年4月2日)を基に筆者が作成

東京圏への転入は、ほとんどが若年世代

図4－2は、東京圏への転入超過の年齢構成を示したものである。これによると、転入超過のほとんどが、10代後半から20代の若年世代である。

2020年は、コロナ禍の影響で転入超過数は大きく減少したが、それでも依然として、15～19歳は約2万1000人、20～24歳は約7万4000人、そして25～30歳は約1万8000人の転入超過となっている。50歳以上の中高年齢層が、一貫して転出超過であることとは対照的である。

若年世代の東京圏への転入は、大学等への「進学」と企業への「就職」が主な理由となっており、中長期的に見ると、わが国の経済・雇用情勢の動向に大きな影響を受けてきた。先ほどの三期にわたる大きな人口移動は、まさにそのことを表している。

2000年代に入ってからも、東京圏の求人状況は地方に比べ高い水準にあり、加えて、若年世代にとって魅力的な仕事が東京圏に集まっていることが、東京圏への転入をもたらしているとされている。また、近年、東京圏をはじめ大都市圏では、高齢化の進行に伴い医療・介護需要が急速に拡大しているため、そのことが若年世代を中心とする医療・介護人材の移動を増加させている面もある。

そして、こうした東京圏への若年世代の大量流入は、わが国全体の出生率や人口動向に大きな影響を与えてきた。その動きを地方と東京圏で見てみると、次のとおりとなる。

図4-2　東京圏への転入超過数（年齢階層別）（2015～2020年）

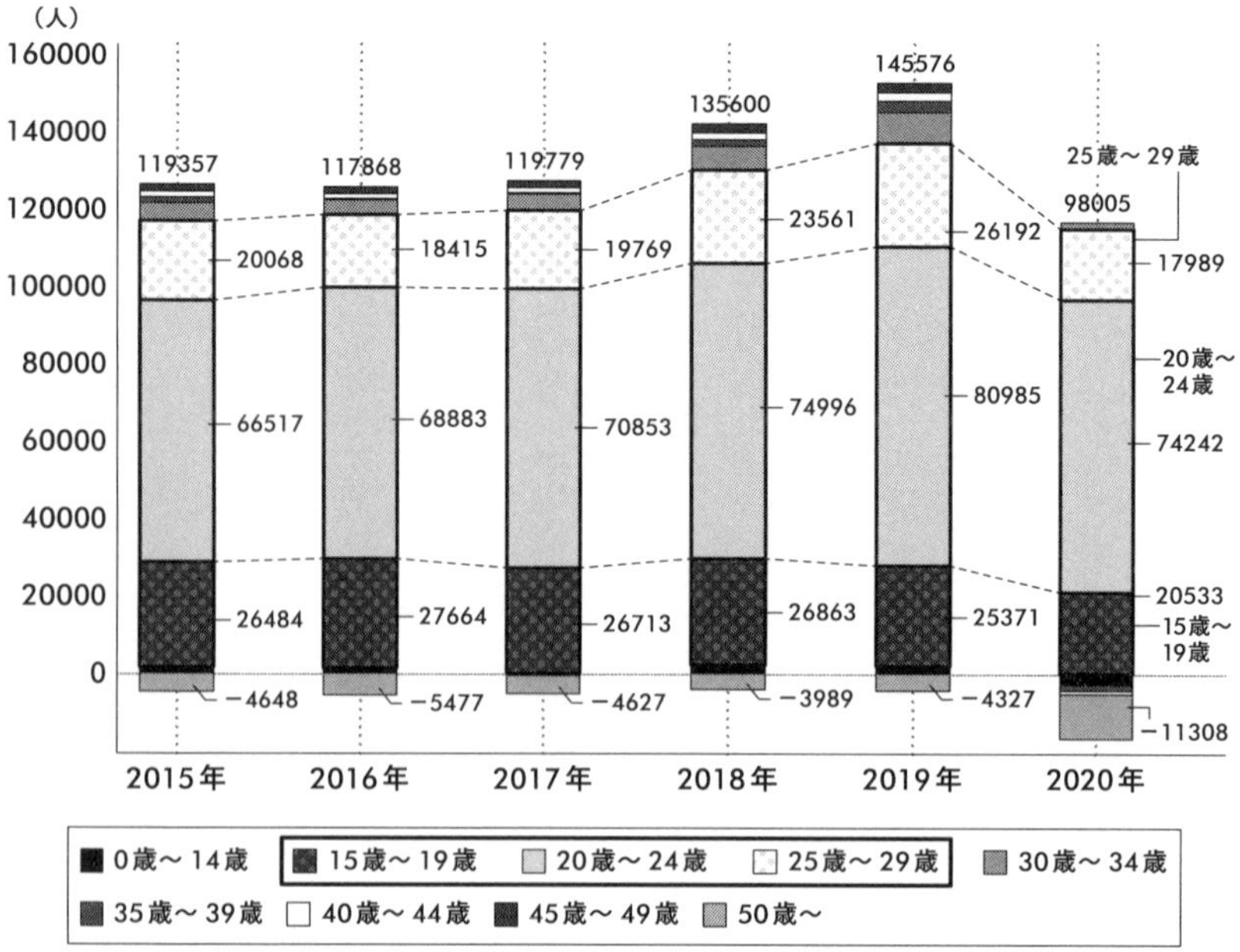

資料：総務省「住民基本台帳人口移動報告」（2015～2020年日本人移動数）に基づき筆者作成

東京一極集中が「人口減少」に拍車をかける

まず、地方の状況はどうだったか。

地方から東京圏へ大量の住民が流出しているのだから、地方はその分だけ人口を失っていく。これを人口の「社会減」と呼んでいる。そして、流出したのが子どもを生む年齢層の若年世代であるため、15～49歳の再生産年齢の女性人口が減少し、さらに、地方に残った若年世代の出生率も低下していったことから、地方の出生数は急速に減少していった。一方、高齢化に伴い死亡数は増えていくため、出生数から死亡数を差し引くと、大幅な減となった（これを「自然減」と呼ぶ）。このように社会減と自然減の両者が重なり合って、人口を減らす方向に強い力が働き、その結果、地方では先行的に、人口減少が始まることとなったのである。

これに対し、転入先の東京圏の状況はどうか。

東京圏は、地方から人が流入してくるのだから、その分だけ人口が増える。人口の「社会増」である。しかも、流入してくる人の多くが、子どもを生む若年世代である。したがって、再生産年齢の女性人口がその分増えることから、それだけ出生数が増加し、「自然増」の可能性も高まる。つまり、社会増と自然増の両方の効果が期待できる。

では、現実はどうだろうか。たとえば東京都の場合は、１９９６年から現在（２０２０年）に至るまで人口の社会増が続いており、その分だけ人口が増加している。ところが、自然増のほうは年々縮小し続け、ついに２０１２年からは自然減となっている。[4] なぜ、そんなことになったかと言えば、東京都の出生率が、極めて低い状態が続いているからである。

2021年の出生率を見ると（図4―3）、全国は1・30だが、都道府県によって大きな格差がある。最も高いのは沖縄県（1・80）で、鹿児島（1・65）、宮崎県（1・64）と続く。これに対し、最も低いのは東京都（1・08）である。埼玉県1・22、千葉県1・21、神奈川県1・22と、東京圏はいずれも低く、しかも前年に比べて、軒並み低下している。そして、その東京圏に住む若年世代の中でも、地方から東京圏に移動してきた女性の出生率は、特に低いとされている。

つまり東京圏は、若年世代、とりわけ再生産年齢にあたる女性が流入するという〝好条件〟が続いているが、残念ながら、「超低出生率」によって、それが人口の自然増に結びついていない状況にあると言える。

このようにして東京一極集中の動きは、わが国全体の人口減少に拍車をかけてきたのである。

人口移動の「三層構造」―地方都市の課題

また、全国の状況を見ると、わが国の人口移動が「三層構造」となっていることが分かる。地方から東京圏へという流れで見ると、第一層にあたる各地域（都道府県）内では、都道府県庁所在地へ人口が移動している状況が見られる。次に、第二層の広域の地域ブロック内においては、札幌市、仙台市、広島市、福岡市といった政令指定都市などの中核的な都市へ人口が集中する傾向が強まっている。そして、第三層の全国ベースでは、こうした政令指定都市などから東京圏へ大量の人口が流出しているのである。[5] もちろん、様々な移動パターンがあるが、大きく見れば、こうした人口移動の「三層構造」の行き着くところが、東京一極集中なのである。

図4-3 都道府県別出生率（2020年）

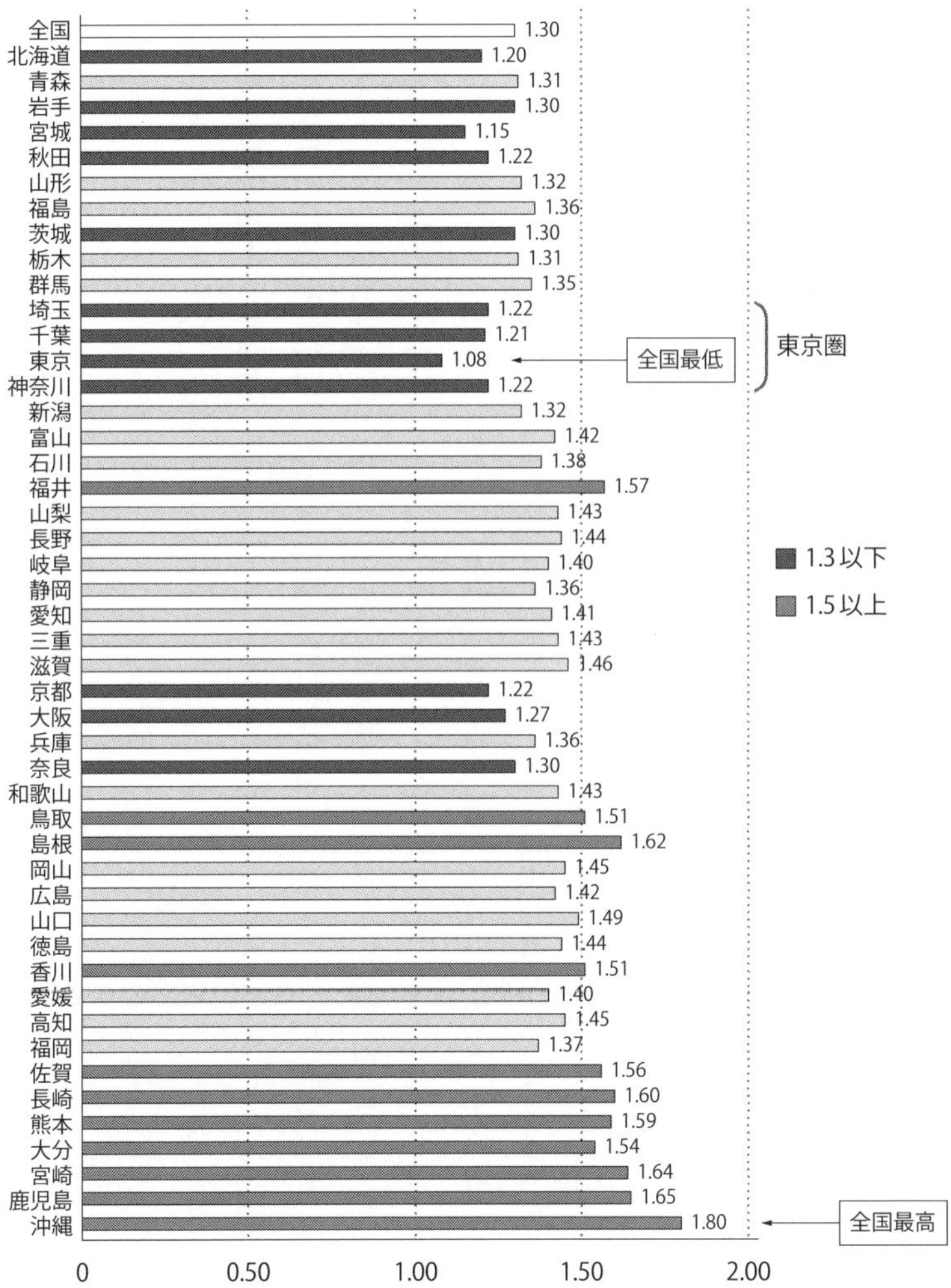

資料：厚生労働省「令和3年（2021）人口動態統計（確定数）」（2022年9月）より筆者作成

この人口移動の三層構造を表すものとして、北海道の例をあげてみよう。**図4―4**は、（一般社団法人）北海道総合研究調査会の五十嵐智嘉子氏が行った分析結果（2018年）である。この中で、道北地方（上川管内）の中心的な都市である旭川市について見ると、まず、上川管内の各地域（図では「上川」と表示）から、男128人、女349人が転入している。北海道は広大であり、道北地方においては、旭川市は県庁所在地のような位置にあると言えよう。これが、北海道の第一層にあたる。ところが、その旭川市から政令指定都市の札幌市（図では「石狩」と表示）へ、男590人、女768人が転出している。転出者数は女性のほうが多い。これが第二層。次に札幌市を見ると、上川管内をはじめ北海道全域からの転入があり、その数は女性が多い。一方、その札幌市からは東京圏（図では「関東」と表示）へ、男1339人、女2177人が転出しているのである。これが第三層にあたる。

こうした人の流れは、まるで河川のように、水がいろいろな場所から流れ出し、多くの支流となり、それらが本流へと集まり、最後は河口に至るような姿に映る。従来から東京一極集中の是正方策の1つとして、「人口のダム」と呼ばれる考え方が提起されてきた。これは、東京圏へ流出する人口を、地方都市とくに中核的な都市が「ダム」のような機能を発揮し、その流れを食い止めるという構想である。しかし、現実には地方中核都市のほとんどは、東京圏に対するダム機能を十分に果たしているとは言えず、多くの人口が流出し続けている。しかも、その地方中核都市の出生率自体も、相当に低い水準にまで低下しているのである。

このような動きを大きく見るならば、若年世代が子どもを生み育てづらい地域へ向かって、どんどん移動していき、その結果、出生率が低下し、日本全体がスパイラル（らせん状）な形で、人口減少に突入していった、という構図となる（**図4―5**）。

図4-4 北海道旭川市、札幌市の人口移動（2018年）

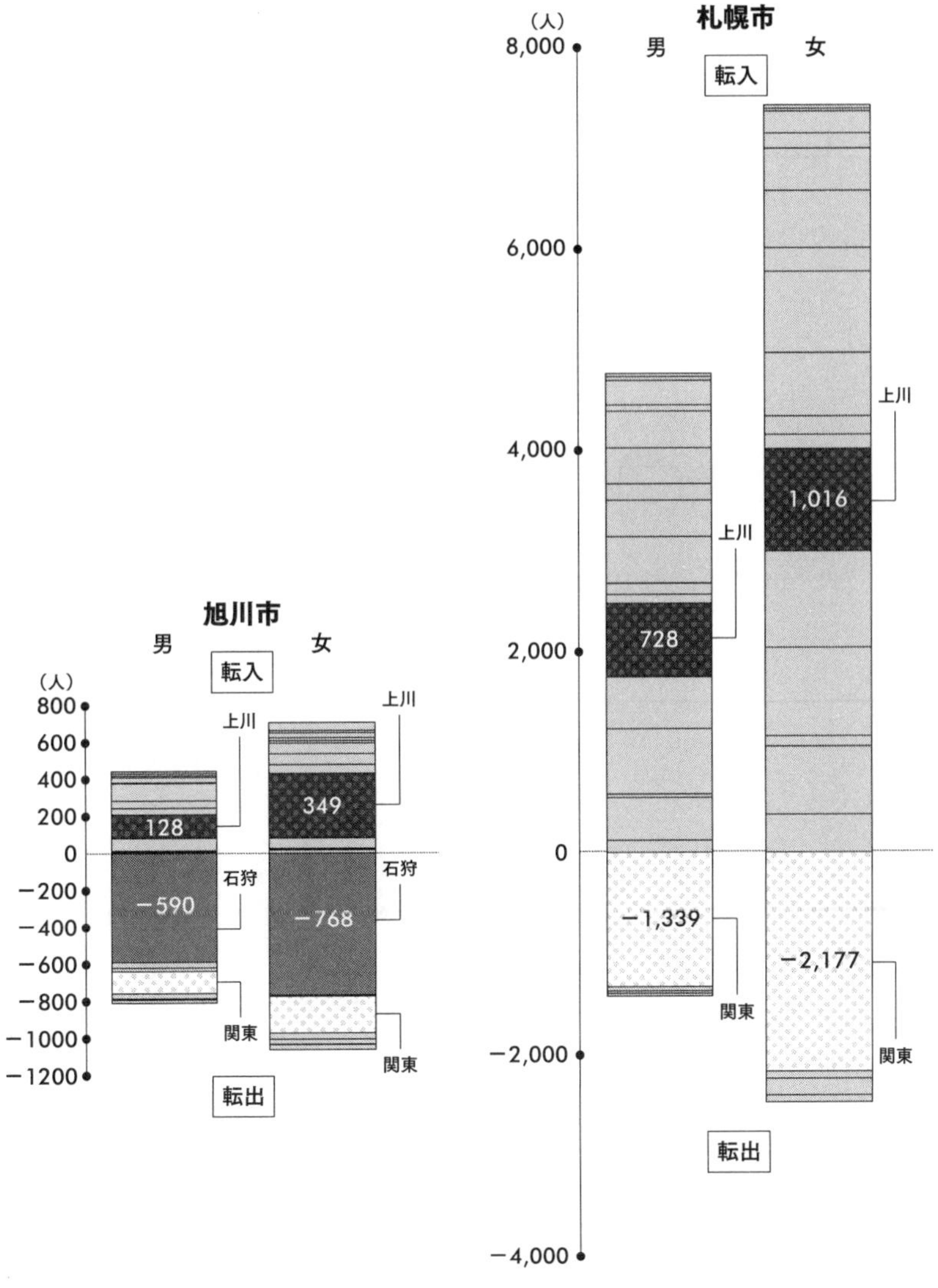

資料：五十嵐智嘉子（一般社団法人北海道総合研究調査会）分析

図4-5　地方と大都市の人口減少の構図

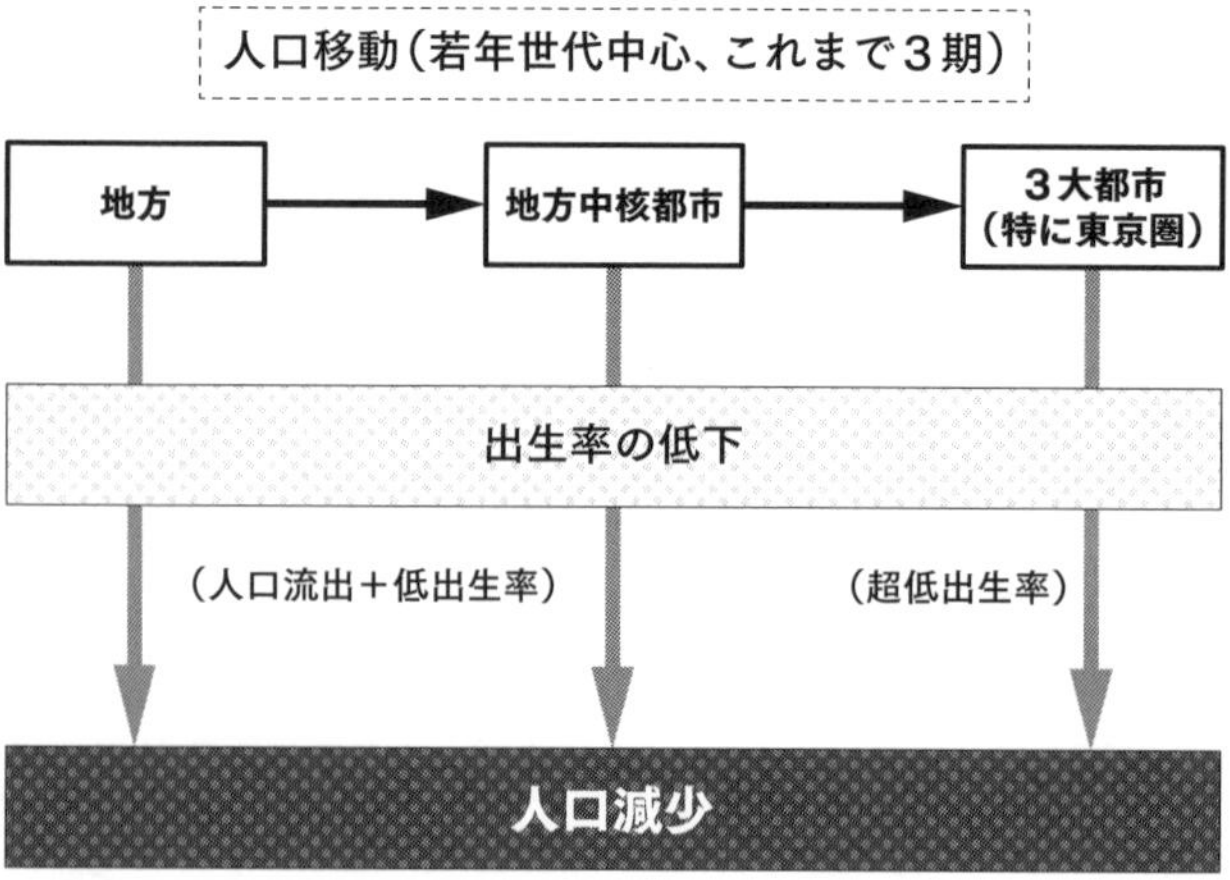

資料：日本創成会議・人口減少問題検討分科会
「ストップ少子化・地方元気戦略」を基に筆者作成

地域の人口の現状と将来には大きな格差

こうした結果もたらされた、各地域の人口の現状を見てみよう。

総務省の人口推計（2019年10月1日現在）によると、都道府県によって人口動向は大きく異なっている（図4―6）。人口が増加しているのは7都県だけで、その増加率は東京都が0・71％と最も高く、次いで沖縄県0・39％、埼玉県0・27％、神奈川県0・24％、愛知県0・21％、滋賀県0・11％、千葉県0・07％である。

そのうち、東京都などの人口増加は、先ほど述べたように、人口流入による「社会増」が要因であるが、沖縄県だけは特別である。沖縄県は、「社会増」であるとともに、出生数も多い

図4-6 都道府県別人口の増減(自然増減・社会増減)

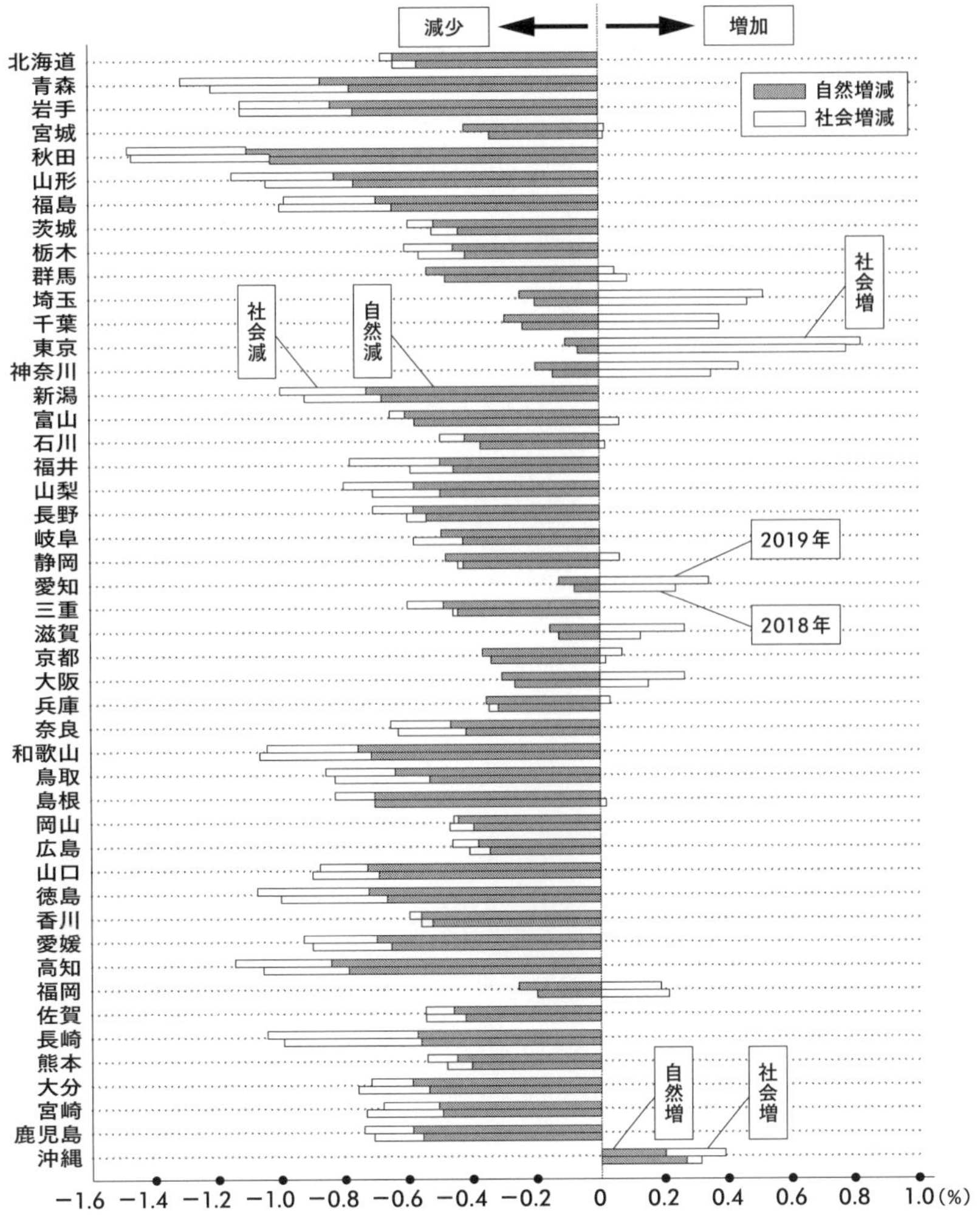

資料:総務省統計局「人口推計(2019年10月1日)」に基づき筆者作成

ゆえに「自然増」でもある。２０２１年の出生率は１・80で全国最高である。高出生率の背景として、共同社会的な精神や男系後継ぎの意識が残っていることをあげる考え方がある[6]が、いずれにせよ人口の観点から見れば、沖縄県は間違いなくトップランナーである。

人口が減少している40道府県を見ると、大阪府、福岡県など7府県は「社会増」であるものの、「自然減」が足を引っ張り、差し引きで人口減となっている。他の33道県は「社会減」かつ「自然減」である。

さらに、各地域の人口の将来動向を見てみよう。

社人研の地域別将来推計人口（平成30年〈２０１８年〉推計）によると、全国の市区町村で、２０１５年に比べ２０４５年の時点で人口が増えるのは、わずか94（全市区町村の５・６％）に過ぎない（**図４－７**）。残り１５８８市区町村（94・４％）は、すべて人口が減少する。このうちの３３４市区町村（19・９％）は、２０１５年と２０４５年を比べると、人口が半分を下回る水準にまで急激に減少すると見込まれている。

こうした各地域の人口減少の進み方は、三段階に分けることができる。

「第一段階」は、年少人口（０～14歳）と生産年齢人口（15～64歳）は減少するが、老年人口（65歳以上）は増加する時期であり、労働力不足が表面化する一方で、高齢者の増加に伴う医療・介護ニーズの増大に直面する。

「第二段階」は、高齢者の増加が収まり、老年人口は維持または微減となる一方で、年少・生産年齢人口の減少が加速化する。

そして「第三段階」は、すべての年齢層の人口が著しく減少する「人口急減」の状態となる。

図4-7 2045年における総人口の指数別市区町村数と割合

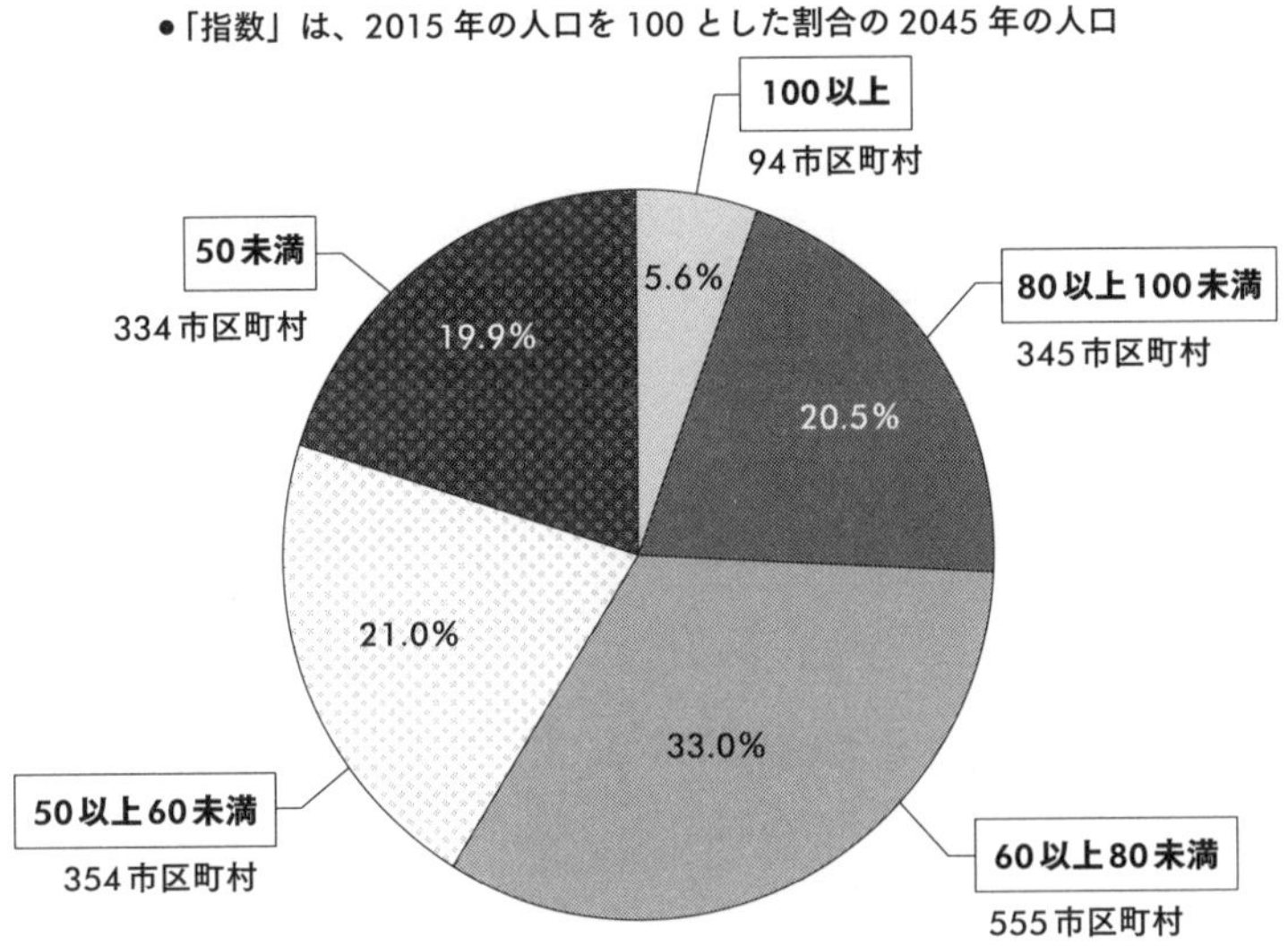

●「指数」は、2015年の人口を100とした割合の2045年の人口

社人研「地域別将来推計人口（平成30年推計）」に基づき作成
資料：内閣官房まち・ひと・しごと創生本部「まち・ひと・しごと創生長期ビジョン（令和元年改訂版）P3

これを、先ほどの社人研の地域別将来推計人口に当てはめてみると、**図4－8**のとおりとなる。東京都区部や中核市・施行時特例市は「第一段階」に該当するが、人口5万人以下の市町村の大半は「第二段階」にあり、過疎地域の市町村は既に「第三段階」に入っている。

そして、こうしたプロセスを経て、最終的には、多くの人が東京圏などの大都市に集中して住み、大半の地方は無居住化が進む「大都市集住社会」の状況となると予測されているのである。

図4-8　地域ごとの年齢階級別人口推移

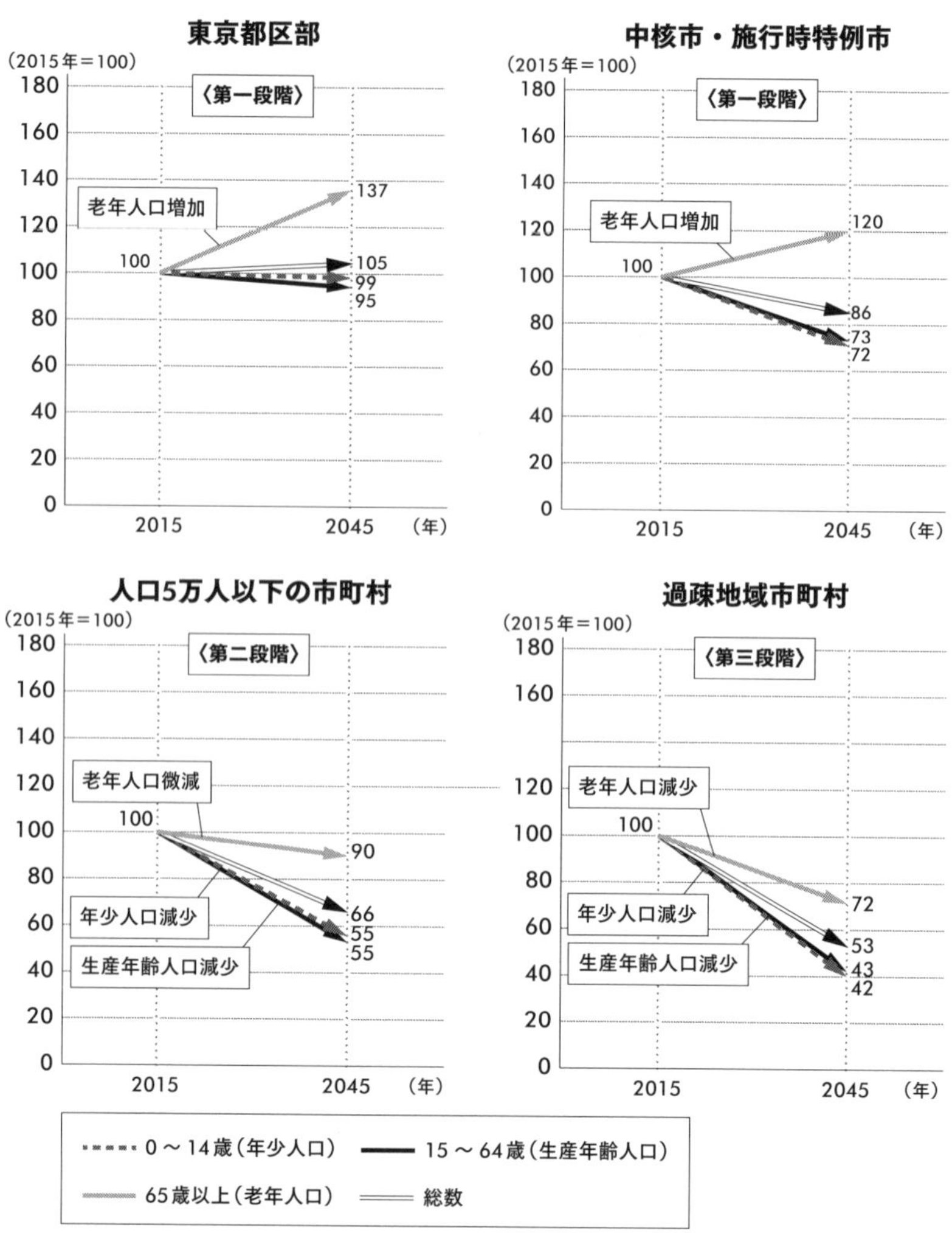

出典：社人研「地域別将来推計人口(平成30年推計)」

資料：内閣官房まち・ひと・しごと創生本部
「まち・ひと・しごと創生長期ビジョン(令和元年改訂版)」

全国知事会との意見交換

12月中旬、百瀬亮太は平河町にある都道府県会館を訪ねていた。

先月、全国知事会の地方創生対策本部長を務めているA県知事の鈴田肇から連絡があった。百瀬と鈴田は、旧知の間柄である。検討本部が示した「人口戦略の柱」の中に『若者の地方居住による「出生率向上」』が盛り込まれていたため、地方創生について意見交換したい、との申し出であった。地方創生において、全国知事会は重要なパートナーである。百瀬も地方自治体の意見を聞きたいと考えていた矢先だったので、直ちに承諾した。

当日、本部事務局からは、地方創生担当の参事官である大森順哉（総務省出身）のほか、参事官の武井伸人と荒川麻衣が同行した。民間出身の数理専門家である荒川は、先日の有識者ヒアリングののち、百瀬から「ライフプラン」を担当するようにと指示されていたので、本人が勉強のために地方創生の会議にも出席したい、と希望したのである。全国知事会側は、鈴田知事のほか、A県から知事に同行してきた同県の地方創生推進会議のメンバーである対馬喜一と、全国知事会事務局スタッフ2名が同席していた。

まず鈴田から、会合の趣旨の説明があった。

「百瀬統括官、お久しぶりです。わざわざお越しいただき恐縮です。この前お話しした通り、政府の人口戦略検討本部で地方創生が戦略の柱にあげられていましたので、ぜひ意見交換をしたいと思いましてね。統括官は地方創生のことは詳しいとは思いますが、今日は、最近の状況や我々の考え方も説明したいと考えています」

「それは、大変ありがたいです。私も、地方創生の立ち上げには関わっていましたが、ここ数年はまったくフォローしていませんので助かります。今日は、事務局の担当参事官も一緒に参加していますので、よろしくお願いします」

百瀬の言葉を受けて、鈴田が早速切り出した。

「地方創生と一言で言っても施策は広範にわたりますが、人口戦略では、どのような内容を考えているのでしょうか」

「ご存知のように、地方創生は人口減少に対して、2つの視点から政策が組み立てられています。1つは、『積極戦略』と呼ばれる、人口減少に歯止めをかけようとする政策であり、もう1つは、『調整戦略』すなわち、将来の人口減少を想定しそれに対応した効率的な社会システムを構築していく政策です。人口戦略で取り上げようとしているのは、前者の『積極戦略』に位置づけられる施策であり、その中でも、さらに対象を絞ろうと思っています」

百瀬が答えると、鈴田が重ねて問う。

「そうすると、地方創生の取り組みの中から、重点的に取り組むテーマをピックアップして、人口戦略に盛り込むということですか」

「そうです。まだ決定はされていませんが、人口戦略は、日本全体としての出生率向上が目標ですので、あくまでも若年世代にターゲットを絞りたいと考えています。若い男女が、出産・育児がしやすい地方で居住する動きが強まれば、出生率は高まります。人口減少が進む地方自治体にとっては、どんな年齢層の転入でも地域活性化につながればウェルカムかもしれませんが、今回の人口戦略で取り上げるテーマは、出生率向上という観点からの『若者に焦点をあてた「地方創生」』です」

百瀬の答えを聞いた鈴田が「なるほど。そうなると、東京一極集中の是正がメインテーマになりますね」と返すと、

「まさにその通りです。出産・育児環境が厳しい東京圏への若者の転入を減らす、逆に、東京圏から地方への若者の転出を増やす、という2方向の取り組みです」と百瀬が答える。

その言葉を聞いた鈴田は、自分たちも東京一極集中の動きをいろいろと分析しているので、その結果を紹介したいと述べ、隣に座っている対馬に声をかけた。対馬はもともと東京出身だが、今はA県で地方創生コンサルタントの仕事をしており、この分野に詳しいという。

転入は「18～24歳」、女性の東京圏からの転出が少ない

鈴田の指名を受けた対馬が説明を始めた。

『東京一極集中』の動きを詳しく分析しますと、いくつかの留意すべきポイントがあります。

1点目は、移動している『年齢層』です。ご存知の通り、東京圏に転入しているのは若年世代ですが、もっと焦点を絞ると、その期間は18歳から24歳までのわずか7年間です。２０２０年の転入数と転出数の差である転入超過数を見ると（図4－9）、２０２０年はコロナ禍の影響で転入超過数が大幅に減少していますが、第1のピークは大学などへ入学する18歳で、男女それぞれ７０００～８０００人程度です。次の第2のピークは20歳で、男６０００人、女９０００人弱です。これは地方の短大などを修了したあと、東京圏へ転入する女性が多いようです。そして、最も多い第3のピークが22歳で、男1万３０００人、女1万９０００人です。東京圏の企業への就職が理由ですが、最近はこの就

図4-9　東京圏への転入超過数（15～35歳、2020年）

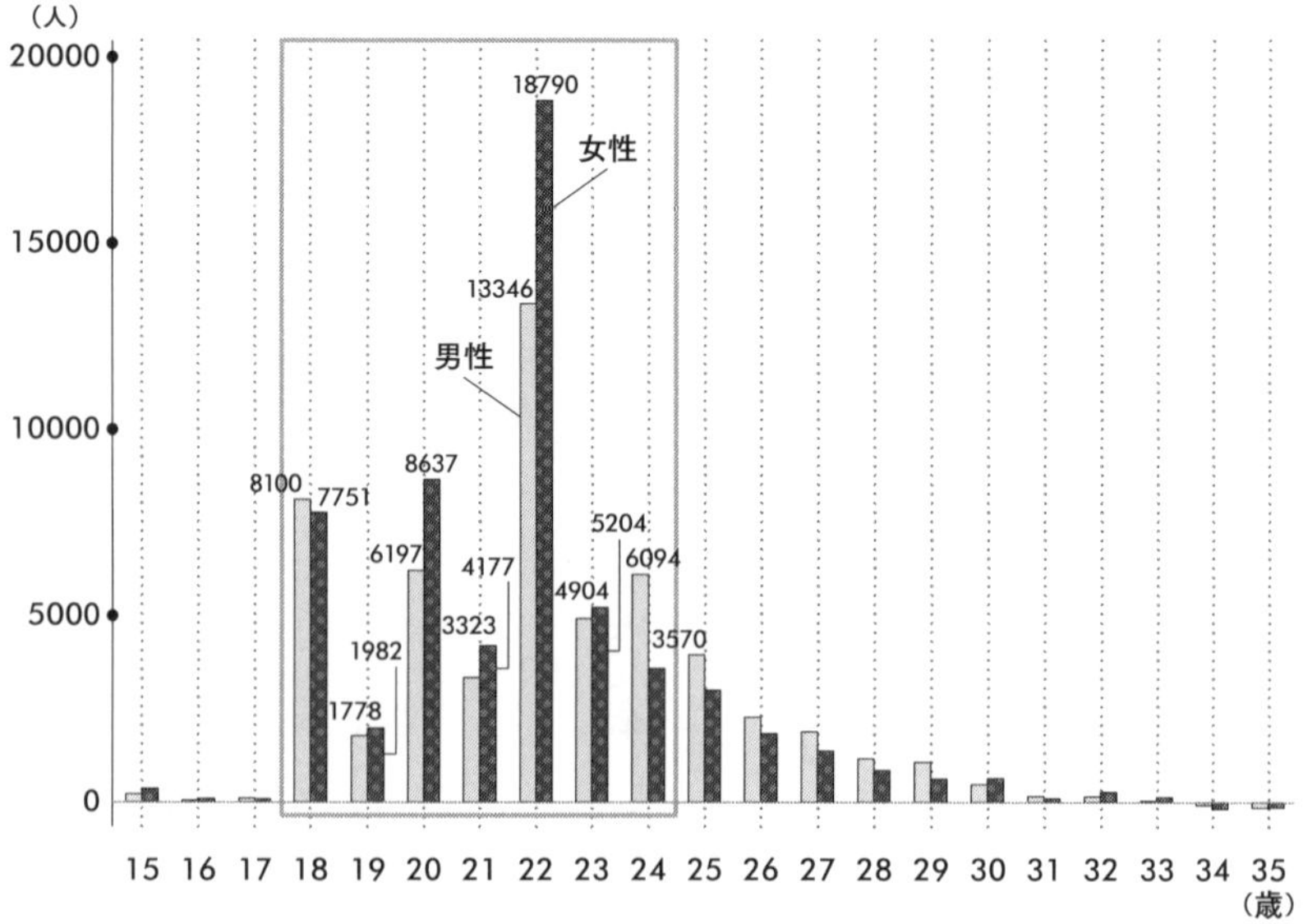

出典：総務省「住民基本台帳人口移動報告」（日本人移動数）
資料：筆者作成

職を機に転入する傾向が強まっています。

2点目が男女の差です。転出入の状況を年次推移（図4―10）で見ると、男女によって様相がかなり異なっています。2020年では男性は、東京圏への転入数が25万人、東京圏からの転出数が21万人弱で、差し引きの転入超過数は4万2000人です。これに対し、女性の転入数は21万人弱で、男性より少ないのですが、転出数が15万人程度にとどまっているため、転入超過数は男性より多く、5万6000人となっています」

図4-10　東京圏への転出入（男女別）

①東京圏への転入の推移

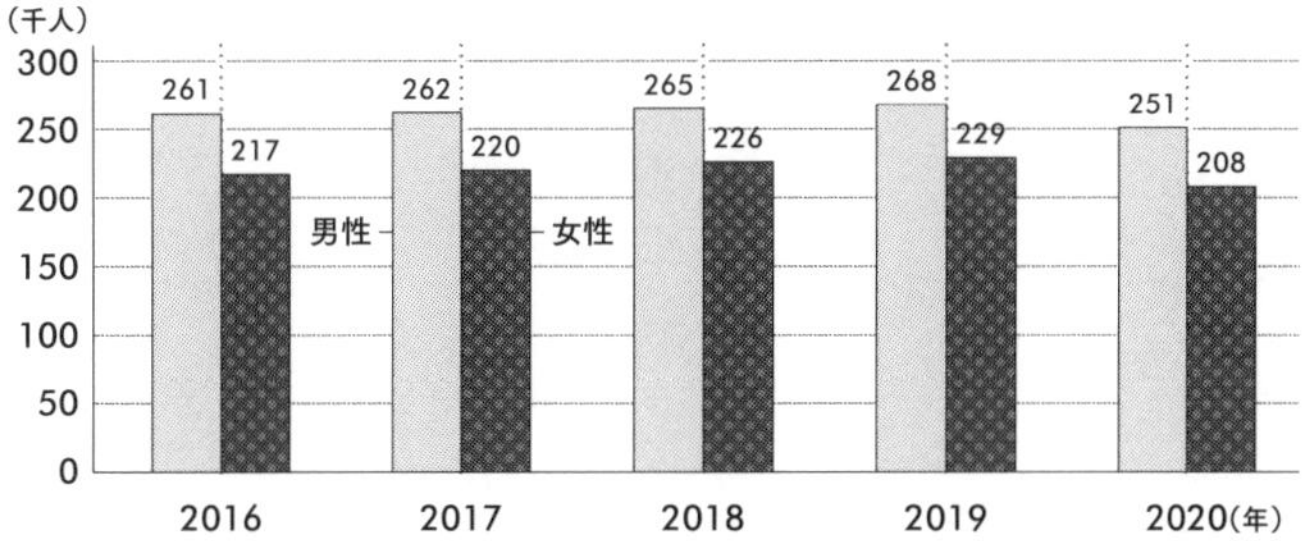

②東京圏からの転出の推移

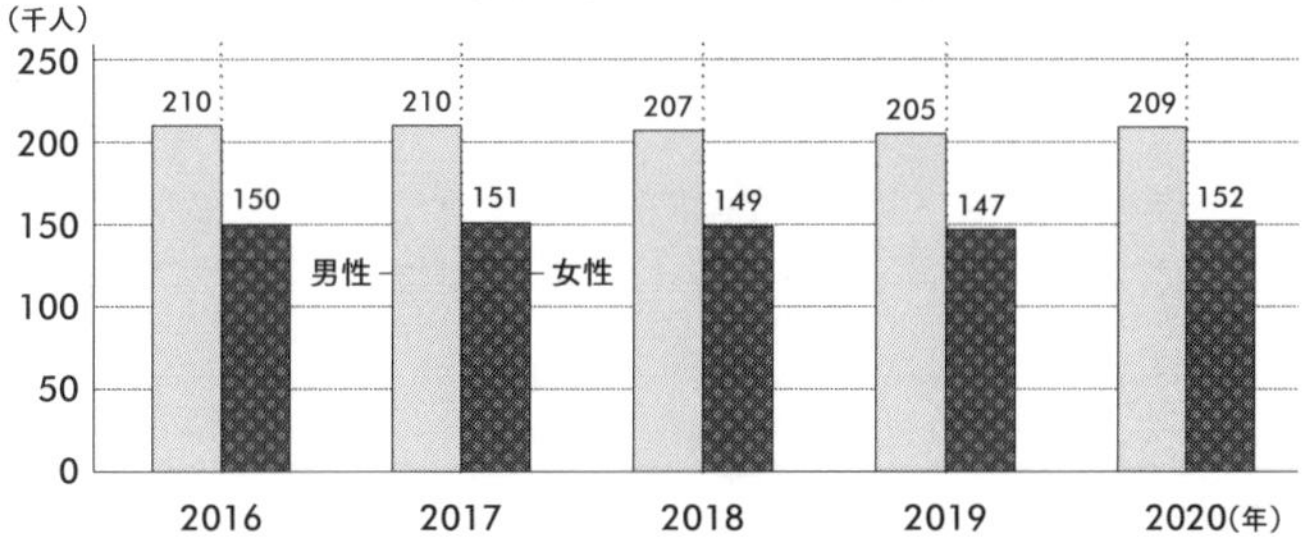

③東京圏の転入超過数の推移

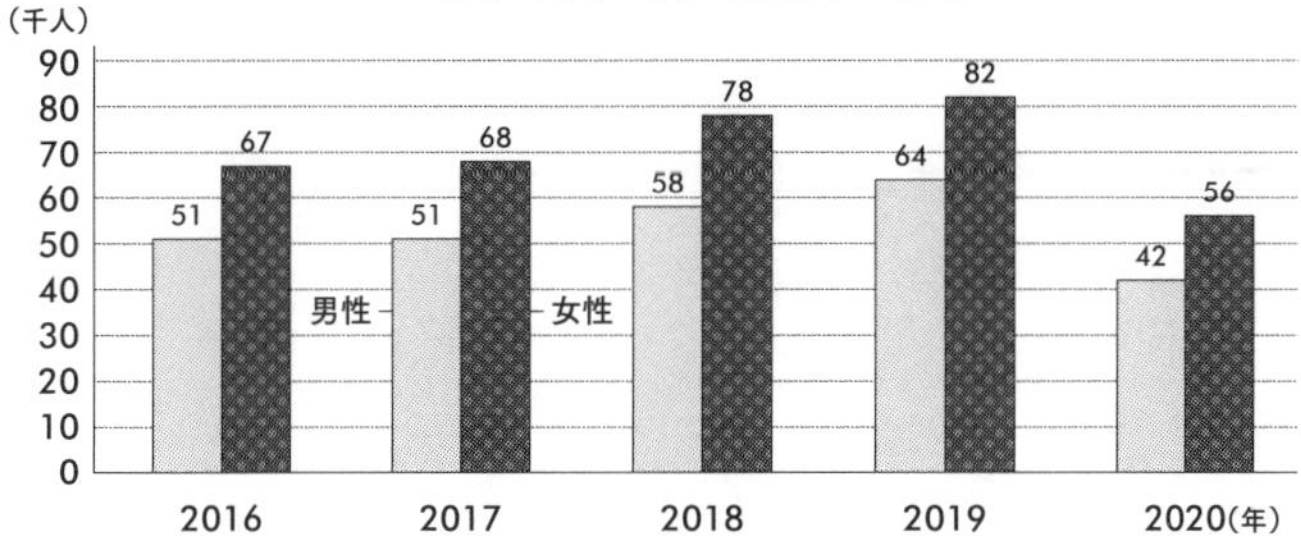

出典：総務省「住民基本台帳人口移動報告」（日本人移動数）

資料：筆者作成

対馬の説明に対して、声をあげたのが参事官の大森だった。

「出生率のことを考えると、やはり女性の動向がポイントになりますが、女性は、男性に比べ東京圏にいったん移動すると、なかなか地方に戻ってこないということですね」

「ええ。そうなんです。男性と女性では状況が異なりますので、東京一極集中の是正策も、こうした点を考慮する必要があります。そして、3点目のポイントは、東京圏への転入超過数が多い自治体は、政令指定都市をはじめとする中核的な都市がほとんどだということです。転入超過数の上位20自治体を見ると（図4－11）、名古屋市4617人、仙台市3264人、福岡市2119人、大阪市2062人と、上位4市が年間2000人を超えています」

「なるほど、東京圏の主な『人材供給源』は、政令指定都市や地方の中核都市なのですね」

対馬と大森のやり取りが続く。

「ええ。これら20位までの自治体で転入超過数全体の30％に達します。その中でも、仙台市、福岡市、大阪市、新潟市、札幌市などは、男女の差がはっきりと見られ、転入超過数は女性が相当多いのです」

「特に福岡市と大阪市、札幌市は、女性のほうが1000人近くも多いのは驚きですね。なぜでしょうか」

「はっきりとは分かりませんが、これらの都市に限らず女性の転入超過数が多い理由としては、『キャリア志向の女性が求める仕事が地方に少ない』とか『女性が男性と同じように活躍できるのは東京圏だけ』といった意見が強いですね」

対馬がそう答えると、荒川が「あの、私も東京に出て、地方に戻っていない1人なんですが……」

図4-11　東京圏への転入超過数上位20自治体（2020年）

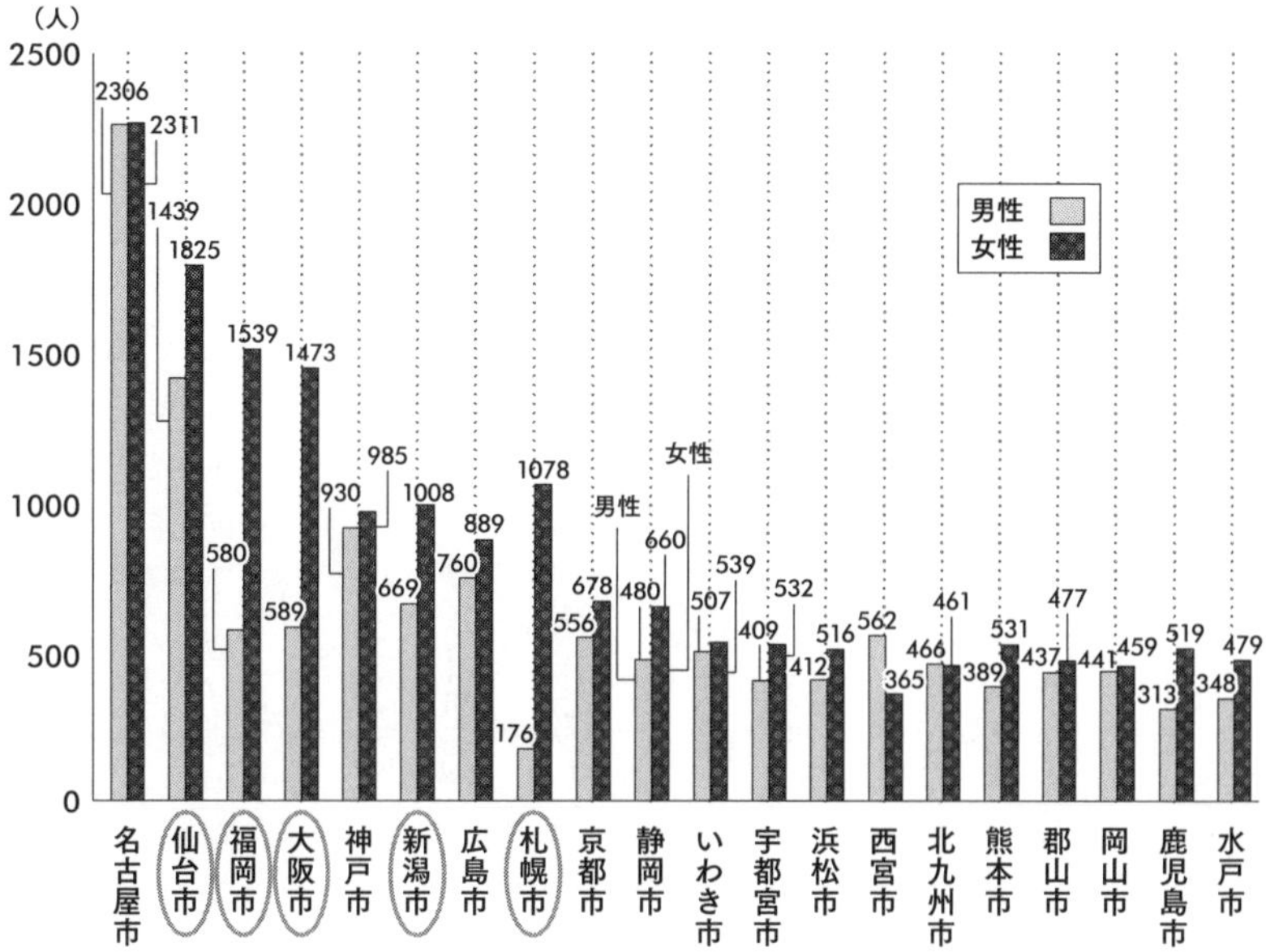

資料：総務省統計局「住民基本台帳人口移動報告」（日本人及び外国人）（2020年）に基づき筆者作成

とばつの悪そうな表情で言った。すると武井がすかさず、

「あっ、そうか。荒川さんは地方出身、たしか新潟市だったっけ。帰る予定はないよね」とフォローする。

「ええ。お陰様で仕事も忙しいし、当面、大きな生活上の変化も予定していませんから」

荒川がはにかみながら答えた。

東京一極集中のPULL要因とPUSH要因

荒川と武井のやりとりを聞いていた対馬が「よろしいでしょうか」と声をかけ、説明を続けた。

——若者が東京圏へ転入している主な理由は、「進学」と「就職」である。意識調査[8]によると、東京圏へ転入した理由は、10代の場合は7割近くが大学などへの進学であり、20代前半は2割が進学で、4割が就職を理由としている。そこで、様々な調査や議論を踏まえて、若者が東京圏へ転入している個人としての要因を、「PULL要因」すなわち、若者が東京圏に引き付けられる要因と、「PUSH要因」、若者が地方に引かれない要因の2つの面から整理してみた（**図4—12**）。実際には個人によって要因は様々だが、全体的な傾向を理解するために、できる限り簡潔に整理している。

まず1番目の「進学」については、PULL要因とPUSH要因が裏腹の関係になっている。つまり、「自分の志望に合った大学などが地方になくて、東京圏にある」ことに尽きる。進学と

図4-12 東京一極集中の「PULL要因」と「PUSH要因」について（メモ）
ー個人の移動要因ー

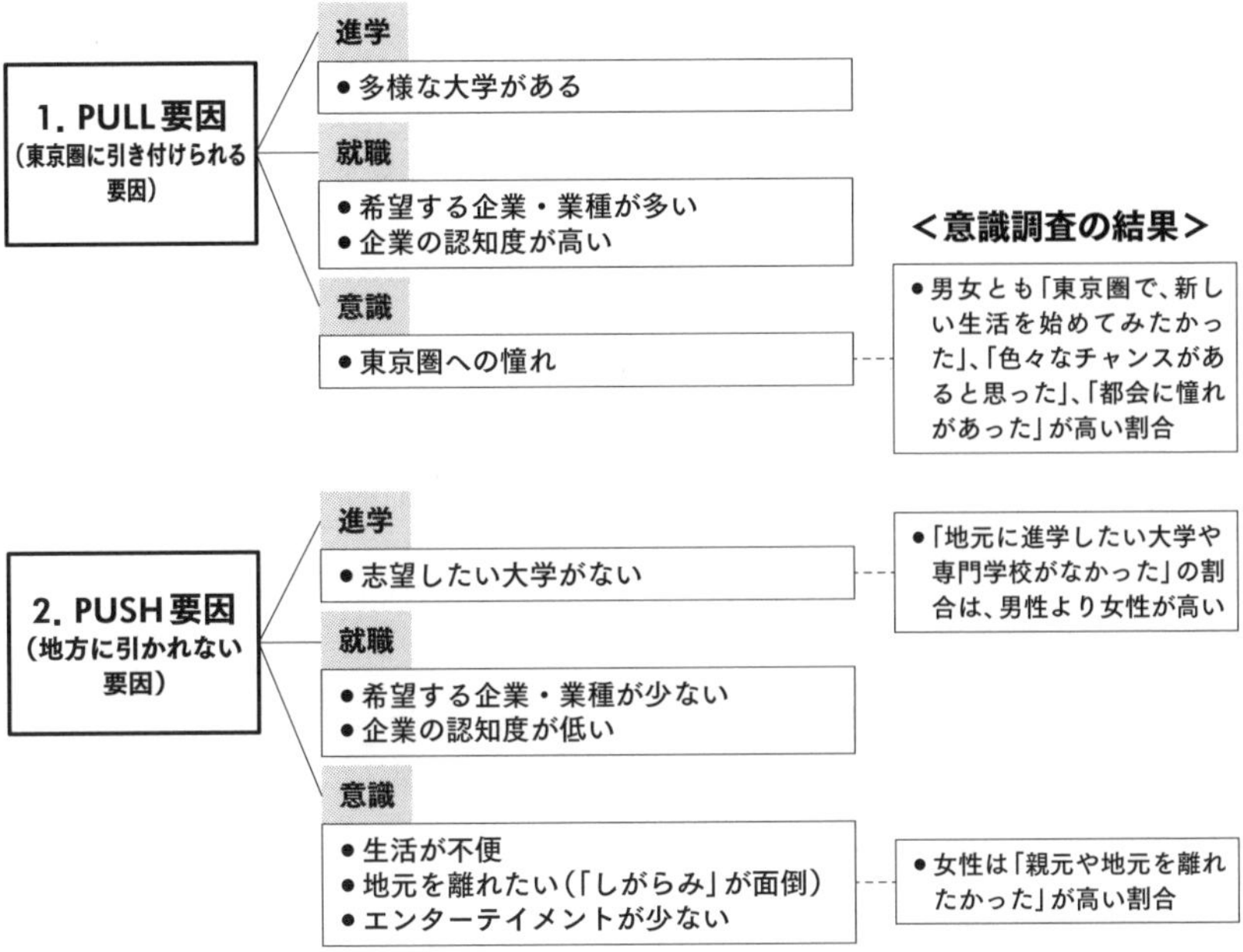

出典：内閣官房「第1期「まち・ひと・しごと創生総合戦略」に関する検証会」中間整理（2019年5月）、「東京圏に転入した若者の『働き方』に関する意識調査」（2015年10月）、「東京都在住者の今後の暮らしに関する意向調査」（2018年）

資料：筆者作成

いう点では、女性のほうが「地元に進学したい大学や専門学校がなかった」と答える割合が高い。

2番目の「就職」も同様に「自分が希望する企業や業種が地方には少なく、東京圏に多い」ということがあげられている。先ほど述べたように、この点についても女性のほうが顕著である。また、就職については「地方の企業のことをそもそも知らない」という認知度の問題があることにも留意する必要がある。このことは後ほど触れる。

そして、「進学」や「就職」にも関係するが、3番目として、若者が東京圏と地方に抱いている「意識」、つまり基本的なイメージの問題がある。実は、これが最も重要で、かつ解決が難しい部分だと思われる。意識調査によると、東京圏については、新しい生活を始めることができ、色々なチャンスがあると思っている若者が多い。これに対して、地方については、特に女性を中心に、「しがらみ」が面倒で、「地元や親元から離れたかった」ということを理由にあげている人が多い結果となっている。

これに関連する調査結果（**図4―13**）を見ていただきたい。これによると、地方出身者に地元に残らずに東京圏へ移住した事情を尋ねたところ、地元は「人間関係やコミュニティに閉塞感がある」と回答した割合が、女性は男性に比べて明らかに高いことが分かる。男性の場合は、規模の小さい市町村出身者にはそういう回答が多かったが、女性は政令指定都市出身者も含めて全般的に高い割合となっている――。

対馬の説明を受けた百瀬が、「東京に対するイメージはともかく、若者が地方に対してネガティブなイメージを抱いているとすると、問題ですね。特に、女性のほうが男性より明確な理由や問題意識

図4-13　地方都市における人間関係やコミュニティの閉塞感

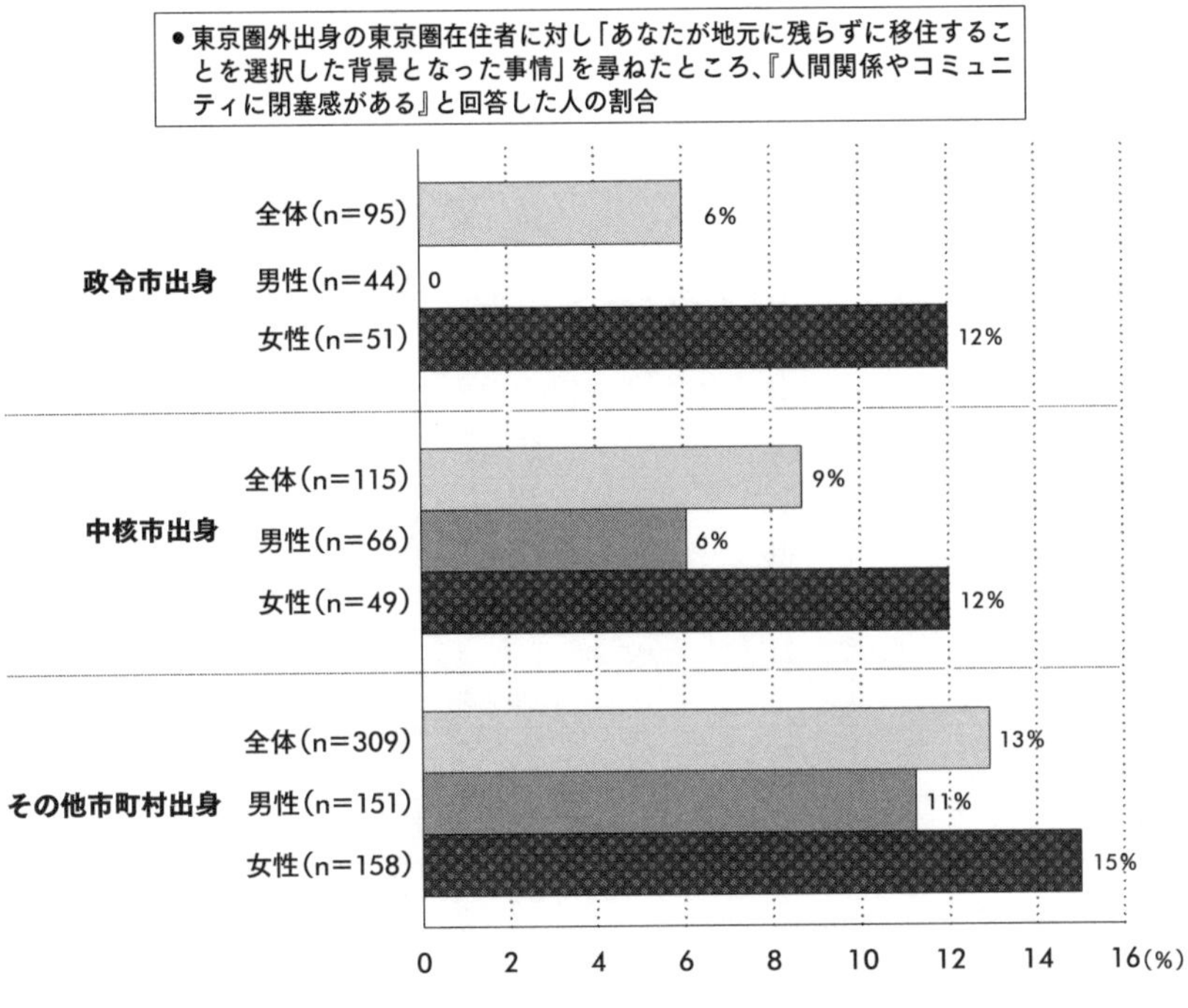

※出身地：15歳になるまでの間で最も長く過ごした地域
出典：国交省国土政策局「企業等の東京一極集中に係る基本調査
（市民向け国際アンケート）（2020年11月速報）

を持っている感じですね。女性は、地方に対し『しがらみ』や『閉塞感』を感じているのですか……」と言うと、知事の鈴田も深刻な表情で、

「地方にとっては耳の痛い話なんですが、そういう若者の想いをしっかりと受けとめなければと痛感しているんですよ」と語る。

それを聞いた武井がおもむろに話を荒川に振った。

「荒川さんは、『しがらみ』が嫌だったんですか」

「いえ、全然。ただ、私は数学志望で、数学科を置く大学は東京圏が多かったので……」

「なるほど、PULL要因が強かったというわけですか。ほかに荒川さんは……」

武井がさらに質問を重ねようとすると、対馬が「話はまだ続きます」と説明を再開した。

地方大学への進学が持つ意味

「それでは、個別に問題を取り上げたいと思います。まず『進学』についてです。大学への進学は、東京圏への移動理由の1つとしてあげられていますが、これは、『就職』という面でも大きな影響を与えています。お手元の資料（図4—14）をご覧ください。大学生が卒業時に選んだ就職先企業のおおむね半分以上は、大学キャンパスの所在地にある企業なんです。たとえば、東海地方の場合は、学生の4分の3が地元東海地方の企業に就職していますし、北海道や九州の大学の場合も地元企業の就職率は7割近くなります。ただし地域によって差があり、北関東のように地理的に東京圏に近い地域は、どうしても東京圏に引っ張られていますが、全体的には学生は大学の所在地にある企業を選択す

図4-14 学生が就職先に選択した企業の場所

			就職地											
		n	北海道	東北	北関東	首都圏	北陸・甲信越	東海	京阪神	近畿	中国	四国	九州	海外
大学キャンパス所在地	北海道	(80)	67.5	–	–	26.3	–	1.3	2.5	1.3	–	1.3	–	–
	東北	(138)	2.9	60.9	4.3	26.8	–	2.2	2.2	–	–	0.7	–	–
	北関東	(68)	–	5.9	52.9	25.0	8.8	2.9	1.5	–	–	–	2.9	–
	首都圏	(868)	0.3	1.8	2.3	88.0	1.5	2.3	2.6	–	0.5	0.1	0.3	0.1
	北陸・甲信越	(126)	0.8	3.2	2.4	16.7	61.1	11.1	3.2	0.8	–	–	0.8	–
	東海	(296)	0.3	–	–	16.6	1.0	76.7	4.4	0.7	–	0.3	–	–
	京阪神	(500)	0.4	–	0.4	27.4	1.0	3.8	61.0	2.0	1.8	1.4	0.8	–
	近畿	(68)	–	–	1.5	16.2	1.5	19.1	41.2	14.7	4.4	1.5	–	–
	中国	(136)	–	–	0.7	15.4	–	3.7	12.5	0.7	55.9	8.1	2.9	–
	四国	(57)	–	–	–	10.5	1.8	1.8	8.8	–	12.3	59.6	5.3	–
	九州	(199)	–	1.5	–	20.6	0.5	4.0	3.5	–	1.5	0.5	67.3	0.5

出典：リクルート就職みらい研究所「大学生の地域間移動に関するレポート2020」

資料：国交省「国土審・国土の長期展望専門委員会（第10回）」資料（2020年11月30日）より筆者作成

る傾向が強いのです。

地方大学に行く人は、もともと地元志向が強いという面もあるかもしれませんが、地方大学と地元企業の間には日常的に様々な関係が構築されており、学生にとって、研究活動やインターンシップなどを通じて接点が多いことも理由としてあげられます」

すると鈴田が、「対馬さんが、その典型例ですよね」と話に入った。対馬は東京からA県の大学に進学したので、地元の企業などともいろいろなつながりがあるのだという。

「学生時代から、地元の企業の方々とお会いする機会がありまして……」

対馬がそう話すと、百瀬が得心したように返した。

「なるほど。地方大学は、就職にも影響力を持っているということですか。そうすると、地方大学への進学が高まれば、地方への就職も増えることにつながりますね」

これに鈴田も我が意を得たり、という表情を浮かべ言葉を重ねる。

「そうなんです。その意味で地方大学は重要です。そして、東京圏への進学は、学費に加えて、生活に多額な費用を要するという経済的な問題があります。学費が安く、通学や生活の費用がかからない地方の大学や短大は、経済的に厳しい家庭や若者にとって身近な存在です。したがって、教育の格差を作らない上でも重要な高等教育機関なのです」

今や、大学進学率は6割に近くなっている。鈴田の主張に、誰からも異論はなかった。

地域産業創出の原動力となる地方大学

さらに対馬が、地方大学が地方の「しごと創り」にも大きく貢献する可能性を秘めているとして、会津大学の事例を紹介した。

――地方大学は、大学発ベンチャーや地元産業界との連携によって、地域に新たな産業を創出していく原動力となる。そして、それが、新たなビジネス開発に関心のある若者たちを吸引していく力となり得る。たとえば、福島県の会津大学は、大学発ベンチャーで有名である。会津大学は、1993年に開設された福島県立のICT専門大学だが、この大学発のベンチャーは33社にものぼっており、公立大学では全国1位（2018年）となっている。これらのベンチャーのオフィスは、大学周辺の自転車で行ける圏内に立地しているので、学生にとっては、スキルの修得先やアルバイト先となるし、ベンチャーにとっても優秀な学生を獲得しやすいというメリットがある。そうしたこともあって、会津地区には技術者が600人強も集まっている。

最近では、2011年の東日本大震災からの復興ということで、各分野の企業や地元産業界などを主要メンバーとする「会津産学コンソーシアム」という組織を立ち上げ、様々な連携を進めている。地方大学には、そうした力がある――。

これを受けて、大森が「国としても、地方大学が産官学の連携による研究開発拠点を作っていくような動きは、非常に重要だと考えています」と述べ、さらに「海外では、欧州最大の応用研究機関である、ドイツのフラウンホーファー（Fraunhofer）がよく知られていて、ドイツ各地に産官学の研究拠点を開設しています。現在の拠点数は74にも達しており、およそ2万8000名のスタッフが活動しているとのことです。[10] 日本でも、こうした機能を、地方大学に担ってほしいと期待しています」と付け加えた。

対馬が、地方大学の事例をさらに紹介した。

「その他にも、地方国立大の三重大学は、ポテンシャルがありながら、グローバル化に対応した人材が不足している地元の企業を支援するため、『地域イノベーション学研究科』という大学院を設置して、人材養成に乗り出しています。[11] さらに、県庁と連携して、地域の若手経営者が学び、その学んだ成果を事業開発などに活かしてもらう取り組みも始めています」

地方の大学も様々な形で、地域との連携に取り組んでいる。

Society5.0 に対応した人材育成

ここで大森が新たな話題を持ち出した。

「加えて、これからは Society5.0 と呼ばれる時代がやってきますから、地方大学には、経済社会の大きな変化に対応していくための、ＳＴＥＡＭ人材を育成していくことが期待されています」

「ソサエティ5・0?、スティーム人材?　最近よく耳にするのですけど、実はよく意味が分からなくて……」

武井がそう言うと、すかさず荒川が横から口をはさんだ。

「そんなことも知らないの？　Society5.0は、〝狩猟社会〟（Society1.0）、〝農耕社会〟（Society2.0）、〝工業社会〟（Society3.0）、〝情報社会〟（Society4.0）に続く、新たな社会という意味ですよ。具体的には、サイバー空間（仮想空間）とフィジカル空間（現実空間）を高度に融合させたシステムによって、経済発展と社会的課題の解決を両立させる人間中心の社会（Society）を目指そうという動きです」

さらに大森が詳しく説明をする。

――これまでの情報社会（Society4.0）では、知識や情報が共有されず、分野横断的な連携が不十分だという問題があった。人の能力に限界があるため、あふれる情報から必要な情報を見つけて分析する作業が負担となったり、年齢や障害によって労働や行動範囲に制約が出てくる。

そこで、Society5.0で実現する社会では、ＩｏＴ（Internet of Things）を通じて、すべての人とモノがつながり、様々な知識や情報が共有され、今までにない新たな価値を生み出すことで、これらの課題や困難を克服していくことが可能となる。[12] 人工知能（ＡＩ）によって、必要な情報が必要な時に提供されるようになり、社会の変革（イノベーション）が進むこととなる。

こうしたSociety5.0を担うのがＳＴＥＡＭ人材で、科学・技術・工学・アート・数学系（Science, Technology, Engineering, Art and Mathematics）の人材のことを指している――。

「荒川さんは数学系だから、ＳＴＥＡＭ人材ですね」

武井がそう話して視線を向けると、「まあね」と表情も変えずに荒川が返す。

大森は二人のやりとりを横目で見ながら、説明を加えた。

「実は、少子高齢化や過疎化の問題を抱えている地方こそ、こうした人材が必要だとされています。ロボットや自動走行車などの技術を活用すると、これまで克服できなかった課題を解決し、質の高い生活が実現できますからね。したがって、地方大学には、地元の産業界などと連携して、文理の枠にとらわれない形でＳＴＥＡＭ人材を育成していくことが期待されています。

そして、地方には多くの地域課題がありますから、地方大学が取り組めば、そうした人材が現場での取り組みを通じて学び、成長していくことができる環境も提供できます」

「地方大学の強化」を柱に

大森の話を受けて、百瀬が「若者の転出を防ぐ意味でも、地方の産業振興や人材育成の意味でも、地方大学が果たす役割は大きいですね。今回の人口戦略でも、地方大学の強化を施策の柱として考える必要がありますね」と言うと、鈴田が、

「ぜひお願いしたいですね。最近は、文部科学省も地方国立大学の振興に向けて動き出していますので、ここでさらに動きを加速してもらえると、大変ありがたいです」と応じた。

百瀬が大森に「各省の状況はどうですか」と尋ねた。大森は、２０２０年度からの第二期のまち・ひと・しごと創生総合戦略の中でも「地方大学の産学連携強化と体制充実」が重要なテーマの1つとなっていること、鈴田知事の指摘の通り、文科省も、地域との連携に積極的に取り組む地方大学の振興に全力で取り組む考えであり、地方国立大学について、一定条件の下で特例的に定員増を認めていく方向へ、政策を大きく転換したことを説明した。

「それは、大きな動きだね。定員増が認められるならば、地方大学としても大胆な組織改革が可能となるからね」

百瀬がポジティブな感想を述べると、大森は、経済産業省もやる気まんまんであり、産業界もSociety5.0を担うSTEAM人材の育成に、非常に高い関心を寄せていると補足した。これには鈴田も勇気づけられたようで、

「『目指せ！ 日本版フラウンホーファー』ということで、官民あげて力を入れていただきたいと思います」と力を込めて言った。

女性の「しごと」の希望に応えられていない地方

次に対馬は、「就職」について説明し始めた。

「それでは、もう1つのテーマの『就職』についてお話ししたいと思います。近年は男女ともに大学進学率が上昇し、大手企業志向が強まっていますが、その中で、東京圏は地方に比べ、専門的・技術的職業や情報サービス業、専門サービス業などが多く、さらに大企業が集中しているという強みがあるとされています。逆に、地方はそうした業種や大企業が少ないという問題を抱えています。女性については、学歴が高いほど正規雇用で就職する傾向が強いのですが、地方は東京圏に比べて、女性の正規雇用の割合が低いことも問題として指摘されています[13]」

「つまり地方は、女性の『しごと』に対する希望に十分応えていない、ということですか」

大森の問いに対馬が答える。

「そうなりますね。だから、『キャリア志向が高く、行動力のある女性は東京に出ていってしまう』と言われています。[14] 地方から東京圏へ転入した若年世代の意識調査でも、男女ともに、給与水準や『やりがい』の点で東京圏の仕事に魅力を感じる一方、地方には希望する仕事が少ないと感じている、という結果が出ています。[15] だから、地方は、単に仕事をつくるのでなく、若い男女が就職したいと思えるような、『やりがい』があり、自分の関心とマッチする魅力あふれる働く場をつくることが必要ということになりますね[16]」

大森が「なかなかハードルが高いですね」と言うと、対馬は、

「ええ。最近のコロナ禍で、若者が仕事や生活に求めるものも変化しつつあるのではないかとの見方はありますが、いずれにせよ、地方が、いかに若者男女の希望に応えるかが問われている状況に変わりはありません」と答えた上で、「就職に関しては、別の問題もあります。先ほど述べたように、地方の企業に対する若者の認知度が非常に低いことです」と述べた。

地元企業を知らない若者たち

対馬が続けて話す。

——先ほど、地方への就職が低調な理由として、「地方の企業のことをそもそも知らない」若者が多いことを挙げた。そこで紹介したいのが、地方の自治体や商工会議所などが取り組んでいる「地方創生インターンシップ事業」である。

これは、地元高校から東京圏などの大学へ進学した地方出身の学生に、地元企業のインターンシップに参加してもらい、就職する時点で、もう一度、地元に呼び戻そうというものである。たとえば、東京圏への転出が多い岩手県では、東京圏などに在住する岩手県出身学生に対し県内企業でのインターンシップを進めるため、学生向けの広報やイベントを実施したり、インターンシップアドバイザーを配置して、インターン相談窓口機能を強化している。この取り組みは、企業側だけでなく、学生からも評価が高い。

先日、この事業に取り組んでいる関係者と意見交換したところ、異口同音に言っていたのが、学生は自分の出身地の産業や企業のことをよく知らないということだった。高校で受験勉強をして、そのまま東京に行ってしまうため、地元のことを知る機会はほとんどない。そうした学生が地元企業で辛うじて知っているのは、BtoC企業（一般消費者を顧客とする企業）である小売業やサービス業ぐらいで、BtoB企業（法人を顧客とする企業）の素材や産業機械メーカー、卸売業などはまったく知らないのが実情だ。

地方出身者が、地元のことを知らないのであれば、Uターンするはずがない。資料（図4－15）は、高校までに地元企業のことを知っている度合が高いほど、将来、出身市町村へUターンを希望する割合が高いことを示している。よく知っていた者は、まったく知らなかった者に比べると2倍近い高さとなっている——。

図4-15 出身市町村へのUターン希望
-高校時代までの地元企業の認知度別-

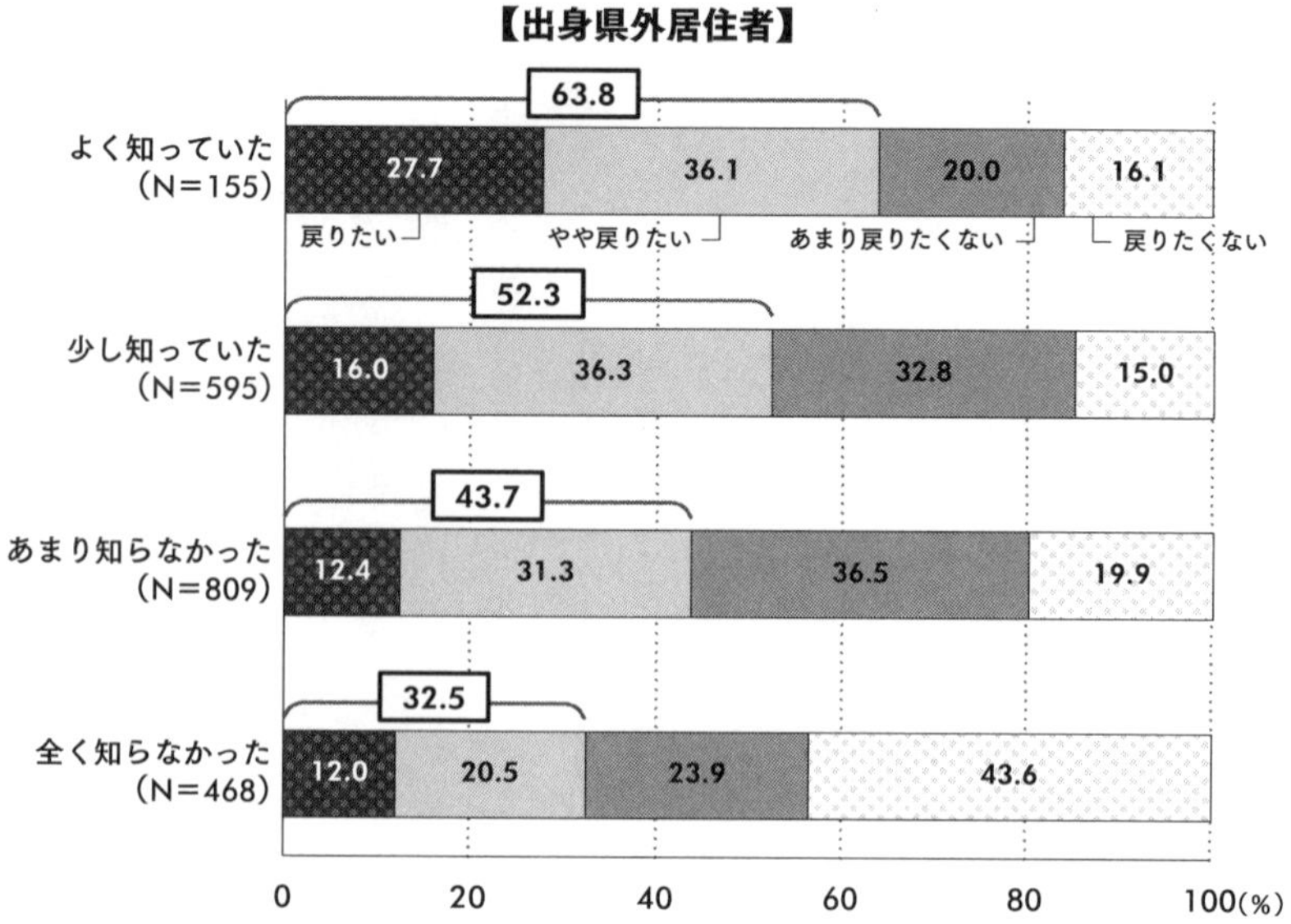

資料：(独法)労働政策研究・研修機構「UIJターンの促進・支援と地方の活性化―若年層の地域移動に関する調査結果―」(2016年)より筆者作成

地方を知り、地域を学ぶ

対馬の説明に、鈴田が付け加えた。

――地方の小中高校では、地元の文化や産業に対する理解を深める「ふるさと教育」を行っているが、まだまだ地元を知ってもらう機会が足りないのかもしれない。今、感じているのは、単に郷土についての知識を深めるだけではなく、生まれ育った地域を自ら盛り立てていこう、という気持ちを持ってもらうこと、つまり、若者たちの地元に対する意識や意欲を高める取り組みが必要ではないかということである。

各地域は、産業や生活、福祉、文化伝統など様々な分野で問題を抱えているが、それを解決していく若い人材が圧倒的に不足している。いったん外に出てもいいので、いつか地元に戻って地域の中に入り、課題解決に取り組んでほしい。そうした機運を高めるような取り組みが重要となっている――。

「その点で、参考になると思うのは……」鈴田の話を受け、対馬が地方創生で大きな成果を上げている長野県飯田市の「地域人教育」の取り組みを紹介した。

――飯田市の市長は、地元人材が地域を離れたあとも、やがて戻って来て地域で活躍する「人材サイクル」を構築する必要があると強調している。[17] そのために、飯田市が2012年度から取

図4-16 「地域人教育」の3年間のカリキュラム（長野県飯田市）

学びの積み上げ

1年次（目標）地域を知る

（1、2学期）フィールドスタディA

- 飯田市の中心市街地を練り歩き、街の人から地域の魅力や課題を教えてもらうとともに、自分たちでも発見をします。

（3学期）地域に関する講演

- 松本大学の教授による地域連携に関する講義のほか、地元の経営者、金融、行政の専門家から学びます。

学びの積み上げ

2年次（目標）地域で活動する

（通年）地域イベントへ参加

- 地元で行われるイベントに運営者として積極的に参加することで、世代を超えた協働とコミュニケーションを磨きます。

（2,3学期）商品開発・情報発信

- 地域資源を生かした商品の企画・開発の取組と、POP、広告、プレゼンテーションなどの情報発信について学びます。

全校課題研究発表会

3年次（目標）地域の課題解決に向け行動する

（1,2学期）地域連携企画・実践

- 地域課題を発見し、地域資源を生かした企画をし、地域の方と協働して実践します。市民向け、観光客向けなど多岐にわたります。

（通年）地域への提言活動

- 実践からの魅力発信や課題の解決策を市長や地域へ提言するとともに、意見交換することで、次や卒業後の実践に生かします。

資料：飯田市資料「地域人教育」パンフレットの抜粋に基づき筆者作成

り組んでいるのが、高校からの「地域人教育」である。

この地域人教育は、飯田OIDE長姫高校商業科で実施されており、第1学年は基礎（講義・演習）、第2学年は応用（地域でのイベントの運営サポート）、第3学年は実践（地域づくり・課題解決への取り組み）という、実地中心のカリキュラムとなっている（図4―16）。

最初は「地域のことなんて面倒くさい」と思っていた今どきの高校生が、3年間、地域の学びを続けるうちに「地域のために自分たちができることがないか」を考えるようになり、地元を「自分のやりたいことが実現できる場所」と感じるようになっている。地域人教育によって、地域の中に入って自ら課題を見つける探求力、その解決方法を考える発想力、それをプロジェクトとして組み立てる事業構想力、関係する人々にプロジェクトに関わってもらう人的関係構築力、その成果を発表するプレゼン力も顕著に高まる、と飯田市長は強調している――。

この話に、百瀬も感銘を受け、

「大変、意義のある取り組みですね。若い人たちが『地方』を知るとともに、『地域』を学び、地方創生の原動力となってほしいですね。我々も、こうした地方の取り組みを強力にバックアップしたいと思います」と言った。

地方から東京圏へ、三世代にわたる移動の変化

「さてここで、少しテーマを変えたいと思います」と鈴田が切り出し、「実は、最近は東京一極集中

の構造そのものが変化してきており、『次の段階』に移行しつつあるのではないかと感じているのです」と厳しい表情をしながら、「対馬さん、次のテーマの説明をお願いします」と話を対馬に振った。

それを受けて、対馬が資料（**図4－17**）を配りながら説明を始めた。

――最近、人口問題の研究者の小池司朗氏と清水昌人氏が、興味深い分析結果[18]を発表した。本人や親の「出生地」が地方か東京圏かによって、本人の「人口移動」にどのような違いが生ずるかという分析である。東京一極集中の問題を考える上で参考になるので、紹介したい。

両氏の分析結果をベースにして、私が整理したのが**図4－17**である。典型例として、親がベビーブーム世代であるケースを例にすると、三世代にわたる人口移動の状況は次のようになる。

①親世代（第一次ベビーブーム世代）1940年代後半生まれ

・地方出身の大量の若者が、高度経済成長期に東京圏をはじめ三大都市圏に流入した。

・彼らのうち50～60％は地方に戻り、現在は地方で居住している。そのうち、7割以上が出身地への「Uターン」である。

②子世代（第二次ベビーブーム世代）1970年代前半生まれ

・本人は東京圏生まれだが、両親が地方出身である。

・彼らのうち地方へ移動して、地方で居住しているケース、すなわち「Iターン」の割合は、25％前後である。小池氏らは、両親とも地方出身者であるならば、帰省への随伴などを通じて地方に居住する親族や知人との交流が広がり、ゆくゆくは地方への移住につ

図4-17　本人や親の出生地が、人口移動に与える影響
―「ベビーブーム世代」を例にとると―

		地方出身で、東京圏に転入した「親世代」	東京圏生まれの「子世代」	東京圏生まれの「孫世代」
出生地	本人の親	地方	地方	東京圏
	本人	地方	東京圏	東京圏
居住地（東京圏以外の居住状況）		25歳〜70歳までの者のうち、**50〜60%**が地方居住（そのうち7割がUターン）	20歳〜50歳までの者のうち、**25%（1/4）前後**が地方居住（Iターン）	20歳〜50歳までの者のうち、**1〜2%**が地方居住（Iターン）
（備考）ベビーブーム世代の場合		**第1次ベビーブーム世代**（1940年代後半生まれ）東京圏をはじめ三大都市圏へ大量に移動	**第二次ベビーブーム世代**（1970年代前半生まれ）東京圏生まれ	**幻の「第三次ベビーブーム世代」**（1990年代後半から2000年代前半生まれ）、東京圏生まれ

資料：国立社会保障・人口問題研究所「第8回人口移動調査」（2016年）のデータ等をベースにした、小池司朗・清水昌人「東京圏一極集中は継続するか？―出生地分布変化からの検証―」『人口問題研究』No76-1（2020年3月）に基づき筆者が作成

ながる機会も少なくないからだろうとしている。

③　孫世代（幻の第三次ベビーブーム世代）

1990年代後半から2000年代前半生まれ

・本人は東京圏生まれで、両親も東京圏生まれである。

・彼らのうち地方へ移動し、地方で居住している「Iターン」は、極めてわずかで1〜2%程度である。小池氏らは、両親とも東京圏生まれならば、その子が地方とつながる機会は皆無もしくは限定的となるとしている。

このような三世代にわたる現象が、地方から東京圏へ移動する人々について、順次、起きているものと考えられる――。

Uターンとーターンの割合

対馬[19]は、ここまで述べると、別の資料（図4―18）を取り出して、こうした分析の基になっているデータを紹介し始めた。

――非東京圏出身で東京圏に移動した人のうち、現在は非東京圏で居住している割合を示したデータが、**図**（4―18）である。25歳が1つの区切りとなって、それ以降の年齢層では50～60％の水準にのぼっている。これらの中では、定年後に地方に戻るケースが多く、60歳前半が最も高い割合である。同じ調査によると、これらの人のうち、出身県に戻っている「Uターン」の割合は、おおむね7割以上となっている。

次の**図**（4―19）は、「第8回人口移動調査」（2016年）のデータをもとに、東京圏生まれの者が非東京圏に居住している割合、つまり「Iターン」の割合を、両親の出身地別に分析したものである。これによると、「両親とも非東京圏生まれ」の場合、20歳以降のIターンの割合は25％前後にのぼる。これに対して、「両親1人が非東京圏生まれ」の場合は、Iターンの割合は6～11％にとどまっている。そして、「両親とも東京圏生まれ」の場合は、わずか1～2％という数値である。両親の出生地の違いが、子どもの人口移動に大きな影響を与えていることがよく分かると思う――。

「興味深い分析ですね。人の地域間移動は、親の出生地からも影響を受けているということですね。

図4-18 非東京圏出身で東京圏在住を経験した者のうち、非東京圏に居住している割合

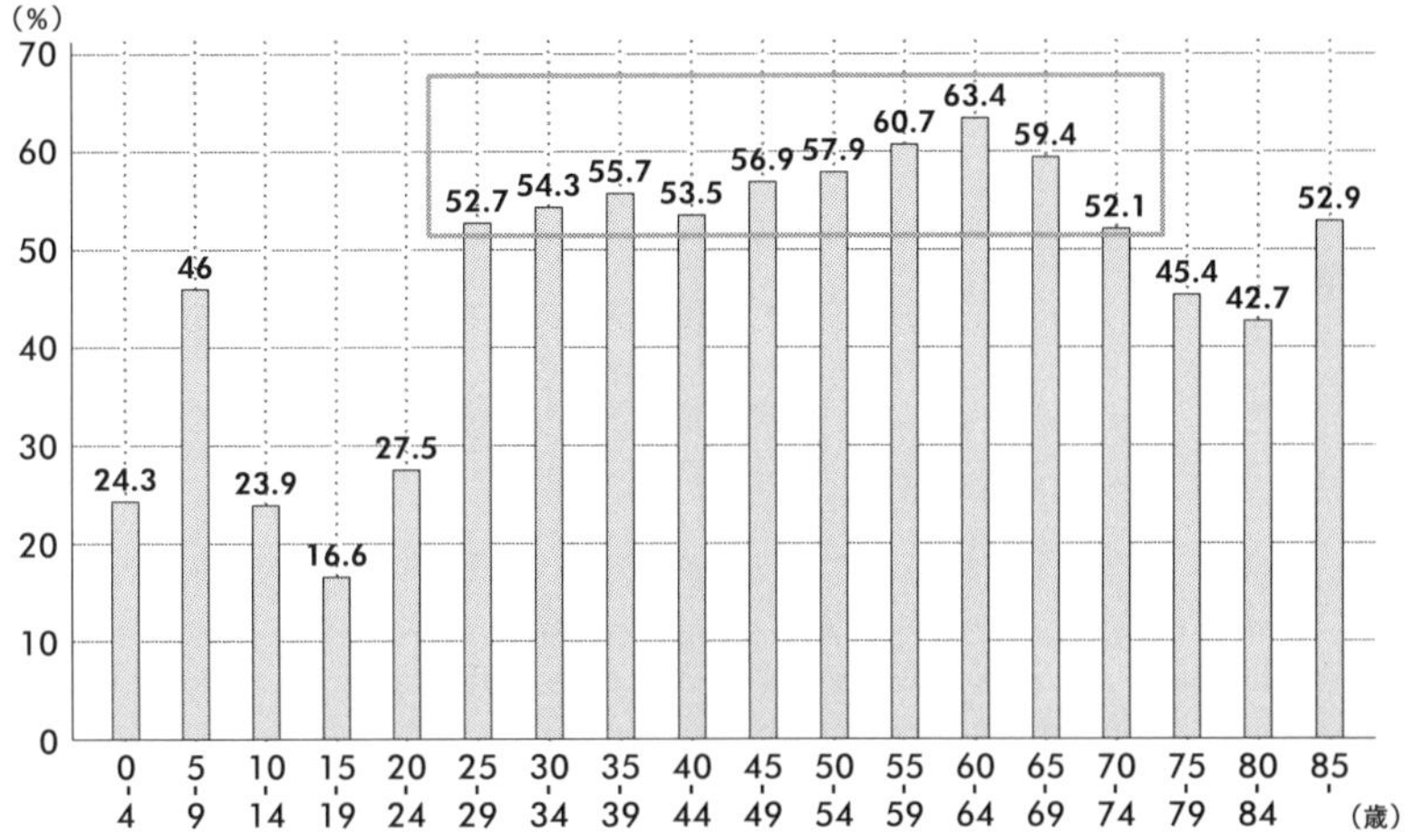

出典：国立社会保障・人口問題研究所「第8回人口移動調査」(2016年)

資料：小池司朗・清水昌人「東京圏一極集中は継続するか？―出生地分布変化からの検証―」『人口問題研究』No76-1(2020年3月)

図4-19 東京圏出身者で、非東京圏に居住している割合（両親出生地別）

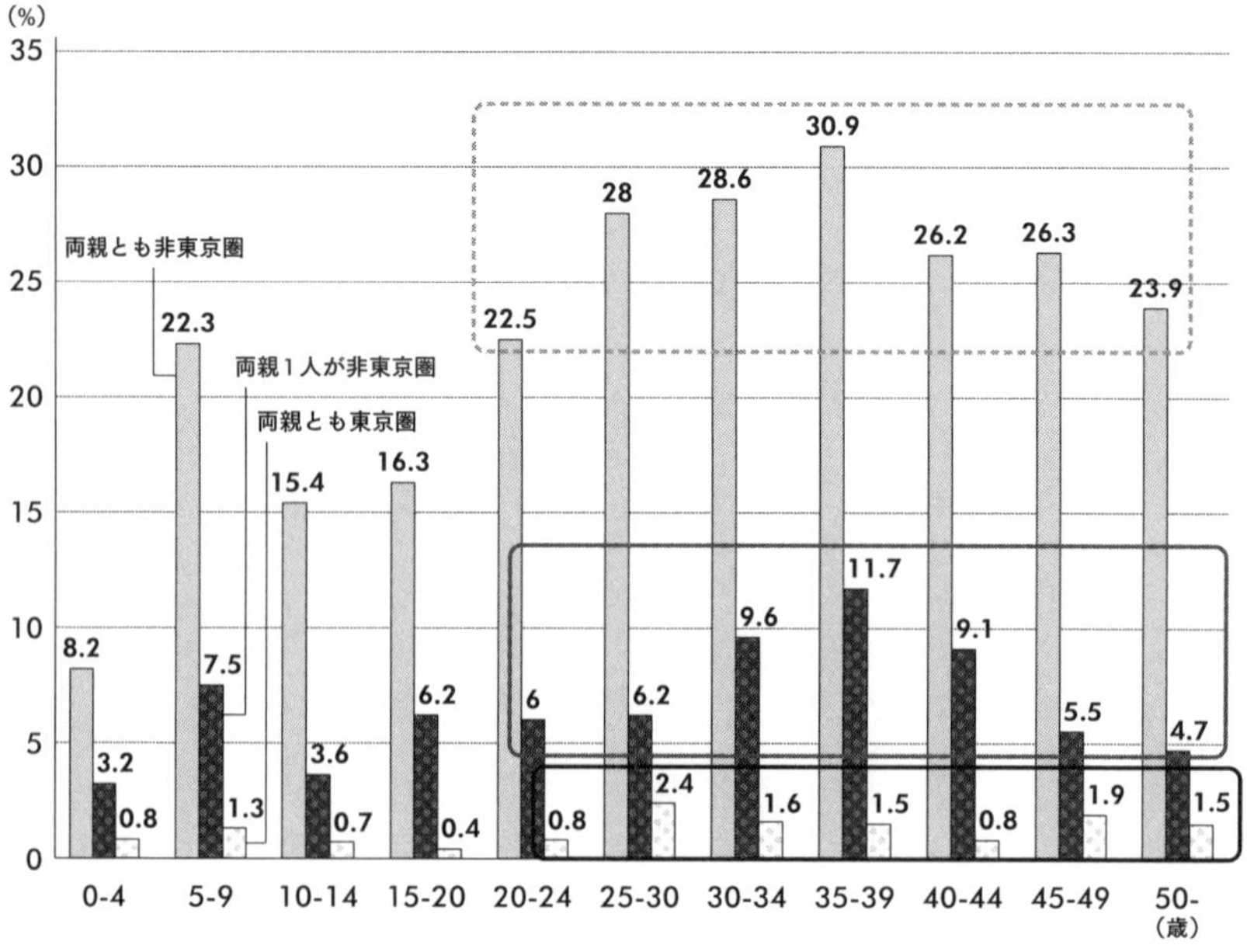

出典：国立社会保障・人口問題研究所「第8回人口移動調査」（2016年）

資料：小池司朗・清水昌人「東京圏一極集中は継続するか？—出生地分布変化からの検証—」『人口問題研究』No76-1（2020年3月）

確かに私自身の周囲を見ても、納得のいく分析結果です」

大森が興味深そうに感想をもらした。

東京一極集中の問題は、次のステージへ

さらに対馬は言う。

「そこで問題は、東京一極集中のことなのです。地方からの大量の転入が長らく続いてきた結果、東京圏に在住する若年世代の人数が累積的に増加しています。たとえば、20〜30代の女性は、東京圏在住が約433万人、同年代の日本全体の女性の3分の1を占めるまでになっています。そして、地方出身者で東京圏に転入した親の『子世代』や『孫世代』も含めた、東京圏生まれの割合も年を追って高まっています。日本全体の年間出生数で見ても、東京圏生まれは、2021年には29・3%となっています。[20] つまり、今や、日本で生まれる子どもの3割は、東京圏生まれというわけです」

対馬は「そうなると、東京一極集中の構造も大きく変わってきます」と述べ、自身が作ったメモ（図4―20）を示しながら説明を続けた。

「これをご覧になると分かりやすいと思いますが、『東京圏への転入超過数』は、『東京圏への転入数』から『東京圏からの転出数』を引いた差になります。そこで、近年の東京圏への転入超過数の増加要因を分析すると、転入数の増加より、転出数の減少のほうが大きく影響しているのです[21]」

確かに、これだけ長い間、転入が続けば、それは当然である。昔は、地方から東京圏に転入してきた若者が中心だったので、かなりの数の若者が地方へ転出していた。つまり「Uターン」が主力を占

図4-20　「東京一極集中」の今後の行方（メモ）

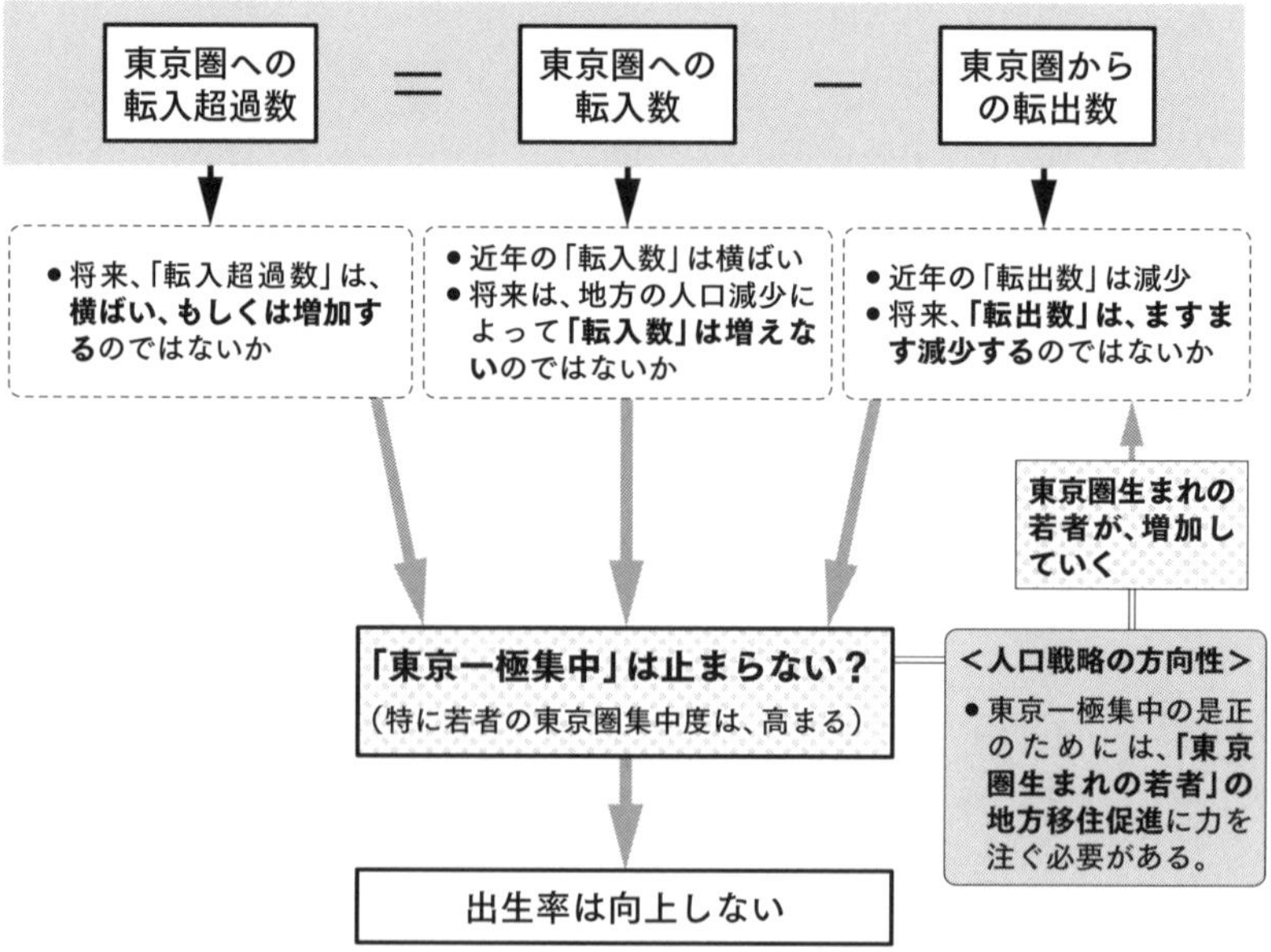

資料：筆者作成

めていた時代である。ところが、その下の「子世代」、さらには「孫世代」が増えてくると、徐々に「Iターン」の時代へと移行していく。そうなると、先ほどの分析結果が示しているように、「Iターン」の割合は、「Uターン」に比べると非常に低い。したがって、時代の推移とともに、東京圏から地方への転出数は減少していくことになるわけである。

「東京一極集中と言うと、東京圏への転入のほうに目が行きがちですが、実は、東京圏からの転出の動きが重要な意味を持っているというんですね」

こう百瀬が問うと、対馬は大きくうなずきながら、

「近年の動きはそうなんです。そして今後は、東京圏生まれ、それも両親とも東京圏生まれの孫世代が増えていくので、東京圏からの転出はますます減少していく可能性が高い。転入数のほうは、地方の若者人口の減少が進むので、今より増えることはないし、施策の効果があれば、減っていくことも考えられます。しかし、それ以上に転出数が減っていくわけです」と言う。

つまり、いくら「転入数」が減っても、「転出数」のほうがより減るので、「転入超過数」は減らず、したがって「東京一極集中」は止まらない、というわけだ。そうなると、若者の東京圏への集中度がますます高まり続け、それに伴い、日本全体の出生率は下がり続けることになる。

ここで、知事の鈴田が話に入った。

「このままだと、その方向に向かうおそれが高いですね。我々としても、そうした事態は避けなければならないと思っています。これまで東京一極集中の是正については、東京圏へ流出する『地方出身の若者』に力点を置いてきたのですが、これからは『東京圏生まれの若者』にも積極的に働きかけ、地方移住を促進していくことが重要となると考えています」

「対策のターゲットが変わってくるということですね」

百瀬が問うと、鈴田は「ええ」と返し、「東京圏生まれの若者を対象にした『Iターン戦略』に力点を移さざるを得なくなるわけです」と答えた。

どうすれば、「東京圏生まれの若者」が地方へ行くのか

東京圏生まれの若者を対象に地方移住を促進するのは、今まで以上に難問である。地方創生に長年

取り組んでいる鈴田も、悩んでいた。

「私たちは、地方出身の若者には接触する機会も多いし、これまでも様々な事業に取り組んできた経験があります。東京圏在住者でも、高齢者についてはケア体制の整った地方に移住してもらうCCRC[22]のような取り組みもあるのですが、地方に馴染みのない東京圏生まれの若者となると、一体、どのような方策が有効なのか……。

まず、地方を知ってもらう意味では、地方に関する教育や情報提供の機会を増やす必要があります。たとえば、東京圏の子どもの『農山漁村体験』や、東京圏の高校生が地方の高校で学ぶ『地域留学』などが、今後ますます重要となってくると思っています」

鈴田がそう言うと、東京からA県に「移住経験」のある対馬も自らの意見を述べた。

「私は、すぐに地方移住にまでいかなくても、地方に関心を持ってもらったり、様々なつながりを作ってもらうことが重要と考えています。『関係人口』[23]、つまり、特定の地域に継続的に多様な形で関わる、〝観光以上移住未満〟とされるケースを増やす取り組みです。

その点では、『二地域居住・多拠点居住』の推進は有用じゃないかと思いますね。地方移住でなくても、東京圏と地方の両方に拠点を持ち、定期的に行ったり来たりしながら、仕事と生活をする形態です。『兼業・副業』の動きもあります。そうしたことを通じて、地方の良さを知り、地域とのつながりを深めてもらうことも効果があると思います」

ここで話に入ってきたのは大森だった。

「皆さんが言われるように、確かに、地方を知ってもらうことや関係人口を増やすことは、〝きっかけ〟づくりとしては重要です。しかし、最終的に地方移住を進めるためには、生活する上での就労環

図4-21　地方移住にあたっての懸念（東京圏在住で地方移住に関心がある人）

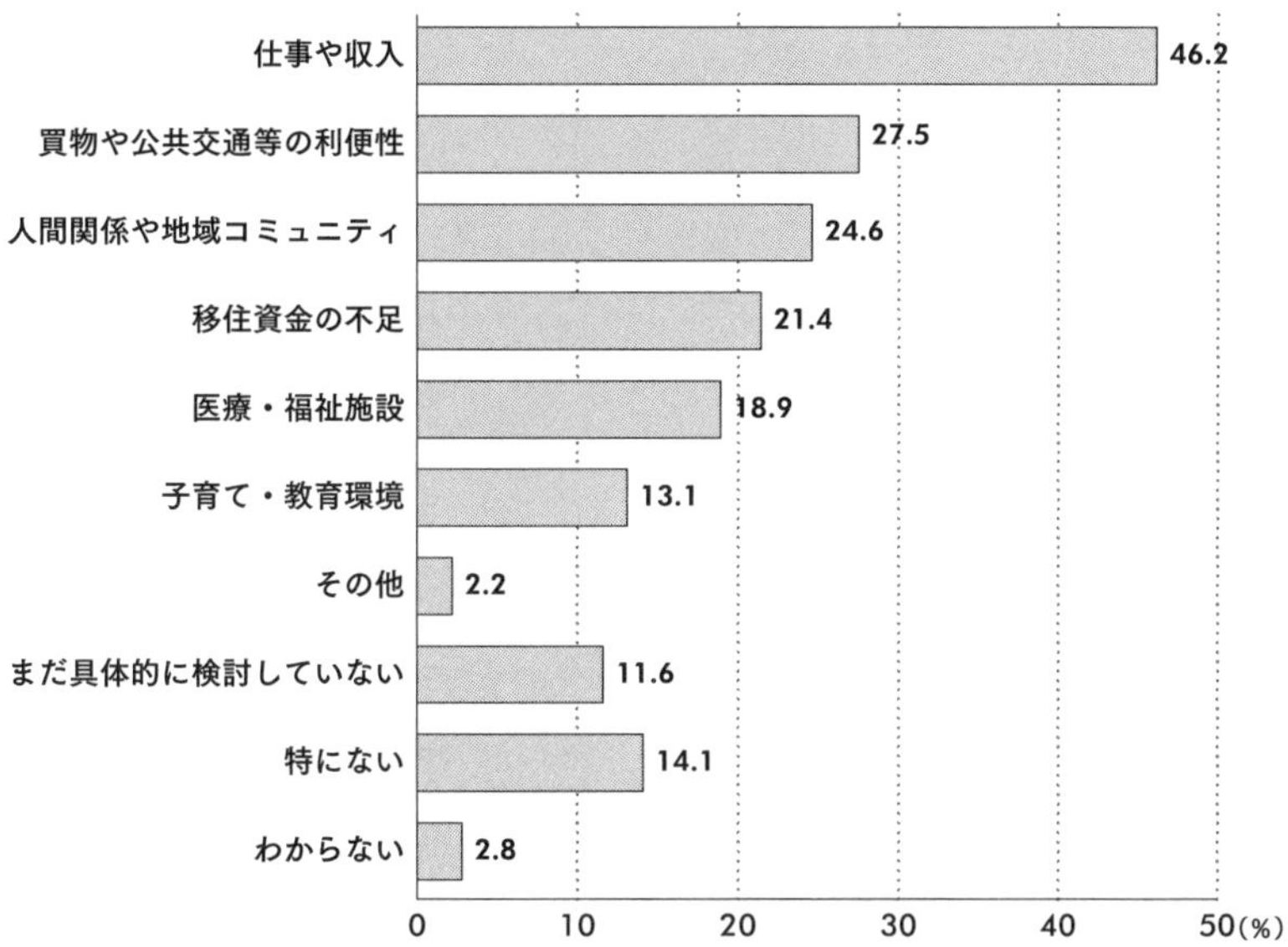

資料出所：内閣府「第2回 新型コロナウイルス感染症の影響下における生活意識・行動の変化に関する調査」（2020年12月11日〜12月17日にインターネット調査を実施）

境がカギとなると思いますね。最近行われたコロナ禍での生活意識に関する調査[24]で、東京圏在住で地方移住に関心がある人に『地方移住にあたっての懸念』を尋ねたところ、『仕事や収入』という答えが最も多く、46・2%にのぼっていました（図4−21）。特に経済力が弱い若年世代の場合は、そうだと思います」

　大森の指摘を聞いて、鈴田も「最近は、企業の中には本社機能を地方に移転する動きも見られますが、そうした動きがさらに強まるといいのですが」と返した。

テレワークへの期待

そこで、大森が「企業拠点の地方移転が進むに越したことはありませんが、私は、コロナ禍で急速に広まったテレワークが地方移住の大きな契機になるのではないか、と期待しています」と言い、資料を取り出し説明を始めた。

——内閣府が2020年5月に行った調査結果によると[25]（**図4―22**）、テレワークの実施状況は、東京圏がかなり高い。全国平均が34・6％、地方は26・0％であるのに対し、東京圏は48・9％、東京23区では55・5％にものぼっている。

テレワークは、これまでも取り組んでいる企業はあったが、大きな動きにはなっていなかった。それが、今般のコロナ禍によって、緊急的な対応とはいえ、かなりの企業や個人が実践したことで、新しい就労の仕方として社会的に広く認知され、新たな広がりを見せている。

テレワークは、単に東京圏の仕事を地方で行えるようにするだけでなく、働く人に対しては、地域との「つながり」を持って充実した生活を送ることが可能な「就労環境」を提供するものである。そして企業にとっても、労働環境の改善、感染症のリスク回避やコスト削減につながり得るものだと言える[26]。

そして同じ**図4―22**にあるように、テレワークを経験した人は、地方移住に対する関心も高まる傾向がある。テレワークの動きを一過性のもので終わらせず、定着・拡大を進め、地方移住に結びつけていくことが重要である[27]——。

図4-22 テレワークの状況（2020年5月、インターネット調査）

○地域別のテレワークを経験した人の割合は、23区が55.5%、東京圏が48.9%で、全国の34.6%より高い。
○テレワーク経験者の方が、地方移住に関心がある割合が高い。

質問　今回の感染症の影響下において、経験した働き方を全て回答してください。

回答者割合	テレワーク（ほぼ100%）	テレワーク中心（50%以上）	定期的にテレワーク（出勤中心：50%以上）	基本的に出勤（不定期にテレワーク）	週4日、週3日などの勤務日制限	時差出勤やフレックスタイムによる勤務	特別休暇取得などによる勤務時間縮減	その他	いずれも実施していない
全体	10.5%	11.0%	6.9%	6.1%	11.2%	9.3%	12.6%	3.5%	41.0%

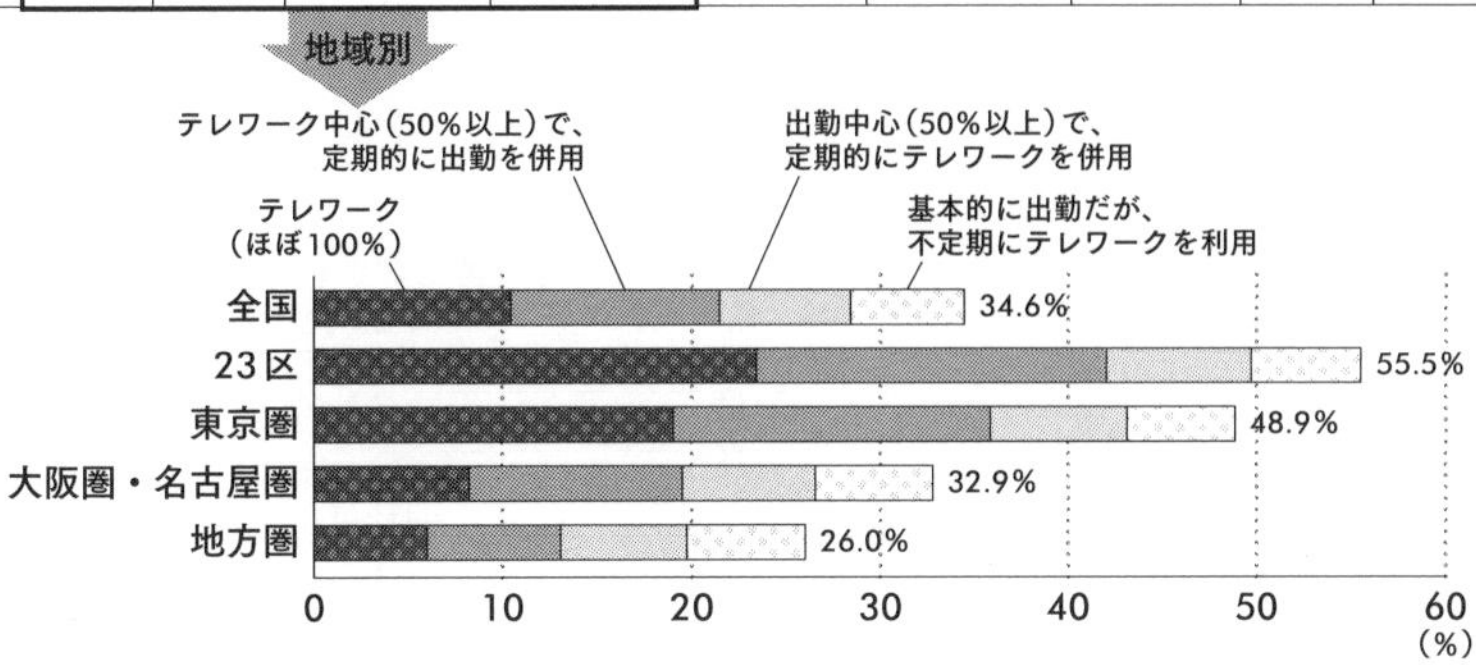

質問　今回の感染症の影響下において、地方移住への関心に変化はありましたか。

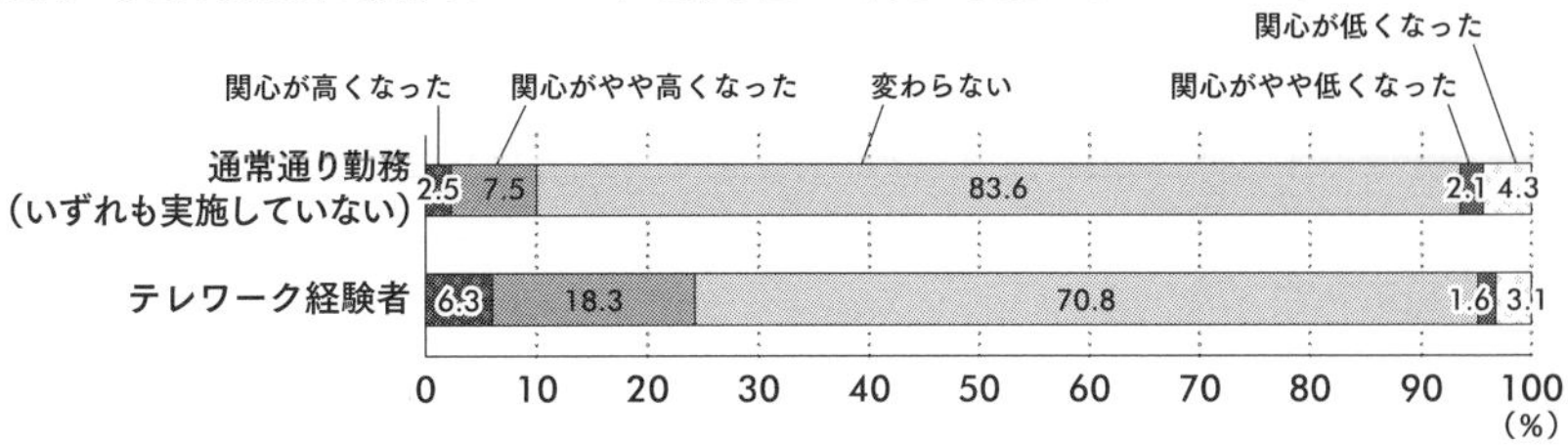

出典：内閣府「新型コロナウイルス感染症の影響下における生活意識・行動の変化に関する調査」（2020年5月25日～6月5日にインターネット調査を実施）

資料：内閣官房まち・ひと・しごと創生本部資料「地方分散型の活力ある地域社会の実現に向けた地方創生の取組」（2021年1月13日）

これには対馬も、「地方も、テレワークによる地方移住促進策に力を入れ始めています。テレワークに関する情報発信やサテライトオフィスの設置などによって、地方移住や企業の地方誘致に成果を上げている事例も出てきています」と賛同した。

すると、それまで黙って聞いていた荒川が急に声をあげた。

「ちょっと、私の意見を言ってよろしいですか」一同が、荒川のほうに視線を向けた。

地方の「子育て環境」の優位性を活かす

「私は、東京圏生まれの若者といっても、その中でも、実際に出産や育児を考えている若者夫婦に的を絞った取り組みが、重要だと思うんですが……」

こう発した荒川は、自身の考えを述べ始めた。

「人口戦略の目標は出生率の向上なんです。だから、子育て世代をターゲットにして、彼らが地方移住したいと考えるようなことでないと……。その点で、彼らが最も困っていることは何か。それは、やはり東京圏の子育ての大変さじゃないでしょうか。そこで、地方の子育て環境の良さを存分にアピールして、地方移住に結びつけ、安心して出産し子育てをしてもらうのが、出生率向上の近道だと思いますね。

最近お会いしたジャーナリストの木村誠子さんから、千葉県の流山市の取り組み[28]をうかがい、大変に感銘を受けました。『母になるなら、流山』をキャッチフレーズに、駅前送迎保育ステーションを設置して、遠方の保育所にも安心して通える送迎システムを作ったり、学童クラブの路線バス利用や夏休みの学校開放などに取り組んだところ、子育て世代が魅力を感じて大量転入し、市の出生率も1・62（2017年）にまで上昇しているそうです。しかも子どものいる世帯のうち、子ども1人は15％なのに、2人が56％、3人以上が29％で、多子世帯が多いのです。流山市は東京圏内ですが、地方でも十分に参考になります」

荒川の話に反応したのは、鈴田だった。

「東京圏生まれの若者が地方移住を選択するとすれば、東京圏にない環境が最大の魅力になるわけですから、その点では『子育て環境』は重要なポイントかもしれませんね」

これに対して、大森が「しかし、子育て世代も、地方で住んでいて仕事がないと経済的に困るのだから、やはりテレワークのような『就労環境』も必要なんじゃないですか」と応じると、百瀬がそれに重ねた。

「東京圏生まれの若者に対する施策としては、いろいろな切り口がありそうですね。だから、『子育て環境』とテレワークのような『就労環境』はともに重要だということじゃないかな。それに、先ほど知事が言われたように、地方には都会にない『自然環境』があることも知ってもらえれば、地方移住の可能性がかなり高まると思いますね」

地方が持つ魅力の発見

意見交換も1時間半を経過し、予定していた終了時間に近づいていた。最後に、鈴田が対馬のほうを向いて言った。

「ところで、対馬さんは、確か『孫ターン』だったんですよね」

孫ターン……？　一同が不思議そうな顔で対馬に視線を送る。

「私は東京生まれですが、父親はA県出身です。祖父母はA県で元気に暮らしておりまして、子どもの頃は夏休みによく遊びに行っていたので、A県とは深いつながりがありました。先ほどの例で言えば、東京へ移動した親世代の『子』にあたりますが、祖父母から見ると、『孫』にあたるので、『孫ターン』と言う人もいます」

「それで、A県の大学に入って、地元で仕事をされているのですか」

百瀬が得心がいったという表情で語りかけると、

「実際には、大学を卒業したあと、しばらく東京のコンサルタント会社で働いていたんですが、わりと早めに結婚しまして、子どもができたんです。それが双子だったんですね」

これには興味津々という様子で、荒川が「女の子ですか、男の子ですか」と身を乗り出して尋ねると、対馬はスマホを取り出し、「女の子と男の子なんです」と写真を見せた。

「うわー、かわいい！」荒川が嬌声をあげた。

「ええ、本当にそうなんです。ただ、子育ては大変で、東京ではとても無理だと思い、妻と相談して、思い切ってA県への移住を決心したんです。先ほど、荒川さんが言われたように子育て環境は大きな要素です。幸いA県には馴染みの企業も多いし、県が誘致したサテライトオフィスを使ってテレワークで仕事もできるので、今は仕事と子育てが両立できる生活が送れています。保育所などの子育て環境が抜群の上に、何と言っても東京より住居費などが安くて、ゆとりのある生活が送れます」

さらに鈴田が「それに地方の生活は、彼の趣味にも合致しているんですよ」と話を向けると、「趣味は釣りなんです。今住んでいる所には、いい釣りスポットがいっぱいありまして。近くの堤防からの夜釣りなんて最高ですよ」と明るい表情で返した。これに武井が反応した。

「いいなあ。釣りは私も大好きですけど、東京では、遠くの海岸まで行くのが大変で……」

対馬にとってA県は、「子育て環境」と「就労環境」、それに「自然環境」の三拍子が揃っていることになる。それだけに、地方創生の仕事にも力が入るのだという。

「結局、地方移住がうまくいくかどうかは、東京圏にない地方の魅力を、若者たちにどう発見してもらうかになります。息の長い話ですが、地道に努力を積み重ねていくしかないと思っています」

鈴田がこう語ると、最後に百瀬がお礼の言葉を述べて、意見交換は終了した。

「いやあ、今日はお忙しい中をどうもありがとうございました。大変勉強になりました。来年1月には、政府として人口戦略をとりまとめますが、その柱の1つとして、『若者に焦点をあてた「地方創生」』を盛り込む予定ですので、今後ともよろしくお願いいたします」

百瀬と大森、武井、荒川は、鈴田知事や対馬らに礼を述べて、都道府県会館を後にした。

若者の焦点をあてた「地方創生」の案作成

百瀬らが全国知事会を訪問して1週間後、本部事務局では、地方創生について部内会議が持たれた。人口戦略において、どのような形で地方創生施策を盛り込むかが議題である。

担当の大森参事官が、1枚の資料（図4−23）を配り、説明を始めた。会議には、野口や武井、荒川

図4-23　若者に焦点をあてた「地方創生」（案）

◎東京一極集中は、地方の若者が大量に東京圏に転入し続ける一方で、東京圏の若者が地方に転出しないことが要因となっている。こうした状況を是正することによって、日本全体の出生率向上を目指す。

1. 地方出身の若者が、地域で活躍する
ー「地方」を知り、「地域」を学ぶー

①地方大学の強化

・地方大学は、若者の高等教育の進学先として、また、地方における「知（地）の拠点」として、地域産業の振興やSTEAM人材などの育成に大きな役割を果たすことが期待される。このため、地方大学の体制強化に、政府をあげて取り組む。

②地方における人材教育の推進

・地方を離れた人材がやがて地方に戻ってくる「人材サイクル」の構築のため、地元の文化や産業・企業に対する理解を深める「ふるさと教育」や、高校生を対象とする地域と連携した実践的な「地域人教育」を推進する。

2. 東京圏生まれの若者が、地方居住を選ぶ

○今後、東京一極集中を是正していくためには、「東京圏生まれの若者」を対象とした取り組みが重要となる。彼らが地方居住を選択しやすくするための施策として、上記の1の施策に加えて、以下の取り組みを推進する。

〈A案〉

①テレワークの推進
②「二地域居住・多拠点居住」と「兼業・副業」の促進
③東京圏の子どもの「農山漁村体験」や高校生の「地域留学」の充実

〈B案〉

○「多様なライフコース・モデル地域構想」

・若者の多様なライフコースの選択を支援し、それを可能とするような社会システムづくりを行う自治体を「モデル地域」として指定し、成果と課題を検証する。

資料：筆者作成

など多数の事務局スタッフが参加していた。

――今回の人口戦略では、地方創生も1つの戦略の柱となっている。ただし、人口戦略は、あくまでも「出生率の向上」が目的なので、10代後半から30代ぐらいまでをターゲットにした『若者に焦点をあてた「地方創生」』として施策を絞り、重点的に推進していくこととしたい。

先日、全国知事会と有意義な意見交換ができたので、その意見も踏まえて、2本の柱とした。施策の主な対象を、第1の柱では「地方出身の若者」に、そして、第2の柱では「東京圏生まれの若者」に置いている。

第1の柱の目指すところは、「地方出身の若者が、地域で活躍する」ことであり、そのために、「地方を知り、地域を学ぶ」機会の充実を目指している。

具体的な施策は、1つ目は「地方大学の強化」である。地方大学は、若者の高等教育の進学先としても、また、地方における「知（地）の拠点」としても、大きな役割を果たすことが期待されるため、その体制強化に政府をあげて取り組むこととしたい。2つ目は「地方における人材教育の推進」である。地方を離れた人材がやがて地方に戻ってくるようにするため、地方を知ってもらう「ふるさと教育」や、地域での実践的な「地域人教育」を推進する――。

ここまで説明すると、大森が言った。

「以上の内容は、これまでも議論が重ねられてきたテーマであり、関係府省庁などの意見もほぼ一致しているのですが、次の第2の『東京圏生まれの若者』に対する施策については、いろいろな意見が出ており、正直なところ、まだ〝生煮え〟の状態です」

どんな意見があったかと百瀬が問うと、大森が答えた。

――関係者の意見としては、「テレワーク」や「二地域居住・多拠点居住」、「子どもの農漁村体験」、「地域留学」などが重要だとするものがあったが、具体的にどの方策が有効かとなると、ケースによって異なるので絞り切れないという声が強かった。

また、東京圏生まれの若者に対する情報発信が重要だが、役所主導の企画では限界があるといった意見、さらに、候補となりそうな移住先をある程度絞らないと効果があがらないという意見がある一方で、若者が地方に魅力を感じる部分は多様なので、移住先を絞るのはよくないという意見があった。中には、地方に馴染みのない若者を動かすのは、実際には無理ではないかという、あきらめに近い意見もあった――。

「なるほど。東京圏出身の若者となると、一体、何が彼らを動かすことができるのか、その点で的が絞り切れない感じだね」

百瀬の指摘に対し、大森の歯切れはよくない。

「さらに、若者の子育てなどのライフコースの多様化という視点から、地方創生に取り組むべきだという、強い意見もありまして……」

ここで、荒川が口を挟んだ。「それは、私の意見です」

ライフコースの多様化を推進する地方創生

荒川は、ライフプランを担当し、遠藤や木村の話を聞く中で、今やすっかりライフプランの信奉者になっていた。

「私は、わが国の出生率を向上させるためには、遠藤先生が唱えられているように、若い男女が多様なライフコースの選択の中で、地方居住を選べるようにしていくことが大事だと考えています。早めに結婚し、出産・育児をしたのちに就職するような『家族形成先行型ライフコース』や、仕事やキャリアアップと結婚・出産・育児を並行させるような『キャリア・家族形成並行型ライフコース』は、東京圏では実現は無理だとしても、子育て環境が整い、地域とのつながりも期待できる地方では、実現可能性が高いと思うからです。

たとえば、早めに結婚して子どもを生んだ若者夫婦の場合も、自治体などの就労や生活面の支援があれば、子育て環境が整い、生活費が安い地方では、十分に生活を送ることが可能です。

また、学校卒業後すぐに企業に本格的に就職するのでなく、働きながらさらに勉強し、職業能力のアップに努めたい若者には、それを受け止めるようなコミュニティ・カレッジを地域で整備すれば、多くの希望者がやってくると思うのです。そうした若年世代のライフコースの多様化を推進していく上で、地方は大きなポテンシャルがあると思います」

力強く話す荒川に対し慎重論を発したのは、大森だった。

「ただし、荒川さんが言っているような、多様なライフコースが実現できる環境を整備するとなると、雇用や教育システムの大がかりな改革が必要となりますし、若者を受け入れる側の地方も、大きな変革が求められます。そうなると、地方側で拒否的な反応も予想されますし、関係者の合意形成も難しいのではないかと思うのですが……」

この見解に、荒川は声を強めた。

「そういう閉鎖的で、かたくなな姿勢のところには、私は期待していません。若者の多様な生き方を受け止めて、自らが変わろうとする地域が、これから生き残るのです。多くの女性が、地方では『しがらみ』を感じ、地元や親元から離れたかったと思っているのは、そうしたことなんですよ。地方が、東京のコピーでなくて、大きく飛躍するチャンスだと、前向きに思ってくれないと……」

「いやあ、やっぱり荒川さんは周囲のしがらみが嫌だったから、東京に出てきたんだ」

「そんなことはないって、言ったでしょ！」武井が茶々を入れると、ぴしゃりとはねのけられてしまった。

「お二人とも、もういいですか」そう言うと、大森が「そこで、いろいろ議論したのですが、結局、案を絞り切れず、2案になりました」と説明を再開する。次のような内容だった。

本部事務局案、まとまる

――図（4―23）の2の「東京圏の若者が、地方居住を選ぶ」ための施策として、A案は、①テレワークの推進、②「二地域居住・多拠点居住」と「兼業・副業」の促進、③東京圏の子どもの「農山漁村体験」や高校生の「地域留学」の充実をあげている。これらの取り組みを地方創生交付金や、様々な情報発信によって推進していく。

一方、B案は、荒川参事官が発案した「多様なライフコース・モデル地域構想」である。若者の多様なライフコースの選択を支援し、それを可能とするような社会システムづくりを行う自治体に「モデル地域」として手を上げてもらい、実際に取り組んでもらう構想で、そこで得た成果や課題を検証して、その後、全国に展開していこうというものだ——。

これに荒川が補足する。

「このモデル事業は5年間限りで、全国10か所ぐらいに絞るのがよいと思います。それに、対象は東京圏出身の若者だけでなく、地方に住み続けたい地方出身者も当然、含みます」

百瀬は「なるほどねえ」と考え込みながら、しばらく経って言った。

「それじゃあ、両方ともやろう。東京圏生まれの若者対策は、いろいろと試行錯誤でやっていくしかないんだから、両方やってみる価値は十分にあるだろう」

百瀬の言葉を聞いて、一同「なるほど」と納得した様子となった。

「では、その方向でまとめよう。それからB案のライフコースのモデル地域構想は、ライフプランの項目の『「ライフコースの多様化」の推進のための国民会議』と連動した形で進めてくれるかな。国民会議でまとめられた提言を踏まえて、それをモデル地域で実際に取り組み、そして、その実績を国民会議に報告し、再び議論する形で、『PDCAサイクル（Plan → Do → Check → Action）』に乗せるのがいいと思うから」

この百瀬の指示に対し、荒川が弾んだ声で「わかりました」と答えた。

こうして人口戦略の柱の1つである『若者に焦点をあてた「地方創生」』についての本部事務局案

がまとめられ、来年の決定に向けて、関係府省庁や全国知事会など地方自治関係団体との調整が進められていった。

8 難問の「移民政策」（202X年12月中下旬）

混迷を深める、移民の議論

本部事務局において、人口戦略の柱となる政策の検討が進む中で、とりまとめが難航しているのが「移民政策」である。

移民に対する基本論をめぐり、政府部内の意見の相違は大きく、議論は混迷を深めている。本部事務局は、法務省、外務省、厚労省、警察庁などの関係省庁と何度も協議を重ねているが、方向性は一向に定まらない。意見集約を任されている百瀬をはじめ本部事務局スタッフは、時間の経過とともに、焦りの色を見せ始めていた。

「出入国管理及び難民認定法（入管法）」の改正により、2019年から新たな外国人材制度がスタートした。これは、大きな政策転換であったが、日本政府は、「移民政策は採らない」としている。したがって、政府関係者の大方の本音は、まずは新制度の着実な実施に全力をあげることとし、新制度が実際にどのような成果をあげ、その中でどのような課題があるかを見極めてから、移民政策の可否を含め議論に入りたいというものだった。

さらに、与野党や経済界、労働界、学界においても、移民に対する意見は多様で、対立は激しい。

経済界などの中には、成長に欠かせない人材・労働力の確保のために移民を積極的に受け入れるべきだとする賛成論がある一方で、日本のアイデンティティ維持のため、移民受入れなどとんでもないという反対論、さらに、中間的な考え方など様々な意見が入り乱れている。こんな状態では、与党や国会において冷静で建設的な議論が行われるとは到底考えられない、と百瀬をはじめ関係者は感じている。

「移民」の定義と国際ルール

ここで改めて、移民の現状を見てみよう。

移民については、国連が定めた長期移民の定義がある。それは、「自分の通常の居住地から少なくとも1年間、他国に移動して居住する人」というものである。

国連統計[29]によると、世界の移民人口（2019年）は、約2億7200万人、世界人口の3・5％にあたる。そして、国別の移民受入れ状況は、ストック（累積）ベースで最も多いのが米国の約5066万人（人口の15・4％）であり、主要国ではドイツが約1313万人（15・7％）、英国が約955万人（14・1％）、フランスが約833万人（12・8％）、カナダが約796万人（21・3％）、オーストラリアが約755万人（30％）である。欧州で移民人口比率が特に高いのはスイスで、約257万人、人口の29・9％に達する。この国連ベースでは、日本の移民数は約250万人で、人口の2・0％となっている。

難民も移民の一部である。わが国も加入している難民条約（難民の地位に関する条約）では、難民は、

「人種、宗教、国籍、政治的意見やまたは特定の社会集団に属するなどの理由で、自国にいると迫害を受けるかあるいは迫害を受けるおそれがあるために他国に逃れた」人々と定義されており、難民が享受できる法的な保護や条約加盟国の支援などが規定されている。そして、今日、難民とは、こうした政治的な迫害のほか、武力紛争や人権侵害などを逃れるために国境を越えて他国に庇護を求めた人々を指すようになっている。[30]

これに対し、経済的理由から、より良い生活を求めて他国に移動する移民は「経済移民」と呼ばれ、難民とは区別されている。両者の区別について、UNHCR（国連難民高等弁務官事務所）日本は、次のような見解を示している。[31]

「何百万という『経済的』あるいはそのほかの目的を持った移民が、この数十年で発達した通信手段の利用により、主に西側先進諸国へと新たな生活を求めて移動します。彼らはしばしば難民と混同されますが、真の難民は生命が危険に晒されるような迫害から逃げてきているのであり、単に経済的な困難さを理由としているのではないので、彼らとは区別されるべきです」

難民については国際的な制度や仕組みが存在するが、経済移民のほうは状況が異なる。経済移民についても、1990年に国連総会で、移住労働者と家族の保護を求める「すべての移住労働者及びその家族の権利の保護に関する国際条約」が採択されてはいるが、この条約を署名批准しているのは、中南米や東南アジアなどの移民送出し国のみで、欧州諸国や米国、日本などの先進国は、国内の労働市場や治安問題を懸念して署名批准は行っていない。移民大国と呼ばれているカナダやオーストラリアもそうである。

このように経済移民については、移民の受入れ国と送出し国の両者に適用されるような国際的なルールは、現時点では確立されていない。これは、ＷＴＯ（世界貿易機関）などによって一定の国際的ルールが定められている国際貿易分野とも、大きく異なっている。

つまり、移民（経済移民）をどのように受け入れるかは、受入れ国の裁量に任されている部分が圧倒的に大きいのである。[32]

わが国における外国人在留の状況

そこで、わが国はどのような対応をとっているかである。

まず、わが国における外国人の在留状況を見てみよう。総務省調査[33]によると、２０２１年１月１日現在の外国人人口は、２８１万人である。外国人人口は２０１５年から6年連続して増加し、増加数も拡大傾向にあったが、減少に転じた。コロナ禍の影響により、２０２０年の転入者が大幅に減少したことが主な要因である。外国人の年齢構成は、日本人に比べて非常に若い。生産年齢人口（15～64歳）の割合が85％（日本人の場合は59％）を占め、中でも20代が30・7％と3割を超えている（日本人の場合は９・７％）。外国人が日本人の若年労働力の減少を補完している状況がうかがえる。

図４―24は、わが国に中長期間在留している外国人の在留資格別状況である。在留資格とは、外国人がわが国に在留して一定の活動を行うことができる法的地位で、外国人が行う活動内容に応じて法律で定められている。在留資格によって、就業の条件や在留期間、家族帯同の可否などが異なっている。以下、簡単に説明する。

「特別永住者」は、入管特例法によって永住資格を認められている在日韓国・朝鮮人等である。「身

図4-24　在留資格と外国人数

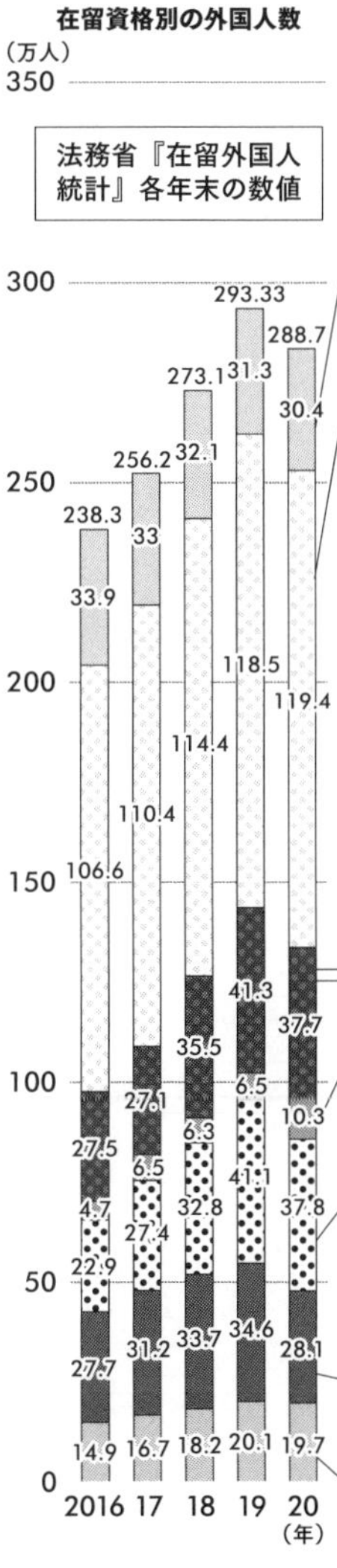

特別永住者
- 入管特例法によって永住資格を認められている在日韓国・朝鮮人、台湾人

身分に基づく在留資格
- 「永住者」（10年以上在留等）と「その配偶者」
- 「定住者」（主として日系人）
- 「日本人の配偶者」

- 就業：制限なし
- 在留期間：更新制限なし
  無期限（永住者）
- 家族帯同：可

専門的・技術的分野の在留資格
- 「高度専門職（1号・2号）
  ※ポイント制による
- 「技術・人文知識・国際業務」「など

- 就業：在留資格制限ごとに定められた活動
- 在留期間：更新制限なし
  ※高度専門職2号は無期限
- 家族帯同：可

特定技能（新たに創設、2019年4月）

【特定技能1号】
特定産業分野（14分野）の相当程度の知識又は経験を要する業務に従事する外国人
- 在留期間：1年、6か月又は4か月ごと更新（通算上限5年）
- 技能水準：試験等で確認（技能実習2号修了者は免除）
- 日本語能力水準：試験等で確認（技能実習2号修了者免除）
- 家族帯同：不可

【特定技能2号】
特定産業分野（2分野）の熟練した技能を要する業務に従事する外国人（2024年4月以降）
- 在留期間：3年、1年又は6か月ごと更新（通算上限なし）
- 技能水準：試験等で確認
- 日本語能力水準：試験等で確認は不要
- 家族帯同：可（配偶者、子）

特定活動
- EPAや国家戦略特区のケースなど

技能実習
- 技能実習13号がある（3号は2017年に創設）。

- 就業：2,3号は対象職種制限
- 在留期間：最長5年
- 家族帯同：不可

【技能実習1号】1年以内
【技能実習2号】1号修了した者の実習。2年以内、実習対象職種の限定
※2号修了者は試験免除で特定技能1号に移行が可。
【技能実習3号新設】2号修了者で実技試験を合格した者、一旦帰国が条件。対象職種は、2号移行対象職種と同一。2年以内

留学（資格外活動）
- 「留学生」のアルバイト等
  ※就業する場合は、資格外活動の許可を要する。

- 就業：週28時間以内などの条件
- 在留期間：更新制限なし
- 家族帯同：不可

家族滞在
- 専門的、技術的分野の在留者等の家族

資料：筆者作成

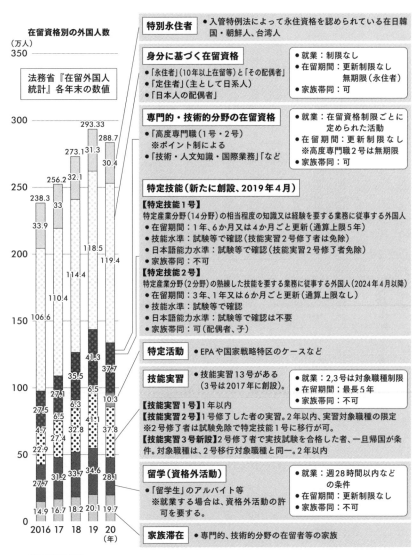

分に基づく在留資格」は、「永住者」（10年以上在留するなどの条件を満たし、法務大臣が永住を認める者）や「定住者」（日系人や条約難民など、法務大臣が一定の期間の在留を認める者）、「日本人の配偶者」及び「永住者の配偶者」（ともに一定の期間の在留を認める者）である。就業の制限はなく、在留も永住者は無期限、その他の者も在留期間はあるが、更新制限はない。

これに対し、就労を目的とする在留資格（就労ビザ）として、「専門的・技術的分野の在留資格」がある。その中で、わが国が積極的に受け入れている「高度人材」のために設けられているのが、「高度専門職」である。高度人材とは、「国内の資本・労働とは補完関係にあり、代替することが出来ない良質な人材」であり、「我が国の産業にイノベーションをもたらすとともに、日本人との切磋琢磨を通じて専門的・技術的な労働市場の発展を促し、我が国労働市場の効率性を高めることが期待される人材」とされている。[34]

高度人材の認定を行うために、2012年から「高度人材ポイント制度」が導入されている。この制度では、高度人材の活動内容を「高度学術研究活動」、「高度専門・技術活動」、「高度経営・管理活動」の3つに分類し、それぞれの特性に応じて、「学歴」、「職歴」、「年収」などの項目ごとにポイントを設け、評価を行っている。このポイントの合計が一定点数（70点）に達した場合には、「高度専門職1号」として認定され、在留資格上の優遇措置が与えられている。具体的には、複数の在留資格にまたがる活動が認められているほか、在留期間は5年で更新制限なし、永住許可の要件の緩和、配偶者の就労、親や家事使用人（一定条件あり）の帯同が認められる。

さらに、「高度専門職1号」で3年以上活動を行っていた者には、「高度専門職2号」が認められる。「高度専門職2号」は、就労に関する在留資格で認められる、ほぼすべての活動を行うことができる。そして、在留期間が「無期限」になる。2020年末現在で、「高度専門職1号」は1万5765名、「高度専門職2号」は676名に過ぎない。

高度専門職のほかに、「専門的・技術的分野の在留資格」として、活動内容ごとに在留資格が設けられている。たとえば、「技術・人文知識・国際業務」、「経営・管理」、「企業内転勤」などである。在留期間もそれぞれの在留資格に応じて設定されており、更新制限はなく、家族帯同も認められている。

新たに創設された「特定技能」

これに加えて、先ほど述べたように、2019年から入管法改正によって、一定の専門性・技能を有し即戦力となる外国人材について、新たな在留資格が創設された。「特定技能」である。

この在留資格による外国人材の受入れが認められる業種として、14の特定産業分野（介護、各種製造業、建設、造船・舶用工業、自動車整備、宿泊、農業、漁業、外食業など）が指定されている。特定技能には2種類ある。「特定技能1号」は、特定産業分野（14分野）に属する相当程度の知識または経験を要する業務に従事する外国人向けのものである。在留期間が定められており、更新はできるが、通算上限が5年となっている。技能水準や日本語能力水準を試験等で確認することが求められ（技能実習2号修了者は免除）、家族帯同は認められていない。これに対し、「特定技能2号」は、特定産業分野（建設と造船・舶用工業の2分野）に属する熟練した技能を要する業務に従事する外国人向け（技能試験あり）で、在留期間は更新でき、通算上限はなく、家族（配偶者、子）の帯同も認められている。

特定技能による受入れ見込み人数は、特定産業分野ごとに設定されており、2019年4月から5年間で総数は最大34万5150人とされている。特定技能1号の実数は、2022年6月末の速報値[35]では8万747人となっている（2号は、2024年4月以降となる）。当初は伸び悩んでいたが、2020年後半あたりから急増した。これは、コロナ禍によって技能実習生の帰国が困難となる中で、特定技能へ移行した者が増えたことによるものとされている。

この新たな在留資格については、経済界は、労働力不足の緩和のために外国人材を広く受け入れるものとして評価しているものの、現時点では各方面から様々な意見がある。新制度はスタートしたばかりなので、どのような効果や課題が出てくるかは、今後の制度運用の中で明らかになってくる。

「技能実習」と「留学（資格外活動）」

一方、従来から、本来の目的とは乖離した実態となっていると批判されているのが、「技能実習」と留学生の「資格外活動（アルバイト）」である。

「技能実習」は、技能実習制度に基づき、実習を行う者である。この制度は、国際協力の観点から、わが国で培われた技能、技術または知識の開発途上地域等への移転を図り、当該開発途上地域等の経済発展を担う「人づくり」に寄与するということを目的としている。

基本理念として「技能実習は、労働力の需給の調整の手段として行われてはならない」（技能実習法第3条第2項）と定められている。しかし、実態として、未熟練の外国人労働力の利用手段となっており、「偽装移民」ではないかとする厳しい指摘[36]がある。また、賃金や労働時間をめぐる不正事案が相次ぐなど、批判は多い。最近はコロナ禍によって入国が難しくなったこともあり、2020年末は約37・8万人と、前年に比べ3万3000人の減少となっている。

また、留学生の在留資格で滞在している外国人学生は、アルバイトとして働く場合、法務省の「資格外活動」の許可を得る必要がある。留学生は、本来は就労することは認められていないので、許可に際しては、本来の活動（学業）の遂行を阻害しない範囲内ということで、1週間で28時間以内などの条件が付されている。

しかし、一部においては、この資格外活動が常態化し、所在不明の留学生の多数発生などの問題が生じている。このため、2019年に政府は、留学生の在籍管理の新たな方針を決定し、留学生受入れ教育機関には在籍管理を徹底するように基準を厳格化するとともに、在籍管理ができていない「非適正校」は、留学生の受入れ先から抹消する措置を強化した。

以上が、わが国における外国人の在留資格とその現状である。

将来的には、日本は「5人に1人が移民」という試算

次に、人口減少と移民の関わりについて、基本的な状況を取り上げておこう。

まず、この問題を考える上で触れておく必要があるのが、2000年に国連人口部が公表した「補充移民（Replacement Migration）—人口の減少・高齢化は救えるか？」というレポートである。この「補充移民」という考え方は、日本や欧州諸国で起きている「出生率及び死亡率の低下によってもたらされる人口の減少を補い、高齢化を回避するために必要とされる国際人口移動（移民）」のことを指して

いる。[37]

このレポートは、日本を含む主要国について、いくつかのシナリオに基づき、1995年から2050年の55年間において移民が流入する水準によって、当該国の人口規模と高齢化にどのような影響が生ずるかを試算している。その試算結果は、**表4―1**のとおりである。

これによると、人口減少を回避するシナリオⅢ（2050年までに達した最大の総人口を維持しようとするケース）の場合、日本は、1995年から2050年で年平均31・2万人、総計1714万人の移民が必要となり、その場合の2050年の総人口に占める移民（及びその子孫）割合は17・7%になると試算されている。想定される移民総数は、ドイツに次いで多い。

このレポートでは、人口の高齢化を避けるシナリオとして、シナリオⅣ（生産年齢人口を維持しようとするケース）とシナリオⅤ（生産年齢人口と老年人口の比率を維持しようとするケース）についても試算が行われている。日本については、シナリオⅣでは年平均60・9万人、総計3349万人の移民が必要となり、2050年の総人口に占める割合は30・4%となるとされている。シナリオⅤに至っては、年平均1000万人、総計5億5350万人の移民が必要となり、2050年の総人口に占める割合は87・2%にも達するとしている。

このレポートは、日本ではそれほど話題にならなかったが、移民問題に神経質になっていた欧州では大きな波紋を巻き起こした。フランスでは、地元紙が「国連は、労働力不足の減少を補填するための手段として大量の移民受入れを推奨する」と、このレポートを紹介した。それを受けて、移民反対派の国民戦線のルペン党首は「国連は、……2050年までに年間170万人の外国人をフランス領土に迎え入れるように指示した」と激しく非難し[38]、移民論議に火に油を注ぐこととなった。

表4-1 各シナリオ別の「補充移民数(1995〜2050年)」と「2050年時点における移民(及び子孫)の人口割合」

注：上段は、1995〜2050年における①年平均補充移民数、②総移民（単位：万人）
下段（ ）は、「2050年時点における、総人口に占める移民（及び子孫）割合」

	シナリオⅠ 世界将来人口推計	シナリオⅡ 移民ゼロ	シナリオⅢ 総人口を維持するケース	シナリオⅣ 生産年齢人口を維持するケース	シナリオⅤ 潜在扶養指数（※）を維持するケース
日本	0 (1.2%)	0	①31.2 ②1714 (17.7%)	①60.9 ②3349 (30.4%)	①1006.4 ②55350 (87.2%)
フランス	10.0 (6.3%)	0	①2.7 ②147 (2.9%)	①9.9 ②546 (11.6%)	①170.5 ②9380 (68.3%)
ドイツ	20.7 (8.9%)	0	①32.4 ②1784 (28.0%)	①45.8 ②2521 (36.1%)	①342.7 ②18850 (80.3%)
イギリス	2.2 (3.8%)	0	①4.8 ②263 (5.5%)	①11.4 ②625 (13.6%)	①108.7 ②5978 (59.2%)
イタリア	1.2 (2.1%)	0	①23.5 ②1294 (29.0%)	①35.7 ②1961 (38.7%)	①217.6 ②11968 (79.0%)
欧州	42.8 (4.3%)	0	①182.1 ②10014 (17.5%)	①293.4 ②16135 (25.8%)	①2520.3 ②138615 (74.4%)
米国	76.0 (1.2%)	0	①11.6 ②638 (2.5%)	①32.7 ②1797 (7.9%)	①1077.7 ②59276 (72.7%)

(※)潜在扶養指数とは、老年従属人口指数の逆数(生産年齢人口/老年人口×100)。

資料：UN Replacement Migration (2000) Table Ⅳ. 4、7, 9から筆者作成

次に、わが国における人口減少と移民に関する試算を紹介しよう。

これは、2014年2月に、内閣府が「選択する未来」委員会第3回会合に提出したものである。この試算は、いわゆる一億人国家シナリオに関連して行われたもので、2015年から100年間近く、毎年20万人の移民を受け入れるという仮定で行われている。この仮定に基づき、将来の総人口を推計すると、移民の受入れによって2060年時点では約1100万人、2110年時点では約2300万人の人口増加が見込めるとしている。そして、その結果、2110年時点では移民が占める割合は約2割になると推計されている。つまり、5人に1人が移民及びその子孫ということになる。

移民割合が2割ということは、現在のドイツ（15・7%）より高く、カナダ（21・3%）並みになるということを意味する。現在のわが国の移民割合が2%なのだから、今の10倍である。移民がこの規模に達すると、労働という経済的な面にとどまらず、国民生活や社会、さらには政治構造にも大きな影響が生じ、日本社会の様相は一変している可能性が高い。

移民政策をめぐる歴史を知る重要性

移民は、一国の経済、社会、政治の基本構造に大きな変化をもたらす可能性を有している。それゆえに「移民政策」は、国民にとって重要なテーマであるが、同時に、政府や専門家と国民との間に、大きなコミュニケーションギャップが生じがちなテーマでもある。

今日、欧米諸国では移民問題が沸騰しているが、移民反対派の主張の中には、「政府の官僚などエリート層が、国民の意見を聴かず、議論もなく、勝手に移民受入れの計画を進めてきている。その結果、このような事態になったのだ」という論法が溢れている。EU（欧州連合）加盟国に適用される共通移民政策は、EUの政策執行機関（欧州委員会）が立案し執行するため、非難の的となっているのは、超国家組織のEUである。先ほど紹介した、フランスの国民戦線による国連の「補充移民」レポートに対する非難は、「国連はEUと結託して、ヨーロッパに大量の移民を迎えようとしている。彼らはヨーロッパが移民であふれるのは承知の上だ」というものだった。[39] 英国が、EUから離脱する際に、2004年以降のEU東方拡大に伴う中東欧からの大量の移民が、焦点の一つになったことは記憶に新しい。その時も、ブラッセル（EU機関の所在地）にいる「現場を知らないEUエリート」によって移民政策が決定されている、という英国民の不満が根底にあったとされている。

そこで、日本である。日本は欧米に比べて、現時点では移民数が格段に少ないこともあって、「移民政策」と言われてもあまりピンとこないと思う。しかし、これから人口減少が深刻化していくのが確実である以上、「対岸の火事」のような意識では困ったことになる。

中長期的に見れば、移民政策のあり方は、国民一人ひとりに重大な影響を与えることになる。「政府が、官僚が、専門家が勝手に決めた」、「いや、そうじゃない。正しい決定だ」というふうに非難し合っても、一度、移民の受入れ拡大に舵を切ると、元の状況に戻るのは難しい。あとになって後悔しても遅い。[40] 仮に、その時に、異なる方向に強引に進めようとすると、社会が大混乱に陥ることは間違いない。日本はこれからどの方向に向かうのか、その岐路に立っている現時点においてこそ、しっかりとした国民的な議論がなされなければならないのである。

その点で、日本は幸運かもしれない。欧米諸国の移民政策をめぐる、長年にわたる議論や経験を参考にできる立場にあるからである。欧米諸国が採ってきた移民政策には、当初、政府が描いたシナリオどおりに物事が進まず、時が経つにつれて、予想しなかった問題が顕在化し、その結果、困難な状況下で苦しい政策変更を行わざるを得なくなった歴史的事実が数多く存在している。そうした移民政策にまつわる困難な歴史を理解しておくだけでも、日本国民にとって意義は大きいと言えよう。

移民政策の3つの論点

12月下旬の予算編成作業が始まった日の午後、本部事務局の百瀬統括官の部屋を、夏の朝食勉強会のメンバーであった経済学の片岡三郎と国際政治専門の鈴木信之、企業経営者の古賀恭平がアポなしで訪れてきた。

挨拶もそこそこに、片岡が切り出した。

「百瀬さん、人口戦略の進展はどうですか。小川涼子さんが、随分頑張って、子ども保険を提唱されていると聞いていますよ。子ども保険は、私も大賛成ですから、頑張ってください」

「小川さんには本当に助けてもらっています。片岡さんも応援、お願いしますよ」

「いやあー、私は一介の経済学者ですから、何もできませんよ」

「ところで、今日は、3人ご一緒で、何か……?」

百瀬が不思議そうな顔をした。

「実は、古賀さんの紹介で、先ほど3人で、経財新聞社主催の移民政策のシンポジウムに出席していましてて、場所がすぐ近くだったので、帰りに立ち寄ったんです」

「移民政策ですか。どんなシンポだったのですか」百瀬が尋ねると、古賀が答えた。

「一般市民向けのシンポで、移民政策とは何なのか、一体、何が論点になるのかを、分かりやすく紹介しようという趣旨のものだったんです」

するとバツが悪そうな表情で、片岡が鈴木に語りかけた。

「ただ、最後は、私と鈴木さんとの討論会みたいになっちゃって……。先ほどはすみませんでした」

「しょうがないですよ。移民政策については、みんな意見が違うのだから」

「もしよければ、少し議論の内容を教えてください。移民政策は、ちょうど政府与党内でも議論の最中ですから」と百瀬が提案すると、片岡は快諾した。

「結構ですよ。シンポでは、移民政策を理解する上でキーとなる論点が、3つ取り上げられたんです。第1の論点が、『外国人労働者と移民は、どう違うのか』。第2が、『主要国の移民政策の現状と歴史から、何が学べるのか』。第3が、『将来、5人に1人が移民となったら、日本社会はどう変わるのか』です。それぞれについて、各人が考え方を述べて、それから参加者からの意見や質問を受け、シンポジスト間で議論したのです。私たちは、同じ会議室に集まったのですが、一般市民はオンラインでの参加です」

百瀬は「ほう」とうなずくと、「その3つの論点は興味がありますね。みなが知りたいことですよ。ぜひ私も内容を聞きたいですね。もし差し支えなければ部下たちも呼びますが、よろしいですか」と言うと、片岡は、

「もちろんです。説明には少し時間をとるかもしれませんが、本部の皆様の参考になれば、私たちもうれしいです」と答えた。

論点1 「外国人労働者」と「移民」は、どう違うのか？

移民をめぐる問題は、広範かつ複雑

百瀬の指示で、外務省から本部事務局に出向し、移民政策を担当している参事官の森岡和夫をはじめ数名の職員が部屋にやってきた。まず第1の論点について、片岡が説明し始めた。

——国連の定義では、移民とは「自分の通常の居住地から少なくとも1年間、他国に移動して居住する人」とされており、そこでは、外国人が労働者であるか否かは問われていない。しかし、政策面での議論となると、「外国人労働者」と「移民」では、対応が大きく異なってくる。「外国人労働者」は、就労を目的で移動してくる人である。そのため、一時滞在し、いずれ帰国することが基本となっている。つまり、永住せず、家族も帯同しないのが前提である。これに対して、「移民」は、就労するか否かを問わず、永住する目的の人を含んでいる。そして、家族を帯同したり、後で呼び寄せたりして、生活を営む拠点を作ることが想定されている。

この違いが、政策面でどのような違いをもたらすか。

まず「外国人労働者」に対する政策は、基本的には労働政策の視点が中心となる。受け入れるにあたって、国内雇用や経済に対してどのような影響を与えるかが判断される。近年は、いわゆる高度人材は、無期限で在留する権利や家族帯同を積極的に認めている国が大半であるが、これは例外的な扱いである。それ以外の者（非熟練労働者）については、就業条件や在留期間が設定さ

れ、永住は認められないのが通例である。そして、外国人が入国して働く段階になると、労働条件や賃金などの面で問題はないか、といったような雇用管理が課題となってくる。

これに対して、「移民」に対する政策は大きく異なる。

移民の場合は、就労するか否かを問わず、永住目的で移住してくる人を視野に置くことになるため、就労分野のみならず、社会全般に対する影響を十分に考慮する必要がある。そして、入国を認めるとすると、移民がどのように暮らしていくかという生活の視点も重要となってくるため、言語や社会教育など社会統合のための施策のほか、社会保障や政治などの問題が関わってくる。さらに、家族を帯同し、もしくは呼び寄せることもあるので、家族とともに暮らす住居や子どもの教育の問題も生じてくる。

このように「移民」は、「外国人労働者」とは比べものにならないほど、問題が広範かつ複雑となる。こうした違いから、各国においては「外国人労働者」と「移民」は、制度上、厳格に区別されている――。

我々は「労働力」を呼んだが、やってきたのは「人間」だった

――ところが、両者を隔てる垣根は、頑丈そうに見えても、ある一線を越えると、崩れ去ってしまう可能性を多分に含んでいる。

「我々は『労働力』を呼んだが、やってきたのは『人間』だった」

これは、大量の移民を受け入れているスイスの作家マックス・フリッシュが、50数年前に述べ

たものである。この言葉は、移民問題の本質を突いたものとしてよく知られている。

たとえば、一時滞在の労働者として入国した外国人が、期限を過ぎても在留し続け帰国しない場合や、さらには、その外国人が家族を呼び寄せて生活の根拠を築いてしまうような場合である。当然ながら、外国人は不法滞在となる。したがって、帰国を強制する措置がとられたり、帰国を促すような方策が講じられたりする。しかし、ある程度の期間居住している大規模な外国人集団を、本人たちの意思に反して帰国させることは、現実には、行政的、政治的、外交的にコストが大きく、非常に難しい選択となる。[41]

このため、欧米では、幾度となく、不法滞在者を合法化する措置が講じられてきた歴史がある。その結果、一時滞在であったはずの「外国人労働者」は、実質的に永住が可能な「移民」となる。つまり、「外国人労働者」として始めた政策判断が、結果として永住への道を開き、最終的には、「移民」を認める政策を採らざるを得なくなることがあり得るのである。

たとえば、ドイツは戦後の高度成長期に、2国間協定を締結して、多くの外国人（特にトルコ系）を一時滞在の労働者（ガスト・アルバイター）として受け入れてきた。しかし、オイルショックによる経済悪化に伴い、1973年に受入れを停止するとともに、滞在しているトルコ系労働者に対し期限終了に伴い帰国することを求めた。ところが、帰国するはずだった彼らは、いくら帰国支援措置（手厚い帰国奨励金の提供）を講じても帰国せず、家族を呼び寄せ、不法に滞在し続けた。それによって、ドイツ人とは一線を画した、トルコ系移民の下層社会がドイツ国内で生み出され、大きな社会問題となった。結局、2000年代に入ると、ドイツ政府は、これらのトルコ系移民（第二、第三世代を含めて）の滞在を合法化する措置を講じたのである。[42]

こうした事例は、ドイツだけではない。フランスでは、経済成長期に流入したマグレブ諸国（特にアルジェリア）などからの移民について同じような問題が生じ、米国でも、大量の不法滞在者について、数次にわたって合法化する措置がとられてきた――。

「外国人受入れ政策」と「社会統合政策」の2本建て

片岡の説明を聞いて、移民政策担当の森岡参事官が尋ねた。

「ドイツは、不法滞在者を合法化したあとに、どのように対応していったのですか」

「それまでドイツ政府は、ドイツは『移民国家』ではない、という認識を示していたんですが、この合法化措置と同時期に、当時のシュレーダー政権が、数年間にわたる議論を経て移民政策に踏み出したのです。この政策転換の中で大きな柱になったのが、２００５年に制定された移民法に基づく『社会統合政策』です。この政策によって、移民がドイツ語やドイツの法律、文化、歴史を学ぶ総合講習が行われるようになりました[43]。それまでは、不法滞在者はもちろん、外国人労働者は、一時的滞在者という位置づけでしたから、社会統合政策はほとんど実施されてきていませんでした」

森岡はさらに質問を重ねる。

「そうすると、それ以降は、順調に社会統合が進んでいったのですか」

これに答えたのは、国際政治専門の鈴木だった。

「実態としては、移民の社会統合というのは、そんなに簡単にはいかないんです。移民も第二、第三世代になりますし……。２０１０年にはメルケル首相が、ドイツの社会統合政策は完全な失敗だったと述べて、大きな反響を呼びました。[44] さらに、最近はシリア難民の大量受入れもあり、移民政策は、今でも政党や国民の間で論議の的になっています」

「難しい問題ですね」そう言って、百瀬がため息をもらすと、鈴木は、

「ええ。私たちは、こうした移民をめぐる問題の難しさを、しっかり頭に置いておく必要があります」と返した。

ここで、片岡が第2の論点について語り始めた。

「欧州各国は、こうした歴史的な経緯を経て、今日の移民政策は、入り口にあたる『外国人受入れ政策』と、受入れ後の定着に関わる『社会統合政策』の2本建てとなっています。そこで、それぞれの政策の内容について説明しましょう。これが、第2の論点です」

論点2 主要国の移民政策の現状と歴史から、何が学べるのか。

「選択的移民政策」が基調

片岡が説明する。

――まず、前者の「外国人受入れ政策」についてである。

「外国人受入れ政策」として、いかなる外国人に自国領への入国を許すか否かという判断は、受入れ国の主権の一部として、当該国の裁量に属している。そして、欧州などの先進諸国では、「国家が自国にとって必要な移民のみを受け入れ、そうでない移民は抑制する、という選択ができる制度」、すなわち「選択的移民政策」が基調となっている。[45]

そこで受入れ国にとっては、どのような外国人が自国にプラスなのか、またはマイナスなのかの判断基準が重要となってくるが、これについては、これまでも様々な研究分析が行われているものの、定まった結論は得られていない。その中で、高度な技術・技能を有し、受入れ国の言語でコミュニケーションが可能な人材（高度人材）については、経済成長やイノベーションの進展、産業構造の高度化にプラスの効果をもたらし、さらには、税収も増やし、財政安定化や社会保障負担の軽減にも寄与するという点で、識者の意見はほぼ一致している。[46]

こうしたことから、高度人材については、各国政府は積極的に受け入れる政策を採用しており、近年は各国間で獲得競争が強まっている。英国は、2001年に、外国人が保有している資格や過去の収入などから判断する「ポイント制度」を導入し、高度人材を受け入れるスキームを整備した。フランスでも、能力・才能を重視し、高度人材を優遇する政策がとられている。

ドイツも、2005年のシュレーダー政権による移民政策への転換により、高度人材の受入れを進めている。そして、2020年3月からは、高度人材には当たらないものの専門的な技能を有する「専門人材」の不足に対処するため、EU域外からの技能労働者の受入れ拡大を目指す「専門人材移民法（FachKrEG）」が施行された。これによって、すべての職種において外国専門人材の雇用が可能となるとともに、専門資格を保有し、ドイツ国内の企業と雇用契約を結んでいる場合については規制緩和や手続きの迅速化が図られた。[47]

また、EUにおいても、高度人材に対する統一的アプローチとして、2009年に「ブルーカード」の制度が導入されている。この制度が高度人材として認める基準は、高度専門資格を保有していることや就業予定先の賃金水準が高いことであり、ドイツなどでは、自国の制度とともに、このブルーカード制度を採用している――。

「低賃金・非熟練労働者」への対応が問題

――これに対し、各国政府が「外国人受入れ政策」において対応に苦慮し、方策を模索し続けているのが、低賃金の非熟練労働者の扱いである。

非熟練労働者の受入れについては、経済面では、マイナスの影響を懸念する意見が強い。低賃金の外国人労働者が増えることで、企業は安い労働力を活用できるメリットを享受するが、自国の労働者は、それによって、雇用が失われたり、賃金水準が下がったりするおそれがあるとされている。また、低賃金であるがゆえに、税や保険料として支払う金額より、社会保障などにかかる費用のほうが多くなり、財政面への悪影響も指摘されている。

しかし、一方では、人手不足に苦しむ企業の現場などからは、積極的な受入れを求める声が強い。自国民の就労が期待できないような業種・職種では、非熟練であっても、外国人労働者は貴重な労働力となるからである。

このような意見対立がある中で、各国政府の対応は、情勢に応じて揺れ動いてきた。

英国は、かつては大英帝国に属していた国々からの労働者を受け入れていたが、それを停止したあと、非熟練労働者の受入れは季節農業者などに限定していた。その状況を一変させたのが、2000年代のEU第5次拡大（2004年加入：ポーランド、チェコ、ハンガリー、バルト3国など10カ国、2007年加入：ブルガリア、ルーマニアの2カ国）による中東欧諸国のEUへの加入である。英国はアイルランドと並んで、これらの国からの移民の就労制限措置をとらなかった（各国には7年間の制限措置が認められていた）ため、2004年以降、年間20万人前後の移民が流入した（特に、ポーランドとルーマニアからの移民が多かった）。このEU域内からの大量移民が、自国の労働者や地方住民の反EU感情を高め、2020年のEU離脱（ブレクジット）の一因となったとされる。

フランスは、先ほど述べたように、経済成長期に大量に流入したマグレブ諸国（モロッコ、アルジェリア、チュニジア）からの移民の一部が、1974年の受入れ停止措置（一度目の転換）のあとも帰国せず、家族を呼び寄せ、移民コミュニティを形成した。現在は第二、第三世代の時代となっており、彼らの集住地域では貧困化や治安悪化が問題となっている。そして、政権交代のたびに、移民の権利保障と取り締まりの間で方針が揺れ続けており、2006年には「二度目の転換」が行われ、「選択的移民政策」が採用された。

これによって、EU域外からの移民については、高度人材に門戸を広げる一方で、それ以外は厳しく制限し、家族呼び寄せも一定の条件（所得条件）を課している。これに対して、EU域内からの移民については特段の規制はない。このような状況下で、国民戦線（ルペン党首）を中心に、移民反対の運動が行われている。

ドイツは、トルコ系などの一時滞在の労働者（ガスト・アルバイター）の受入れを停止したのちは、非熟練労働者は農業分野などの季節労働者に限定してきた。その状況を一変させたのが、英国と同様に、EUに加入した中東欧諸国からの大量の移民流入である。特にポーランドとルーマニアからは、2010〜2017年にかけて、それぞれ40万人以上が流入している。彼らはドイツ国内の人手不足で低賃金の業種（飲食・宿泊、管理支援サービス、建設、農業など）に就労し、ドイツ経済に寄与してきたとされるが、最近、その流入は落ち着きを見せている。

ところが、ドイツでは2015年以降、100万人規模のシリア難民を受け入れたことが、国内で大きな議論を引き起こしている。シリア難民は、教育水準やドイツ語能力の低さなどから、他の移民に比べて労働参加率が低く、難民による犯罪などの問題も生じている。こうしたことから、国内では反難民気運が高まり、反移民・難民を掲げる極右政党（AfD）が議席を伸ばすなど、政治的な動きにも影響を与えてきている[48]――。

韓国の「雇用許可制度」

片岡の解説を聞いて、森岡が発言した。

「確かに、欧州諸国が非熟練労働者の扱いで苦しんできたことは分かるのですが、日本とは国際環境がかなり違うので、ちょっと実感が湧かない面もありますが……」

「そうですね……。むしろ、日本とよく似た状況にある韓国の動きのほうが、参考になるかもしれません。[49]韓国は、1980年代以降は労働力輸入国に転換し、外国人労働者の受入れを行っています。特に専門人材の受入れは積極的で、韓国内に在留している人数は5万人前後になります。非熟練労働者のほうは、2国間協定に基づき受け入れていますが、2010年以降は政府が受入れ総数を30万3000人に制限しています。その枠内で、出国などで生じた不足人数分のみ受け入れ、2018年度の受入れ総数は5万8000人でした。こうした非熟練労働者については、2004年に導入された『雇用許可制度』が効果をあげており、国連やILOからも高い評価を受けていると聞いています」

この片岡の説明に、森岡が「それはどのような制度なんですか」と質問した。片岡は答える。

「韓国では、2004年から『雇用許可制度』が導入されて、それまでの産業研修制度が2007年に廃止されました。かつての産業研修制度は、日本の技能実習制度を参考にしたと言われていますが、とにかく問題が多かった。2国間協定に基づいて、研修生を受け入れていたんですが、ブローカーや民間団体が介在して不正が横行したり、入国後も賃金不払いなどが相次いだ。

そこで、雇用許可制度は、非熟練労働者の受入れを認めた上で、雇用主の義務強化や業種等の制限、2国間協定における送出し国側の責任の明確化などを行うとともに、外国人労働者の採用プロセスを政府部門が管理することにより、透明化を図ったのです。外国人労働者を割り当てる際には、企業の求人努力や外国人労働者への対応状況などを点数評価し、ポイントが高い企業に優先的に配分するようにしています。この制度の導入によって、韓国では不法滞在者が減少し、外国人労働環境の改善が進んだとされています。ただ、いまだに賃金や労働条件の格差が残っているという批判はありますが……」

わが国の「特定技能制度」をめぐる議論

韓国の事情を聞いた森岡は、わが国の制度改正について言及した。

「わが国でも、技能実習制度について批判がありましたので、２０１７年に制度見直しが行われ、管理監督体制の強化などが図られましたし、２０１９年からは、新たに『特定技能制度』が導入されました」

片岡も、特定技能制度には高い関心を寄せている。

「私も、今回の特定技能制度は、大いに期待しているのです。この制度は、従来、日本政府が厳しく制限してきていた『単純労働分野』について、実質的に外国人労働を認めることを意味しているとも言えます。[50] 私は、単純労働分野の非熟練労働者についても、受入れを正面から認めて、その上で厳しく制限したほうがスッキリしているのではないかと考えています。

その点で言えば、従来から問題がある技能実習制度は、いまだに多くの事務所で違反が見られるのが実態です。この際、技能実習制度は廃止すべきではないかと思います」

そこに鈴木が異論をはさむ。

「私は、特定技能制度については、違う意見ですね。片岡さんは、『厳しく制限すればいい』と言っていますが、本当に一定数に抑えることができるのでしょうか。それこそ、ドイツやフランスなどの移民の実例を見れば分かるように、いったん在留を認めて、生活の拠点が出来てしまうと、帰国させるのは事実上、困難です。そして、もっと問題なのは、特定技能2号ですよ。在留期間の上限がなく、家族帯同も認められるわけですから、事実上の『移民』じゃないかと思いますよ。移民の受入れを進めるというのなら、しっかりとした管理体制も必要だし、社会的な影響も十分に考えないと……」

これに対し、企業経営者の古賀が持論を述べた。

「政府は、特定技能の総数は、2019年4月から5年間で最大34万5150人と見込んでいます。最近はコロナ禍の影響もあって、8万人を超えるところ（2022年6月末）[51]まで増えてきましたが、まだ始まったばかりの状況です。したがって、まず実績を伸ばすのが先で、今のところ、鈴木さんのような心配をする必要はないと思いますよ。外国人労働者については、業種や職種別に、需要に応じた受入れ総数を決めて、足りない分を受け入れるような『需給管理』の仕組みを導入しないと、経済は回っていかないですよ」

この古賀の意見には、鈴木は納得がいかないようで、

「今はそうかもしれません。しかし、当面の建設業や介護などの人手不足に対応するためといっても、結局は歯止めがかからず、大量に受け入れてしまうことになりかねない。そうなると、あとで大きな社会問題を引き起こしかねないですよ」と反論する。

ここで百瀬が「結局、特定技能制度は、これからの運用次第ということになりますね」と議論を引き取ると、片岡と鈴木が「その通りです」と首を大きく縦に振った。

留学生の重要性

次に片岡が提起したのは、留学生についてであった。

「私は、留学生も大きな問題だと思っています。日本の場合は、留学生をアルバイトという形で、労働力として組み込んでいるという批判があります。アジア諸国からの留学生の中には、業者のあっせんで、労働を前提とした形でやってくる学生も増えていますし、その背景には、経営理由から留学生が欲しい大学や人手不足の労働事情があると言われています。だから、大学も把握していないような、所在不明の留学生が多数発生したりするのです」

参事官の森岡は、この問題には、政府も２０１９年に留学生の在籍管理の新たな方針を決定し、厳しく対応していることを説明した。

すると、「誤解しないでいただきたいのは……」と片岡が言う。

「日本にとって、留学生は大事な存在だということです。ただし、それは、アルバイトとして労働力でなく、将来の高度人材の『卵』としてなんです。日本で勉強して高度な知識・技術を獲得し、日本語能力も備えた外国人材は、国際化を進める日本企業にとって貴重な存在です」

これに森岡も「それは我々も理解しています。留学生は、高度人材への可能性を持った存在です」と応じると、片岡はさらに指摘する。

「外国人留学生数は、２０１９年度には30万人を超えましたが、２０２０年度はコロナ禍や規制強化の影響もあって、前年に比べ３万３０００人減の約27万９０００人でした。[52] 留学生については、人数を増やすだけでなく、彼らが学位取得後に日本に残り、高度人材として活躍してもらうような取り組みが大事だと思いますね。関係機関の調査[53]によると、留学生のうち卒業後に日本で就職したいというのは３分の２で、『日本で永久に働きたい』というのは３分の１にとどまっています。そして、実際に日本企業に就職した元留学生に関する調査[54]によると、就労期間として『できるだけ長く』と希望しているのが、企業側は9割以上占めているのに対して、元留学生のほうは3分の1ということです。留学生の中には、一定期間働いた後、母国に戻って働くことを希望する者が多いので、母国にある日本企業の海外拠点に配置するといった、キャリアパスも考える必要がありますね[55]」

ＵＮＥＳＣＯの統計では、２０１６年の世界の留学生は５０９万人で、最大が米国（97万人）、次に英国（43万人）、オーストラリア、フランス、ドイツと続いて、９番目が日本で14万人となっている。多くの国が、外国人留学生を誘致するために、英語などのコース開設や奨学金提供といった支援、在留資格の優遇といった措置を行っている。今後は、中国などの台頭が予想されているだけに、日本としても、しっかりとした対応が求められると考えている――。

森岡がこう説明すると、鈴木も自身の留学経験から持論を述べた。

「私も、留学生は大事だと思います。日本のことを理解している外国人材を育成することは重要ですから。せっかく日本に来たのに、つらいアルバイトばかりして、日本を嫌いになるようでは困ります。私は若い頃、米国に留学して、自由な雰囲気と豊かな生活を垣間見て、米国が好きになって帰国しました。そのイメージはいまでも消えていません。日本に留学する外国人には、ぜひとも日本が好きになってほしいと思いますね」

「この点は、鈴木さんも同じ意見なんです」と引き取った片岡は、次なる論点の「社会統合政策」についての説明を始めた。

社会統合政策における「多文化主義」をめぐる動き

――移民政策のもう1つの柱である「社会統合政策」は、外国人を、社会を構成する一員として受け入れ、社会に参加できるようにする政策である。カナダなどの移民国家では、移民は、入国当初から永住し、移住先の社会に溶け込むことを前提としてきたので、比較的早くから社会統合政策が実施されてきた。

一方、欧州では、労働のため一時滞在目的で入国してきたケースが多かったため、彼らが帰国せず、定住し続ける事態となった1980年代以降、社会統合政策に取り組み始めた。そして、今日に至るまで、各国は、種々の問題を抱えながら、社会統合政策に取り組んできている。

社会統合政策においては、「多文化主義（multiculturalism）」と呼ばれる考え方がある。これは、移民については、エスニック・マイノリティである移民の母国の言語・文化を、受入れ国の言語・文化と同等に扱う考え方で、近代国民国家の「同化主義」に対抗するものとして成立してきたものである。多文化主義は、カナダを発祥の地としており、1970年代から90年代にかけてオーストラリア、英国、オランダ、スウェーデンなどの国々が相次いで採用していった。[56]

しかし、かつては民主主義的な市民社会は、必然的に多文化主義に向かうものだと考えられていたが、今日では、多文化主義への反動が広がってきているとされている。[57]

社会統合政策に詳しい井口泰氏によると、1980年代は、「先進諸国では『多文化主義』の将来に関し、まだ楽観的な見通しが支配していたが、その見通しは1990年代初頭に大きな変更を迫られた[58]」という。「定住する外国人の増加が、言語・文化が異なる複数の小集団を社会に生み出してしまい、これらは相互に対話・交流することもなく並存し、対立や摩擦が深刻な結果を招きやすいことが問題視されてきた」[59]とし、「コミュニケーションの相互にとれない『異文化』集団が、地域のなかに『共存』する社会を、それがあたかも『多文化主義』であるかのように呼んでいたのである」[60]と井口氏は指摘する。

先ほど、ドイツのことを紹介したが、2010年にはメルケル首相が、多文化主義を念頭に置いて、ドイツの社会統合政策は「完全な失敗」だったと述べた。この発言の真意について、当時のドイツ政府報道官は、「ドイツの『多文化主義』とは、これまで移民を無理に統合させようとせず、彼らの自主性に任せることだった」と述べている。[61]

こうしたことから、欧州各国は、言語取得を移民の自助努力に任せる考え方を改め、国が必要最低限の言語学習機会を保障（一部は義務付け）することを法令に定め、共通言語のための言語標準を定めるとともに、永住権や国籍取得に最低限必要な言語水準を要件とするようになっている。[62]

しかし、移民は第二、第三世代へ移行してきており、井口氏は、「外国人第二世代が成長するなかで、受入れ国国民と言語能力や教育水準だけでなく、就業率や失業率にも明らかな格差が生じ、これが第三世代でも是正されずに拡大することが憂慮される。近年、受入れ国の国籍を取得していながら、疎外感を強め過激な思想に傾倒する若者の増加が社会問題となった。また、外国人排斥や人種差別的な住民感情の高まりも懸念される」[63]としている――。

日本の「多文化共生」の取り組み

説明を聞いた森岡が尋ねる。

「片岡さんは、日本政府の取り組みについては、どう評価しているのですか」

「わが国は、移民政策は採っていないという立場ですし、社会統合政策も主要国に比べると、これからという段階です。ただし、2019年施行の入管法改正に合わせて、新たに『出入国在留管理庁』を設置し、政府全体で『外国人材の受入れ・共生のための総合的対応策』を策定し、取り組みを始めました。これは、わが国の社会統合政策としては、大きな前進だと思いますね。この方針では、『在留資格を有する全ての外国人を孤立させることなく、社会を構成する一員として受け入れていく』ことが謳われています。そして、『受け入れる側の日本人が、共生社会の実現について理解し協力するよう努めていくだけでなく、受け入れられる側の外国人もまた、共生の理念を理解し、日本の風土・文化を理解するように努めていくことが重要である』と、日本人と外国人の双方の責務が強調されています」

これに古賀も意見を重ねる。

「今回の取り組みは、医療・福祉・生活支援など様々な施策が取り上げられていますし、その中で、外国人に対する多言語対応の相談窓口として、100カ所の『多文化共生総合相談ワンストップセンター』の設置も盛り込まれていますので、私も期待しています」

実は、こうした政府の動きは、以前から多くの外国人が居住する地方自治体が独自に取り組んできた「多文化共生」という考え方が、反映されている。これは、1970年代に始まったもので、

2001年に、南米日系人を中心とする外国人が多く住む静岡県浜松市や群馬県太田市、大泉町などが結成した「外国人集住都市会議」が、外国人との共生を目指す考え方として取り上げたものである。この会議の活動が、国の政策にも大きな影響を与えてきた——。

片岡がこう説明すると、森岡が「多文化共生というのは、カナダなどの多文化主義からきたのではないのですか?」と尋ねた。

「日本の『草の根』的な考え方だったんです。[64] そして、日本語教育については、2019年に、超党派の国会議員が提案していた『日本語教育の推進に関する法律』が制定されました。このように移民の社会統合の基盤も作られてきているわけですから、移民の受入れも、もっと前向きに考えてもいいんじゃないか、と私は思います」

この片岡の言葉に対し強く反応したのが、鈴木だった。

「いいえ。それとこれとは別です。既に多くの外国人が日本に住んでいるのですから、私も、社会統合政策は必要と思います。しかし、仮にそれができたとしても、だからと言って、『さあ、移民をどんどん受け入れましょう』という話にはなりません。そこには、自ら限界があります。なぜなら、受け入れる移民が一定水準を超えると、『社会の分断』を引き起こすおそれが高まるからです」

「実は、そこが、鈴木さんと私で意見が大きく違う点なんです。最後の論点3の『将来、5人に1人が移民となったら、日本社会はどう変わるのか』ということなんです」と片岡が述べると、百瀬は強い興味を示した。

「その論点が、核心なんですね」

論点3 将来、5人に1人が移民となったら、日本社会はどう変わるのか？

カナダのような国になれるのか

片岡が示した論点3は、次のようなものだった。

「5人に1人が移民」というのは、2014年2月に、内閣府が公表した試算に基づいたものである。2015年から100年間近く、毎年20万人の移民を受け入れるという仮定を置くと、2110年の総人口は1億1000万人程度を維持するが、移民及びその子孫は約2300万人、移民が占める割合は約2割、つまり5人に1人が移民のバックグラウンドを持つことになる。あくまでも仮定だが、そうなった場合に、日本はどのような社会になっているのかということである——。

これに対して、百瀬が片岡自身の意見を求めると、次のように語った。

「私は、『そうあってほしい』という意味ですが、個人的には、カナダのような国になればいいんじゃないかと思っているんです。カナダは、移民国家で、移民割合はすでに20%を超えています。カナダという国をどう捉えるかは、いろいろな見解があると思いますが、カナダ出身のダリル・ブリッカーとジョン・イビットソンの著書である『2050年世界人口大減少』[65]をベースとするのが適当ではないかと思います。

それによると、カナダの総人口は3520万人で、2016年の国勢調査では、5年間で人口は5%増えているそうです。カナダは年間30万人の移民を受け入れていますが、それを45万人にまで増やそうという動きもあります。それは、2100年までに人口を1億人にする、という目標のためだそうです[66]」

「カナダも1億人を目指しているんですか。日本も2100年に1億人の維持を目標にしていますが、方向はまったく逆で、カナダは人口を増しての1億人ですか……。羨ましいですね」

そう百瀬がため息をもらすと、片岡がさらに説明を重ねる。

「カナダの移民政策は、非常に明確で、判別はポイント制で行われており、経済移民クラスの場合は、年齢、学歴、語学力、勤務経験などが考慮されています[67]。だから、平均すると、カナダに来る移民はカナダで生まれ育ったカナダ人より良い教育を受けており、カナダ社会の平和と繁栄に貢献しているとしています。人口260万人のトロントは、半数が外国生まれですが、殺人事件の発生は非常に少なく、世界的にも安全な都市で、活気があるとともに秩序もあり、あらゆる肌の色、言葉、経歴の人が混ざり合う、世界で最も多様化の進んだ都市だそうです。そして、カナダの大都市は大体がそのような感じだというのです[68]」

「そんなにうまくいっているのですか」

百瀬が驚くと、片岡はさらに、

「だから、この著書では、日本をはじめとする国が人口減少を避けたいのであれば、カナダ式の解決策、すなわち、毎年、総人口の1%かそれに近い水準の移民（日本だと、毎年100万人程度）を受け入れる選択肢しかない、と結論づけているんです[69]」

ここで、「私の意見を言ってよろしいですか」と、鈴木が異論をはさむ。

「私は、人口減少は日本にとって重大な危機だと考えていますが、移民を解決方策とすることには、賛成できません。カナダが、移民政策では最も成功している国であることは認めます。しかし、だからと言って、日本がカナダのような国になれるかと言えば、そういうわけにはいかないからです。

今、片岡さんが引用した同じ著書の中でも、カナダのことを『多文化のキルト』のようだし、他国のような国民的気質というものがない、と述べています。あるカナダ人作家が、自国カナダを『世界で最も素晴らしいホテル』と呼んだらしいのです。この作家は自国の褒め言葉として使ったようですが、著者は、逆に、清潔なタオルはあるが、アイデンティティのない国だ、とけなす意味で言う人もいる、とした上で、まさに、この〃国を1つにまとめる機能の欠如〃こそ、カナダが『脱国家的国家（ポストナショナル・ステート）』として成功できた秘訣なのだ、と述べています」[70]

これには百瀬も考えさせられたようだった。

「素晴らしいホテルですか……。そういえば、私の娘は高校時代にカナダに1年間留学していたんですが、カナダの高校のクラスに行くと、肌の色も髪の色もみんな違っていて、最初は、誰がカナダ人で、誰が留学生なのか分からなかったが、結局、自分以外は全員カナダ人だった。これには、本当に驚いたと言っていましたね。

カナダの街を歩いていると、彼女が日本でイメージしていた白人が多いカナダとはまったく違っていて、アジア系などの人がすごく多くて、一体、今、どこの国に自分はいるんだろう、と思ったらしいのです。そして、カナダ人は全員が、カナダのことを誇りに思い、カナダという国を非常に愛している、と言っていましたね。カナダは、やはり日本とは、国の姿も、国民の意識も大きく違うんですかね……」

「そう思います」と鈴木は言うと、続けて「つまるところ、『国』とは、『国民』とは何か、ということになります」と述べた。

「国民(Nation)」とは、何か

「国」とは何か、「国民」とは何か——。この根源的な問いに鈴木が自らの見解を示す。

「日本は、島国で国境がはっきりしているし、人々は長い歴史を共有してきた上に、移民も格段に少ないので、『国民(Nation)』とは何か、ということに思いを巡らすことは少ないかもしれません。

しかし、国境が何度も動き、多民族国家として国家運営に苦労してきた経験を持つ国は多く、そうした国に住む人々にとって『国民』とは何かは、より身近で深刻なテーマです。そして、日本でも将来、移民が増えていくとするならば、『国民』というものに対する考え方が重大な意味を持ってくるようになります。

『国民』の概念については、歴史的な変遷の中で様々な識者が見解を示してきました。それを紹介するだけでも数時間は必要となりますが、1つの典型的な考え方を挙げると、近代ヨーロッパの『国民国家』の形成運動の中で唱えられたものとして、国民とは、言語・文化・民族などの共通性が高い集団である、というものがあります。しかし、この考え方については、共通性を強調することで、社会的少数者を抑圧、排除することにつながったことや、欧州の主要国は、言語1つをとっても巨大な多言語政体であり、実際には、国民にそうした共通性を見出せないことが多いことから、多くの批判がなされてきました。

そして、今日では、米国の政治学者のベネディクト・アンダーソンが1983年に発表した、『国

民(Nation)とは、イメージとして心に描かれた「想像の政治的共同体」である』[71]とする考え方が、一般的に受け入れられていますね」

百瀬が「イメージとして『想像されたもの』ですか」と言うと、鈴木が続ける。

「アンダーソンは、国民という概念について、『いかに小さな国民であろうと、これを構成する人々は、その大多数の同胞を知ることも、会うことも、あるいは彼らについて聞くこともなく、それでいて、ひとりひとりの心の中には、共同の聖餐(コミュニオン)のイメージが生きている』[72]と言います。

私の言葉で分かりやすく言えば、国民は、お互いが一度も会ったことがないのに、多くのことを共有していると想像できることで、成立しているということです。ただし、『イメージ』といっても、これは決して弱々しいものではないのです。彼は、『国民は、1つの「共同体」として想像される』と言っています。『なぜなら、国民の中にたとえ現実には不平等と搾取があるにせよ、国民は、常に、水平的な深い同志愛として心に思い描かれるからである。そして、……過去2世紀にわたり、数千、数百万の人々が、かくも限られた想像力の産物のために、殺し合い、あるいはむしろ自らすすんで死んでいったのである』[73]と述べています」

つまり、国民とは、心の中で1つの「共同体」としての強固なイメージを共有し、自分がそのメンバーだと意識している。だから、カナダのように、たとえ民族や出身国が異なっていても、人々が、カナダ国民である、という1つの「共同体」としてのイメージを共有していることで、1つの国、1つの国民として成り立っている——。

鈴木は、「国民」の本質をこう語った。

「共同体」としてのイメージ形成とは

「それなら、日本も、これから『新たな共同体』としてのイメージを人々が共有するようになればいいのじゃないですか」片岡はそう言うと、

「その新たな共同体のイメージとは、カナダと同じように移民を受け入れ、『多文化共生』の考え方の下で、多様な人々が共に違いを認め合い、共生する社会です」と自らのビジョンを示す。

これに対し、鈴木が、「多文化共生」の取り組みは評価しているが、しかし、それによって、新たな「共同体」としてのイメージが出来上がり、日本全体を覆うことになるのかというと、まったく確信が持てない、と反論する。

すると、片岡は強い口調で主張した。

「カナダにできて、日本にできないはずはないですよ」

これに鈴木が再び反論する。

「私は、片岡さんが言われるように、それほど簡単に人々が新たなイメージを共有できるとは思っていません。特に長い歴史を有している日本や欧州はそうです。少し専門的になりますが、アンダーソンが同じ著書の『記憶と忘却』の章で述べている内容を参考として、紹介しましょう。[73]

彼は、この共同体の想像の仕方として大きな役割を果たしてきたのが、『国民の伝記』、すなわち、ある特定の歴史的状況の下で生まれた『アイデンティティ』の物語（narrative）だとしています。そして、この物語の内容は、国や地域によって当然異なっていると言います。

たとえば、長い歴史を持つフランスでは、フランス国民の本質を16世紀などに起きた歴史的事件を

引用する言説が唱えられ、英国では歴史教科書に、偉大なる建国の父としてウィリアム征服王が記載されています。これに対し、南北アメリカの独立国民国家は、1776年のアメリカ合衆国独立宣言をモデルとする、過去との根底的な断絶を意味する『国民的独立』が遺産となり、その『独立の記憶』をベースに共同体として成立してきたとします」

カナダと日本は違うのか

「独立の記憶」ですか——。百瀬が言葉を繰り返し、鈴木に「カナダの場合は、どうなんですか」と尋ねた。

「カナダも、『独立の記憶』をベースに、その後、国創りを進める中で、共同体としてのイメージを形成してきたと言えます。カナダは、1867年に英国系とフランス系の住民の『二大建国民族』によって誕生した歴史を有しています。そのため、当初から、言語や文化の『二元性（Dualism）』が組み込まれていました。その上に、カナダ西部開拓のため東欧から多くの移民を誘致したことなどによって他民族の流入が進み、国全体が人種のモザイクと呼ばれる状態となる中で、『多文化主義』が採られることとなりました」

「『二元性』がベースとなって、『多元性』に到達したわけですか」

百瀬の問いに鈴木がさらに続ける。

「ええ、そう言えると思います。1960年代にカナダの連邦政府は、ケベック州のフランス系住民の分離主義的な動きを収めるために、二言語主義を強める方向に動いたのですが、その際に英国系でもフランス系でもない他の民族系集団が、二元性に対して強い反発を示します。そのような状況下でカナダの統合を維持するため、１９７１年に当時のトルドー首相によって、二言語主義の枠組内での『多文化主義』が宣言されました。そして、さらに１９８８年に多文化主義法が制定され、カナダという国の骨格となって、今日に至っています」

「確かに、日本とはまったく異なる歴史を歩んでいますね」

百瀬は驚きを隠せないでいる。

「カナダがなぜ、現在のような国を創ることができたか。最も大きいのは、やはりカナダが誕生後１５０年の若い国であり、当初は2つの民族、その後は多様な移民によって、国が拓かれてきたという『独立の記憶』がベースになっているからだと、私は思います」

鈴木は続けた。

「これに対し、日本や欧州の国は、長い歴史の中で国民が言葉と文化を共有し、何らかの形で民族をベースとする『国民国家』の成立も経験しています。カナダと大きく異なるのです。片岡さんの考えでは、そのような国が、カナダと同じような政体を目指して、自らの過去を断ち切り、あたかも新たに国が独立するかのような道を選択することになります。重要なことは、その道が正しいかどうかでなく、それを人々が受け容れることができるかどうか、なのです。私は、そうした選択についていけない人は少なくないと思っています」

この鈴木の意見は重かった。

日本人は、変われるのか

しばしの沈黙を破ったのは、鈴木に批判された片岡だった。

「私は、この凄まじい人口減少は、日本を含めすべての国が、あり様を変えていかざるを得ないぐらいの出来事だと思っています。その巨大な潮流の中で、日本と日本人が生き残るためにはどうすればよいのかが、問われているのです。

そして、私たちが、これからも世界の中でしっかりとした地位を築き、発展していくためには、私たち自身も大きく変わり、新たに再出発する必要があります。その変わるべき方向が、先ほどから申し上げている『多文化共生』なのです」

これに対して鈴木が語る。

「片岡さんは『再出発する』と言われましたが、新たな共同体というゴールに到達するためには、これまで日本人が当たり前と思ってきた行動様式や社会のしきたりを、大きく変更していく必要があります。何度も言いますが、そうした過去との断絶とも言うべき大きな変化を、人々が受け容れることができるかどうかです。もちろん、それができる人もいるでしょう。しかし、今まで通り暮らしてきただけなのに、なぜ変わらなければならないかと、納得がいかない人も少なくないと思っています。

そうした人たちが『喪失感』や『疎外感』を抱くことは容易に想定できます。欧米で移民に対して不満を募らせている人たちも、同じような感覚を抱き、それが『社会の分断』を生んでいると思います。日本は欧米とは違うんだ、とは言い切れません」

百瀬が「うーん。変化を受け容れることができるかどうか、ですか……」と言葉をもらすと、経営者の古賀が言う。

「確かに、日本国民が、当たり前のように思っていることを変えるのは、抵抗があるでしょう。が、しかし、明治維新の時だって、日本人は海外の文化や風習を柔軟に受け止め、吸収してきたんですから。移民が増えても、それを受け入れながら発展していくことは可能ですよ」

さらに、片岡が悲痛な声を上げる。

「このまま人口減少が進んで、日本が衰退していくのは困るんです。それでは、日本国民の生活水準は、大きく低下していってしまいます」

しかし、鈴木は、

「私も、経済力は必要だし、人口減少は食い止めなければならないと思っていますよ。だけど、それは移民国家のように国の基本となる姿を大きく変えなくても、実現できるはずですよ。当たり前のことですが、自国の若い人たちが結婚し、子どもを持つことができる社会を作ればいいのです。それさえできれば、経済力のある日本が維持できるんです」と、移民受入れに慎重な立場を崩さない。

「議論がなかなかまとまらないですね」

百瀬が困惑すると、片岡は「シンポでもこの議論が続いて、結局、平行線だったんです」と疲れ切った表情を見せた。

ディアスポラ・エンゲージメント(diaspora engagement)

ここで鈴木が話題を変えた。

「ちょっと話題が変わりますが、みなさん、『ディアスポラ（diaspora）』という言葉をご存知ですか」

「私は知っていますが……」

「森岡さんは外務省だから、当然かもね」

こう話す鈴木に百瀬が「私は知りません」と言うと、鈴木が説明し始めた。

「元々、ギリシア語からきた言葉で、歴史的には、ユダヤ人が故郷を追われ離散していった地のことを指していたんですが、現代では一般的な用語として用いられており、『出身国に対する強い親近感を持った移民集団一般』を意味する用語として使われています。[75] このディアスポラとして最も知られているのは、もちろん世界各地に定住するユダヤ人ですが、その他にも、アルメニア人やインド人のディアスポラなどが古くから知られています。国際政治学者の田所昌幸氏によると、こうしたディアスポラに対して、出身国の国家が関係を強化しようとする動きを、『ディアスポラ・エンゲージメント（diaspora engagement）』と呼んでいます」

「なるほど。国外へ移民して、外国に定住している自国出身者やその子孫に対して、出身国の国家が働きかけることですか」と百瀬が述べると、鈴木は、

「たとえば、イスラエルが、米国の中東政策への影響力を強めるために、米国内のユダヤ人コミュニティに大きな役割を託していることは、よく知られています。そうした動きは、イスラエルに限らず、他の移民出身国でも一般的です。国連によると、２０１１年には１１４か国が何らかの政府部局を設けて、自国出身のディアスポラとの関係を強化する政策を実行しています」

と話し、説明を続けた。

「田所氏によると、出身国としては、ディアスポラには、出身国に対して関心を持ち続け、自国の文

化や情報の発信源の1つとなってほしいし、政治的、経済的な必要が生じた時には、出身国が働きかけることのできる在外ネットワークの1つとして機能してほしいという思惑があります[76]。途上国では、近年は、自国のディアスポラを『開発のヒーロー』として、ご機嫌を取ることもあるようで、これは本国に対する送金や、技術・ビジネスの知識の提供をしてもらうことを期待しているためであると指摘されています[77]。

一方で、ディアスポラが果たす機能は、出身国を代弁したり、支援するものだけではありません。出身国の民主化を求めたり、民族の独立運動を支援したりして、出身国政府と敵対する行動を起こす場合も多いのです。そうした場合は、ディアスポラは、出身国にとって脅威となるわけで、出身国はそれを封じ込めようと関与を強めていくこともあります」

百瀬が「ディアスポラの存在は、移民の出身国にとって重要かもしれませんが、受入れ国側のほうも、大きな影響を受けますよね」と言うと、鈴木は説明を続ける。

「そうなんです。受入れ国は、社会統合を進め、同じ国民として一体感を高めたいと考えますからね。そして、ディアスポラが出身国の強い影響下にあると、自国内にいわば『外国の飛び地』を作るようなことになり、社会的一体性が失われ、一貫した対外政策の実行を妨げかねないという警戒論が高まります[78]」

これには百瀬も考え込むと、鈴木はさらに指摘した。

「その点で、重要な意味を持ってくるのは、外国人に対する参政権付与の問題です。この問題は、地方議会に関する『地方参政権』と、国会に関する『国政参政権』の2つがあります。外国人の参政権の扱いは各国で異なっていますが、将来、日本が移民割合が一定以上を占めるような移民国家になった場合は、参政権の扱いが大きな議論になるのは間違いありません。仮に参政権を認める場合は、外国人が国政や地方行政に直接に関わることになります。そうした場合に、国内のディアスポラが出身国の強い影響下にあると、非常に難しい問題となります」

鈴木は、移民の受入れは、その国の政治システムにも直接、関わる可能性がある問題だと言うのである。

バルト諸国のリトアニアとラトビアのケース

鈴木はさらに続ける。

「ディアスポラについて参考になる事例として、バルト諸国のリトアニアとラトビアのケースを紹介しましょう。この2国にエストニアを加えたバルト3国は、苦難の近現代史を経験してきました[79]。第一次世界大戦における帝政ロシアの崩壊に伴い、１９１８年にバルト3国は独立しましたが、その後、１９４０年にはソ連に編入されました。第二次大戦中は独ソ戦の舞台になるとともに、戦後も、ソ連のスターリンによって多くの人々がシベリアに送られるなど辛酸をなめました。そして、ソ連崩壊に伴い、１９９０年に独立を回復することができたのです」

バルト3国は、地政学的に重要な位置にあるため、周囲の大国に何度も支配される歴史を歩んできたと鈴木は述べて、話を続けた。

「その中で、リトアニアは、帝政ロシア時代から第二次大戦後までの間に、貧困や抑圧、戦争によって、多くの人々が国を離れ、米国に、シカゴを中心に約１００万人のリトアニア系米国人が居住していると言われています。そうした人々、つまりリトアニア系ディアスポラは、ソ連下にあった故国リトアニアの独立回復を悲願として、活発な政治活動を展開し続け、米国大統領など政府の要人に対しても、たびたび働きかけを行ってきたのです」

つまり、リトアニアの独立回復には、米国に住むディアスポラも関わっていたというわけである。リトアニアは、そうした深いつながりから、独立回復後も米国からの投資や人的交流が盛んに行われている。１９９８年にリトアニア共和国第二代大統領に選出されたヴァルダス・アダムクスは、第二次大戦後に米国に移住したディアスポラで、リトアニアのＥＵとＮＡＴＯへの参加に力を尽くしている。このようにリトアニアと米国は、今でもディアスポラを通じて、深い関係を維持している。

「リトアニア人のディアスポラの故国への想いは本当に強いのですね」百瀬が語ると、鈴木は、

「一方、ラトビアのケースは、まったく逆なんです。これは、ラトビア国内に住むロシア系ディアスポラの問題なんです」と言う。

これには、一同、驚きを隠せない。

百瀬が「ラトビアにロシア系ディアスポラがいるんですか」と尋ねると、鈴木が解説する。

「先ほどバルト3国はソ連に編入されていたと言いましたが、その時代にロシア人が大量に移住してきました。１９８９年の人口統計では、ロシア人の割合はラトビアで34％、エストニアが30％、リトアニアが９・４％だったんです。その後、ソ連が崩壊して、バルト３国は独立を回復したんですが、彼らの多くはロシアに帰国せず、そのまま残ったのです」[80]

「それでは、バルト3国は困ったでしょう」百瀬が素直な感想をもらすと、鈴木は、

「リトアニアの対応は、比較的容易でした。１９８９年時点でリトアニア人口の80％がリトアニア系

でしたので[81]、ロシア系ディアスポラにも緩やかな条件で国籍を認めました。それに対し、ラトビアは、ソ連時代は違法占領状態だったとして、ロシア系ディアスポラを外国人として扱い、ラトビアへ帰化するには、固有言語であるラトビア語の能力などを条件とすることで、実質的に排除したのです。エストニアもほぼ同じ対応をとりました[82]」と各国の事情を説明した。

ラトビアやエストニアでは、リトアニアとは異なって、ロシア系ディアスポラには事実上、国籍は認めなかったのだが、その後、事態は大きく変わる。バルト3国はEUへの加盟を強く望んだが、そのEUからラトビアやエストニアに対し、少数派住民の人権が尊重されていないというクレームがつき、EUの強い圧力の下で、両国は政策転換を余儀なくされたのである。そして1998年にラトビアでは、ロシア系ディアスポラへの国籍要件が大幅に緩和された[83]。

この鈴木の話を聞くと、外務省出身の森岡は「理想主義のEUらしいですね」ともらした。

国籍要件が大幅に緩和されれば、当然、政治情勢も大きく変動する。ラトビア議会の選挙では、何と国民の4分の1を占めるロシア系ディアスポラの支持により、ロシアの強い影響下にあるとされる親ロシア政党が第一党に選出され続けているのである。

バルト諸国は、ロシアとは厳しく対立し続けているため、ラトビアやその他諸国の中には、ロシアの選挙介入を疑う声もある。このため、親ロシア政党が政権を掌握することがないよう、他の党による連立政権づくりが模索されている状況にある。2018年の総選挙では、第三党以下の5党による連立政権が成立しているが、これからも政治的に不安定な状態が続くのではないか、と心配する声が強い――。

この鈴木の話に百瀬が「それは、大変ですね。ロシアのような大国がすぐそばにあり、その影響下にあるディアスポラが国内に大量に住んでいる状況は、政治的にも厳しいですね……」と反応する。

すると鈴木が「これは他人事ではありません。日本もいろいろな国と接していますし、もしかしたら、将来、同じような状況に追い込まれるかもしれないんですよ」と言うと、百瀬は「うーん……」と唸ったまま、言葉を失ってしまった。

鈴木は自らの見解を次の言葉で締めくくった。

「移民の問題は、日本の国内問題としてのみ捉えたり、経済の視点からのみ考えるのではなく、国際政治などの視点からの分析も欠かせない、まさに〝複眼的思考〟が求められるテーマなのです」

移民政策の扱い

「ところで……」と、鈴木の話に重くなった空気の中で発言したのは古賀だった。「検討本部では、移民政策を一体どう扱うつもりなんですか」

これに百瀬が答える。

「皆さんの議論と同じように、政府部内も与党内も意見の隔たりが大きくて、正直、困っているんです。我々としては、当初は、『目標人口』に合わせて『移民想定数』を示すことを考えていたのです。毎年20万人といった大規模なものでなくてもいいと思っていたんですが、賛成論がある一方で、反対論も強くて……」

ここで先ほどから移民推進論を唱える片岡が、古賀に語りかける。

「ある程度、移民の受入れ規模を示さないと、経済界なども困るんじゃないんですか」

「ええ、そうです」と古賀が答えると、また鈴木が異論を唱えた。

「私は、高度人材や留学生の受入れはいいと思いますが、人口の足りない分を移民で埋めるというような『補充移民』の発想はとるべきではないと思います」

これに対し片岡が、「しかし、出生率は上がるどころか、下がり続けているわけだし、その程度の移民では人口減少は止まらないですよ。やはり、思い切って移民を受け入れないと……」と主張すれば、鈴木も言葉を返す。

「何度も言いますが、私は、人口減少問題の解決を移民に期待するのは反対です。移民の出生率は高いから、という意見も聞きますが、日本に住む外国人女性の出生率は、日本人女性と同様に低い水準になっているのです。[84] まず、日本の若者たちの出生率が上がるように努めるべきですよ」

片岡と鈴木の溝はなかなか埋まらず、先ほどと同じような論争を繰り返す。

「日本人は長い歴史の中で、これまでも様々な苦難を乗り越えてきたんです。変化することを怖れたら、発展はないですよ」

「私は、そういう根拠なき楽観論が危ういと、先ほどから言っているんです。これは、壮大な『社会実験』と言っていいと思います。もしかしたら、片岡さんが言われるように成功するかもしれないし、成功しないかもしれません。この社会実験の成否は、誰も確信など持てません。そして、私が最も怖れるのは、『もし、成功しなかった場合』のことです。その場合には、将来、一体、どんな国が出来上がるのでしょうか。人口の1割としても、移民だけで1000万人、それだけで、立派な分離独立国家が出来上がる規模です。この問題は、一度、踏み込んでしまうと、やり直しはできない。その時点で無理に戻そうとすれば、騒乱が起きますよ」

「そんなことは、私も分かっていますよ。しかし、これまでと同じことを繰り返しても、人口減少は止まらないんです。何かアクションを起こさないと……」

「いずれにせよ」と鈴木は言い、最後にこう語った。

――わが国は、移民政策について、あまりに研究や情報が足りないと思う。国は、もっと資金を投入して、世界の移民の動きや移民国家の実情を調査分析し、国民に正確な情報を伝えるべきである。政府は、現時点では本格的に移民を入れることはしない、と言っている。私の立場としては、その方針は理解できるが、それでも大きな問題がある。

私が知る限り、その方針を決定する際に、政府が移民政策のことを本格的に調査分析した形跡がない。移民問題は、英知を結集すべきテーマである。結論を出す前に徹底的な調査研究がなされた上で、総合的な判断が下されるべきだ。どうも、日本には、「したくないから、見ない」という行動パターンがあるように思えてならない。それではダメだ。「よく見る。その上で、するかしないかを、確信をもって判断する」でなければならない。そうしないと、いずれ状況が変化すると、それに流されて、国民に目をつぶって、清水の舞台から飛び降りさせることになりかねない――。

これには片岡も反論しにくいようで、「私も、移民政策の研究が大事にされていないという点では同じ意見です。移民政策を採らないといっても、詳しい説明はないし……」と話す。

ここで、予期せぬ来客たちの議論を百瀬が引き取り、「皆さんの意見はよく分かりました。我々もさらによく考えてみます。大変参考になりました。ありがとうございました」と述べた。

3人が「こちらこそ、お騒がせしました」と応え、百瀬たちが改めて礼を述べて、〃ミニ・移民シンポ〃は終わった。気がつくと、時計は4時を回っていた。

片岡、鈴木、古賀の3名の訪問があった2日後、百瀬は森岡とともに、岩渕大臣に移民政策のこれまでの検討状況を説明した。百瀬は、片岡たちの議論も踏まえ、移民政策をめぐる論点とそれに対する賛成と反対の両方の意見を紹介した上で、結論としては、新たな外国人材制度の状況も見極めたいので、現時点はこれ以上移民問題に踏み込まず、さらに検討を続けていくこととしたい、と具申した。

岩渕は、「分かりました。移民の話を聞けば聞くほど思うんだが、出生率を上げるよりは、移民受入れのほうが日本社会を変えるインパクトは大きいかもしれないね。それに、移民問題は、与党内の意見もまとまりそうにないからね」と答え、総理には私から話しておくと言った。

結局、移民政策は、今回の「人口戦略」の「柱」から外された。

第5章

議論百出の人口戦略法案

9 人口戦略のとりまとめへ（202X年12月末～202Y年1月中旬）

新組織の検討

年末も間近になり、本部事務局はますます忙しくなっている。各作業班は、来年1月の「人口戦略」のとりまとめに向け、具体案の詰めを急ぐとともに、関係府省庁や与党関係者との調整などに日々追われている。

そうした中で、新組織をめぐる検討だけは別だった。中央省庁の組織改革となると、各府省庁の権限や組織に直接関わってくる。そのため、本部事務局スタッフの出身（親元）府省庁にとっては大いなる関心事であり、いかに秘密保持を徹底しようとも、途中で検討案が漏れてしまうことがある。そうなると、権限が縮小するおそれを抱いた府省庁から、様々な抵抗を受け、改革案が頓挫することもあり得る。

政策統括官の百瀬亮太は、そうしたことを考慮して、新たな組織案づくりだけは参事官クラスには関与させず、自らの専管とした。百瀬は、随時、本部事務局長を務める官房副長官や塩山官房長官、岩渕大臣に直接説明し、指示を仰ぎながら案づくりを進めていった。

百瀬のところには新聞記者が頻繁にやってくる。昼間は会議やレクに追われ、百瀬が会う時間がとれないため、早朝や夜間に百瀬の自宅を訪ねてくる記者が多い。「子ども保険」をスクープした、経財新聞の大塚文治記者もその1人である。この日は、百瀬が11時過ぎに帰宅したところ、大塚だけが長時間、寒空で待っていたため、近くのファミレスでコーヒーでも飲もうということになった。

「人口戦略もかなり検討が進んでいるようですね」

大塚は席に着くなり、本題に切り込んできた。

「まあ、事務局のみんなが頑張ってくれているからね」

「ところで、新組織の検討は、どうなっているんですか。子ども保険とか、ライフプランなどは具体論まで詰めていると聞いているのですが、新組織のほうは、あまり話題に上らないんですが……」

「新組織も論点の1つだから、粛々と検討していますよ」

百瀬は新組織の話は避けたいが、大塚は気にしない。

「そうですか。それにしても、新組織の話は、統括官と官邸主要幹部以外はタッチしていないという噂ですが、本当ですか」

どこで、そんな話を聞いたのか……。虚を突かれたが、百瀬は冷静さを取り戻し、

「大塚君はまだ若いから知らないかもしれないが、こと行政組織の話になると、どんな役所も神経質になる。自分たちの権限や人事が直接、絡んでくるからね。だから、組織がらみの役所同士のバトルは、時として凄まじいことになり、政策論議どころでなくなることもある」

「役人の権限争いってのは、そんなに凄いんですか」

若手記者である大塚には驚きだったようで、百瀬は昔話をひもときつつ説明した。

「まあ時と場合によるが、2000年の省庁再編の時は特にひどかった。私も若手としてバトルに動

員されたが、当時、霞が関は、政策立案より、自分たちの組織攻防に明け暮れたと言っていいかもしれないね。今回は、そんなことは何としても避けたい。だから、新組織の話は、ごく一部の幹部だけで話を進めて、最後はトップダウンでバシッと決めて終わり、というのが一番いいんだ。ただし、知っているように『こども家庭庁』のほうは、これまで様々な議論が行われてきた経緯もあって、そういうわけにはいかず、官邸と与党を中心に検討が進んでいるけどね」

法律で新組織を置くといっても、今の検討本部をベースにするのならば、そんなに変わらないんじゃないですか、そんな大塚の素朴な疑問に百瀬は解説を加えた。

「法律で組織を規定するというのは、大きな意味を持っているんだよ。いまの検討本部のような閣議決定に基づく組織は、もし総理大臣が代わったら、廃止されるかもしれない。ところが、法律に基づく組織ならば、将来、総理大臣が代わっても、政権交代があっても、法律が改正されない限り存続するんだ。それだけ政策も継続性が高まることになる。人口戦略のような息の長い政策には、継続性が絶対的に必要なんだ」

「組織」と「制度・予算」は、車の両輪

百瀬が真剣になるのは、大塚にも理解できた。ただし、今回の新組織を作ることで、子ども保険などの制度づくりも前に進むのだろうか、という疑問もある。

これに対し、百瀬は「組織を作ることは大事なことだよ。ただ、組織と制度や予算は、一応、別物で、『車の両輪』のような関係だと考えると、分かりやすいかもしれないね。新組織ができても、強

力な制度やその裏付けになる予算がなければ政策は進まない。逆に、制度があっても組織がしっかりしていないと、成果は上がらない。だから、組織づくりと制度づくりは、並行して進める必要があるんだ」と説明した。

「なるほど。それならば、もし『こども家庭庁』ができれば、今回の子ども保険を担当することになるのですか」

「まあ、そうなるだろうね」大塚の素朴な質問に、百瀬は軽くうなずき、

「仮に、こども家庭庁が創設されても、厚労省や文科省のような大きな予算を持っている巨大組織と違い、今のままだと使える予算は小粒で、政策の拡充は容易じゃない。だから、子ども保険が導入されて、それをこども家庭庁が所管することになれば、制度や予算面での効果は大きいだろうね。もちろん、こども家庭庁が創設されなくとも、人口戦略の新組織が所管すれば、それはそれで安定的な財源が確保され、わが国の家族政策は新たな展望が開けてくることになる」と見解を示した。

「いずれにせよ、新たな組織づくりも制度づくりも、ともに重要ということですね」

次期通常国会は、会期延長がない

大塚はコーヒーを少し口にすると、さらに質問を続ける。

「ところで話題は変わるのですが、与党を回っていると、来年の通常国会に出される人口戦略の法案のことが気がかりになっているようですよ」

これには百瀬が難しい表情を浮かべて、無言でいると、

「次期通常国会は、7月に参議院選挙があるので、延長はできない。そうなると、審議日程はかなり窮屈だし……。国会提出予定の主な法案は、人口戦略の法案のほかは、新型コロナウイルス対策の法案と脱炭素社会の推進法案の2本があって、これらも結構、重い法案だそうですよ。だから、3本も通すのは大変だ、ということらしいんです」

確かに大塚の言う通りだ、そう思いながら、百瀬は「それぞれ大事な法案だね」と返した。

「だから、人口戦略のような大きな法案を1つの国会で通そうとするなら、与野党の対決法案にならないようにしないと無理じゃないか、と言う与党幹部もいるんです」

与党幹部の気持ちが理解できないわけではないが、佐野総理が言うように、人口戦略が「国家百年の大計」とすれば、対決法案にするな、と言われても難しい。

さらに大塚は、野党第一党の憲政党も「人口戦略プロジェクトチーム」を立ち上げて、来年の論戦に備えるようだと言う。その動きは、百瀬ももちろん承知している。総理の〝一丁目一番地〟の案件なのだから、野党側の反応は当然だが、野党の中にも少子化問題を理解している議員はいる、と百瀬は期待している。

「憲政党のプロジェクトチームのリーダーは、論客の今田正則先生だそうです。結構、激しい国会論戦になるかもしれませんね」

今田の名前を聞いて、百瀬が「今田先生は、よく存じ上げているよ」と言うと、大塚が「さすが、統括官は顔が広いですねえ」と持ち上げた。

「36年も役人をやれば当然だよ」

「いずれにせよ、今は官邸も強気ですが、選挙が近づくと、議員の先生方はみんな浮足立ちますからね。政局がからんでくると、大変ですね」

大塚の言う通りではあるが、ここで怯むわけにはいかない。

「まあ、我々は突き進むしかないからね……。おっと、こんな時間になった。明日は早いので、そろそろ失礼するよ」

百瀬がそう言って伝票を手にすると、大塚も、

「統括官、頑張ってください。個人的には、私は応援団ですから」

と言って席を立った。

組織案の総理レク

翌朝、百瀬は総理執務室で佐野総理と向かい合っていた。新組織案（図5－1）を説明するためである。総理レクには、塩山官房長官が同席していた。百瀬が説明する。


――人口問題や少子化対策は、関連分野が非常に広く、各府省庁にまたがる。たとえば、子育て支援は、内閣府、厚労省、文科省が関係し、地方創生は、総務省や国土交通省、経済産業省も絡む。外国人労働や移民政策では、法務省、厚労省、外務省などが関係してくる。

そうなると、政策はバラバラに実施され、指揮命令系統や責任も不明確となりがちである。現在、内閣府には少子化対策部門が置かれているが、スタッフはわずかで、現在の業務で手一杯である。遅きに失した面はあるが、一刻も早く「人口戦略」によって、政府全体の統一的な方針を

図5-1　人口戦略推進体制(案)

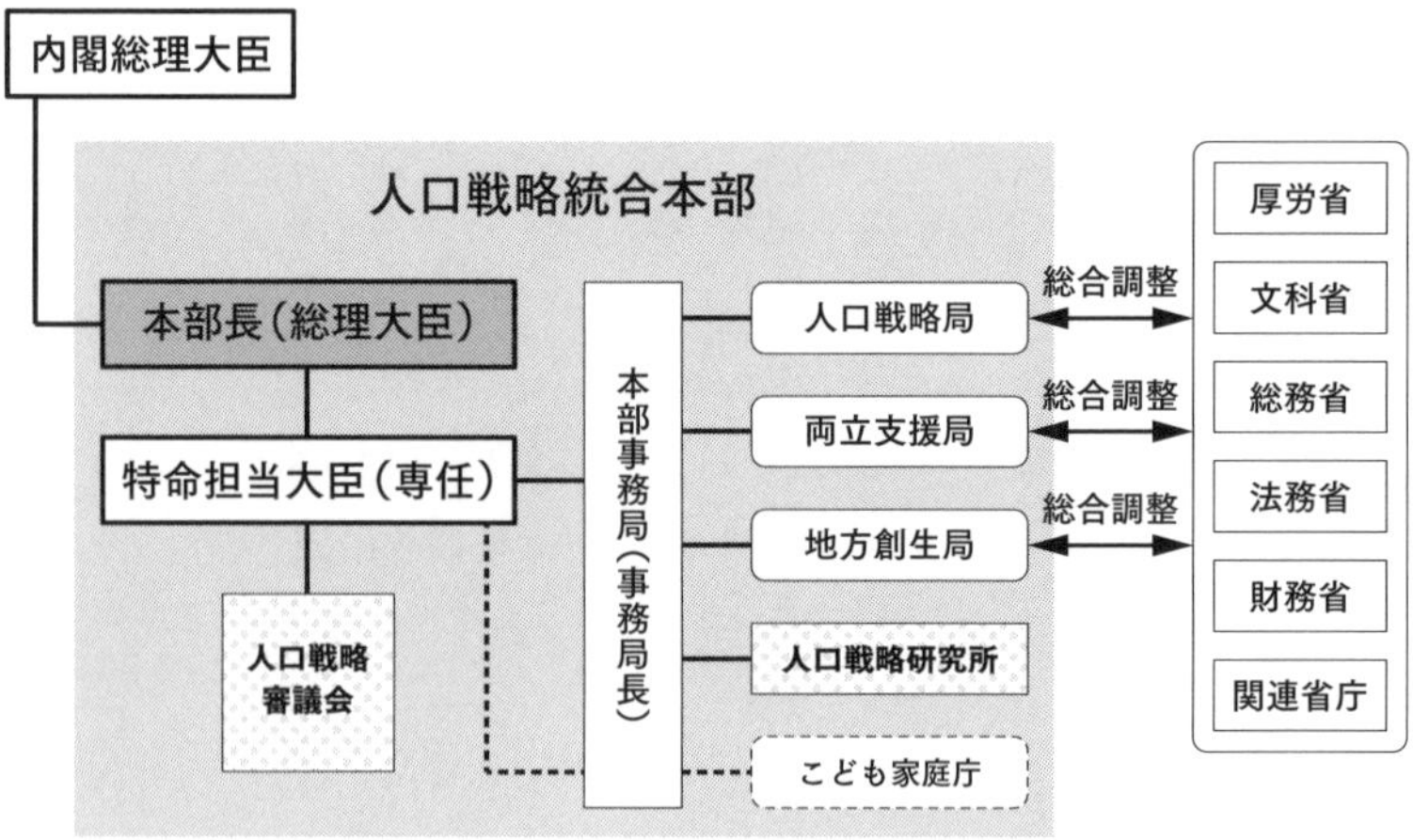

資料:筆者作成

定め、一体となって政策を推進していく体制を作る必要がある。

そこで、人口戦略の推進体制の中核として、法律に基づき、「人口戦略統合本部」を設置することとしたい。その統合本部が、内閣官房の機能である「内閣の重要政策に関する基本的な方針に関する企画及び立案並びに総合調整に関する事務」を担うことになる。

統合本部の本部長は総理大臣とし、その下に、人口戦略担当の特命担当大臣を専任で置く。

統合本部を支える事務局は、現在の内閣府の少子化対策部門と地方創生部門を強化するとともに、関係府省庁の人口戦略に関わる企画立案機能を移行させ、3つの局でサポートする体制とする。人口戦略の基本方針の企画立案、総合調整を担う「人口戦略局」

と、若年世代の結婚・出産・育児の支援に関わる「両立支援局」、そして、地方創生を担当する「地方創生局」である。

現在、別途検討が進められている、子どもに関する新たな行政組織の件は、一応、今回の新組織案とは切り離している。ただし、仮に「こども家庭庁」のような組織を創設することになれば、「こども家庭庁」も統合本部の下に置くこととし、その場合、人口戦略担当大臣は、こども家庭庁も担当することが考えられる。それによって、組織の縦割りを排除し、関係者が一丸となって人口減少問題に取り組むこととなり、より強力な体制となるだろう。

さらに、人口戦略を審議する諮問機関として「人口戦略審議会」を、人口動向や人口戦略の研究を担う調査研究機関として「人口戦略研究所」を置くこととしたい。

なお、当初は、本部事務局に、外国人労働者や移民に対する政策の企画立案を担当する「移民政策局」を設置するつもりだったが、移民政策については政府部内や与党内で意見が割れて、すぐには意見を集約できそうにない。このため、現時点では盛り込んでいない。

また、本部は〝司令塔〟を担うが、各分野の施策実施にあたっては、各府省庁との十分な連携が必要となる。そのため、本部職員は、各府省庁からの出向や民間人材の登用とし、実績を積んだ優秀な人材が、政策立案や統括業務にあたるような体制を組みたいと考えている――。

百瀬からの説明が終わると、佐野総理が口を開いた。

「人口問題は、本当に多くの役所が関係するね」

これに対し、官房長官の塩山が説明を加える。

「かなり大がかりな〝司令塔〟組織になりますが、これで、バラバラに対応していた少子化対策を統合的に動かせるようになると思います。特に人口戦略では、若年世代の仕事と育児の両立や子育ての支援が重要な意味を持っていますが、それを担うのが企画調整部門の「両立支援局」です。そして、仮に、子ども関係の制度実施部門として『こども家庭庁』が創設された場合には、この2つの組織が一体となって動くことが重要ですので、担当大臣のみならず、主要幹部である局長や課長は、両方の組織のポジションを兼任することとし、一体性を確保するつもりです」

「分かりました」佐野は大きくうなずいた。

「人口戦略研究所」の設置

佐野は「人口戦略研究所」を設置することにも関心を示した。百瀬が説明する。

「人口戦略の推進にあたっては、人口問題に関する調査分析が非常に重要となります。政策の『総合調整』といっても、単に各府省の政策を合体させたり、文言を調整するようなものではありません。総花的な施策の羅列では、効果は上がりません。様々な統計調査に基づく客観的分析や海外情報などを活用して、各府省庁が行っている政策を検証し、必要ならば修正させていく任務です」

つまりEBPM（Evidence-based Policy Making）、統計などの客観データに基づく、政策立案というわけである。このため、人口分野の研究についても、これまでは人口動向の「統計的研究」が主だったが、今後は政策のあり方を対象とする「政策的研究」も強化する必要がある。さらに、地方自治体を含めた人口戦略の研究者を育成する必要もある。こうした研究活動と人材育成を担うのが、「人口戦略研究所」である。本部は、優秀な人口戦略研究所を持つことによって初めて、十分な機能を発揮することができると考えている——。

百瀬の説明に対し、佐野が「人材は、今の国立社会保障・人口問題研究所から移すのかね」と尋ねると、

「社人研の人口部門を移行します。元々、人口問題研究所として単体だったのが、1996年の行政整理で社会保障研究所と合体しました。その人口部門の人材に民間人材なども加えて、研究体制を抜本的に強化します。長年にわたって人口問題に注力しているフランスには、1945年に設置された、有名な『国立人口研究所（INED）』がありますが、それに匹敵するぐらいの研究所にしたいと思います」と百瀬は意気込む。

佐野も大いに賛同したようで、「客観的データ分析と将来推計には、AIも最大限活用してほしいね」と希望を伝えた。

さらに百瀬は「人口戦略審議会も設置します。これは、現在の厚労省の社会保障審議会の下にある人口部会を移管して、社会保障分野に限らず、人口戦略に関する分野全般を審議する諮問機関とします。人口問題の諮問機関が内閣直属として設置されるのは、1949年の人口問題審議会以来ですから、約70年ぶりになります」と力を込めて言った。

終戦直後の人口急増期とは社会情勢は様変わりだが、人口問題が国の命運に関わるようになっているという点では同じである。

移民政策の扱い

総理レクはさらに続き、すでに岩渕大臣から総理に報告は上がっていたが、移民政策についても説明が行われた。

移民政策は、政府内も与党内も議論が簡単には収束しそうにない。重要なテーマであることは確かだが、関係者の意見に大きな隔たりがあって、1つの方向性が示せない状態である。当初は、「移民想定数」のような具体的な数値目標を設定しようと考えていたが、それにも反対意見があり、中途半端な方針を示すと、国際的な影響も出て困るというので、それも出せない状況である。ただ、それでは、外国人材を必要としている経済界なども困るので、移民政策については、さらに議論を深めたいと思う。したがって、法案に、今後、移民政策の基本的なあり方を検討する旨の検討規定を置くことも考えている——。

百瀬がそう言うと、塩山も重ねて「したがって、新組織案では、移民政策局は設置しませんが、当分の間、人口戦略局において移民政策の基本方針をめぐる議論を進めていく考えです。百瀬統括官の話では、日本も移民政策の調査研究を抜本的に強化する必要があるとのことですので、先ほどの人口戦略研究所において、移民政策研究にも力を注ぎたいと思います」と説明した。

「了解しました」佐野はそう言うと、移民政策を研究し議論するのは大いに結構だが、私は、移民受入れの前に、まずやるべき課題があると思っている、と自らの見解を述べた。

そして、少しの間があったあと、佐野が力を込めて言った。

「それでは、この案に沿って、具体的な作業に入ってくれたまえ」

これに対して、塩山が言う。

「総理、この新組織案は、来年1月の人口戦略とりまとめのギリギリのタイミングまで、各府省庁や与党には伏せておきたいと思います。中途の案が漏れて、中央省庁の組織再編論議にでも飛び火するようだと、かなり荷が重くなりますから」

「結構です」佐野が深くうなずいた。

こうして新組織の方向も定まり、いよいよ人口戦略はとりまとめの段階に入っていった。

目標となる人口・出生率・出生数

年が改まって1月となり、「人口戦略」のとりまとめ作業は最終局面を迎えている。

目下、本部事務局が作業を急いでいるのが、人口戦略の「目標の設定」である。担当は、数理担当参事官の荒川麻衣である。部内会議で荒川が説明を始めた。

——現在検討を進めている人口戦略の目標は、対象となる時期から「長期目標」、「中期目標」「短期目標」の3つとすることを考えている。**表**（5－1）をご覧いただきたい。

まず「長期目標」は、約40年後の2060年に1億人の人口を維持し、約80年後の2100年に9000万人程度の水準で人口が安定する、ということである。

次に、これを実現するために、約20年後の2040年に出生率が人口置換水準の2・07を達成し、年間出生数100万人を確保することを「中期目標」に置いている。

表5-1　人口戦略の「目標人口・出生率・出生数」

	目標年次	目標人口	目標出生率	目標年間出生数	平成29年将来推計人口（中位推計） 総人口	出生率	年間出生数
短期目標	2025年	1億2300万人	1.60	100万人	1億2300万人	1.42	84万人
短期目標	2030年	1億2000万人	1.80	100万人	1億1900万人	1.43	82万人
中期目標	2040年	1億1400万人	2.07	100万人	1億1100万人	1.43	74万人
長期目標	2060年	1億200万人	2.07	100万人	9200万人	1.44	58万人
長期目標	2100年	9000万人 以降、安定	2.07	100万人	6000万人 以降も低下	1.44	38万人

資料：内閣官房「まち・ひと・しごと創生長期ビジョン（令和元年改訂版）」における推計を参考に、筆者が独自に推計したもの 。

そして、それに至るための当面の10年間の「短期目標」として、2025年に出生率1・6の水準を、2030年に出生率1・8の国民希望出生率の水準を達成することとしている。

　これらの数値は、2019年の「一億人国家」シナリオの試算をベースとして、今回算出したものである。ただし、移民など外国人の増加の効果は見込んでいない。5年ごとに実績を検証し、目標は必要に応じて改定していく。国の目標人口・出生率・年間出生数を踏まえ、都道府県及び市町村も、同様に目標を設定する——。

百瀬が荒川に尋ねた。

「この目標案では、短期目標は出生率になるのだね」

「ええ。総人口などは短期間では動きが鈍く、短期目標の数値には馴染みません。ですから、出生率が分かりやすい指標になると思います」

「2025年に1・6で、2030年に1・8か……。この10年間のハードルは相当高いね。20年後の2040年の中期目標は、出生率2・07の達成か……」

百瀬が天を仰ぐと、荒川は、

「おっしゃる通りです。この10年間の短期とその後の10年間の中期は、かなり高い数値目標になっています。ご存知の通り、人口問題はいかに早く効果を上げるかによって、将来の姿が大きく変わってきます。だから、このような〝短期集中型〟の戦略になります。もちろん実績がそこまでいかない場合は、目標を修正していくことになりますが、初期の実績が低ければ低いほど、長期目標の達成の困難度が増していきます。また、これをベースに、都道府県や市町村も同じように目標を設定してもらいますが、各地域によって事情が異なりますので、地域としての判断が加味できるようにします」と述べた。

目標は、国民を義務づけるものでない

ここで武井が口をはさんだ。

「年間出生数100万人というのが、1つの目安みたいですね」

荒川が、「1億人レベルの総人口を維持するためには、年間100万人程度の出生数が必要となります。分かりやすい数値ですが、これは大変、厳しい条件なのです。再生産年齢の女性人口が減少し続ける中で、年間出生数を維持するわけですから。わが国の年間出生数の実績を見ると、2016年

に100万人を切ったあと、年々減少し続けており、2021年は81万2000人となっています。そして、2022年には80万人を割るのは必至と言われていますからね……」

するとここまで黙っていた野口がボソッと言った。

「このような高い目標を、一体、我々はどうすれば達成できるのか……」

「この数値が、すべての状況を表しているんです」

荒川が応じると、百瀬が資料から目を離して、出席者を見回しながら言った。

「我々が最も気をつけないといけないのは、この目標は、あくまでも政府と地方自治体に対するものだということである。つまり、この目標は、国民を義務づけるようなものでないし、その目標達成のための行動を国民に強制できるわけではない。したがって、極めて難度の高い目標となる。このことを、我々、行政の責任者は認識しておかないといけない」

『基本的人権の尊重』を第一に置く、わが国ですから、国民に強制できないというのは当然ですが、ただ、あまりに目標が高くて……」

こう話したきり、言葉が続かない野口を諭すように、百瀬が語りかける。

「我々は、粘り強く働きかけていくしかないんだよ」

「ここまで事態が悪化してしまって……。先輩方に、なぜここまで放置したのか、つい文句も言いたくなります」

この野口の言葉を聞いた百瀬は、それまでと打って変わって、苦悶の表情を浮かべながら、絞り出すように言った。

「その点では、若い諸君には、本当に申し訳ないと思う。今さら悔やんでも悔やみ切れないが、せめて今回の人口戦略は、自分としても全力で取り組む覚悟だから……」

その言葉を聞いて野口も応えた。

「すみません。つい愚痴を言ってしまって……。我々も頑張ります」

目標実現のための「戦略立案・遂行プロセス」

部屋は静まり返ったが、荒川は説明を続けた。

――次に「戦略立案・遂行プロセス」について説明したい。**図**（**5―2**）をご覧いただきたい。当然のことながら、目標の人口や出生率を設定しただけでは、実効性ある人口戦略とはならない。この目標を実現するためには、各種のデータを使って「動向分析」を行い、それに基づき、より具体的な「戦略目標」を設定する必要がある。そして、その戦略目標の達成のために有効な施策を講じ、その成果をチェックし、必要な見直しを行っていく「PDCAサイクル」を回していかなければならない。これは、5年を一期とする、国や地方自治体の「5か年計画」によって遂行される。

こうした一連の流れを「戦略立案・遂行プロセス」と呼んでいる。このプロセスをしっかりと構築することが我々のテーマである。人口戦略は、国だけでなく都道府県や市町村でも同じような取り組みが必要とされるので、このプロセスは簡潔で汎用性があることが求められる――。

荒川は一呼吸おいて、続けた。

図5-2 「目標人口・出生率・出生数」と戦略立案・遂行のプロセス

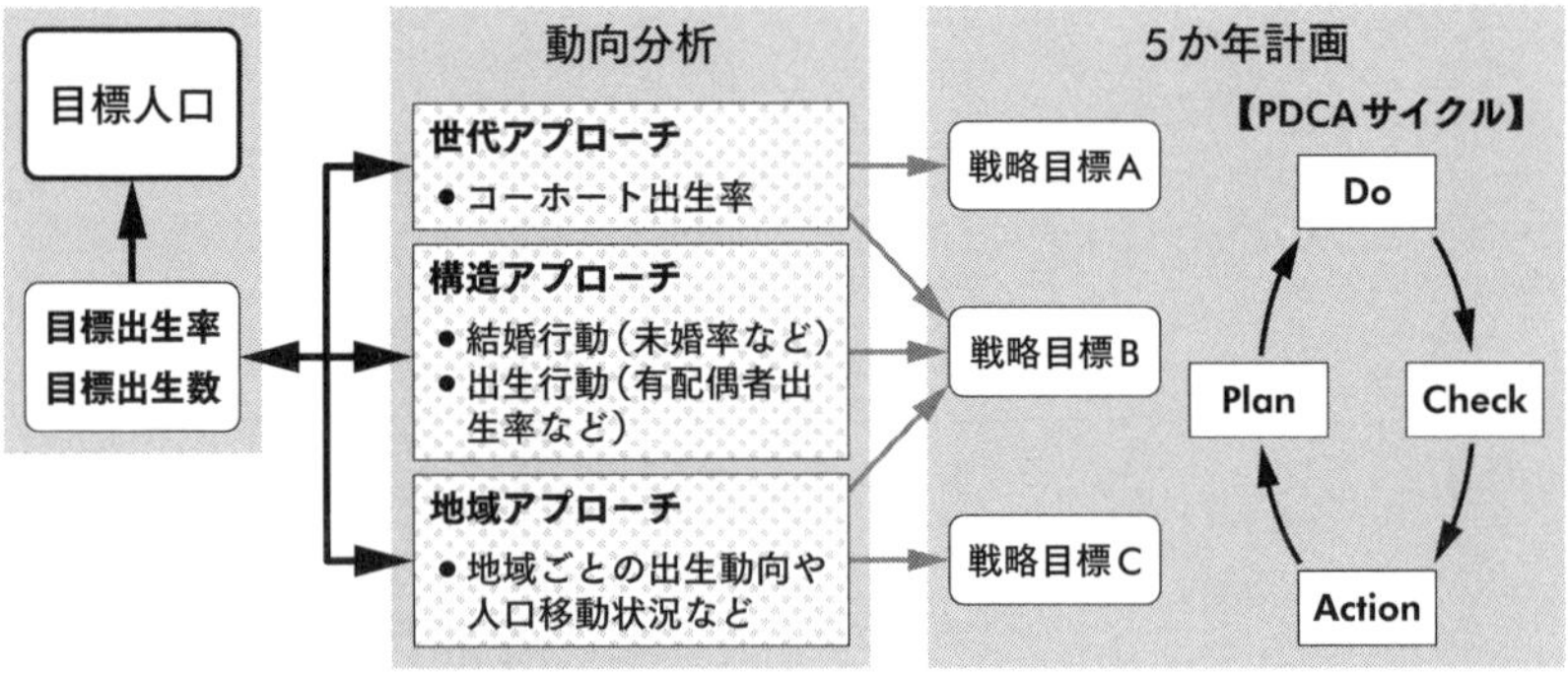

資料：筆者作成

――少し詳しく説明する。まず、戦略立案・遂行プロセスの最初の段階となる、人口に関する各種の「動向分析」についてである。分析手法としては、「世代アプローチ」、「構造アプローチ」、「地域アプローチ」の3つが想定される。この3つのアプローチは、相互に排除し合う関係にはなく、2つさらには3つのアプローチを重ね合わせることによって、より詳細な分析となる。

第1の「世代アプローチ」とは、生まれた世代ごとに人口に関わる動向を分析するものである。1つの世代が、年齢が経つにつれて、どのように結婚し、子どもを生んでいるかを追跡して、その特徴を分析する。

次の第2の「構造アプローチ」とは、出生率に影響を与える要因の構造的な分析である。これまでも指摘されてきたが、出生率は「結婚行動」と「出生行動」によって決定される。結婚行動に関しては、「未婚率」や「初婚年齢」が動向分析の指標となる。出生行動に関しては、「有配偶者出生率」（結婚している女性の出生率）が中心的な指標となるが、それとともに、第1子、2子、3子といった「出生順位別出生率」なども重要となる。

そして、第3の「地域アプローチ」とは、地域単位（圏域ブロックや都道府県などの広い圏域から、市町村単位の狭い区域まで）で、人口動向を分析するものである。地域ごとに「世代アプローチ」や「構造アプローチ」による分析を行うことで、各地域の地理・歴史・社会・経済・文化などの違いがはっきりとしてくる。また、国と違って、都道府県や市町村では「人口移動」という側面の分析が加わる。これまで地方では、多くの住民が東京圏をはじめ大都市に流出しており、その流れを変える「地方創生」も、戦略の重要な部分となるからである――。

「コーホート出生率」と「期間出生率」

ここで、武井が声をあげた。

「荒川さん。恐縮ですが、全部まとめて説明されても頭に入らないので、もう少し丁寧に説明してくれませんか。できれば1つずつ。まず『世代アプローチ』とはどういう分析なのですか」

「分かりました。この『世代アプローチ』で使われる指標は、『コーホート合計特殊出生率』というものです」

「コーホート」……。武井も昔、説明を受けたことはあるが、明確には記憶に残っていない。そこで、荒川が重ねて解説した。

「コーホートとは、同じ年に生まれた集団のことです。人口学者の河野稠果氏によると、コーホートとは、もともとはローマ帝国の編成単位を示す言葉だそうです。[1] 通例、5年か10年を一括りにして、1つのコーホート、つまり1つの世代とします。その世代ごとの出生率を表すのが、『コーホート合計特殊出生率』です」

「それなら、これまで我々が使ってきた「出生率」、つまり「合計特殊出生率」とは何なのか。それは正確には、「期間合計特殊出生率」である。では、「コーホート」と「期間」とは、どう違うのか——。

武井とのやりとりが続き、荒川が説明する。

「**図**（5—3）の下の②の表を見てください。左の点線部分がありますが、これが1972～1976年に生まれた女性の世代、仮に「A世代」とすると、そのA世代の出生率を示しています。A世代が各年齢時（15～19歳、20～24歳、25～29歳、30～34歳、35～39歳、40～44歳、45～49歳）に記録した出生率を、過去から積み上げて算出した出生率が『コーホート合計特殊出生率』です。A世代は1・45になります」

つまり、ある世代の女性が15歳から49歳までの間、どのような出生行動をとったかを集積したものである。世代によっては、現時点ではまだ生み終わっていない場合もある。同じ表②の右の点線部分は、1992～1996年生まれの女性の世代（「B世代」とする）だが、B世代はまだ若く、49歳に到達していないので、「25～29歳」までの出生率しか確定していない。

これに対し、「期間合計特殊出生率」とは、ある年次における15歳から49歳までのすべての女性の出生率を合計したものである。同じ資料の①の表を見ると、右側の太線囲みが、2021年の出生率（期間合計特殊出生率）1・30となる。少し分かりづらいかもしれないが、先ほどのA世代やB世代のコ

図5-3 「コーホート」出生率と「期間」出生率の違い

①期間合計特殊出生率の年次推移（年齢階級別内訳）

母の年齢	平成3年(1991)	8年(1996)	13年(2001)	18年(2006)	23年(2011)	28年(2016)	令和3年(2021年)
	1.53	1.43	1.33	1.32	1.39	1.44	1.30
15〜19歳	0.0188	0.0188	0.0289	0.0250	0.0227	0.0190	0.0100
20〜24	0.2244	0.1988	0.1980	0.1871	0.1710	0.1433	0.1035
25〜29	0.6956	0.5631	0.4782	0.4353	0.4349	0.4139	0.3615
30〜34	0.4722	0.4895	0.4425	0.4516	0.4836	0.5143	0.4820
35〜39	0.1115	0.1395	0.1659	0.1886	0.2390	0.2907	0.2799
40〜44	0.0118	0.0155	0.0199	0.0286	0.0408	0.0586	0.0641
45〜49	0.0003	0.0004	0.0005	0.0007	0.0011	0.0015	0.0018

B世代　A世代

②各世代（コーホート）別にみた母の年齢階級別出生率（ごく粗い計算）

母の年齢	昭和47〜51年生まれ(1972-1976)	昭和52〜56年生まれ(1977-1981)	昭和57〜61年生まれ(1982-1986)	昭和62〜平成3年生まれ(1987-1991)	平成4〜8年生まれ(1992-1996)	平成9〜13年生まれ(1997-2001)	平成14〜18年生まれ(2002-2006)
	45〜49歳の世代	40〜44歳の世代	35〜39歳の世代	30〜34歳の世代	25〜29歳の世代	20〜24歳の世代	15〜19歳の世代
15〜19歳	0.0188	0.0188	0.0289	0.0250	0.0227	0.0190	0.0100
20〜24	0.1988	.1980	0.1871	0.1710	0.1433	0.1035	
25〜29	0.4782	0.4353	0.4349	0.4139	0.3615		
30〜34	0.4516	0.4836	0.5147	0.4820			
35〜39	0.2390	0.2907	0.2799				
40〜44	0.0586	0.0641					
45〜49	0.0018						
コーホート合計特殊出生率	1.45	1.49	1.45	1.09	0.53	0.12	0.01

A世代　B世代

資料：厚生労働省「令和3年（2021）人口動態統計（確定数）」（2022年9月）の資料に基づき筆者作成

ーホート合計特殊出生率は、①の表では斜め点線部分が該当する――。

こう荒川が解説すると、「表②の長方形の点線部分が、表①では斜め点線部分で示されるのですね」と武井が確認する。これに荒川は、

「ええ。これを見ると、期間合計特殊出生率は、各世代のコーホート合計特殊出生率の束を、ある1年次で切断した断面図のようなものであることが分かると思います」とやさしく答えた。

「世代アプローチ」の意義

気をよくした武井は、荒川にさらに問いかける。

「なるほど。我々が普通、出生率というと、この『期間』のほうで、『コーホート』のほうはあまり使いませんよね」

「ええ。現在の出生率の動向を表す指標としては、最新データが得やすいことなどから、『期間合計特殊出生率』を使うのが一般的で、出生率といえば、通例これを指します」

「じゃ、コーホートのほうは、どのように活用できるのですか」

武井の疑問に、荒川が再び説明を始めた。

――それが、まさにコーホート合計特殊出生率などを使った「世代アプローチ」、つまり世代別の分析である。これには、大きく2つの意義がある。

第1点は、ある世代の出生行動の歴史を時間軸に沿って見ることで、その世代の特性ととも

に、その時々の経済社会情勢や政策によって、出生率がどのような影響を受けたかを分析できることである。少子化対策は、効果が出るのに時間がかかるし、様々な要因が絡むので、効果検証が難しい。しかし、世代別の分析を行うことで、人口戦略を考える上で参考となる貴重なデータを得ることができ、それが戦略立案に活かされる。

第2点は、もっと即効性の高いことである。それは、コーホート別の各種データに注目することによって、現時点で「生み盛り」の時期にあたる世代や、その次の世代の動向を把握することが可能となることである。それによって、今後短期間のうちに起きそうな出生行動を見通し、それに対する有効な対策を検討することができる。

言うまでもないが、我々は、各年次の出生率（期間合計特殊出生率）の動きを見る際に、テンポ効果のような「見かけの姿」に惑わされ、その動きに一喜一憂するようであってはならない。実際に動いていることをできる限り早く、かつ正確に把握する必要がある。その点で、「世代アプローチ」の分析は不可欠である――。

近年の出生率反転の背景

調子づいた武井が、再び手をあげて発言した。

「すみませんが、世代アプローチについて、具体例を使って説明してくれませんか。抽象的には分かるのですが、なかなか実感が湧かなくて……」

「本当に、注文の多い料理店ですね。まあ、いいでしょう。世代アプローチの重要性を表す事例としでは、最近の10年間の出生率向上に関する分析がよいと思いますので、紹介しましょう。

ご承知のとおり、わが国の出生率は２００５年に過去最低の１・26を記録したあとに反転し、２０１５年までの10年間、上昇が続きました。これは久しぶりの朗報でした。それまで続いていた未婚率の上昇も止まり、年間婚姻数や出生数が一時期増えたこともあって、出生率回復に向けて本格的な動きが始まったのではないか、それまでの少子化対策の効果が出始めたのではないか、という期待も高まりました」

「私も期待したんですがね、いよいよ本格回復かと……」

百瀬がため息をもらすと、荒川が続ける。

「しかし、残念ながら、２０１６年以降、出生率は再び低下の世界へ戻っていきました。それは、なぜか。世代アプローチで分析して分かったのは、２００５年からの出生率反転を中心的に担ったのは、第二次ベビーブーム世代をはじめとする１９７０年代生まれの世代だったということです。先ほどの**図5－3**の表①や②で、A世代と言いましたが、そのA世代が、まさに第二次ベビーブーム世代にあたります。この世代を含む70年代生まれ世代が、30代後半になり、子どもを生む限界の年齢に近づく中で、経済環境の好転もあって、出産を一斉に開始した（駆け込み出産）したのです。[2]この動きは、**図5－3**の①の表で確認できます」

「えっ。どこですか」武井が尋ねる。

「①の表のA世代の出生率（斜め点線部分）を見ると、平成23（２０１１）年はこの世代は35～39歳に該当しているのですが、その時の出生率は０・２３９０です。平成28（２０１６）年には、40～44歳ですが、その時の出生率は０・０５８６です。いずれの数値も、前の世代が同じ年齢であった時の出生率よりも、かなり高い数値です。そして、それに続く1970年代後半生まれや1980年代生まれの世代の出生率も、同様に高い水準だったこともあり、出生率全体が10年間上昇し続けたと考えられます。別の調査結果では、第1子のみならず、第2子や第3子も出生が増えています」

つまり、30代後半の人々の出生行動が原動力だったのである。

経済低迷の時に出産を先送りした、または先送りせざるを得なかった世代が、子どもを生むために懸命にキャッチ・アップしようとした行動だった。だが、出産年齢の限界もあって、この動きは本格的なキャッチ・アップにはつながらず、上昇幅が限られた一過性の現象に終わった。そして、2016年からは、出生率は再び低下し始めた。

「こうした出生率反転の背景については、私が整理したメモ（**図5―4**）がありますので、参考にしてください」と荒川が言って、メモを配った。

懸念される若い世代の出生動向

「では、今後はどうなるんですか」武井がさらに尋ねる。

「最も懸念されるのは、1992年生まれ以降の世代、つまり今の20代の出生率が現時点では過去最低水準で推移していることです。先ほどの**図**（**5―3**）の②の表で見ると分かります。1992〜96年生まれの世代です」

荒川の説明に武井は「『B世代』ですね」と合の手を入れる。

B世代は、2021年時点で25〜29歳だが、出生率は0・3615である。その前の世代が同じ25

図5-4　2006〜2015年の出生率反転の背景

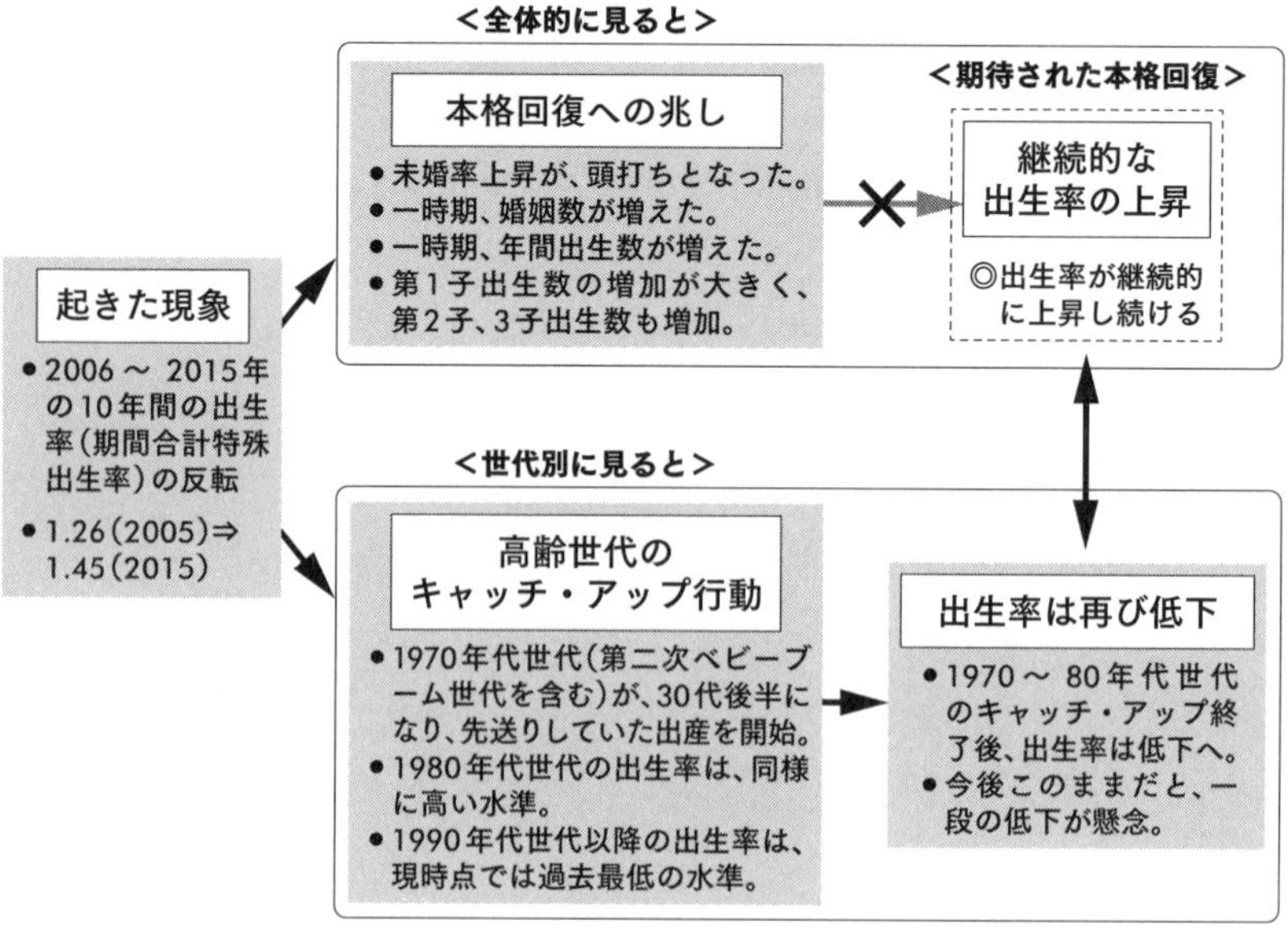

資料：筆者作成

〜29歳だった時の出生率に比べて、相当低いことが分かる。B世代は、これから30代に入っていくが、ここで大きく回復しないと、全体の出生率はもう一段下がる可能性がある。そして、それ以降の若い世代は、もっと低い水準で推移している。最近は、こうした動きにコロナ禍の影響も加わっているので、出生率はさらに低下する方向に動くのではないかと懸念される。

厚生労働省の「人口動態統計速報」（2022年6月分）によると、2022年の上半期（1〜6月）の出生数は38万4942人であり、前年同期に比べて2万87人、5％もの減少となっている。ここで、さらに結婚・出産の「先送り」があったら、出産年齢という点から見ると、これまでにない非常に厳しい状況になるかもしれない——。

「本当に心配です」荒川が説明を締めくくると、百瀬も、

「由々しき事態だね。総理が『世代の喪失』と嘆いた、かつての2000年代初頭の経済危機の時と同じようなことにならなければいいが……」と苦悩の表情を浮かべながら、

「世代アプローチは、足元の動きを把握する上で重要だね。それにしても、若い世代の動きは、今や、人口減少が一刻も猶予ならない事態であることを裏付けるものだ。この状況は、早速、岩渕大臣にもお伝えしておかないと」と述べた。

ここで、武井が、「荒川さん、世代アプローチの意義がよく分かりました。ありがとうございました」と荒川が配ったメモをバインダーに挟み込もうとすると、荒川は口を軽くとがらせる。

「まだ、私の説明は終わっていません。続いて、『構造アプローチ』と『地域アプローチ』について説明します」

これには、武井も返す言葉がなかったようで、「すみませんでした」と照れた表情を浮かべる。

日本の中に、世界がある

荒川は、残る「構造アプローチ」と「地域アプローチ」について説明を始めた。

「分かりやすくするため、地域アプローチのほうから説明しましょう。まず、出生率をめぐる状況が地域によって、いかに違うかを理解していただきたいと思います。お手元の**図**（5―5）をご覧ください。皆さん、この図、どこかで見たことがあるように思われませんか」

以前、人口学者の壱岐が使った、女性が何歳で子どもを出産しているかを示す「女性年齢階層別出生率」のグラフだった（94ページ参照）。壱岐は、このデータを使って、スウェーデンやフランスなどの高出生率国と、日本のような低出生率国の構造の違いを説明した。実は、この**図5―5**は、同じ「女性年齢階層別出生率」を、日本の都道府県別に作成したものだった。

「えっ。日本国内のグラフですか」

野口が驚くと、荒川が言う。

「そうなんです。実は、沖縄（出生率1・82）や島根（1・68）などの地域の出生率構造は、スウェーデン（1・79）やフランス（1・83）などとほぼ同じなのです。一方、東京（1・15）の出生率の構造は、日本より出生率が低い韓国（0・96）と、そっくりなんです」

つまり出生率の構造を見る限り、『日本の中に、世界がある』というわけだ。それだけ地域格差が大きい。ということは、日本全体を同じように考えて、同じような戦略を進めても効果がないということになるのか――。野口が疑問を投げかける。

「効果がないとは言いません。日本全体の出生率の底上げを図る意味は大きいし、子ども保険のよう

図5-5　女性年齢階層別の出生率（地域別、2019 年）

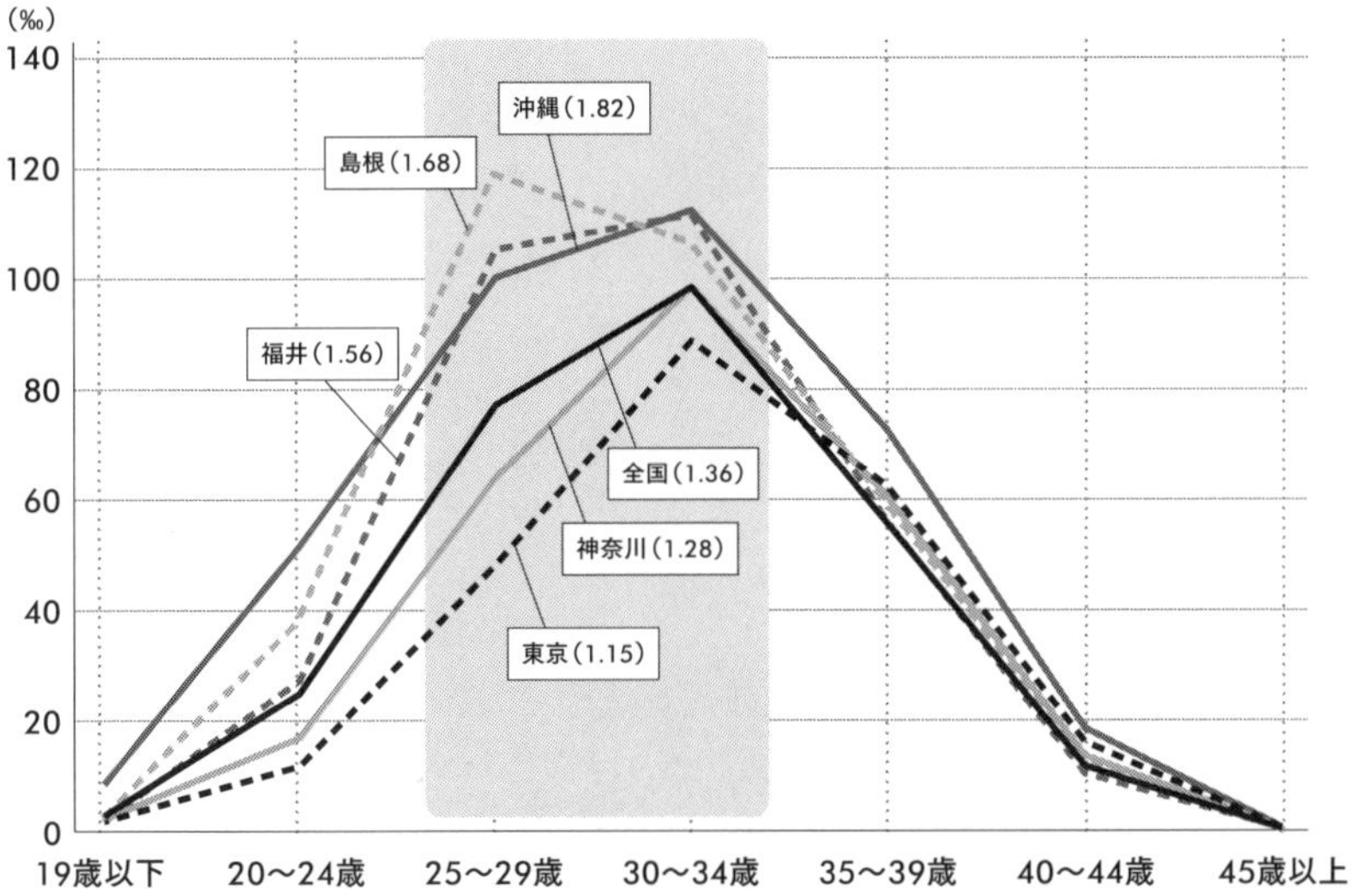

資料：佐々木司、別府志海「都道府県別にみた女性の年齢階級（5歳階級）別出生率および合計特殊出生率：2019年）『人口問題研究』No.76-4（2020年12月）表1に基づき筆者作成

に国の政策として取り組むべき課題も多くあります。ただ、それだけでは足りないわけで、地域ごとの戦略がとても重要になってきます」

「そうなると、『地域アプローチ』を支えるような、地域ごとの人口問題の分析を行う調査研究体制も必要となるね」

　百瀬が問いかけると、荒川は深くうなずきながら同意して、

「ええ。現在は、国のレベルでは社人研（国立社会保障・人口問題研究所）がありますが、都道府県や市町村になると、人口問題を専門的に研究する態勢や人材はまだまだ不足していますので、その充実が急務です」と答えた。

地域によって、戦略目標は異なる

ここで、地方創生を担当している大森参事官が声をあげた。
「『地域アプローチ』ということであれば、各地域では、すでに地方創生に向けて様々な取り組みが展開されています。その中には、出生率向上に効果があったり、人口移動に有効だったりする施策もありますが、一方では、めぼしい成果がないものも少なくありません。まさにPDCAサイクルを働かせて、施策をブラッシュアップすべき時期にあります」

これには荒川もまったく異論がない。
「そもそも地域によって、設定すべき『戦略目標』は違ってきます。まず、その点をおさえないといけません。そのときに必要となるのが、地域ごとの分析に役立つ『構造アプローチ』です」
と言い、「構造アプローチ」について説明を始めた。

――「構造アプローチ」は、ご存知のように、出生率に影響を与える「結婚行動」と「出生行動」という2つの観点からの分析であり、結婚行動に関しては「未婚率」が、出生行動に関しては「有配偶者出生率」(結婚している人の出生率)が中心的な指標となる。分かりやすくするため、各都道府県の出生率を「未婚率」(左に行くと高くなる)と「有配偶者出生率」(上に行くと高くなる)の観点から分析した結果が、**図**(5－6)である。

この分析結果を見ると、地域によって出生率に影響を及ぼしている構造が異なっており、そのため、出生率向上を目指す戦略目標も違ってくることが分かると思う。

図5-6　未婚率と有配偶者出生率（結婚している人の出生率）の都道府県別状況（2015年）

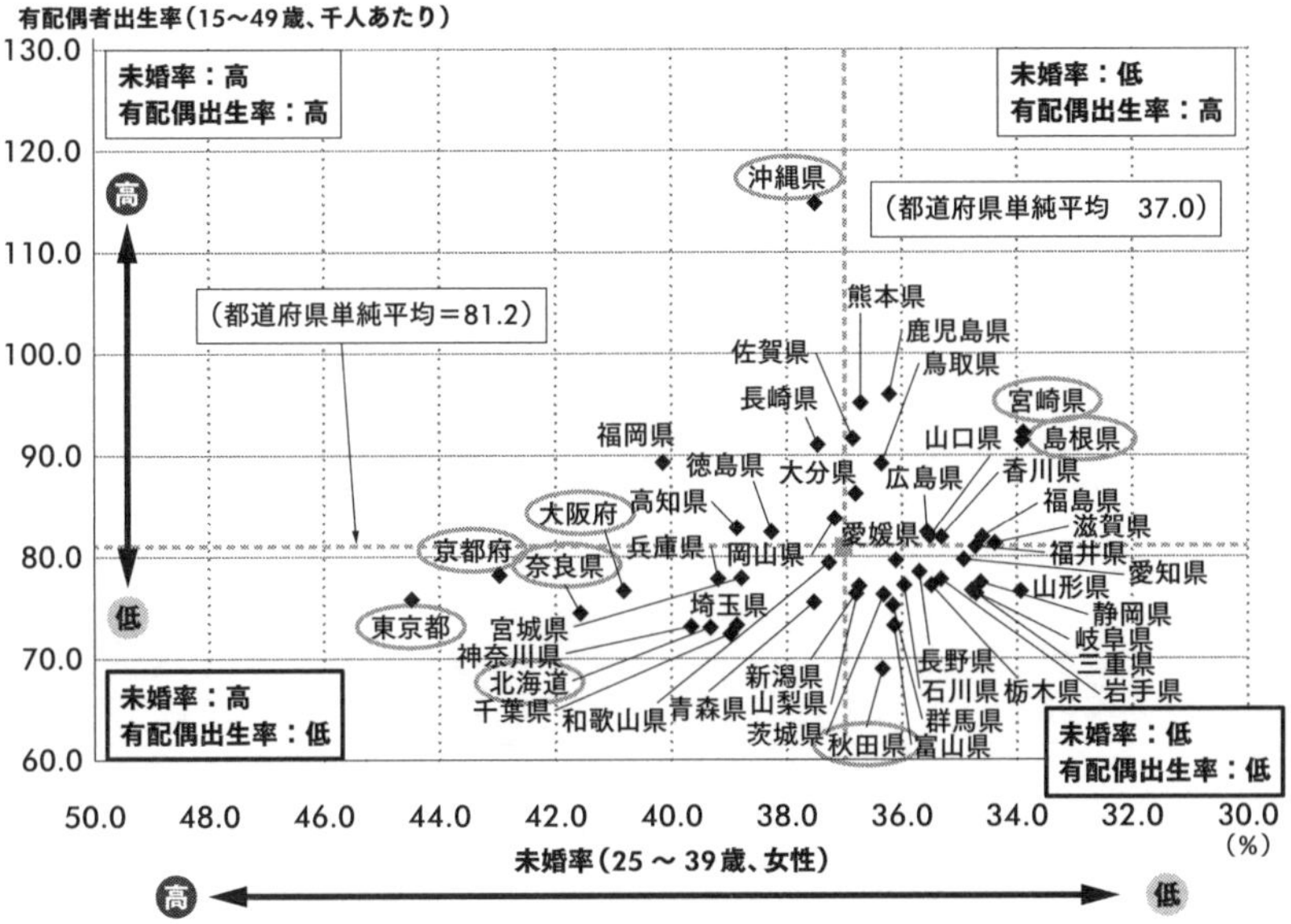

資料：内閣府「令和3年版少子化社会対策白書」P120に基づき筆者作成

① 出生率が最も低い東京都は、未婚率が最も高い。京都府や奈良県、大阪府も未婚率が高い。

② 北海道は出生率が低いが、それは、未婚率の高さとともに、有配偶者出生率が低いことが要因となっている。秋田県の場合は、未婚率は平均より低いが、有配偶者出生率の低さが出生率を下げている。

③ 出生率が最も高い沖縄県は、未婚率は

図5-7　平均初婚年齢（女性）、第1・2・3子出産年齢（2019年）

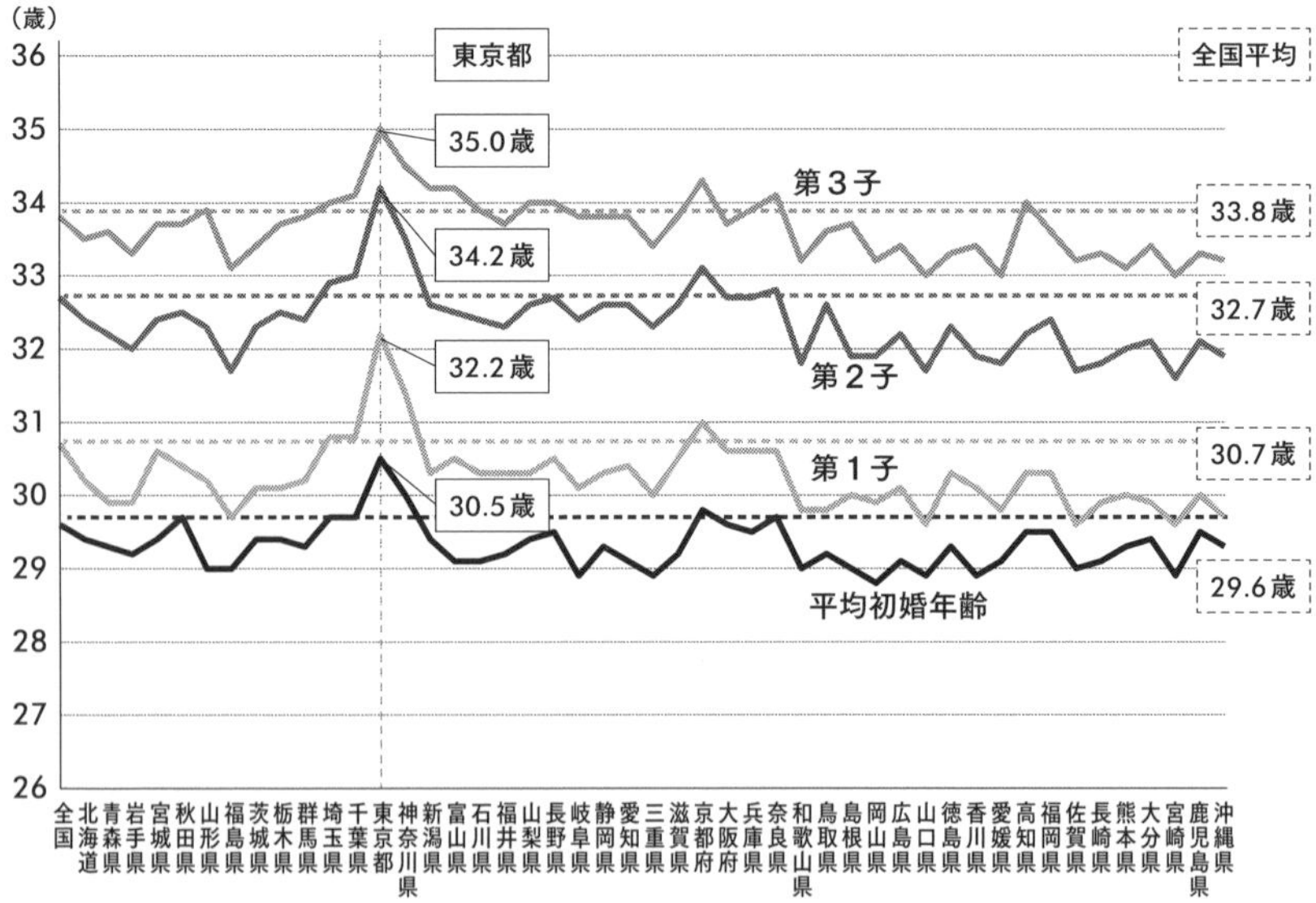

資料：厚生労働省「令和元年（2019 年）人口動態統計月報年計（確定数）」より筆者作成

平均的だが、有配偶者出生率が非常に高い。

④　次いで出生率が高い宮崎県や島根県などは、未婚率が最も低く、有配偶者出生率も高い水準にあることが、高出生率の要因となっている。

また、結婚や出産の「年齢」に関する分析も欠かせない。

図（5−7）は、平均初婚年齢と第1・2・3子の平均出産年齢（2019年）を都道府県別に比較したものである。これによると、東京都の平均初婚年齢は30・5歳、第1子出産平均年齢は32・2歳、第2子は34・2歳、第3子は35・0歳と、突出して高い年齢となっている。出生率が低い地域は、全国平均に比べて年齢が高い。これに対し、出生率が高い地域の平均初婚年齢は、29歳前後の地域が多く、それに伴い、第1・2・3子の平均出産年齢も低い。

一口に「晩婚化」や「晩産化」といっても、地域によってその動きは大きく異なるのである。さらに、これら指標の背後にある要因が何かを知るためには、様々な社会事象との関連性を分析する必要がある。結婚行動や出生行動は、個人の意志による行動であるが、その背景には社会経済文化など様々な要因が絡み、重なり合っている。そのため、分析作業は容易ではないが、この作業は具体的な「戦略目標」の設定において重要な意味を持っている。こうした戦略立案の作業の手順を整理した「手引き」[3]も作成されているので、活用してほしいと思う。

このように、国は「世代アプローチ」と「構造アプローチ」、そして地方自治体では、さらに「地域アプローチ」を加えた分析によって動向分析を行い、それぞれが「戦略目標」を設定する。そして、目標となる「出生率」などを設定し、その実現のための具体的な「戦略目標」を内容とする「5か年計画」を作成し、ＰＤＣＡサイクルを回していくこととなる――。

荒川の説明が終わると、議論となった。口火をきった大森が荒川に問いかける。

「この5か年計画は、来年度が第一期になるのですね」

「はい。人口戦略の法案が成立すれば、来年度中には『第一期5か年計画』がスタートします」

「このような目標出生率を定めて計画を進めていく手法は、ほかの国でもありますか」

大森が質問を重ねると、荒川は「韓国がそうです」答えた。

韓国政府は、少子高齢化対策のために、2005年に「低出産・高齢社会基本法」を制定した。そして、この基本法に基づき、5年ごとに戦略的目標を設定した「5か年基本計画」を策定し、推進している。[4] 2006年に「第一次計画」、2011年に「第二次計画」を策定したあと、2016年に「第三次計画」(2016~2020)を策定し、出生率向上に向けて取り組んでいる。この第三次計画では、目標となる出生率を2020年までに1・5、2045年までに人口置換水準の2・1としているが、出生率の実績はご存知のように1・0を切っており、非常に厳しい状況だ。

「東京圏」こそが、最大の問題

ここで、さきほどから考え込んでいた野口が声をあげた。

「さきほど荒川さんが説明してくれた、女性年齢別の出生率の構造(図5−5)のことが気になっちゃいましてね……。あのグラフを見て、つくづく思ったんですが、出生率の高さや構造という点では、沖縄や島根などは、すでにフランスやスウェーデンといった『世界トップクラス』並みなんですよね」

これに荒川がうなずくと、野口はさらに問いかける。

「ということは、そうした地方がさらに出生率を上げるには限界がある、ということになりませんか」

確かに、すでに出生率の高い地方については、さらに大幅に出生率を引き上げるというよりは、現在の高い水準を保っていくほうが現実的な目標になる。そうすると、突き詰めれば、わが国の出生率を引き上げるためには、全体の水準を引き下げている東京圏が変わらない限りダメだ、ということになるのではないか――。

野口の真剣な問いかけに対し、荒川は、

「東京都の出生率は1・08（2021年）の最低水準ですし、千葉、埼玉、神奈川も非常に低い水準です。そして、その東京圏には、今や、20～30代の日本の女性人口の3分の1が集まっています。したがって、東京圏の動きが日本全体の出生率を決定づけると言っても、過言ではありません」と言い切った。

ここで、地方創生担当の大森が口をはさむ。

「その上にですよ。先日、全国知事会の会議で指摘されたように、これからの東京圏在住の若者たちは、ほとんどが東京圏に住み続け、地方へは移動しないかもしれない。つまり、地方居住の動きも期待できないとすれば、一体、どうなるんですか。東京圏の出生率が上がらない限り、日本全体が沈没してしまう、ということになるのじゃないですか……」

これを受けて、野口が暗い表情で言う。

「ところが、人口減少対策に懸命な地方に比べると、残念なことに、東京圏などの大都市の危機感は薄いのが現実です。私も、機会があるごとに、東京圏の自治体の担当者には『日本全体のことを考えてください』と言っているんですが……」

さらに大森が追い打ちをかける。

「東京圏は、増え続ける待機児童の解消で手一杯で、正直なところ、これ以上子どもを増やすところまで考えは及んでないのではないでしょうか。むしろ、子どもが増えれば増えるほど、待機児童の解消が遠のくという、矛盾を抱えているとも言えます。荒川さんが評価していた流山市のような事例は、例外なんですよ」

これまで本部事務局は、子育て支援、ライフプラン、地方創生など様々な角度から人口戦略の検討を進めてきたが、その検討の行き着く先には、いつも東京圏の問題が横たわっていた。そして、事態打開のメドが立たない状況に、最近はメンバーの多くが閉塞感を強めていた。

確かに地域アプローチは重要だが、こんな状況で「地域がそれぞれ対策を考えて、頑張ってください。国はそれを応援しますから」程度では、事態は好転しない——。

本部の中には、そのような絶望的な気持ちになるメンバーもいた。

ここで、武井が声をあげた。

「東京圏の地方自治体に対して、もっと国から強く要請するとか、国が直接、東京圏の両立支援の強化に乗り出すとかしたら、どうなんですか」

これには大森が苦笑を浮かべ、こう口にする。

「武井さんは、自分の担当外のことには大胆なんだから……。地方分権の時代に、そんなことができるはずがないでしょ。東京圏の1都3県の地方自治体は、ただでさえプライドが高いのだから、国がそんなことをすれば、強烈な反発を招くだけですよ」

「現場」を持っている自治体は、必ず動く

「一体、我々はどうすればいいのか……」

野口が頭を抱える。ここで、黙ってやりとりを聞いていた百瀬が、皆を励ます。

「あきらめるのは早いよ。地方も頑張るだろうし、何よりも、今は、国の出番なんだよ。今回の子ども保険は、国しかできない政策だし、子ども保険で最大の恩恵を受けるのは、若者が集中している東京圏なんだ。子ども保険が導入されたら、待機児童などの問題も解決に向けて相当進むだろうから、東京圏の自治体も本格的な少子化対策に乗り出してくると、私は思っているんだ」

「そうですかねぇ……」野口の表情は曇ったままだ。

百瀬はさらに強い口調で、メンバーに語りかける。

「私自身の経験で言えるのは介護保険ぐらいだけれど、私は、地方自治体は、壁を突破さえすれば必ず動く、と信じている。介護保険の時も、法案を国会に提出する段階になっても全国の町村会や市長会の反対は非常に強かった。その時は、私も絶望的な気持ちになって、介護問題に対して理解が足りないのではないか、と怒りさえ感じた。しかし、あとでようやく分かったのだが、彼らの反対の背景にあったのは、国への不信感なんだ。つまり、政策の実現のため、国は、当初は地方にいろいろと働きかけ、支援するからと言うが、いったん地方が了承すると、あとは、すべての責任を地方自治体に押し付け、『国は逃げる』のじゃないか、という不信感なんだ。実際のところ、地方自治体にそう思われても、しかたがない事例も多かったんだ」

「確かに、私も8年前に北海道庁に出向していた時には、国に対して文句を言いたくなるようなこともありました」

野口が口にすると、百瀬は自信に満ちた表情で語る。

「だから、国もしっかりと責任を果たし続けることが分かれば、自治体は動く。特に、実際に現場を抱えている市区町村は、国よりはるかに住民の生活実態や悩みを身近で知っている。介護保険の時も、制度を実施する段階になると、行政実務に精通した市区町村職員が『カリスマ職員』と呼ばれ、大きな役割を果たしたんだ。実際に日本という国を動かしているのは、そうした『現場力』なんだ。だから、現場が存分に力が発揮できるような場面を設定することが、重要となる。そして、それができるのは、国しかない。君たちには、その自覚を持ってほしい」

「そうですね。まずは、我々が頑張る番なんですね」

野口の言葉に大森たちも、大きくうなずいた。

目標数値や施策の概要は、参考資料として公表へ

「ところで、話は変わるが、目標人口や目標出生率などの具体的な数値は、今回の人口戦略や法案に盛り込むことになるのかね」

百瀬の問いに野口が答える。

「人口戦略は基本的な考え方を示すだけなので、目標人口などの具体的な数値は入りません。正式には、人口戦略法案が成立したあとに、法律の規定に基づき定めることになります」

そうすると、今回の法案の段階では、国会も国民も、詳しい内容は何にも分からないまま議論することになる。それでは、実質的な議論はまったく進まない。先日の子ども保険の総理レクの時に、佐野総理は、国会では子ども保険をはじめ人口戦略の具体的な内容について、議論を深めたいと言われていた。できる限り情報を出して議論を深めるようにしないと、貴重な時間を無駄使いすることにな

ってしまう――。

この百瀬の指摘に、野口も「確かに」と言い、「子ども保険についても、新聞などで報道はされていますが、政府としての正式発表は、まったくしていませんからね」と返す。

「何か、方法はないかね」

百瀬の問いかけに対し、しばらく沈黙があったのち、野口が提案をした。

「それでは、人口戦略や法案と併せて、詳しい参考資料を公表しましょうか。その参考資料を見ると、政府の考え方が分かるようにすれば、活発な議論もできると思います」

「うん。それはいいアイデアだ。目標数値や子ども保険の制度素案など、議論する上で必要な資料は、どんどん公表することにしよう」

百瀬の指示に、「法案の与党審査の時から、参考資料として添付しますか」と野口が尋ねる。

「もちろんだ。今回は時間が限られているので、できるものはすべて公表したうえで、議論してもらおう」

ここで武井が口をはさんだ。

「ただし、そうなると、議論のターゲットがはっきりして、賛成論だけでなく、反対論のほうも強くなりますよ」

「まあ、この問題は、いずれはそうなるのだし、今回は進めるところまで突き進むしかないから」と言って、百瀬は作業の進行を指示した。

人口戦略のとりまとめや参考資料の作成に向けて、本部事務局は大車輪となった。

5本の柱と1つの検討条項

こうしてまとめられた「人口戦略（案）」（図5―8）と参考資料が、1月中旬に開催された本部会議に提出された。本部事務局が事前に各府省庁と調整を重ねていたことから、本部会議では、特段の異論もなく了承となった。そして、同じ日の夕刻には、政府与党調整会議が開催された。会議では、百瀬から「人口戦略（案）」の説明が行われた。

――「人口戦略（案）」の内容について説明する。

まず、人口戦略の「基本的な考え方」である。人口戦略は、人口減少が急速に進む情勢下において、出生率の向上を図ることによって、将来に向けて持続可能な日本社会の基盤を確立することを目的としている。基本的な考え方として強調しているのは、この人口戦略に基づく取り組みは、子ども世代に夢や希望を与える「未来への投資」である、ということである。そして、その観点から、就労、結婚、妊娠、出産、育児、居住、学習等の環境の整備を図ることとしている。また、当然のことだが、結婚や出産は個人の決定に基づくものであることを基本としていることも、明記している。

具体的な内容は、5本の柱から成っている。

第1が、「目標」となる人口や出生率、出生数の設定と「5か年計画」の作成である。これは、法案が成立したのち作業を進め、できる限りすみやかに行う予定である。国や地方自治体は、人口戦略を推進するための5か年計画に取り組むこととし、目標は、5年ごとに実績を検証したうえで、必要に応じ改定を行う。

第2が、「子ども保険」の導入である。子ども保険は、来年（202Z年）の通常国会に法案を提出し、その1年後に導入する予定である。ご承知のように、子ども保険は、すべての子どもが安心して養育が受けられるようにするため、出産及び乳幼児期から青少年期において、親が行う養育を社会的に支援するものである。これにより、産休・育休給付や児童手当の大幅な拡充が図られるほか、保育サービスの整備なども推進される。

第3が、「不妊治療・ライフプラン」と「結婚支援」である。結婚、妊娠、出産を望む若い男女を支援するため、不妊治療や妊娠・出産に関する相談支援（プレコンセプションケア、妊娠前ケア）の拡充、妊娠・出産等に関する医学的知識などの普及啓発とライフプランづくりの支援、結婚支援事業の推進、ライフコースの多様化に取り組む。

第4が、若者に焦点をあてた「地方創生」の推進である。東京一極集中の是正の観点から、地方の若者の東京圏への転入を抑制するため、地方大学の強化や地域の人材教育を推進する。同時に、東京圏の若者の地方居住を推進するため、二地域居住・多拠点居住や地方体験の推進、多様なライフコースのモデル地域構想を進めることとする。

第5が、人口戦略の推進体制として、内閣に人口戦略の立案、実施、検証及び関連施策の総合調整を担う司令塔である「人口戦略統合本部」を置くことである。

なお、移民政策については、今回は検討の時間が限られ、意見の集約が図れなかった。このため、後ほど説明する法案においては、移民政策の基本的在り方についての検討規定を置き、今後の検討課題として明記したいと考えている——。

図5-8 「人口戦略（案）」
－「人口戦略の推進に関する法案」（骨子）－

1. 基本的な考え方

〇人口戦略は、人口減少が急速に進む情勢下において、出生率の向上を図り、もって、将来に向けて持続可能な日本社会の基盤を確立することを目的とする。

〇人口戦略に基づく措置は、子ども世代に夢や希望を与える、未来への投資として講じられるものとする。

〇出生率の向上のため、就労、結婚、妊娠、出産、育児、居住、学習等の各段階に応じた環境の整備を図るものとする。

〇結婚や出産は個人の決定に基づくものであることを基本としつつ、結婚、出産及び育児について希望を持つことができる社会の形成を図るものとする。

2. 人口戦略の内容（5本柱）

（1）目標の設定と「5か年計画」の策定（できる限りすみやかに措置）

（目標の設定）

・政府、都道府県及び市町村は、人口戦略の推進に関する長期目標、中期目標及び短期目標を定める。情勢の推移により必要が生じた場合は、目標を変更する。

（「5か年計画」の策定）

・政府、都道府県及び市町村は、上記の目標を達成するために、人口戦略に関する施策についての基本的な計画（5か年計画）を定める。

＜参考資料＞「目標となる人口、出生率及び出生数（案）」

・国の長期目標は、「2060年に1億人の人口を維持し、2100年に9000万人程度の水準で人口が安定すること」とする。

・これを実現するために、中期目標は、「2040年に出生率が人口置換水準の2.07を達成し、年間出生数が100万人を維持すること」とする。

・そのため、当面の10年間の短期目標は、「2025年に出生率1.6、2030年に出生率1.8の国民希望出生率の水準を達成すること」とする。

・これらの目標は、5年ごとに実績を検証したうえで、必要に応じて改定を行う。

・国の目標を踏まえ、都道府県及び市町村は、区域における目標を設定する。

(2)「子ども保険」の導入（202Ⅹ年通常国会に法案提出）

（子ども保険の基本理念）
・すべての子どもが安心して養育が受けられるようにするため、出産及び乳幼児期から青少年期において、子どもの養育を担う第一義的責任を有している親が行う養育を社会的に支援する。
（「子ども保険法案」の来年通常国会への提出）
・政府は、子ども保険を導入するために必要な法律案を、来年（202Ⅹ年）に開会される国会の常会に提出することを目指すものとする。

<参考資料>「子ども保険」制度素案及び「財政試算結果」

(3)「不妊治療・ライフプラン」と「結婚支援」（202Ⅹ年度からの実施）

（基本的な方向）
・結婚、妊娠、出産を望む若い男女を支援するため、不妊治療や妊娠・出産に関する相談支援（プレコンセプションケア、妊娠前ケア）の拡充、妊娠・出産等に関する医学的知識などの普及啓発とライフプランづくりの支援、結婚支援事業の推進、ライフコースの多様化に取り組む。
（必要な施策の実施）
・上記の趣旨を踏まえ、202Ⅹ年度以降、必要な措置を講ずるものとする。

<参考資料>「不妊治療・ライフプラン」と「結婚支援」に関する施策（案）
・不妊治療の支援の充実
・妊娠・出産に関する相談支援やAMH検査の利用の促進（プレコンセプションケア、妊娠前ケアの推進）
・妊娠・出産等に関する医学的知識などの普及啓発（情報発信、学校教育等の充実）とライフプランづくりの支援、そのための各地域の「ライフプラン情報センター」の設置
・地方自治体による結婚支援事業やマッチングの取り組みの推進
・「ライフコースの多様化」の推進のための「国民会議」の設置

（4）若者に焦点をあてた「地方創生」（202Z年度からの実施）

（基本的な方向）

・東京一極集中の是正の観点から、地方の若者の東京圏への転入を抑制すると同時に、東京圏の若者の地方居住を推進する。これにより、日本全体の出生率向上を目指す。

（必要な施策の実施）

・上記の趣旨を踏まえ、202Z年度以降、若者に焦点をあてた「地方創生」に必要な措置を講ずるものとする。

＜参考資料＞ 若者に焦点をあてた「地方創生」に関する施策（案）
①地方出身の若者が、地域で活躍する
・地方大学の強化
・地方における人材教育の推進
②東京圏生まれの若者が、地方居住を選ぶ
・テレワークの推進
・「二地域居住・多拠点居住」と「兼業・副業」の促進
・東京圏の子どもの「農山漁村体験」や高校生の「地域留学」の充実
・「多様なライフコース・モデル地域構想」

（5）人口戦略推進体制の整備（できる限りすみやかに措置）

（人口戦略統合本部の設置）

・内閣に、人口戦略の立案、実施、検証及び関連施策の総合調整を担う「人口戦略統合本部」を置く。

・人口戦略統合本部長は、内閣総理大臣をもって充てる。

＜参考資料＞人口戦略推進体制（案）

※法案附則に下記の検討条項を定める。

・政府は、移民政策の基本的在り方について検討を加え、その結果に基づいて所要の措置を講ずるものとする。

資料：筆者作成

プログラム法案としての「人口戦略法案」

——続いて、法案について説明する。

この「人口戦略（案）」の内容は、そのまま通常国会に提出予定の「人口戦略の推進に関する法案」、すなわち「人口戦略法案」の骨子となる。

法案は、人口戦略の全体像と具体的な進め方を定めるもので、我々は「プログラム法案」と呼んでいる。これは、今後進めていく人口戦略の基本的な考え方や具体的な施策の内容、実施スケジュール（工程）などを定め、政府に対して、これに沿った措置を行うことを命ずる法律である。個別の制度などを定め、直接、国民の具体的な権利や義務を規定する「個別法」とは異なるが、人口戦略全体の考え方を国民に理解してもらい、人口戦略について国民の賛否を問うものとして、適した法形式であると考えている。

同じようなプログラム法案を国会に提出した例としては、平成25（2013）年10月の臨時国会に提出された、いわゆる「社会保障改革プログラム法案」がある。この法案は、持続可能な社会保障制度の確立を目指すため、少子化対策、医療制度、介護保険制度、公的年金制度の4分野の改革の検討項目と実施時期を明示したもので、国会で成立した後、翌年の2014年以降、順次、個別法の改正などが行われていった。

なお、今回は、国民各層に人口戦略の内容を広く知ってもらうとともに、与党内や国会などでの議論に資するため、「人口戦略法案」の参考資料として、「目標となる人口、出生率及び出生数（案）」や「子ども保険制度素案」をはじめとする各施策の概要なども、併せて公表することとしている――。

「2段ロケット方式」という発想

百瀬の説明のあと、意見交換となった。まず政友党政調会長の田崎守男から発言があった。

「人口戦略法案は、いわゆる基本法みたいなものですか」

「ある意味では、基本法的な性格の法律と言えますが、内容は、通例の基本法よりは具体性のあるものとなっています。基本法は、通例、政策の基本理念や基本方針を定めるもので、少子化対策では、既に2003年に『少子化社会対策基本法』が制定されています。これに対し、今回の人口戦略法案には、具体的な施策の内容とそのスケジュールが盛り込まれます」

百瀬が答えると、田崎は怪訝そうな顔をして続ける。

「しかし、この法案が成立しても、子ども保険を導入しようとするなら、また来年、別に法案を出さなければならないのですよね」

ここで岩渕大臣が間に入った。

「ご存知のように、子ども保険など人口戦略の内容は、昨年末から検討が始まったものがほとんどですので、具体的な法案を今年、国会に提出することは拙速だ、との批判が予想されます。しかし、だからといって、今年は基本方針を示すだけというのでは、物事は前に進みません。そこで、事務局に知恵を出してもらって、いわば『2段ロケット方式』でいこうと考えた次第なんです。この人口戦略法案で、人口戦略の全体像と重要な柱となっている施策を議論し、納得してもらう。それが第1段ロケット。それができたら、次の第2段ロケットで、来年以降、個別の法案を審議してもらい、実際に制度を導入するという手順です」

田崎が「分かりました。世の中では、今年から、新たに『子ども保険料』が取られるんだ、負担増だと騒いでいるようだけど、そんなことはないんですね」と念を押す。

すかさず百瀬が「子ども保険は、この法案が今年成立したうえで、来年の国会に『子ども保険法案』が提出され、それが成立した後に実際に制度がスタートします。したがって、最も早くて2年後の再来年度というスケジュールになります」と明言した。

すると、政友党幹事長の松嶋賢太郎が口をはさんだ。

「何か、二度手間のような感じもするが……。それなら、やっぱり参議院選がある今年に、わざわざ法案を出さなくても、来年でもよいと思うが……」

これには総理である佐野が、

「本当は、私は、すぐに国会に子ども保険法案を提出したいぐらいの気持ちなんですが、国民に負担をお願いすることですから、いくらなんでも拙速だという意見もあって、それはあきらめたんです。ただし、今年の国会で、人口戦略や子ども保険の必要性について大いに議論をしてもらい、ぜひとも大きな方向性は決めておきたいと思っています。これが、今考えられる最短のスケジュールということになりますね」と述べると、松嶋は、

「分かりました。最終的には総理のご判断ですから」と引き取った。

それを受けて、福祉党幹事長が、これからの法案提出のスケジュールを尋ねた。

「この案をご了解いただきますと、すぐに法案作成作業に入ります。内閣提出法案ですので、各府省

庁との調整や内閣法制局の審査を受けまして、2月中旬には与党プロセスを経て、3月には国会に提出したいと考えています」と、百瀬が説明した。

福祉党幹事長が、「与党プロセスでは、いろいろと意見も出るかもしれませんが、よろしくお願いします」と返すと、岩渕が周囲を見渡しながら語りかけた。

「それでは、本日は、人口戦略を了承したということで、よろしいでしょうか」

参加メンバー全員が「結構です」と述べ、会議は「人口戦略」を了承して終わった。

ただし、議論の過程で、佐野総理をはじめとする政府側と、政友党幹事長など与党側との間で、国会への法案提出をめぐり「温度差」があることも浮き彫りとなった。

10 法案の国会提出プロセス（202Y年2月中旬〜3月）

法案の国会提出までのプロセス

「人口戦略」が本部会議及び政府与党調整会議で了承されたことから、いよいよ「人口戦略法案」を国会に提出するために必要な手続きを進めていくこととなった。

通常、内閣提出法案（これを「閣法」という）は、**図5―9**のようなプロセスを経て、国会に提出される。今回は、特例的に内閣に検討本部が設置され、政府部内の調整の上で方針が決定されたことから、①の「法案作成」と③の「関係府省庁等との調整」の作業は事実上、先行的に行われたと言ってよい。したがって、検討本部が取りかかったのは、②の「内閣法制局審査」（主に立法技術的な観点からの審査）と④の「与党プロセス」での審議であった。

なお、与党の了承を得ると、内閣は法案の「閣議決定」⑤を行い、その後、「国会へ提出」⑥する。そして、法案は、本会議や委員会における「国会審議」⑧に付されることとなる。また、法案の国会提出の前後には、野党が（時には野党が合同して）法案の趣旨を政府担当者からヒアリングする「野党ヒアリング」⑦が行われる場合がある。

ここで「与党プロセス」について説明しておこう。

図5-9　法案作成・国会提出のプロセス

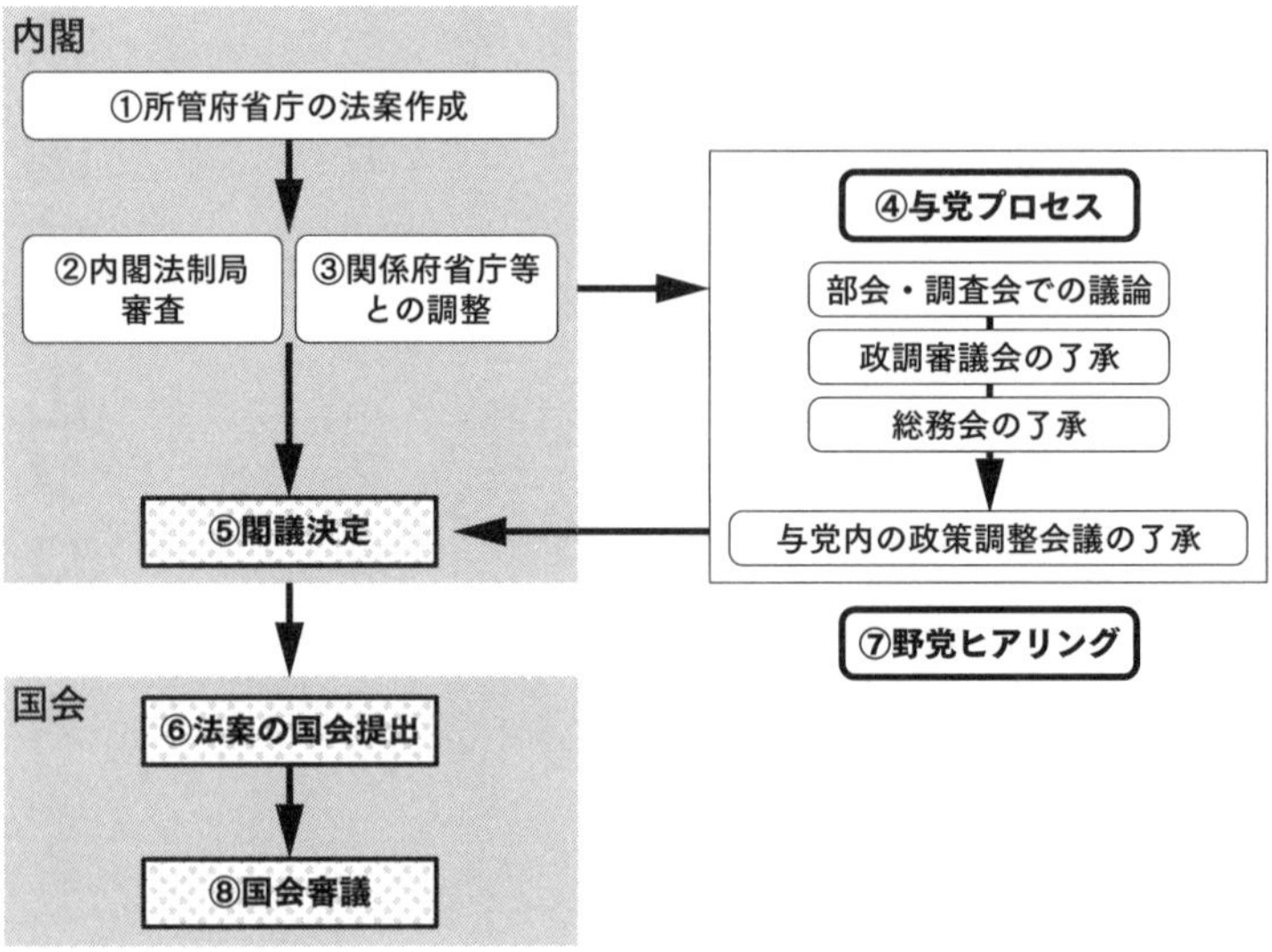

資料：自民党・公明党の政策決定プロセスなどを参考に、筆者作成

議院内閣制を採用している日本の政治システムの下では、国会において、政府と与党の間で法案をめぐり意見に齟齬をきたすような事態は避けなければならないし、政府は与党の賛成を得て、法案成立を図る必要がある。そのため、内閣が法案の閣議決定をする前に、与党の了承を得る手続きが設けられている。これが「与党プロセス」である。与党プロセスで了承を得れば、与党議員は法案に賛成の立場で行動することとなるし、逆に、与党内で反対され、了承が得られなかった場合は、内閣として法案を国会に提出できない。

与党内の議論のプロセスとしては、まず、与党の政策立案調整部門（政務調査会）の各部会や調査会の会議に、法案提出を考えている府省庁の主要幹部（時には大臣や副大臣）が出席し、法案の趣旨を説明し、出席議員との間で質疑を交わすこととなる。この会議は1回で終わるようなケースもあれば、案件によっては議論が紛糾し、数度に及ぶケースもある。時には、その議論を踏まえて、政府側が法案を修正して再提出することもある。法案に対する与党内の議論次第である。そして、その議論の結果は政調審議会といった正式機関に報告され、そこで了承されると、党の最高決定機関（総務会）、さらには、連立与党政権の場合は、与党内の政策調整会議に付されることになる。その決定を踏まえ、内閣は法案の閣議決定を行うこととなるのである。

与党内の議論——政府のみ〝前のめり〟の子ども保険

ここで、この時点の与党内の状況を見てみよう。

与党幹部は、総理の意向を踏まえ「人口戦略法案」を最重要法案として推進していく方針を固めており、これまでも本部会議などの場において賛意を明らかにしている。一方で、1月に開会された通常国会は、今夏の参議院選挙を意識して与野党の対立が高まりつつあり、与党内にも法案に対して懸念を表す者が徐々に増えている。最大の懸念材料は、「子ども保険」である。

子ども保険は、昨年末に新聞で報じられて以降、各界の議論はますますヒートアップしており、一向に収まる気配はない。この構想が実際に動き出して、まだ1か月ぐらいしか経っていないのだから、当然と言えば当然である。

もちろん、子ども保険を支持する意見はあるものの、一方で強い反対論や慎重論がある。

子ども保険が導入された場合に約2・4兆円の負担増が求められる経済界は、「制度の詳細内容が不明」という理由で、現時点では詳細なコメントはしていないものの、当然ながら負担増に対する反対は強い。子育て関係団体や労働界は好意的だが、実現性があるかどうかがはっきりしていないとして、慎重な姿勢は崩しておらず、事態の推移を見守りたいというのが本音であった。子ども保険が導入されて最も恩恵を受けるはずの、非正規など弱い立場の若い男女は、組織化されていないゆえに、その声は世論を動かすほどの力になっていない。

つまり、この時点で、子ども保険を推進しているのは政府のみ、という状況であった。明確な反対者は限られているが、一方で、積極的に賛成する者も、これまた多くないのである。全体が様子見で、政府のみが『前のめり』という格好である。

こうした情勢を反映して、マスコミは、当然ながら「議論はこれからだ」という基本姿勢だった。そして、どちらかと言えば、子ども保険のような大きな制度を、政府部内の短期間の検討で済ませ、その後すぐに法制化に向けて走り出している政府の姿勢に対して、「拙速ではないか」という批判を強めつつあった。

こうした雰囲気の中で、政府の姿勢に批判的な見方が与党内にも急速に広がっていった。そのため、与党プロセスにおいて2月中旬に開催された政友党政務調査会の会議は、そうした懸念を抱く与党議員と政府担当者が直接ぶつかり合う場となった。政府側からは百瀬や野口などが出席していたが、百瀬は自分自身が思っていることはすべて吐き出すつもりでいたため、議員とのやりとりは激しいものとなった。

政府を牽制する意見、相次ぐ

会議では政府側の説明が終わると、早速、出席議員の１人が声をあげた。

「子ども保険ですが、いろいろと問題点をあげる人もいます。その中には、消費税を子育て財源とすることに決めたのだから、新たに社会保険を導入するのはおかしい、という意見がありますが、政府側はどうなんですか」

これに対し、百瀬が答える。

「その意見には、大きな誤解があります。現行制度で決まっているのは、消費税収入は子育ても含めた社会保障費用に充てなければならない、という消費税の使い途についてだけです。子育て財源は消費税でなければならない、ということではありません。矢印の『方向』が違うのです。しかも、実際には、消費税引き上げの増収分のうち、子育てに充てられた財源は７０００億円程度で、子育て関係費用のうちのわずかです。したがって、子育て支援の安定財源として、どのような仕組みがふさわしいかは、原点に立ち戻って議論すべきだと考えます」

さらに議員は、別の角度から追及する。

「今回、子育て費用を社会保険にするのは、政府は、医療保険などのように社会保険にすれば『お金が取りやすいから』と考えているからではないか、本来は、消費税や負担論を正面から議論して国民の納得を得るべきなのに、その努力が足りないのではないか、という批判もありますが、どうですか」

百瀬は厳しい表情で答える。

「私は、そうした、国民からお金を『取りやすい』とか『取りにくい』とか、というような論議には、大いに違和感があります。ただし、本当に子育ての充実が必要と考えるならば、国民に、その負担を納得してもらえる方法を追求するのは、政府として当然のことだと思います。それは政策責任者の責任だからです」

百瀬の発言を傍で聞いていた野口は、百瀬がかなり高ぶっていると感じた。先日、自分が百瀬たち世代の責任を問うような発言をした影響なのだろうかと思った。議論は続いた。

「何か、開き直っている感じだね」

議員の厳しい声にも、百瀬は表情を崩さない。

「いえ、決してそんなつもりはありません。ただし、消費税引き上げという最も厳しい条件をクリアしなければ、子育て財源は確保できないという議論の設定自体が限界にきている、と私は思います。これではいつまで経っても、子育ての充実は図られません」

「もちろん、今は消費税引き上げが難しいことは我々も分かっている。だからといって、じゃ、代わりに子ども保険で、というふうには簡単にはいかないよ」

議員が吐き捨てるように言うと、百瀬はさらに口調を強める。

「これまで、子育て分野は、社会保険には馴染まない、企業負担はおかしい、公費の無駄使いだと言われ続け、有効な対策が講じられないまま推移してきました。その結果、わが国の家族政策予算は、OECD37か国中26番目の低い水準[6]に沈み続けているんです。ドイツなどが子育て支援制度の抜本改革に乗り出しているのに、日本だけ小手先の対応に終始している。こうした姿勢が少子化を招いてきたと言っても、過言ではありません」

これには別の議員がとりなすように、百瀬に語りかけた。

「統括官、そんなに興奮しないで。我々が懸念しているのは、政府が急に、消費税から子ども保険へハンドルを切っても、周囲はそんなに急には変われないということなんですよ」

「だからこそ……」と百瀬は言う。

「だからこそ、今回の法案はプログラム法案なのです。今年は人口戦略全体を議論し、そこで子ども保険についても大きな方向性を決めてもらう。そして、来年改めて『子ども保険法案』を国会に提出して議論してもらう、という2段階の手順を考えているのです」と百瀬は主張する。

しかし、子ども保険の構想が世の中に公表されて、まだ1カ月程度。それなのに今回の法案で、その導入の可否を国民に問うというのは、あまりに性急ではないか。反対論や慎重論が高まるのも無理はない――。そんな意見が議員の間から続出した。

しかし、百瀬は引かない。

「確かに、もっと時間をかけて国民に問いかけることができれば、それに越したことはないと思っています。しかし、人口減少を食い止めるには、もう残された時間がないんです」

と、必死の形相で訴えた。

国民の負担額ばかりが先行

ここで、会議室のひな壇に座っていた、厚労部会長の島村が発言した。

「先生方が、子ども保険の議論が唐突に始まったことに対し、戸惑われるのは理解できます。保険料であれ、税であれ、国民に対する負担をどうするかは、政治の最も根本の部分ですから。ただし、佐野総理が言われているように、人口減少問題は待ったなしの課題ですし、子育て財源の議論はこれまで散々行われてきたのも事実です。したがって、政府与党として、何らかの具体的な提案をしなければならないのは確かで、そうした点も十分考慮して議論していただきたいと思います」

この問いかけに対しても議論は収まらず、次々と意見が出た。

その中で、ある議員は、「私も、子育て財源として、子ども保険は有力な構想の1つだとは思っていますよ。しかし、国民に誤解を与えないようにしてほしい。すでにマスコミ報道などを通じて、『6・8兆円の国民負担増』とか、『子ども保険料は4万3000円、企業負担増2・4兆円』といったふうに、具体的な負担金額をあげて、制度導入がすでに決まっているかのような話になっています。今は、子ども保険の考え方を提案している段階に過ぎないわけでしょ。ですから、政府のほうも、あまり『前のめり』にならないようにしていただきたい。今年は参議院選挙もあるんです。国民に負担を求めるような話は丁寧に進めてほしい。これは強い要望です」と厳しい表情で求める。

すると、最初に発言した議員が、席上に配布されている「参考資料」を手にしながら、立ち上がった。

「その点では、この参考資料の中に、『「子ども保険（仮称）」制度素案』と『財政試算結果』（195ページ参照）が入っているけど、ここまで詳しいものを出す必要があるんですか。それこそ、もう制度の導入が決まっているかのように、思われてしまいませんか」

それに対し、百瀬が「法案には、具体的な内容は書き込めませんので、参考資料で、子ども保険のイメージを国民に持っていただく必要があります」と答えると、同議員は、

「参考資料として、子ども保険の制度骨格を示すのはいいとしても、なにも具体的な保険料負担額まで書き込まなくてもいいでしょう。まだ、金額が確定しているわけではないんだから」と、声を強めて不満を漏らす。

これには「そうだ。そのあたりは、政府も配慮しろ」と同調する議員たちの声が飛んだ。これに対しては、島村部会長もうなずきながら、「それはそうですね。百瀬統括官、その点は政府のほうもよく考えてください」と受け止める姿勢を示した。

与党プロセスをようやくクリアし、閣議決定へ

この日を含め、政友党の政務調査会の会議は4回持たれた。毎回、多くの議員が出席し、様々な質疑と議論がなされたが、子ども保険による国民負担増をめぐり、参議院選挙への影響を懸念する声は強まるばかりだった。そんな状況下で、百瀬たちは岩渕大臣に党プロセスの進捗状況をレクすることとなった。

大臣室に入ってきた百瀬に対し、岩渕が、

「統括官、うちの若手議員とかなりやり合っているようだね」と問いかけると、百瀬はバツの悪そうな表情を浮かべる。

「大臣のお耳にも入りましたか。ちょっと、力が入り過ぎまして……」

「いや。議論は大いに結構。与党議員も了解したら、『党議拘束』によって、国会では法案に賛成しなければならないのだから、その前にいろいろ言いたいことがあるでしょう。最近は政治家がらみの

不祥事もあって、政府与党へ逆風が吹きつつあるからね」

これに関して、与党からは、参考資料で具体的な金額は示さないでほしい、という注文がついている。子ども保険の負担額などは、現時点では決まっていないのだから、独り歩きするのは困るという主張である。しかし、保険料負担額や財政試算が出せないとなると、育休給付の最低保障額200万円や児童手当の増額なども打ち出せなくなり、子ども保険のメリットのほうも、国民には分かりづらくなるのではないかと思う。議論をできる限り深めたい、という佐野総理のご意向もある。どうしたものかと困っている——。

そう百瀬が説明すると、岩渕が応じた。

「その話は党から聞いたよ。私は、子ども保険は必ず国民は理解してくれる、だからできる限り情報を出したほうがいい、と言っておいたが、まあ現時点では、与党の申し入れを受け容れるしかないね。与党幹部も党内意見の集約に相当苦労しているようだから、政府側も何らかの対応をしないと収まらないだろう。統括官、国民への情報の伝え方は、ほかにも方法はあるよ。国民負担の議論は、焦りは禁物。急がば回れだ」

これには百瀬も「はあ」としか返せなかった。

ここで、岩渕が話題を変えた。

「ところで、この前、統括官がレクしてくれた件だけど……」

どの件なのか、百瀬には思い浮かばない。

「先日レクしてくれた、今の20代の出生率が、現時点では過去最低水準で推移していて、さらにコロナ禍の影響が加わると、出生率は回復どころか、もう一段下がる可能性があるという話だよ」岩渕が言うと、百瀬は「ええ。まったくもって心配です」と返す。

「佐野総理に私から状況をお話ししたら、総理は、『だからこそ、人口戦略を一刻も早く実現しないといけない』と、厳しい顔でおっしゃっていたよ」

これには、百瀬も意を強くしたようで、自らに言い聞かせるように「そうですね。まさにその通りです」と表情を引き締めた。

3月に入り、与党プロセスは最終段階に進んだが、政友党内の意見集約は、最後までもつれにもつれた。党の最高決定機関である総務会を一度ではクリアできず、二度目にやっと了承を得ることができた。官邸や岩渕大臣も党内説得に動き、その中でも、終始、慎重な姿勢を崩さなかった政友党の松嶋幹事長に対しては、総理の佐野自らが説得にあたった。

これに合わせて、連立与党の福祉党の法案審議も進められた。福祉党は、不妊治療や子育て支援などに熱心に取り組んできたこともあり、法案に対してやや好意的であった。子ども保険については、最終的には了承したものの、財源に関して保険料負担だけに偏ることなく、公費をもっと投入すべきであるという申し入れがあった。福祉党政調会長は、「来年の子ども保険法案の際には、しっかりと議論させていただきますから」と岩渕大臣に党の意向を伝えた。

閣議決定と閣議後記者会見

与党プロセス終了後、人口戦略法案は内閣法制局の最終審査を経て、閣議決定された。

閣議は通常、火曜日と金曜日に開催される。国会開会中は、国会審議に総理や閣僚が出席しなければならないこともあって、国会議事堂内の閣議室で開催されることが多い。この日は案件が多いため、朝7時からの開催となった。

閣議終了後、各大臣は記者会見を行う。岩渕大臣は、国会内の食堂のスペースを使って行っている。この日は、人口戦略法案の閣議決定が予定されているため、新聞やテレビなど大勢のマスコミ関係者が押しかけている。法案についての質疑が予想されるため、百瀬や野口は岩渕に近い場所にいた。事務的な質問には百瀬が答弁するためである。

記者会見が始まり、法案に関する質疑に移ると、多くの記者が手をあげた。数人の質問に岩渕が答えた後、大塚記者の番となった。大塚は「子ども保険が実施された際の保険料負担額は一体、いくらになるんですか。その試算額を明らかにしてほしいのですが」と質問をした。参考資料では、与党の意向を踏まえて、子ども保険の保険料負担額など具体的な数値は一切外されている。当然聞かれるだろうと想定された質問である。

岩渕大臣には、大臣秘書官経由で、事前に記者会見用想定問答が手渡されている。この質問に対する答えは、『今回の人口戦略法案では、子ども保険の基本的考え方などが盛り込まれているが、現時点でお示しできるのは、制度の骨格である。子ども保険の具体的な保険料額などについては、この法案が成立した後の「子ども保険法案」の審議時点で議論がなされるものと考えている』であった。つまり、現時点では具体的な金額は示せないというのが、答えであった。

ところが、岩渕が実際に答えた内容は、それとはまったく異なっていた。

岩渕は、おもむろに資料を取り出し、子ども保険の保険料負担額が一人あたり平均年額4万3000円になることのみならず、出産・育児一時金50万円、育休給付（両親手当Ⅱ）が従前所得の

80％で、最低保障額が200万円となること、児童手当について所得制限が撤廃され、3人の子どもがいる家庭では月10万円になることなどを細かく説明し始めたのである。そして、最後に「これらの金額は、当然ながら来年の子ども保険法案の時点で正式には議論に付されるが、現時点において担当大臣として考えている案です」と言い切った。大塚は「そうすると、今の金額などは『大臣試案』と受け止めていいのですね」と念を押す。岩渕は「結構です。これをベースに、国民的な議論が進んでほしいと願っています」と答えた。

その後、記者会見は別の記者の質問に移った。長い記者会見が終わったのち、岩渕は委員会に出席するため、席を立った。部屋を出るときに、岩渕は百瀬に対してニヤリと笑った。これが、先日の「国民への情報の伝え方は、ほかにも方法はあるよ」の意味するところだったのである。翌朝の新聞やテレビは、子ども保険に関する大臣試案も含めて、人口戦略法案の内容を一斉に報じた。

政府職員が恐れる「野党合同ヒアリング」

こうして法案が国会に提出されたあと、本部事務局に対して、野党から合同の法案ヒアリングの要請があった。この野党合同ヒアリングは、野党がその時々の政治情勢において重要と考えるテーマを取り上げ、政府担当者に質疑するものである。会議は公開で、テレビなどが中継する場合もある。会議では一方的に攻め立てられる場面も多く、政府職員には恐れられている。

与党の会議には、百瀬といった局長クラスがヘッドとなって出席するのに対して、野党ヒアリングには、通例、課長クラスが出席することとなっている。そのため、本部事務局からは、野口や武井、さらにライフプランを担当している荒川などの参事官が出席することとなった。

本部事務局では、連日、徹夜が続いていた。そうした中での野党合同ヒアリングであり、国会内のヒアリング会場に向かう野口たちの足どりは重かった。野口たちが10分前に会場に到着すると、野党憲政党「人口戦略プロジェクトチーム」のリーダーである今田議員が真ん中に座っている。野口は、会場の雰囲気が通常のヒアリングとは違うなと感じた。それは、議員のみならず、傍聴者を含め、女性が大半を占めていたからである。

まず、野口が法案の趣旨や内容を説明した。国会論戦に備えてであろう、数人の議員が人口減少の問題について質問した。質問する議員は、法案とともに、同時に公表された参考資料にもすでに目を通している。

その後、子ども保険にテーマが移り、国民の保険料負担に関して大臣試案の内容を詳細に質す質問が続いた。野党側は、子ども保険に対する賛否を明らかにしていないが、質問内容から見て、確かに国会審議は、大臣が考えた通り大臣試案をベースに進むだろうと野口は思った。

「目標出生率」は誰の義務なのか

会議の雰囲気が一変したのは、議論が「目標出生率」に移ってからであった。

議員の1人がこの「目標」というのは、一体、誰の目標なのか。誰が、この目標を達成する義務を負うのか、と強い口調で質問をした。野口が答える。

「これは、あくまでも政府と地方自治体に求められる目標です。政府や自治体は、この目標を達成するように必要な施策を行っていくことが求められます」

「まさか国民が、この目標を達成するという義務を負うわけではないよね」

議員が念を押すと、野口は「この目標は、国民に義務づけるようなものではありません」と返す。

だが、議員は追及する。

「しかしですよ。政府や地方自治体は、この目標達成に取り組まなければならない立場になるわけでしょ。この法案が成立したならば、国民や住民に対して、いろいろと圧力をかけるのじゃないの」

「この法案には、政府が国民に対して何かを強制するような規定はありません」

野口がそう答えても、議員は納得しない。

いくら国民の義務でないとしても、目標出生率1・8や2・07を定めれば、最低2人は生まなければならないと、女性の中にはプレッシャーを感じる人が出てくる。子どもを生む、生まないというのは、個人の自由である。そうしたことに国家が介入すること自体が問題である——。

こう主張して、厳しく突っ込んでくる。

「さきほど申し上げたとおり、目標出生率は、国民に義務づけるようなものではありません。そして、基本的人権の尊重は、わが国の基本です。したがって、今回の法案でも、『結婚や出産は個人の決定に基づくものである』旨を規定しています。国などが出生率の回復を目指す際にも、この規定の趣旨に沿って対応しなければなりません」

と野口が説明しても、議員の追及は止まない。

「いくら、そういう規定を置いても、実際に女性が『目標出生率』に圧力を感じたら、意味がないでしょ。こんな危険な法案は撤回してほしい。もし撤回が無理なら、少なくとも目標出生率の規定は落とすべきです」

これに対し野口が答える。

「私たちは、この目標出生率は、政府や自治体の政策目標であるとともに、国民に人口減少の問題の深刻さを理解していただくためにも、必要な情報発信であると考えています。このまま人口減少が続けば、日本の社会経済は将来的には維持できません」

すると別の議員が、激しい口調で割って入った。

「そんなことを知らされても、自分の意志でシングルの人生を選ぶ人はいるし、子どもが欲しくても持てない人もいる。この目標出生率は、そうした人たちに肩身が狭い思いをさせるような政策ですよ。マイノリティの人たちへの思いやりも欠けています」

最初に発言した議員も、野口をきつい表情で凝視する。厳しい空気の中で、野口も懸命に返答する。

「たとえば、シングルの方が老齢になっても安心して生活できるよう、社会保障制度を維持していくためにも、社会保障制度を支える若い世代の存在が必要です。すべての国民が安心して生活を送るために必要な基盤を突き崩すのが、人口減少なのです。人口減少を止めるためには、出生率が1・8、さらには2・07を維持する必要があります。そのためには、政府として数値目標を定め、政策をしっかりと進めていく必要があります。2014年の世論調査でも、『政府は総人口に関する数値目標を立てて、人口減少の歯止めに取り組んでいくべき』とする人は75・4%にのぼっています」

すると、最初に発言した議員が、激高した口調で言い放った。

「私は、どんな形にせよ、国家が個人の生活や人生、特に結婚や出産に介入することに結びつくような政策には、絶対に反対です。結婚しろだの、子どもを生めだの、そんなことを言ったら、セクハラですよ。この法案は、国家がセクハラをする『国家セクハラ法案』ですよ」

野党議員と政府側の議論は、まったくの平行線となった。

野党が問題視する「ライフプラン」

ここで、これまで発言していなかった議員が角度を変えて、ライフプランについて質問した。ライフプランは、荒川の担当だった。民間出身の荒川にとって、国会議員と議論するのは初めての経験である。議員が問いただす。

「人口戦略の3つ目の柱の『ライフプラン』というのは、特に問題が多いんじゃないんですか。これこそ、個人が決める人生に、国家が介入しようという政策ですよ」

「ライフプランは、強制するようなものではありません。自分の人生設計を相談したいと思う、若年世代の希望者に対して、専門家がアドバイスするものです。健康づくりや健康教育と同じような仕組みで、一般への情報発信と希望者に対する相談支援を行うものです」

この荒川の説明に対し、議員が、国が人口維持のために理想的と考える人生設計の「模範」を、国民に押しつけようとしているのではないかと指摘すると、荒川も返す。

「ライフプランで伝えようとしているのは、人生設計を考える際には、男女ともに『妊娠適齢期』があることを考慮した上で、結婚、妊娠、出産などのライフイベントをどう組み立てるかを考えてほしい、ということです。実際に子どもが欲しいのに、『年齢の壁』のために子どもが持てず、残念に思っている夫婦は沢山おられますので」

「そうした国や専門家が、上から目線で、女性の生き方を啓発するという姿勢が問題なんです」

議員が問い詰めても、荒川は怯まない。

「言うまでもありませんが、人生をどう設計するかは、本人が決めるべき事柄です。ただし、知っておいたほうがいい情報を知るのは、早ければ早いほどいいと私は思います」

「国民は、自分の人生を必死に考えて送っているのです。国や専門家から、とやかく言われる筋合いじゃないですよ」議員が荒川をにらみつけながら言うと、荒川も強い口調で返す。

「だから、先ほどから、ライフプランは希望者が対象で、最終的には本人が人生を決めるのだと申し上げているんじゃありませんか」

政治家に対して表情も変えずに毅然と言い返す荒川に、議員も意表を突かれたようで、「あなたも、なかなか強情ね」と言うと、荒川も「先生も相当なものですよ」と返す。

ここで、野党リーダーの今田議員が間に入った。

「まあまあ……。それでは、そろそろ今回のヒアリングは、これぐらいにしたいと思います。このヒアリングを通じて、『人口戦略法案』が多くの問題を抱えていることがよく分かりました。これから国会で論戦が始まることになりますが、この法案は、国民の生き方に直結するものですので、しっかりと議論していきたいと思います」

結局、ヒアリングは2時間近くに及んだ。野口や武井は疲労困憊の様子だったが、元気な荒川は、先ほどの論戦相手だった野党議員のところに行って、名刺を交換し合っている。険悪な雰囲気が打って変わって、和やかに話し合っている。

国会から検討本部に帰っていく途中で、野口は荒川に、「大丈夫でしたか。随分、話し込んでいたけど」と尋ねた。荒川は「あの先生とは、同じ大学の出身だというのが分かって、話が弾んじゃいましたよ。先生は、ひとり親家庭の支援などに取り組んでいるそうです」と答えた。まったく心配はいらなかった、心配なのは自分や武井君のほうだ、と野口は思った。

センシティブなテーマ

野党合同ヒアリングの2日後の夕方、百瀬から野口と荒川に部屋に来るように、との連絡があった。野口たちが百瀬の部屋に顔を出すと、そこには、遠藤医師と二人の女性が座っていた。百瀬が紹介する。

「こちら、皆さんご存知の遠藤先生、それから、ライフ新聞論説委員の高橋奈央子さん。少子化や子育ての問題を専門にしてこられている方です」

「先日の野党合同ヒアリングは、ご苦労様でした。私も傍聴させていただきました。なかなかの論戦でしたね」

高橋が声をかけると、野口は苦笑を浮かべ、「ええ。まあ……疲れました」と答える。

「それから、もうお1人は、遠藤先生のお知り合いで、若者の結婚実態に詳しい木村誠子さん」

荒川のほうは、先日、遠藤と木村に会っている。

百瀬は、高橋が遠藤と木村に声をかけて一緒に訪ねてきたので、野口たちにも話を聞いてほしいと思い、部屋に呼んだのだ。高橋が話し始めた。

「ヒアリングのあとに、野党関係者が集まって、人口戦略法案について協議したらしいのです。その結果、子ども保険の国民負担増だけでなく、目標出生率やライフプランのところも問題だということになったようです。この法案は国家が女性に結婚しろ、出産しろと介入する『国家セクハラ法案』だということで、批判キャンペーンを張ろうということらしいですよ」

これには百瀬も困っているようで、「そういうレッテルが貼られてしまうと、それ以上議論が進まないで、大事な人口減少や妊娠適齢期の問題はすっ飛んでしまう……」と言ったきり、言葉が続かなかった。

女性の妊娠や出産に関わる話は、国家介入の危険性があるということで、非常にセンシティブになっている、と高橋が説明したが、荒川にはピンとこなかったようだ。

「そうなんですか……。国家介入と言われても、私は実感が湧かないけど。そんなにセンシティブなテーマなのですか」

これに高橋が答える。

「若い人は、知らないかもしれませんね。国家介入と言っているのは、戦前の政府が進めた『産めよ、殖やせよ』政策が念頭にあるの。だから、それに少しでも連なると思われる動きには、強く反対する。その例の1つが、2007年に当時の厚労大臣が、講演で人口問題の大変さを伝えようと、『機械って言っちゃ申し訳ないけど……15~50歳の女性の数は決まっている。産む機械、装置の数は決まっているから、……後は1人頭で頑張ってもらうしかないと思う』と言ったというので、政治問題化したことがあったの。批判が巻き起こって、大臣は陳謝することになったの」

これは荒川も知らなかったようだ。

「当の大臣は、人口学で言うところの、再生産年齢の女性人口は決まっているので、人口減少を止めるためには出生率を引き上げるしかない、ということを言いたかったようで、発言後にすぐに取り消したらしいのですけどね……」高橋はさらに続ける。

女性手帳のこと

「それからもう1つは、今回のライフプランに直接、関係するのだけど、2013年の『女性手帳』をめぐる騒動。当時、政府が妊娠や出産に関する知識を普及するために、妊娠適齢期などの医学知識や支援策を盛り込んだ女性手帳の作成を検討していたところ、それに対して市民団体から強い反対が起きたの」

「妊娠適齢期や女性の健康に関する知識は、女性にとって重要だし、あって困るものではないと思うんですけど」

荒川の素朴な疑問に高橋は、

「反対理由の1つは、『女性手帳』という名称で、妊娠・出産が女性だけの問題であるかのような取り上げ方はおかしいというものだったけど、最も大きな反対理由は、国家が干渉し、介入することにつながるものだ、ということだったの」

ここで遠藤医師も付け加える。

「あの時は、私も少し関係したので、そばで事態の成り行きを見ていたんですが、予想もしないような騒ぎとなり、政府の担当者は困惑していましたね。そして、結局は、断念に追い込まれました」

「だから、その後は、政府はこうした問題には腰が引けている……」

高橋がこう話すと、百瀬は「……その後、政府も高校生を対象としたライフプランニング教材の作成に取り組んでいますし、[8]今回はしっかりと、問題提起していますから」と応じる。

「不思議と言ってはおかしいかもしれませんが」と前置きして遠藤が、政府が断念したあと、（公益社会法人）日本産科婦人科学会で同じような取り組みを行ったが、これにはまったく批判は起きなかった。学会では、健康管理手帳として活用してほしいと考えて、男女の妊娠適齢期のことなどの情報を盛り込んだ「ＨＵＭＡＮ＋男と女のディクショナリー」という冊子を作成して情報発信をしており、好評だとのことだった。

国家介入か、情報提供か

「政府だと国家介入でダメで、専門家の学会だと、同じことをしても問題はないのですか……」

荒川が考え込むと、高橋が説明する。

「やっぱり、戦前の『産めよ、殖やせよ』政策のイメージがあるからでしょうね」

「もう80年前の話ですよね」

荒川はやはり得心できない。

「それと、戦後、各国で出生抑制の動きが広がったことへの反省もあって、出産に関わる個人の決定権を尊重する動きが強まってきたの。人口数に関わる政策目標の設定に対しては、学界でも否定的な意見があるの」

高橋が説明を重ねると、野口が意見を述べる。

「しかし、それは戦後の日本も同じだったけど、強引な人口抑制の産児制限政策を採ったことへの反省ということじゃないのですか。そのことと、子どもを持ちたいという希望を支援するために政策目標として掲げることとは、議論が違うと思いますが……」

「どんな目的であれ、国が個人の妊娠や出産に介入することは反対、という意見もあるから……」

高橋が言いよどむと、野口も「しかし、今や社会保障による支援なしで、自分1人だけで安心した生活を送るのは無理なんです。社会保障を維持していくためには、それを支える若年世代が人口減少問題の重要性を理解してくれないと……」と主張する。

するとと荒川も納得しかねる、という表情で、

「私には、いまだ、その『介入』という批判の意味が分からないんです。なぜ、ライフプランで正しい情報を提供したり、希望者の相談支援をすれば、それが介入になるのですか。介入なんて、してないんじゃないですか」と話す。

すると高橋は、「中には、周囲からのプレッシャーで、本人の気持ちに反して、妊娠や出産に追い込まれる女性も出てくるかもしれない。それにさっき言ったように、結婚しろ、出産しろと言われて不快に感じる女性も出てくる。ライフプランについても、作らないといけないように感じて、負担に思う女性もいるかもしれない」と話す。

「私の周囲は真逆で、子どもを作りたいのにできなくて、心身とも疲れ果てている男女のほうがよほど多いし、そうした人たちは、早く正確な情報を知って、相談することができたらよかったのに、と思っていますよ」

荒川が言うと、高橋は「それはそうだけど、周囲から『結婚しろ、出産しろ』と口出しされるのは嫌だ、しかも、それを国がするなんてことは本当におぞましい、といった感じね」と言う。

ここで若者の結婚事情に詳しい木村が加わる。

「ちょっと、よろしいですか。日本では少子化が進んでいるからといって、若い男女が子どもを持とうという意欲が低下しているわけではありません。そして、昔と違って今は、若い男女の誰もが、結婚や出産は自分が判断することだと思っています。ただ、その判断のためには、正確な情報としっかりとした相談相手が必要なんです。それを『介入』とか『セクハラ』というふうに受け止めるのか、『情報提供』と『サポート』と考えるかの違いですね」

さらに木村は続ける。

「私は、若い人たちには、悔いのない決断をしてもらいたいと願っています。そのために、社会として最大限の情報提供とサポートを行うのは当然だと思います。それを、セクハラと言われることを怖れるあまり、若い男女に情報を知る機会を与えないのは、正しい対応とは思えません」

専門医の学会などが、主導することに

この問題に長らく関わってきた高橋も思うところはあるようで、こう語る。

「私も、こうしたセクハラ論議ばかりでは建設的でないと思っています。ただ、これまでは、こんな議論が続いて、最後は、そんなにモメるなら面倒なので、この件は避けようということで、政府は及び腰だったわけです。今回は正面から取り組もうとしていることは分かりますが、このままだと、ま

た同じことが再燃しかねないと思い、遠藤先生と一緒にお伺いしたんです」

「ええ。私も、ライフプランについては、有識者ヒアリングで言い出した責任がありますので、私なりに提案をさせていただきたいと思いまして……」と遠藤が続ける。

どのようなことですか――。百瀬が尋ねると、遠藤が言う。

「私の提案は、今後、検討されるライフプランに関わる施策については、日本産科婦人科学会などの専門家組織に大きな役割を果たしてもらう形にしたほうがいいのではないか、というものです。私は、国家介入の危険性はまったく感じませんが、仮にそう感じる人がいるのなら、懸念を抱かれないようにするため、国が前面に出るよりは、専門医の学会などが中心になって進めていくほうがベターではないか、と思うからです」

なるほど、先ほどの「女性手帳」の教訓ですね――。百瀬が関心を示す。

「ええ。ライフプランの施策として、妊娠・出産等に関する医学的知識などの情報発信や、学校教育における取り組みや自治体の事業が検討されることになると思います。そこで、専門医やライフプランの専門家などが参加する有識者会議を設置し、全体事業の企画や実施を指導・監督する。そして、これらの個別事業も学会などの専門家に委託したり、各地域に設置する『ライフプラン情報センター』の運営にも学会に参加してもらうようにすればいいと思います」

遠藤の提案に、木村も賛同し、そうした専門家が主導する取り組みだということが分かれば、この問題に対する否定的な意見も少なくなるだろうと言う。

百瀬も得心したようで、「いいアイデアですね。国の事業といっても、実際に実施するのが専門医などであれば、理解は得やすいですね」と述べた。

さらに、ライフプランに関わる個人情報は厳格な秘密保持が必要であるため、医師のように厳しい守秘義務が課されている者が扱うほうが安心で、特に卵子の数を推定するＡＭＨ検査や、その後の相談支援は医師などの関与は必須だ、と遠藤が言及すると、高橋は、

「こうした方針は、法案の審議段階から公表したほうがいいと思いますよ。そうすると、随分イメージも変わってくると思います。結局のところ、『国だから、反対』ということですから……」と勧める。

「なるほど」と百瀬がうなずく。それに荒川がすばやく反応した。

「それならば、いっそ野党の議員にも、そのことをちゃんと伝えておいたほうがいいんじゃないんですか。この前の先生とは仲良しになったし、私、話してきましょうか」

「そうだね」百瀬が同意すると、荒川は、

「すぐアポを入れます」と言いながら、「それにしても、本当に『国』って嫌われているんですね」と無邪気な笑みを浮かべる。

「うーむ……」長年、国の役人として働いてきた百瀬には、返す言葉もなかった。

「日本では、国が関与すると、それだけでセンシティブになる人も多いのですからね。同僚の記者の話では、今回の日本政府の人口戦略の取り組み、特にライフプランの考え方には、中国も関心を持って見ているようですね。もしかしたら、中国政府ならすぐに取り組むかもしれませんね」

高橋が言うと、百瀬は「他国のことより、まず、わが国のことです」と締めくくった。

3日後、荒川は野党議員に会って、ライフプランについて考え方を説明した。その時の模様を報告に来た荒川は、「議員は、ライフプランについては、かなり理解してくれたようです。ただし、目標

出生率はやはり問題だ、と言っていました」という。そんなに簡単に野党の対応が変わるとは思えないが、できる努力は最大限やっていくしかない、と百瀬は思った。

第6章

波乱の「人口戦略国会」

11 国会審議（202Y年4〜5月上旬）

窮屈な審議日程

202Y年の通常国会は1月20日に召集され、6月17日までの150日間の会期が設定されている。通例と異なるのは、今年は7月に参議院選挙が行われるため、会期の延長はないことである。したがって、今国会に提出した法案を成立させるためには、この限られた会期内に、衆参両院の法案審議を終えて、採決するところにまでいかなければならない。

そうなると、どのような審議日程を組むかは、法案の成否に関わる重要事項となる。

国会に提出される法案は1つではないため、どの法案をどのような順序で審議し、1つの法案審議に何時間を充てるかなど様々な要素を考慮して、審議日程が設定されていく。審議日程は、最終的には国会の衆参議長や各委員長が決定する事項だが、各党には、こうした国会運営に関して〝司令塔〟の役割を担う国会対策委員会（国対）と呼ばれる組織が置かれており、そこで作戦が練られている。したがって、法案を提出した各府省庁の担当者は、国会開会中は国対に頻繁に顔を出し、政府としての意向を伝えたり、様々な国会情報の収集に努めている。

そこで「人口戦略法案」である。マスコミが、今国会を「人口戦略国会」と名付けるほどだから、この法案は最重要法案である。ならば、国会で最初に審議されるかというと、そうはいかない。通常国会には、どうしても早く審議し、成立を図らなければならない案件があるからだ。

1番目が、来年度の国家予算案である。来年度は4月1日から始まるので、それに間に合うように、3月中に衆参で議決を終えることを目指さなければならない（ただし、予算案は、衆院の優越によって、参院の議決がない場合は衆院議決だけで成立する）。

2番目が、その来年度予算の執行のために必要な法案（「予算関連法案」と呼ばれている）である。税制改正などの法案や、来年度予算に関係する事業を実施するための法案などがこれにあたる。今国会では「新型コロナウイルス対策法案」が、予算関連法案の1つとして提出されている。いつ起きるかも知れない新たな感染爆発に備えるため、一刻も早い成立が求められていることから、審議の優先順位は高い。政府としては4月中の成立を目指している。

そして、「人口戦略法案」は、というと、内容は今後の人口戦略の全体像と具体的な進め方を定めるプログラム法案であり、来年度予算に関係する事項はないので、予算関連法案には該当しない。こうした法案を「予算非関連法案」と呼んでいる。

したがって、審議順位から言えば、3番目ということになる。衆議院では予算非関連法案の中では最も早い審議入りが見込まれるが、それでも4月に入ってからとなるため、6月17日の今国会会期中の成立にはかなり厳しい日程となっている。何かの突発事態があれば審議日程が遅れる事態もあり得るので、国会の動きから目を離せない。そのほかの重要な予算非関連法案としては「脱炭素社会推進法案」があり、人口戦略法案の次の順番となっている。

国会情勢、波高し

予算案の年度内成立のメドが立った3月末、大塚記者は百瀬のアポを申し入れた。そろそろ人口戦略法案の審議が始まるので、その前に、一度、法案について取材をしておきたいと思ったからである。夕刻、大塚が百瀬の部屋に入ると、そこには参事官の野口も同席していた。

「法案の中身について聞かれるかもしれないので、野口君にも同席してもらったけど、いいかな」百瀬が同意を求めると、大塚はもちろん、とうなずいた。

「それにしても、マスコミ論調はキツイね。人口戦略の進め方が拙速だ、強引だという意見が大半だね。もうちょっと戦略の内容を取り上げてほしいね。どうも中身の議論より、進め方の議論のほうが優先されてしまって……」

百瀬が苦言を呈すると、

「子ども保険のことは、ちゃんと取り上げていますよ」

と大塚は返す。それでも百瀬は納得しかねるという表情で、

「取り上げてはいるけど、6・8兆円の国民負担増ということばかりで、若い男女にとって救いになるという点は、ほとんど触れてないんだから……」と言えば、大塚も負けてはいない。

「まあ、何があっても、政府は人口戦略や子ども保険は推し進めるだろう、と誰しもが思っているからですよ。そうなると、少しはブレーキ役も必要だろう、ということです」

「あまりブレーキを踏みすぎると、本当に止まっちゃうよ……。まあ、それはそれとして、永田町の政治情勢はどんな風に見ているの」

今度は、百瀬が探りを入れた。

「ご存知のように、政治家がらみの不祥事の影響もあって、先週末の世論調査結果が結構厳しく、内閣支持率も40%ギリギリまで落ちちゃって……。総理周辺はピリピリしていますね。佐野総理ご本人はあまり気にしている様子はありませんが。国会のほうも、予算案はどうにか成立しましたが、4月以降の法案審議はすんなりといかない感じですね」

なかなか厳しい。国会情勢、波高しといったところだ。

次に大塚が百瀬に、野党側の対応についてどう思うか、と尋ねる。

「野党も、人口減少問題については相当真剣だね。かつては少子化とか人口の問題は、取り上げること自体にアレルギーが強くて、そもそも議論のテーブルに着くことも嫌っていたのだが、今は雰囲気も変わってきたね」

「そうすると、野党も法案を前向きに議論してくれますかね」

大塚が問うと、百瀬は首を横に振りながら、

「そんなに甘くはないよ。実際にどんな政策を講ずるかは別だから……。まあ、与野党ともに人口減少の大変さは理解しているんだが、そこで、足が止まっていることが問題なんだよなあ。いくら人口の動きや将来推計を勉強しても、実際に、人口減少を止める止血策を打たないと、意味はないんだよ。このままでは、世界を見渡すと、日本だけ取り残されていた、ということになりかねない……」

と危機感をあらわにした。

国会ルール——継続審議と廃案

大塚が、人口戦略法案についていくつかの質問をし、それに対して野口が答えたあと、再び国会の話となった。

「国対のことなんですが、今年は国会終了後に参議院選挙があるでしょ。だから、それを見越して、どの時点で法案成立のメドを判断するかが難しい、という話が出ていますね（図6－1）」

大塚の話はいつもポイントを押さえている。

「うーん。確かにそうなんだ。法案が衆議院を通過して、参議院に送られて、そこで会期中に採決されて成立すればいいんだけどね。もし参議院の審議途中で、会期切れになってしまうと……」

国会のルールにより、国会のあとに参議院選挙がある場合には、参議院で審議中の法案はすべて廃案になってしまう。

だから国対は、人口戦略法案が廃案になるという事態だけは避けたいということで、もし日程通りに事が運ばなかったら、法案を衆議院で留め置いて、参議院に送らない。そして会期末になったら、衆議院で継続審議（閉会中審査）の決議をして、次の秋の臨時国会で継続案件として審議を続ける、というシミュレーションもしているようだ。国対は、いくつものケースを考える。

大塚が尋ねた。

「そうなると、人口戦略法案は、今国会で成立を目指すのでなく、継続審議で2つの国会にまたがって審議することになりますよね。政府はどうなんですか」

「佐野総理は、あくまでも今国会で成立を目指しておられるから、我々は、可能な限り突っ込んでい

図6-1　法案が成立するまで（参院選挙がある場合）

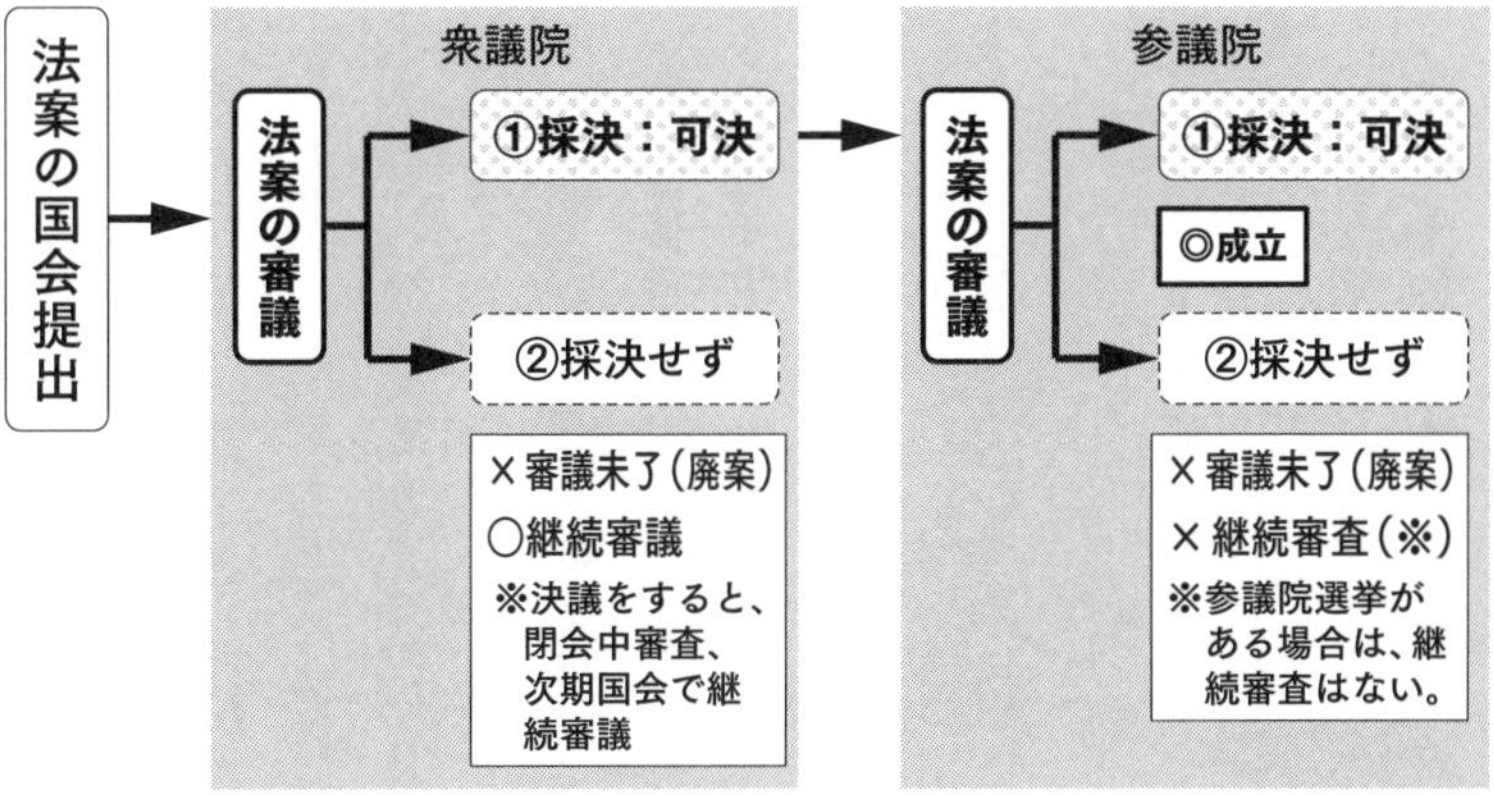

資料：筆者作成

くしかないと覚悟しているよ。ただ、国会に法案を出したら、政府は『まな板の上のコイ』のようなものだからね……。いずれにせよ国会の終盤になると、そのあたりが焦点になりそうだね」と百瀬は答えた。

統括官、介護保険の述懐

「ところで、百瀬統括官といえば、すぐ介護保険のことになるんですが、介護保険の国会審議はどうだったのですか」

大塚の問いに百瀬が語る。

「介護保険は1つの国会で終わらず、継続審議が続き、3つの国会を経てようやく成立したんだ。衆議院で合計54時間の審議、参議院で合計59時間の審議が行われた。ただし、介護保険の大変さは国会審議だけじゃない。国会に法案を提出するまでにも、いくつもの波乱があったんだよ」

ここで大塚が一度、介護保険の経緯を聞きたいと思っていた、と言うと、野口も「私からもお願いします。前からお聞きしたかったんです」と同調した。

「そうか」と返すというと、百瀬は机の中から一枚の紙を、大事そうに取り出した。

「これが、介護保険の成立までの動きをまとめた年表（図6－2）なんだよ。介護保険の検討が本格化したのは1994年で、2000年4月の制度施行まで6年かかった。その間、制度創設は無理だろう、というような瀬戸際に何度も追い詰められたんだ」

介護保険の創設は「七転び八起き」だったという話は、今でもいろいろなところで聞かれる。

「1994年に始まった制度の構想検討は、当初は専門家がメンバーの研究会で順調に進んだが、1995年に関係団体代表などが参加する審議会に検討の舞台を移したところ、関係者の利害対立が噴出し、いくら会議を重ねても意見がまとまらない。この審議会は、1年2カ月で42回という記録に残るような膨大な数の会議を重ねたのに、最終報告でまとまったのは、『両論併記・多論羅列』と言われたように、制度骨格で3つの案、負担割合でも3つの案、その他の項目も複数案を提示するなど、どれ1つまとまらなかったんだ。こんな大きな制度は、単なる利害調整ではうまくいかないんだ」

そんなに調整をやっても関係者の意見がまとまらないのなら、制度案はできない。

百瀬の述懐は続く。

「我々もほとほと困り果ててしまったが、この1度目のピンチを救ったのが与党だったんだ。当時の自民・社会・さきがけ連立政権の議員がメンバーだった『与党福祉プロジェクトチーム』が、関係団体の調整に乗り出したんだ。この与党福祉プロジェクトは、週2回のペース、そして最後は毎日、会

図6-2 介護保険制度が創設されるまでの動き

	介護保険制度関連年表	
1994年（平成6年）	2月 3日	総理、国民福祉税構想を発表（翌日に白紙撤回）
	4月13日	厚生省、高齢者介護対策本部を設置
	7月 1日	「高齢者介護・自立支援システム研究会」設置
	12月 5日	同研究会の報告とりまとめ
1995年（平成7年）	2月14日	厚生省、老人保健福祉審議会において審議開始
	7月26日	同審議会、第一次報告（中間まとめ）
1996年（平成8年）	4月22日	同審議会、最終報告
	4月〜	与党福祉プロジェクトにおける検討本格化
	6月 6日	厚生省、介護保険制度案大綱を決定
	6月13日	与党、介護保険法案の国会提出を断念
	7月〜9月	与党、地方公聴会開催（6か所）
	11月28日	介護保険法案閣議決定→臨時国会提出→継続審議
1997年（平成9年）	2月21日	介護保険法案、通常国会で審議入り
	5月22日	同法案、衆議院本会議可決
	6月18日	参議院で継続審議へ
	10月21日	臨時国会で審議再開
	12月 9日	介護保険法、可決成立
1998年（平成10年）	○介護保険制度の施行（2000年4月）に向けた準備	
1999年（平成11年）	5月 7日	介護保険の延期論、浮上→関係団体などが延期反対へ
	10月 6日	与党内で、介護保険見直しの動き
	11月 5日	政府、介護保険の「特別対策」決定
2000年（平成12年）	4月 1日	介護保険法施行

資料:「新装版・介護保険制度史」(東洋経済新報社、2019年)を参考に筆者作成

議を開催した」

「へえー、与党が制度案づくりを支援したんですか」と野口が感心している。

「そうなんだ。この局面は、政治が力を発揮した」

「じゃあ、あとはスムーズにいったのですか」野口が問いを重ねる。

「いや。そのあとも簡単じゃなかった。並行して、政府部内の調整を進めたんだけど、当時の大蔵省と自治省が最大の折衝相手だった。ほとんど毎日夜を徹しての調整が続き、そのたびに制度案がめまぐるしく修正されるので、政府内では『今週の介護保険』、最後は『今日の介護保険』と呼ばれていたよ。そして、ようやく1996年6月6日に、介護保険制度案大綱がまとまったんだ。この時はうれしかったね」

当時を思い出し、百瀬がやわらかな笑みを浮かべた。

「統括官、6月といえば、国会は会期の終了間近じゃないですか。法案は国会に提出できたんですか」野口が尋ねる。

「そこなんだよ。我々は、何としても国会に法案を提出することを目指したんだけど、土壇場になっても、制度の実施主体となる市町村の納得が得られなかったんだ。市町村にすれば、介護保険の運営という大役を担うのだから、すんなりOKとはいかなかった。そのため、与党プロセスでも、そうした状況をめぐって議論が紛糾し、結局、与党の最高決定機関で法案の提出見送りが最終的に決まった。これが2度目のピンチだ」

「えっ。まるで、各駅停車ですね。で、その後はどうなりました。市町村をどうやって説得したんですか」

野口は興味津々だ。百瀬は思い出す。

「この時は、当時の与党政調会長の尽力が大きかった。政府と与党は、全国6カ所で地方公聴会を開催し、市町村などの関係者の意見を丁寧に聴いて回った。そして地方団体の要望を踏まえた制度修正を行い、最終的には市町村も介護保険を容認する姿勢に転じた。その結果、その年の11月に開会した臨時国会に法案が提出されたんだ」

そして、法案の国会提出後は、先ほど言ったように、3つの国会を経てようやく成立した。

法案成立後も「実施凍結」のピンチ

「成立後は、2000年4月の実施に向けて、国、地方、そして事業者は精力的に準備を進めていった。何せ、当時は介護サービスがまったく足りなかった。介護保険がスタートしてもヘルパーやデイサービスが足りないようでは困るので、みんな懸命だった。そして、介護サービスの確保のメドがようやく立った頃に、3度目のピンチに見舞われた」

百瀬が語ると、今度は大塚が驚く。

「またですか。法案は成立しているんでしょ」

「以前、社会保障研究者の小川さんが有識者ヒアリングで紹介していたけど、施行準備が大詰めを迎えた1999年になって、介護保険実施を凍結する政治的な動きが急浮上して、関係者は大混乱に陥った。当時、衆院解散・総選挙の機運が強まっていて、介護保険料という国民負担の導入に対し、政治レベルで改めて慎重論が高まったからだとされているんだ」

「この時は、政治の力が逆方向に働いたんですね」大塚が言う。

「政府は窮地に陥り、実施凍結の方法を模索しなければならない状況までになった。ところが、その時、我々が予想もしていなかったことが起きたんだ。それまで介護保険創設の議論や準備に関わってきた多くの人々が、自発的に立ち上がって、『凍結反対運動』を強力に展開し始めた。そして、それが世論を動かしたんだ。これには本当に驚いた」

「前代未聞ですね。肝心の介護サービスが増えるのなら、負担増でもいいということだったのですね」

若手記者の大塚にとって、負担増を世論が支援した、ということが意外だった。

その世論の後押しもあって、介護保険は予定どおり2000年4月に実施され、サービス利用が急速に伸びた。そして、現在の状況となったわけだ。

傍観者や反対者が、推進の隊列へ

「まさに七転び八起きですね。統括官は、一体、その6年間をどう総括しているんですか。まったく脈絡がないような動きですが……」

大塚が尋ねた。

「私は、この6年間はバラバラに物事が起きたように見えて、実は一本線でつながっていると思っている。介護保険が、最初は政府側のリードで始まったことは明らかだ。しかし、その制度化の動きが幾度もピンチに遭うたびに、それまで傍観していたり、中には反対していた人々が、自らの意志で制度を創設する側に参加してきた」

この百瀬の言葉に驚いたのが、野口だった。

「そんなことがあるんですか。政府を助ける側に回るなんてことが……」

「ある親しい市民活動家が、後年、私にこう言ったんだ。最初は政府が言い出したんだから、信じなかった。そのうち、政府が本気になって推進するので、文句や注文をつけることにした。そしたら、政府はそれを受け止めて、いい案を作った。ただし、政府は決めた以上、何があっても実施するに決まっていると思っていたので、自分は傍らで眺めていた。ところが、目の前でピンチに陥って、制度がつぶれそうになった。しかも何度も。これには本当に驚いた。これじゃ、困る。自分が制度推進の旗を振らないと、この制度は実現しそうにないと思った。だから、隊列の先頭に立った」

「なるほど。国民の側にそんなことが起きていたんですか」

野口が感心すると、百瀬はさらに語る。

「市町村関係者の多くも、最初は制度創設に強く反対していたが、最後は、逆に『凍結反対運動』に参加するようになっていったんだ」

「でも、政府の法案の全部がそうではないわけで、むしろ例外ですよね。一体、何が、ほかと違っていたんですか」大塚がさらに尋ねる。

「介護保険は、政府や国会のみならず、高齢者や家族、マスコミ、地方自治体、市民団体、事業者など、様々なレベルで議論が行われ、膨大な情報が共有され、真の意味での国民的議論が行われたことが大きかったね。政府も、できる限り多くの情報を公開し、我々行政官も毎週末には現場に出掛け、様々な人と議論をし、学んだ。それが、最終的には良い結果を生んだ。いずれにせよ介護保険は、一部の官僚や政治家だけで作ったものでないことは確かだ」

「だからですか、今回の人口戦略も、いろんな情報を積極的に出しているのは」

大塚が語りかけると、百瀬は照れたような笑みを浮かべながら、

「こちらのほうは、まだ始まったばかりだけどね」と返す。

「子ども保険も、これから波乱の連続かもしれませんね」

大塚がそう言うと、百瀬はそれでも力強く、こう言い切った。

「今は、政府だけが『前のめり』だと言われているけど、必ずいつか誰かが、隊列に加わってくると信じているんだ」

この言葉には、野口も、さらには大塚も希望を見出したようで、それぞれの表情に明るい光が差した。

野党の今田議員との会話

4月に入り、国会は法案審議に移っていた。

人口戦略法案は、衆議院で「重要広範議案」に指定された。重要広範議案とは、内閣提出法案のうち、内容が重要かつ広範に及ぶ法案として与野党が合意した法案のことで、これに指定されると、委員会の審議前に本会議で法案の趣旨説明を行い、そして、その後の委員会の質疑に総理大臣の出席を求めることができる。重要な法案なので、入念に審議を尽くすという趣旨だが、審議時間はその分だけ多くかかる。それだけに政府側は、人口戦略法案の一日も早い審議入りを願っていた。

だが、人口戦略法案の前に審議している予算関連法案の「新型コロナウイルス対策法案」に予想外の時間がかかったため、なかなか順序が回ってこない。この法案は、いつ起きるか分からない緊急時への対応なので、優先的に成立させるのが政府与党の方針となっている。

そんな状況の4月上旬、百瀬は、与党国対に顔を出したあと、国会議事堂そばの議員会館の地下道を歩いていた。すると、前のほうから、ニコニコしながら百瀬に近づいてくる男性がいる。野党憲政党の今田正則だった。

百瀬は今田とは長い付き合いである。「いやあ百瀬君、お久しぶり。ご活躍は聞いているよ」と今田が話しかければ、百瀬も「どうも、今田先生こそ、憲政党のプロジェクト・リーダーということで、私ども本部スタッフがお世話になっています」と応じた。

今田はニコッと微笑んで、「一度、僕の会館の部屋においでよ。久しぶりに話をしたいし」と言った。

百瀬が今田の部屋を1人で訪れたのは、それから2日後だった。今田は、会議室には秘書を入れなかったので、2人だけとなった。

「あれから何年になるかなあ」今田が語りかける。

「先生が与党福祉プロジェクトで介護保険を議論していた時からですから、もう25年になりますよ」

「四半世紀か。はやいもんだね。当時はいろいろな反対があったけど、あの時に頑張った甲斐があったね。今、老後生活に介護保険がないとすると、ゾッとするね」

当時、今田は与党の立場で、介護保険を推進していたのである。そして今度の子ども保険では、野党として受けて立つ立場にある。

「ご存知ですか。実は、25年前の同じ頃に、厚生省は保育制度改革も試みていたんです。措置制度を廃止して、社会保険のような仕組みに変えられないかと。しかし、その保育制度改革は関係者の猛反対に遭い、失敗したんです。『保育の二の舞にならないぞ』というのが、その顚末を目の当たりにした、当時の介護本部スタッフの合言葉だったんですよ。今から思うと、あの時以来、子育て分野は安定財源を探して彷徨い続け、今日に至っているんです」

確かに1995年というのは、日本にとっていろんな意味で「岐路の年」だった――。

今田が当時を懐かしむと、百瀬は、

「私のような行政官はもちろん、今田先生も、社会保障制度を作り上げてきた責任はあるわけですから、しっかりとした審議をお願いします」と頼む。

「もちろんだよ。実を言うと、野党の中では、今回の法案に対して反対する声は強い。子ども保険についても、あまりに拙速だという意見が大半だ。だから議論はしっかりやらせてもらう。ただし、私が同僚に言っているのは、今回の人口戦略は問題があるということで、政府案を潰せば、それで事足れりとはならない、ということだ。

人口減少という状況は現に存在しており、それが将来の日本の社会経済に重大な影響を与えることは否定できない。この日本が抱える根本問題に対する対処案を野党としても考えないといけない。ただ反対と叫んでいるだけでは、無責任という誹《そし》りは免れないと言っているんだよ」

今田がそう語ると、百瀬も「ええ。他にいい案があるなら出してもらって、大いに議論したいですね」と目を輝かせた。

総理の基本姿勢

「その点では、今回は佐野総理と岩渕大臣が相手だから、楽しみだよ。私は、総理とは同期当選組だし、大臣は、与党福祉プロジェクトの時に一緒に議論した仲間だからね。お二人とも骨のある政治家だよ」と話す今田だが、首をかしげながらこうも言う。

「ただ、ちょっと解せないんだが、佐野総理は頭脳明晰だし、政策面では百戦錬磨の政治家なのに、今回に限っては、随分強引な進め方だと思うね。子ども保険も、打ち上げてまだ2か月ぐらいしか経っていないのに法案審議というのでは、内容の問題以前に、国民はついていけないと感じるよ……」

百瀬は、これまでの展開の責任の一端は自分にあると考えているため、黙っていた。

「いくら自信がある提案でも、進め方を間違えると、事は成らない。そのことは、佐野総理ご自身が最もよく分かっておられると思うんだが……。今回の人口戦略に関しては、非常に焦っておられるような感じがするね。百瀬君は、どう思うかね」

「うーん。人口減少問題の本当の怖さをよくご理解されている総理だからこそ、時間を浪費できない、と真剣に思われているからじゃないですかね」百瀬は、そう答えるしかなかった。

そして、今田が「まあ、これから国会で議論をさせてもらえば、お考えも分かるでしょう。だが、審議日程のほうも、結構、きつくなっているようじゃないか……」と言う。確かに、新型コロナウイルス対策法案は、与野党間で結構もめている。今田の言葉は続く。

「新型コロナ対策は、これまでの政府の対応を検証して、これからの感染症対策にどう活かすかが問われるからね。政府与党は、いつまたパンデミックが起きるか分からないからと、審議を急がせるけど、少なくとも専門家の意見聴取や地方公聴会での意見聴取は不可欠だから、どうしても時間がかかるんだよ」

岩渕大臣は、健康・医療戦略担当でもあるので、そちらの法案審議にもたびたび取られてしまい、人口戦略の法案の審議入りがなかなかできないでいる。

「まあ、大変と思うけど、頑張ってくれたまえ」

今田がそう激励すると、百瀬は礼を述べて部屋を辞した。

総理答弁――なぜ、「一億人国家」でなければならないのか

新型コロナウイルス対策法案の審議が予想以上に長引いたため、人口戦略法案の衆議院本会議での趣旨説明がセットされたのは、4月中旬だった。

そうなると、政府与党にとってポイントとなるのは、5月連休を挟んでの衆議院内閣委員会の審議日程の設定である。4月中にできる限り多くの審議をこなし、5月連休明けに参考人意見聴取や地方公聴会を済ませて、ただちに委員会と本会議で採決し、5月中旬には参議院に法案を送付するのが、ギリギリのタイミングとなる。

そして審議日程を与野党で協議した結果、4月末の委員会質疑に総理大臣が出席することが決まった。総理の委員会出席は、通例、審議の最後に近い段階に行われる。しかし、今回の人口戦略は、佐野総理自らの強い意向によって進められてきたことから、総理の考えを質したいという野党の意向を踏まえ、早い段階からの出席となったのである。佐野総理も非常に前向きである。野党の質問者のト

ップバッターは、今田議員であった。

この国会質疑はテレビで中継された。以下、国会の会議録（議事録）をここに掲出する。

衆議院内閣委員会会議録（今田正則君質疑部分）

山本委員長　質疑の申出がありますので、順次これを許します。今田正則君。

今田委員　おはようございます。憲政党の今田正則です。本日は、冒頭に貴重な質問の機会をいただきまして、ありがとうございます。御礼を申し上げます。早速、限られた時間でありますので、質問させていただきます。

佐野総理。総理とは、私は長い間ご親交をいただいており、政治の意見や立場は異なりますが、政治家として深く尊敬しております。そこで、人口戦略法案について、いくつかの基本的な考え方をおうかがいしたいと思いますので、よろしくお願いいたします。

まず最初は、「なぜ、一億人国家でなければならないのか」という点です。人口戦略は、日本の総人口が、2100年に9000万人で安定することを目標としています。しかし、この9000万人というのが、どれほどの意味を持つのでしょうか。もし、それが6000万人になったら、一体、誰が困るのでしょうか。一億人国家が維持できないと、経済大国でなくなる。つまり、日本の経済規模が小さくなり、国際的な地位が下がって「小国」になってしまう、それでは困る。そうした見方が、外交官とか経営者とか一部の人にはあるかもしれません。

しかし、それは、庶民の生活とは直接は関係ないことです。たとえ、国は小さくても、国民が豊かで安心して暮らすことができれば、それでいいのではないか。だから、一億人国家にこだわる必要はないのではないか。そう考える国民は多いと思います。総理。一体、なぜ、日本は、将来も「一億人国家」でなければならないのか。その理由をお聞かせください。

佐野内閣総理大臣　今田先生、今回の人口戦略について先生と質疑をする機会が与えられたことに感謝しております。そこで、先生のご質問ですが、人口減少問題の本質を考える上で、非常に意味のある問題提起だと思いますので、少し長くなりますが、お答えさせていただきます。

結論から言えば、2100年時点で日本の総人口がどの程度の規模になるかによって、国民の生活も大きく変わってくる、ということです。それは、大国か、小国かといった問題とは関係なくです。

現在の将来推計人口（中位推計）では、2100年に総人口は6000万人となり、しかも、それ以降も低下し続けると予測されています。そのような将来の日本とは、別角度から見ると、65歳以上の高齢化率が38・3％にも達する超高齢社会です。そして、さらに、現在から2100年までに日本が辿る行程を見ると、年間人口減少数が60万人（これは、鳥取県の人口と同じ規模ですが）を超える年が、ほぼ全期間90年間にわたって続くことになります。そして、重要なことは、この3つの現象は一体として起きるということです。

したがって、6000万人国家で構わないとするならば、それは、これから100年近くの長きにわたり、日本社会が極めて高い高齢化率のもとで人口減少に見舞われ続けていくことを、我々は受け容れる、ということを意味します。

今田委員　それならば、一億人国家、正確には9000万人ですか、そこを目指すと、どう違っ

図6-3　高齢化率の推移と長期的な見通し

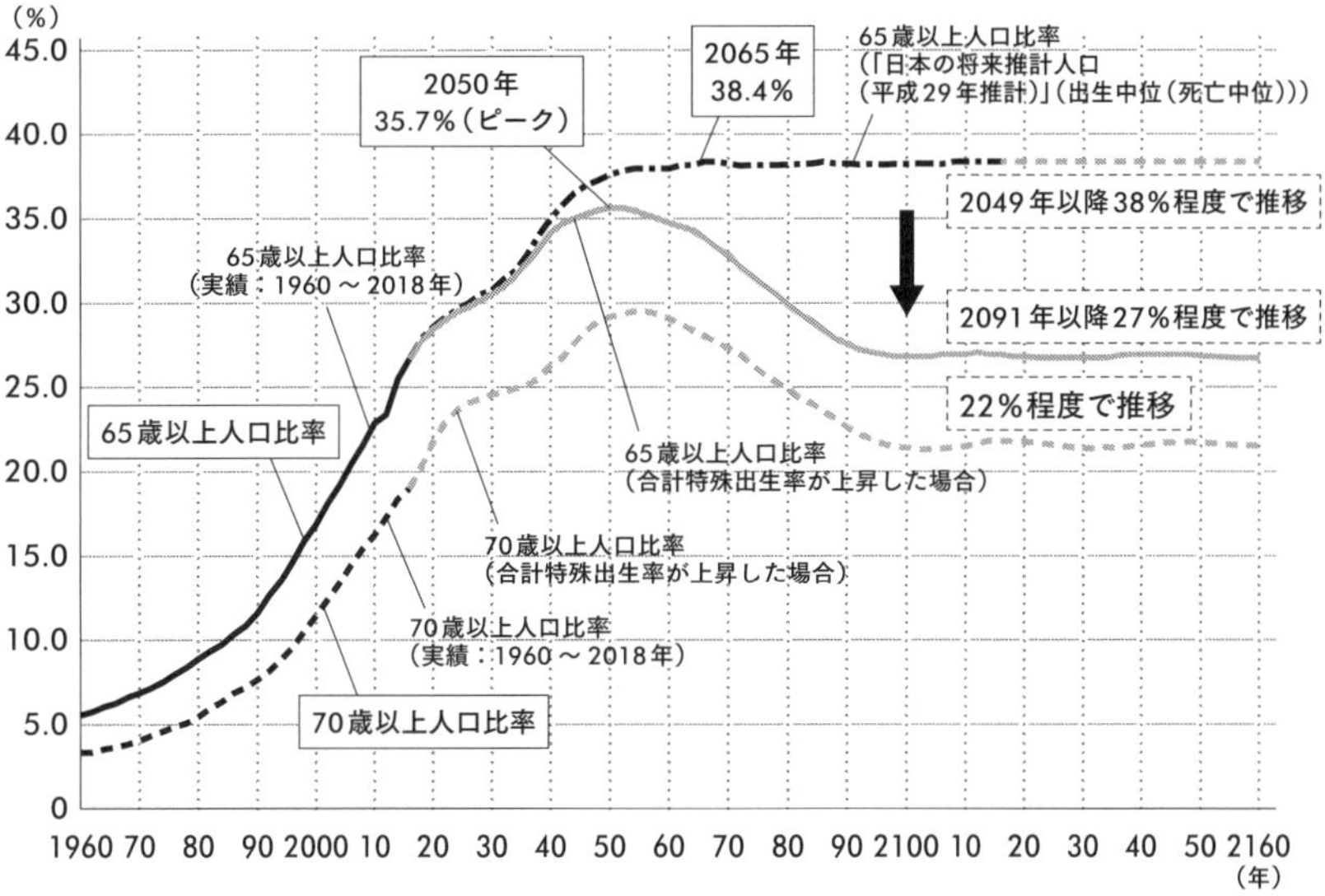

資料：内閣官房まち・ひと・しごと創生本部
「まち・ひと・しごと創生長期ビジョン（令和元年改訂版）」（2019年12月）

てくるのですか。いずれにせよ、日本は、高齢化や人口減少は避けられないのじゃないですか。違いますか。

佐野内閣総理大臣　今回、提案している人口戦略は、２１００年に９０００万人の人口規模で安定させることを目標にしています。この目標は非常にハードルが高いものです。しかし、これが実現すれば、高齢化率は、２０５０年ごろにピークに達した後に、低下し始めます（筆者注：図６―３を参照されたい）。つまり、日本は「若返り」始めるのです。そして、２０９０年以降は、高齢化率は27%程度で安定します。この水準は、

図6-4　人口戦略の目標

	人口戦略の目標	将来推計人口（中位推計）
2100年時点の総人口	9000万人 それ以降安定	6000万人 それ以降減少
2100年時点の高齢化率	27%	38.3%
年間人口減少数が60万人以上の期間	18年間 2034年→2052年	90年間 2023年→2113年

資料：筆者作成

現在より低い水準です。加えて、年間60万人以上の人口減少のほうも、18年間程度の期間で収まることになります。

すなわち、「9000万人で安定」と「人口の若返り」、そして「人口減少期間の短縮」の3つを同時に実現させようというのが、「一億人国家」の意味するところなのです（筆者注：図6－4を参照されたい）。この「一億人国家」という目標の意味は、一億人という数値以上に、この日本がこれからの100年間に進んでいく方向性を指し示しているのです。今、我々は大きな「分かれ道」に差し掛かっています。どの道を選ぶのか、国民の皆様には、将来世代のことをよくよく考えた上で選択していただきたい、と心からお願いする次第です。

人口減少は、「世代間の対立」を引き起こすのか

今田委員　なるほど。私は、率直に言って、今の総理のご説明は分かりやすかったと思います。これまでは、「一億人国家」という人口規模のことばかりが前面に出て、こういう説明はあまりなかったからです。

それでは、別の質問をします。仮に、人口減少が止まらなくてですね、高齢化率が高まる事態になっても、国民1人あたりの生産性を引き上げる。それはそれで大変ですが、生産性を上げることができれば、日本の経済力は維持できるのではないか。なまじ出生率を上げる努力よりは、生産性を向上させる努力こそが優先されるべきではないか。そうすれば、人口減少なんか怖くない、という意見もあります。これについては、総理はどう思われますか。

佐野内閣総理大臣　私も、日本経済にとって、生産性の問題は重要なテーマだと考えます。経済成長を維持していくためには、常に、生産性の向上を追求しなければなりませんし、人口減少があればなおさらです。しかし、だからと言って、人口減少の問題を放置しておくわけにはいきません。なぜならば、人口減少は、日本社会に深刻な「対立」をもたらすおそれがあるからです。

今田委員　総理。それはどういうことですか。

佐野内閣総理大臣　私が非常に心配しているのは、これから生まれてくる将来世代のことです。先ほど述べたように、このままですと、これから100年に近い間、人口が急激に減少する時代が続きます。では、そうした時代に生まれ、長い下り坂を歩み続けることが運命づけられている将来世代は、自分たちの置かれている状況に対し、一体どのような気持ちを抱くでしょうか。国民の皆様も、一度、想像していただきたいと思います。果てしなく人が減り続け、まちが消滅していく中で、自らの活路を見出さなければならない、将来世代の心情を……。

昨年、日本の人口減少を警告した海外シンクタンクのレポートは、将来の日本人の姿を、「感情を表さずに優雅な冷静さを保ちながら、消えゆく村落や国富の減少を淡々と受け入れるのだ」と描きました。[2] 果たして、このレポートのように将来世代は、優雅で淡々とした心持ちを持ち続けるのでしょうか。

私は、むしろ不満を持った若者たちが、数多く現れるのではないかと懸念しています。そして、彼らの人生の出発点と将来の行程を決めたのが、自分自身ではなく、年上の世代であるという想いを抱いた時、彼らの不満の矛先は、高齢者世代に向かうのではないか。そのため、日本社会の中で深刻な「世代間の対立」が引き起こされるのではないか、と怖れるのです。

今田委員　私も、その点は心配しています。そうしたことにならないように、政治がどう対応するかが、問われてくることになりますが……。

佐野内閣総理大臣　そうした若者たちの不満を、民主主義システムが汲み上げ、それを政治的に修復することが可能ならば、救いがあります。しかし、もし政治において、今後ともマジョリティを占める高齢者世代が、従来通り高齢者の利益を優先する社会システムを維持しようとするならば、若年世代は激しいフラストレーションを感じるでしょう。

そして、そうした世代間対立によって、日本社会は引き裂かれていくのではないか、と私は心配しています。さらにこの間隙に乗じて、その対立を煽るようなポピュリズムが台頭してくる恐れもあります。そうすれば、民主主義システム自体が危機を迎える可能性すらあるのです。

こうした危険性は、何も日本に限ったことではありません。世界各国で高齢化と人口減少が始まると、将来に対する不安要素が悪循環を生む危険性があり、特に若い世代が自国の政策が人口の多い高齢世代の要求中心に決まっていくのを目にする場合、その危険性は高まる、と専門家は指摘しています。[3]

生産性の向上を図り、成長を目指すことは重要です。しかし、生産性の向上は、全体のパイは増やしても、人と人、世代と世代の連帯を強めるものではありません。つまり、成長を目指すだけでは、世代間の対立は防げないということです。

「未来への投資」の意義

今田委員　私も、どうすれば世代間対立を防ぐことができるかは、これからの政治の重大課題だと感じています。佐野総理は、一体、どうすれば、それを防ぐことができるとお考えですか。

佐野内閣総理大臣　世代間の対立を防ぐためには、様々な社会改革が必要となります。その中では「成長」だけでなく、「分配」の視点が非常に重要となってくると考えます。

今回の人口戦略においては、そのポイントとなる考え方を提示しています。それは、「未来への投資」という考え方です。高齢者を含めた「親世代」が、未来の日本を担う「子ども世代」に対し、彼らが夢や希望を持てるようにするために投資し、支援するということです。

その具体的な政策の1つが、今回、提案している「子ども保険」です。子ども保険は、自分が子どもを持っているかどうかを問わず、すべての「親世代」が、すべての「子ども世代」が安心して養育が受けられるようにするために、お金を拠出する仕組みです。

子ども保険料は年額4万3000円、経済界の保険料拠出も約2・4兆円の増ですから、国民の皆様にとって大きな出費です。しかし、これは、全額、「子ども世代」に回る「未来への投資」です。子どもが生まれ育つことは、「親世代」にとって、自分の老後を含めた生活を支えてくれる人が増えることを意味します。そして、この「未来への投資」は、人口減少を食い止めると同時に、世代間の対立をも予防する「予防的社会政策」の役割を果たすと、私は確信しています。

今田委員　「予防的社会政策」ですか。確か１９３０年代に活躍した、スウェーデンで共にノーベル賞受賞者のミュルダール夫妻は、スウェーデンの出生率が欧州の最低水準に落ち込んだ時に、出生率の低下による高齢化率の高まりが、若者の夢を失わせ、広範な社会心理的な停滞をもたらすことを深く憂慮した。そして、それを防ぐ「予防的社会政策」として、すべての子どもの出産・育児を国が支援する「普遍的福祉政策」の必要性を訴えました。[4]そうすると、総理、今回の子ども保険は、そうした考え方につながるものと考えてよろしいのですね。

佐野内閣総理大臣　まさに、その通りです。だからこそ、今回の子ども保険は、すべての子どもを支援対象とする「普遍的な制度」とすることを考えています。そして、子ども保険の導入によって、我が国の社会保障制度は、子ども・若者から高齢者まで全世代にわたってバランスのとれた体系となります。その意味では、高齢世代と若年世代をつなぐ「架け橋」になるものと期待しています。

人口戦略を急がなければならない理由

今田委員　政府が今回、提案している法案は、私たちとは意見が異なる点はありますが、これまで佐野総理が述べられたことは、私は共感するところ大であります。ただし、今回の人口戦略の進め方については、いささか性急ではないかと感じています。もう少し時間をかけて人口戦略を検討した上で、国会、そして国民の意見を問うのが妥当ではないかと思いますが、総理は、いかなる理由でこんなに急がれているのですか。

佐野内閣総理大臣　改めて申し上げるまでもありませんが、出生率は依然として低迷を続け、

２０２１年は１・30です。そして、最近の出生動向を詳しく見ると、最も懸念されるのは、１９９０年代以降に生まれた若い世代の出生率が過去最低の水準を推移していることです。今後、彼ら世代の出生率が大きく回復しないと、全体の出生率はもう一段下がる可能性があります。そして、最近は、こうした動きにコロナ禍の影響も加わっているので、事態は深刻です。

今田委員　そうなんですか。今の若い世代の出生率がそんなに低くなっているとは……。２００５年に過去最低の１・26を記録した後に反転し、一時期、出生率の上昇が続いたので、少し安心していたんですが。最近のコロナ禍も考えると、出生率回復どころではないということですか。

佐野内閣総理大臣　このままだと、２０００年代初頭の経済危機に起きた、「世代の喪失」とも言うべき事態が再来する恐れすらあると心配しています。彼らは、これから30代に入っていきます。出産年齢の限界を考えると、ここ5年間は非常に重要な時期となります。これまで出産を先送りした人たちや、これから出産期を迎える人たちが、子どもを安心して生み育てることができる環境を、一刻も早く作る必要があります。このままだと、コロナ禍が終わっても、先送りされた出生は７〜８割しか取り戻せないとする専門家の意見もあります。[5]

今田委員　人口戦略が実現すると、そうした事態は避けられるというのですか。

佐野内閣総理大臣　今回のコロナ禍によって、世界各国の出生数は一斉に減少しており、わが国の出生数も大きく減少しています。ところが、スウェーデンなどは出生数の減少は少なく、影響は限定的で、コロナ禍のような衝撃に対しても強い社会である、と指摘されています。[6]私は、今回の人口戦略は、若者の出産、子育て支援を大幅に拡充することによって、わが国の社会構造を強化する効果が期待できると考えています。ただし、事態は切迫しているのです。仮に、今国会で人口戦略法案が成立しても、子ども保険などの施策が実施に移されるのは、最も早くて2年後です。人口減少を食い止めるには、ギリギリのタイミングです。したがって、今回の人口戦略は、一日でも早く実施に移さなければなりません。

今田委員　政府が少子化対策に取り組み始めて、はや30年になります。これまでも「国難」と言われながら、出生率の向上に有効な政策は打ってこれませんでした。一向に効果を上げていないということで、「失われた30年」と批判する人もいます。そして、もはや出生率を政策で上げること自体が無理なんだ、と言う人もいます。それでも、総理は、改めて、出生率の向上を目指すというのですね。

佐野内閣総理大臣　私は、所信表明演説で、これまでの失敗や敗北は「不戦敗」だったのではないか、と申し上げました。それは、日本国民すべてが力を出し尽くした上での敗北だとは、私には到底思えないからです。

　そして、今です。今度こそ、私たちは、若い世代が安心して子どもを生み育てることができる、まっとうな社会を作りあげなければなりません。このことは、今の時代を生きる私たちが、全身全霊をもって取り組まなければならない課題なのです。

　将来世代を育て、日本という国を未来につないでいくこと、それは私たちに課せられた重要な責務です。したがって、私たちは、将来世代のために「勇気」をもって、人口減少の流れを止めるという挑戦をしなければなりません。それを知りながら、立ち向かう「勇気」に欠け、何もしなかったならば、私たちは自らの責務を怠ったことになります。そして、そのことは、これから

100年近く、子や孫など将来世代に、人口減少と高齢化という急な坂道を歩ませることを意味します。決して、そのような、将来世代に重い手かせ足かせをはめ、彼らが生きていく選択肢を狭める、無責任な行動をとってはならないのです。

私たちが将来世代に遺せるものは、何か

今田委員　佐野総理が抱かれている危機感は、よく分かりました。今回、総理は、野党側の要望を受け入れて、異例にも、この委員会質疑の冒頭から出席してくださいました。私は、大変、評価させていただいております。最後に、総理から国民にお伝えしたいことがあれば、どうぞお話しください。

佐野内閣総理大臣　はい。最後に、私が国民の皆様にお伝えしたいのは、将来世代は、私たちが、何を為すのかを見つめている、ということです。この将来世代とは、今はまだこの世に生をうけていない日本人も含めてです。

　万が一、私たちが懸命に取り組んだにもかかわらず、人口減少は止まらず、十分な成果を上げることができなかった、と仮定しましょう。そのような厳しい結果でも、何もしないよりははるかに価値がある、と私は思っています。

　将来世代は、どんな状況になろうとも、私たちが遺す、日本という一隻の船に乗るしかありません。その船の積み荷に、未来も減ることのない「財産」（経済力）や「地位」を載せることができたなら、確かに将来世代は喜ぶでしょう。しかし、もし、それが叶わなかったとしたら、空《から》の船に、私たちが将来世代のために載せることができるものは、一体、何でしょうか。私は、それ

は、人口減少という未曽有の事態に対して、心折れることなく果敢に立ち向かい、挑戦していく「勇気」だと思います。

人口減少はこれからも続きます。いや、もっと深刻になります。将来世代は、その困難に立ち向かわなければなりません。そして、その世代が結果を残せなかったとすれば、その次の世代が、この長期にわたる挑戦を引き継いでいかなければなりません。

そのことを思うと、私たちが決してあきらめず、逃げずに苦闘した姿は、彼らをどれほど勇気づけることでしょうか。そして、それが、現在を生きる私たち世代と将来世代との間の「共感と連帯」を、どれほど強めることでしょうか。そのことを、国民の皆様には、ぜひ理解していただきたいと思います。以上が、最後に、私が国民の皆様にお伝えしたいことです。

今田委員　佐野総理、ありがとうございました。素晴らしいメッセージでした。この国難とも言うべき人口減少にどう立ち向かうかは、与党も野党もない、最重要の課題です。その点を申し上げて、私からの質問を終わりたいと思います。総理、どうもありがとうございました。

このあと、ほかの野党議員の質問へと移った。百瀬は、委員会室で佐野総理と今田議員のやりとりを傍で聞き、改めて総理の人口戦略にかける意気込みの強さを感じ、国民にぜひとも聞いてほしいと思った。

今田議員以外の質疑は、子ども保険を「6・8兆円の国民負担増」、出生率目標を「国家的なセクハラ」だとする批判が中心だった。質疑終了後、佐野総理が相当疲れた様子で答弁席に座っている姿が、百瀬には気に懸かった。

この日の委員会質疑が終わり、百瀬は、将来世代に対する国民の責任とは何かという、佐野総理の想いが、多くのメディアで取り上げられることを期待した。だが、翌日の新聞やテレビで総理答弁についてふれているものは少なかった。

12

法案の行方（202Y年5月中旬〜6月中旬）

法案成立についての微妙な情勢

5月の連休が終わり、いよいよ委員会での審議も終盤を迎えつつあった。

法案が衆議院で可決されるまでの手順としては、①参考人聴取と地方公聴会の実施、②締めくくり総括審議、③委員会採決、④本会議で審議・採決ということになる。審議日程は当初の予定より1週間程度遅れており、5月末に衆議院本会議の採決を行い、その後、直ちに参議院へ送付するというのが、ギリギリの日程となっている。

そうなると、参議院での審議は6月に入ってからとなるため、国会会期末の6月17日までに、参議院の審議を経て、可決成立にまで行くことができるのか、微妙な情勢にあった。政府及び与野党は、それぞれに情勢分析を進め、法案の取り扱いを検討している。

そんな時、与野党の国対を回っている大塚記者が、百瀬の部屋に駆け込んできた。

「ちょっと、お邪魔してもいいですか」

「どうぞ、現下の情勢はどうですか」百瀬が尋ねる。

「判断の難しいところにきていますね。与党国対の動きは、すでにご存知と思いますが、やはり衆議院で法案採決までせずに留め置き、そのまま継続審議（閉会中審査）に持ち込むのか、それとも衆議院で採決して参議院に送って成立を期すか、いずれを選ぶかの最終判断で悩んでいますね。一応、参考人聴取と北海道での地方公聴会はセットする予定ですが、それ以降の日程は、まだ未定ですね」

百瀬にも、先ほど参考人聴取と地方公聴会の準備を進めるように、という連絡が入っていた。百瀬が野党の様子を尋ねると、大塚は現時点での状況を告げた。

「野党は、要するに与党の出方次第ですね。もちろん法案に反対の姿勢は崩していませんが、今田先生あたりがかなり動いていて、最後まで反対ばかり言い続けるのでなく、継続審議の方向に持っていこうとしているようですね。だから、与党側が衆議院で継続審議にする方向で打診したら、たぶん野党は乗ってくると思いますよ」

では、仮に参議院に突っ込んだら、どうなるか。この質問に大塚は額に手を当て、難しい表情を浮かべる。

「うーん。参議院は別ですからね。参議院の野党は相当きつく当たってくるんじゃないですか。なにせ7月の参議院選が目前に迫っているので、与野党の対立は、日に日にヒートアップしていますからね」

やはり下手に参議院に突っ込むと、審議未了で終わり、結局、廃案になってしまうかもしれない、ということだ。結局のところ、この法案の行方は、官邸というか、佐野総理の決断にかかっている。ただ、内閣支持率は相変わらず回復せず、40%を切っている。大方の見方は、佐野総理も無理はしないのではないか、というものだった。

ここで百瀬は、先日の委員会質疑の話を持ち出した。

「佐野総理は、今田議員との間で、将来世代に対する国民の責任について、非常にいい答弁をされていたんだけど、世論はあまり反応しないのかなあ。むしろ『国家セクハラ法案』のフレーズのほうが通りやすいのかな……」

「よほどの利害関係者か専門家でもなければ、委員会の総理答弁の良し悪しに関心はないですよ。いくら人口戦略法案が大事だといっても、一般国民にとっては、しょせん政府や与野党間のバトルとしか映りませんからね。よほど驚くような事態が起きれば別ですけどね」

この大塚の発言に、百瀬は苦言を呈する。

「そういうことが、一番困るんだよ。政府だけが空回りしていて、国民の認識が一向に深まらないことが……。マスコミも、そういう風にしか報道しないから……」

「ご批判は甘んじて受けます。ちなみに人口戦略法案のあとを追っている『脱炭素社会推進法案』の担当者はやきもきしていましたよ。こちらのほうは、結構、順調に審議が進んでいるのに、肝心の人口戦略法案が前に進まないので、困るって……」

百瀬が「うーん」と漏らしたまま、言葉を継げずにいると、大塚は「それじゃ、また。頑張ってください」と言い、忙しそうに出ていった。

佐野総理の強い意向

次の日、百瀬は岩渕大臣から呼ばれた。大臣室には、珍しいことに政友党国対の藤崎副委員長が座っていた。岩淵が百瀬を呼び出した理由を伝える。

「統括官。君にも話しておいたほうがいいと思ってね。実は先ほど官邸で、総理と官房長官、国対委員長、僕の4人で、法案の扱いについて話し合ったんだ。結論から言うと、5月中に衆議院の採決まで待ち込み、すぐ参議院に送って会期中に成立させる方向でやる、ということになったんだよ。これは佐野総理の強いご意向なんだ。私は、国対委員長や官房長官と同じ意見で、衆議院で継続審議に持ち込んだほうがいいのではないか、と申し上げたんだが……」

国対委員長は、参議院で可決成立するところまで行けるのか、かなり不安を抱いている。大丈夫なのか——。副委員長の藤崎が言うと、岩渕が続けた。

「人口戦略については、佐野総理の意気込みは相当なものです。だから、私も総理がなさりたいことを、最大限させてあげたいと思っているんです」

これに対し、藤崎が国対の立場から、「総理の強いご意向はよく分かっているのですが、そうなればそうなるほど、参議院の審議のほうは心配ですね」と言う。

どういうわけなのか——。藤崎は説明を続ける。

「総理の強いご意向が野党側に伝わったら、政府与党は何としても法案を通してくるだろうということで、野党は抵抗を強めて、『強行採決』に持ち込ませるようにするでしょうね。参議院選挙の直前に、強行採決の様子がテレビで何度も何度も流れたら、選挙への影響は甚大ですよ」

「うーん。それはそうだけどね……」

岩渕が言葉を失っていると、藤崎は「今回、佐野総理がご決断されたのですから、国対としては、決められた方向で進めますし、法案成立に全力をあげますが、参議院審議のある時点で、本当に強行採決も辞さないのかどうかを、再度、ご判断していただくことになるかもしれません。その時はまたよろしくお願いします」と言う。

「ええ。分かりました」と岩渕は言うと、百瀬に向かって、「いずれにせよ、統括官のほうは準備をしっかりと進めてください」と告げた。

北海道での地方公聴会——現場力の強さ

委員会の地方公聴会は、5月20日に北海道札幌市で開催された。委員長以下8名の委員が派遣され、政府からは野口などが随行した。当日は、意見陳述人6名による人口戦略法案に関する意見陳述が行われた。野口は8年前に北海道庁に若手の課長として出向していたため、知り合いも多い。意見陳述人の1人である、北海道町村会の北孝夫町長とは当時から親しくしている。北町長は北海道の農業発展に尽くした家に育ち、自身も酪農家であった。

北海道は、道外流出、特に東京圏への若年世代の流出が著しく、人口減少のスピードは速い。しかも、北海道内では札幌市への人口集中という問題も深刻化している。そのため、自治体の多くは、人口減少の中で生き残るために悩んでいる。それぞれの意見陳述人は、北海道の人口減少の実態を訴え、地域の取り組みを紹介しながら、政府の人口戦略への強い期待を述べた。

野口は、忙しい国会日程の最中ではあるものの、久しぶりの北海道ということで、札幌市に一泊することとした。夕食は、北町長と北海道庁の杉本課長、北海道のシンクタンクで地方創生に取り組んでいる佐々木智子と共にした。

食事の席、野口が町長を労い、北海道の自治体が人口減少に懸命に立ち向かっていることに敬意を表すると、北町長が力を込めて語った。

「市町村は、生き残りをかけて懸命に取り組んでいますよ。最近は流出防止ばかりではダメだということで、北海道内や全国から若い人たちを呼び込むような取り組みも進めているんです」

これに佐々木も続く。

「島根県の隠岐島前《どうぜん》高校の『島留学』が有名ですが、北海道の市町村も特色ある高校づくりをして、全国から留学生を集めることに取り組んでいるんです。音威子府《おといねっぷ》村は美術と木工芸を学べる、村立『おといねっぷ美術工芸高校』を開校していますが、生徒の2割は北海道外からの留学生なんですよ。ほかにも、高校生がシェフやパティシエを目指す三笠市の高校などの取り組みもあります」

杉本課長が言うには、最初は、人口減少の中で地元高校を維持することが目的だったのだが、今や、それ以上に高校が地域のネットワークの拠点になっていて、留学してきた卒業生の中には、第二の故郷として根づいたり、離れたあとも連絡をとり続けてくれる若者も多いそうだ。

ここで北町長は、自らの想いを吐露した。

「人口減少に打ち克つ究極の取り組みは、若者への投資ですよ。単なる地方の間の人の奪い合いでは、全体のパイは大きくならない。それに対して、若者への投資という点で競い合うのは、日本全体の人口増というパイの拡大にも結びつくんです」

これには野口も、「その通りです。政府も『未来への投資』をキーワードにしています」と言い、賛同の意を示した。

ここで、話題は先日の国会の質疑に移った。

北町長が「私どもの町民で、佐野総理の答弁に、大変な感銘を受けたと言っている人がいました。

私も、総理が国民に対して真摯に向き合って、日本の人口減少問題を真剣に説明されようとしていた姿勢は、本当に素晴らしいと思いました」と言えば、佐々木も「私も、総理のお話で『一億人国家』の意味がよく分かりました」と同意する。

野口は2人の話を聞いて、元気が出たように感じた。国会のあと、新聞やニュースはあまり紹介していなかったので心配していたのだが、佐野のメッセージは伝わるべきところには伝わっている、そう思えたからだ。

ここで北が居ずまいを正して、野口に向かってエールを送った。

「東京の永田町や霞が関ではいろいろなことがあると思いますが、国民を信じて、前に進んでください。国民は普段は黙っていますが、実はよく見ているんです。日本国民の理解能力は非常に高い。トップが明確な方向性を示し、考える材料をしっかりと提供してくれるならば、それを理解し、さらに高めていく『現場力』は世界一ですから」

現場力——。その通りだ。日本経済も、工場や営業の一線での「現場力」によって、ここまで発展してきたのである。納得した表情を浮かべる野口に、北はさらに言葉を続ける。

「国は、大きな方向を示してくれればいいのです」

これに野口も応え、「うまくいけば、来年、子ども保険法案を提出して、再来年には実施したいと思っているんですよ。短いですが、準備は間に合いますかね」と言うと、杉本課長が大きくうなずきながら答えた。

「大丈夫ですよ。介護保険の時は大変な事務量だったけど、ちゃんと間に合いました」

これに北も続き、「介護保険は波乱の6年間でしたが、その間に、全国の市町村は、介護保険を実施していく意志と覚悟を固め、高齢者とその家族を支える地域体制を作り上げていったのです。現場に任せてもらえば、しっかりやりますから」

野口は久しぶりに地域の現場に出て、元気をもらい帰京した。

しかし、法案の行方はいまだ不透明であった。

国会終盤――衆議院から参議院へ

北海道で地方公聴会が開催されたあと、衆議院内閣委員会は、審議を締めくくる「締めくくり総括審議」を行ったあと、討論、採決へと進んだ。そして、与党の賛成多数で法案は可決された。採決のあと、憲政党の今田議員は岩渕大臣のところに歩み寄り、声をかけた。

「大臣、ご苦労様でした」

「いいえ、先生こそご苦労様でした。継続審議のご配慮をいただきながら、こういう形になりましたが、これもいろいろと考えたうえですから、悪く思わんでください」

これに今田は、岩渕の肩をポンと叩き、「いいえ。全然、気にしていませんよ。佐野総理も岩渕大臣も、事務方も、よくやられていますよ。堂々とした答弁でした」と返す。

岩渕が「これから参議院ですが、またよろしくお願いします」と頭を下げると、今田は「私は参議院のほうはタッチできないけど、結構、厳しい話になるかもしれませんね。いずれにせよ、ご苦労様でした」と言い、委員会室を去っていった。

こののち、衆議院本会議で質疑・採決が行われ、法案は与党の賛成多数で可決された。そして、ただちに参議院へ送付された。日付は、6月になっていた。

参議院では、本会議で趣旨説明が行われたのちに、法案審査は参議院内閣委員会に付託されたが、内閣委員会の審議は円滑でなかった。与党側は審議時間の短縮を申し入れたが、野党側は拒否し、衆議院並みの審議時間を求めた。与党国対や今田議員が予測した通り、参議院の野党の姿勢は硬く、法案に対する対応も厳しかったのである。

審議が進むにつれ、新聞各紙は、人口戦略法案の成立が危うくなっていることを報じ始めた。報道では、佐野総理の強い意向によって、人口戦略検討本部の設置から始まり、ここまで強引な形で物事を進めてきたツケが今になって出てきていること、与党内にも、参議院選挙への影響を懸念して拙速な対応を避けるべき、との意見が強まっていることなどが紹介されていた。そのうえで、情勢分析として、事態の推移によっては、政府与党は強行採決も辞さないのではないか、その場合、野党は徹底抗戦をするであろう、という見通しが述べられていた。

最終局面へ

日に日に緊迫度が高まる中で、政府与党は、最終的な判断を下さなければならない時を迎えた。6月17日の会期末を4日後に控えた6月13日の朝、官邸で総理、官房長官、岩渕大臣及び国対委員長の4者による非公式の会議が、再度持たれた。

議題は、国会への対応方針であり、突き詰めて言えば、人口戦略法案を、野党の反対を押し切って強行採決するかどうかである。

図6-5 今次通常国会における対応方針について

一. 現在、参議院において審議中の「人口戦略法案」については、国民各層における議論の高まりと合意の形成に期待し、採決は見送る方向で対応するものとする。

一. 同じく参議院において審議中の「脱炭素社会推進法案」については、これが国際公約に関わるものであることから、会期中の成立を期すものとする。

以上

資料:筆者作成

この会議は断続的に続いた。途中で、国対委員長は政友党幹事長へ、また、官房長官は、連立与党パートナーの福祉党幹事長へたびたび電話を入れ、与党側の意向との調整が同時並行的に行われた。

そして、昼過ぎに、佐野総理と福祉党党首の与党首脳会談が行われ、その後、官房長官から会期末を迎えた国会における政府与党の対応方針が発表された。その内容は(図6―5)次のとおりであった。

こうして人口戦略法案は、参議院において審議未了、廃案となることが決まった。

一方、脱炭素社会推進法案は、政府側の強い意向で、ギリギリのタイミングで成立を目指すこととなった。同法案は、野党側もそれほどの強い反対意見はなかったこと、そして、何よりも、日本が国際社会に公約した政策の遂行に必要であるということから、国会最終日に賛成多数で可決成立した。

驚きを隠さないマスコミ

このような結末に対して、大半のマスコミは驚きを隠さなかった。

佐野総理が所信表明で高らかに宣言し、あれほどの熱意を持って取り組んできた人口戦略である。それが廃案になるとは、ほとんどのマスコミが想定していなかった。成立しなくても、最低限、継続審議になるはずだと考えていたし、逆に言えば、あの時点で参議院に法案を送った以上、政府与党には法案を成立させる公算があるはずだ、と思い込んでいたのである。それが、廃案という最悪の事態になるとは……。

したがって、この結末については、政府与党の国会対応はちぐはぐである、なぜ見込みがないのに参議院に法案を送ったのか、大いなる「謎」である、と書いた新聞もあった。そして、ほかの新聞は、政府側、もっと突き詰めれば佐野総理に、法案に対する「過信」があったのではないか。いい案を作れば、野党や国民が理解してくれるはずだと考えること自体が、甘い。もっと人口戦略の内容を国民に伝える努力をすべきだった、というコメントを載せた。この新聞は、佐野総理が衆議院の委員会で今田議員の質問に答えて、人口戦略法案の意味を分かりやすく説明した時には、一行も記事にしなかったが……。

つまり、マスコミは、あまりに意外な事態の成り行きに、ほぼ茫然自失の状態になったのである。そして、こののち、参議院選挙が始まったため、人口戦略の話題は、時が経つとともに下火になっていった。

統括官室での会話

時計を国会が閉会された6月17日の夕刻に戻そう。この日、各所への挨拶回りを済ませた百瀬が検討本部に帰ってくると、野口、武井、荒川など本部事務局の主要メンバーが百瀬の部屋にやってきた。

百瀬がみなに頭を下げた。

「いやあ、みんな、本当にご苦労様でした。最後は皆さんの期待に沿えずに、本当に申し訳ない。すまなかった」

これに野口が「いえ、統括官こそ、本当にご苦労様でした。私たちは、別に何も不満もありませんから」と労うと、武井が疑問を口にした。

「ただ、なぜ、最後に佐野総理は降りたのか、そこだけは聞きたくて……」

「そうだろうね」そう言うと、百瀬は「私は現場にいたわけではないけど、岩渕大臣から、その時の事情をお聞きしたので、皆さんにお話ししておきましょう。大臣が言われるには、佐野総理自らが、廃案の道を選ばれたということです。総理は、強行採決は当初から考えていなかった、とのことです」と語った。

この答えに、武井は意表を突かれたようで、

「えっ、どういう意味ですか。参議院に法案を送った以上、何が何でも通さないと廃案になるんだから、強行採決だって、当然覚悟されていたんじゃないんですか」と言うなり言葉を失った。これに百瀬が答える。

「いや、総理は強行採決だけは何としても避けたい、と考えられていたようです。仮に強行採決をして通したとしても、ダメージが大きすぎる。いくら内容が良くても、世論を軽視し、強引なやり方で見切り発車をした悪法だ、というレッテルが貼られてしまう。

この法案は、与野党のみならず、国民全体の気持ちを一つの方向にまとめ上げて、全力で人口問題に取り組んでいくようにするための法案である、それを国民の分断を招くような形で採決するのは、まったく不本意だ、と思っておられたようです。確かに、今、法案を強行採決で成立させても、来年になって『子ども保険法案』を提出したら、野党は反対するだろうし、結果として人口戦略は頓挫しかねないからね」

それでも、武井は納得できない。

「分かりましたが、それなら、なぜ法案を参議院に送ったのですか。最初から衆議院に留めて、継続審議を狙えばよかったじゃないですか。そうすれば、強行採決は避けることができるし、野党だって継続審議は受け止めてくれたんじゃないですか」

当然の疑問だ。これには百瀬もこう伝えるしかなかった。

「実は、そこは大臣もよく分からないと言われていた。大臣からうかがった話は、佐野総理にしてみれば、ここで継続審議となっても、参議院選挙のあとは、ご自身のお立場がどうなっているか分からない。自分が総理としてやれるうちに、仕上げの仕事として、法案は何としても通しておきたいと思い込んでおられたのかもしれない、ということだった」

荒川が野党議員から聞いた話では、国会で佐野総理があまりに疲れている様子だったので、何か健康問題でも抱えられているのではないか、と思ったという。

それは百瀬も同感で、岩渕大臣もそのことに気づいている感じだったそうだ。

ここで武井が、「じゃ、やはり佐野総理が、選挙情勢や自身の体力を考えて、勝負できるのは今国会しかないということで、『賭け』に出たんですね。しかし、それが外れて、野党参議院が強硬な反対姿勢を貫いたので、万策尽きて廃案になったということですかね……」と言うと、それには野口は得心がいかないようで、

「あの総理が、そんな『賭け』で、法案を廃案にするような道を選びますかね。私は、納得がいかないけど……」と眉間に手を当てた。

検討本部は休止状態へ

ここで「そういえば」と言って、武井が「荒川さん、まだ、あの野党の先生と付き合っているの」と尋ねた。荒川が野党議員からの情報を伝えたので、気に懸かったのだろう。

すると荒川は「そうよ。何が問題なの」と、不機嫌そうに答えた。

「あの先生、国会でも『国家セクハラ法案』と言って、反対していたじゃない」

武井が語気を強めると、荒川は「それとこれとは別。個人的には、すばらしい先輩なんだから」と一歩も引かない。

「荒川さんの言うとおりだよ。官僚は、与党だけでなく、野党の議員とも信頼関係を作るぐらいじゃないと」と、百瀬が二人の間に入る。

「統括官、それは古き良き時代の話ですよ。今は、野党の議員に会うのは、どうしても会わなければ

ならない時だけです。会ったって、何もいいことありませんから」

武井は承服しかねるという態度だが、百瀬は「そんなことはないと思うよ。まあ、武井君もいずれ分かると思うが、本当に重要な政策には、与党も野党もないんだから」という。

ここで野口が尋ねた。

「ところで、統括官。これから、我々はどうしましょうか」

「国会も終わって、参議院選挙が終わるまでは何も動きがないので、当分は書類の整理でもしてください。お休みをとっても結構です。これまでの疲れもたまっていると思うし」

百瀬が答えると、野口は「統括官こそ、お休みになってください」と気遣いを見せた。

「ありがとう。みなさん、これまで大変な作業だったけど、本当にありがとう。感謝しています」

と、百瀬が重ねて礼を述べた。

こうして、あまりにあっけない幕切れに、全員が気持ちの整理がつかないまま、検討本部は休止状態に入った。

Epilogue

「始まり」の終わりか、「終わり」の始まりか——その後の動き（202Y年7〜9月）

帰りの電車の中で

9月中旬、野口は帰宅のため、地下鉄半蔵門線に乗っていた。電車に揺られながら、彼は7月の参議院選挙の後に起きたことを思い出していた。

参議院選挙では、与党は大幅に議席を減らした。佐野総理は、敗北の責任をとって、総理・総裁を辞任することを7月末に表明し、それを受けて8月上旬に政友党総裁選が行われた。その結果、政調会長の田崎守男が新総裁に選出され、8月中旬の臨時国会で内閣総理大臣の指名を受けた。それに伴い、新たに1党を加えた3党連立による政権が誕生した。この新政権の成立に伴い、これまでの主要政策は一度、洗い直し（レビュー）を行うこととなった。新政権としての新たな政策づくりの作業が始まったのである。

佐野前総理は、辞任表明の時に、自らが健康問題を抱えていることを明らかにした。岩渕大臣や百瀬たちが懸念していた通り、数か月前から体調を崩していたようで、8月下旬からは療養生活に入っている。

百瀬統括官は、8月初めの定期人事異動で退官した。定年間近ということなので、通例の人事と言えるが、人口戦略法案と運命を共にした形となった。

人口戦略検討本部は、新政権発足に伴い、8月末をもって解散となった。野口自身は内閣府の経済分析担当政策統括官付きの参事官に異動した。武井参事官は、古巣の厚労省の障害福祉担当課長となった。民間からの出向の荒川参事官は、民間企業には戻らず、国立社会保障・人口問題研究所の研究者に転身した。人口問題をライフワークにする決心をしたとのことだった。そのほかの事務局スタッフも、10か月間の短い期間であったが、濃密な日々を送った本部事務局の部屋から、それぞれ去っていった。

中国と韓国のニュース

日本国内はそんな状況だが、8月末の同じ頃に、海外からニュースがもたらされた（注）。

1つは、中国のニュースだった。海外の通信会社の報道によると、中国政府が、新たな人口政策を発表したということである。

中国は、2020年の人口が14億1177万人であることを発表したが、これは国連の推計を下回っており、このまま推移すると、2022年には人口減少に転じるのではないかという推測もなされている。中国政府は、2016年に「一人っ子政策」を完全に転換し、「第2子」まで認めたが、それによる出生数増加の効果は続かず、2017年以降連続して出生数の減少が続いている。そのため、急激な人口減少に危機感を抱き、新政策を打ち出すこととしたというものである。

新政策の柱は3つ。第1は、「第3子」を容認するという決定である。ただし、「第2子」の容認が当初の期待を裏切ったことから、今回も効果は不透明という見方が強い。第2は、保育サービスや育休手当の充実である。子ども保険のように両立支援策の拡充を目指すものだ。[2] さらには学習塾の規制も打ち出された。そして、第3が、「ライフプラン」の普及であった。

この第3の柱は、わが国の人口戦略で検討されていたものとほぼ同じ内容であった。このニュースを知った時、野口は、以前、論説委員の高橋奈央子が今回のライフプランの取り組みに中国が関心を寄せている、と言っていたことを思い出した。「そうだったのか」と思ったが、よく見ると、1点だけ異なっている。

中国の方針は、すべての20歳以上の女性を対象にAMH検査を強制的に実施し、その結果、卵子数の少ない女性には早めの出産を勧めるなど、個人に応じたライフプランの策定を促す、という徹底したものだった。海外メディアは、中国が、新型コロナウイルス対策と同様、この措置を迅速かつ強力に推進するならば、人口減少の歯止めに一定の効果が期待できるだろう、とコメントしていた。

もう1つのニュースは、韓国であった。韓国政府は、かねてから検討を進めていた育休給付制度の抜本的改革のため、新たに「親保険制度」を導入することを決定した、というものである。記事によると、主要国の中で、育休給付制度を雇用保険制度の中で提供している国は、日本と韓国ぐらいで、それゆえに、両国では非正規社員などが育休給付の対象から外れる問題を抱えている。今回、韓国で新制度が導入されると、残るのは日本ぐらいだと書いてあった。

野口はため息をついた。

立ち上がり、「隊列」の先頭に立つ人たち

8月末に、退官した百瀬を招いて、百瀬の送別会と検討本部の解散に伴う慰労会が持たれた。当初は、百瀬の意向により、本部事務局スタッフの野口、武井、荒川、大森、森岡など主だったメンバー10名程度の少人数で開催される予定だったが、予想以上の盛会となった。

百瀬の退官が公表されたのち、野口に、経済学の片岡や生殖医療専門医の遠藤から、送別会があるならぜひ参加したいという打診があったため、百瀬の了承を得て、彼らにも参加してもらうことになったのである。片岡や遠藤のほか、朝食勉強会メンバーの壱岐、小川、鈴木、古賀、さらにライフプランで尽力した木村、高橋が参加し、この1年間、人口戦略の企画推進に深く関わった人々が、勢揃いした格好となった。

この会は、共済組合会館の小さな部屋で、簡単な食事と飲み物だけの立食形式で行われたが、出席者は全員、人口戦略に対する想いが強いだけに、子ども保険、ライフプラン、地方創生、移民問題など、話題は尽きなかった。そして、最後はやはり、人口戦略法案が廃案になったことに話は行き着き、全員がくやしがった。百瀬は、終始、にこやかな表情を浮かべながら、出席者と談笑していた。

慰労会のお開きが近づいた頃、片岡が突然、メンバー全員に大きな声で呼びかけた。どうも片岡は「泣き上戸」のようで、顔は半泣きだった。

「すみません。大声を出して……。実は、私は、今日は、どうしても百瀬さんや皆さんに謝りたいと思って、出席いたしました。私は、人口戦略には文句や注文ばかりつけて、他の方々のように力を尽くすことなく、特に応援もしませんでした。政府が言い出し、決めたんだから、何があっても成立さ

せるに決まっていると、はなから思い込んでいたんです。それが、こんな結末になってしまって……。これまで政府のやることは、それなりの形がつく、予定調和のようなことばかりだったので、本当に驚いちゃって……。そして、政府というのは、万全でなく、頼ってばかりいるわけにはいかないんだ、ということがよく分かりました。そこで、決心しました。廃案となった人口戦略法案を抱き起こして、再び前に進むため、これからは私自身が前面に立つもりです。皆様、どうですか。もう一度、立ち上がりませんか！　一緒にやりましょうよ」

出席者は口々に賛同の言葉を発し、最後は拍手に包まれた。出席者の中から、賛同者をメンバーとする集まりを立ち上げようという提案があり、全員が同意した。ただし、仲間うちだけの閉鎖的な集団を作るのはよくない、ということで、新たな参加も歓迎という、フラットでオープンな集まりにすることになった。そして、有志が常時情報交換できるような「政策プラットフォーム」を作ろうということで、古賀が9月中に準備する段取りになった。

そんな話題とは別に、出席者を驚かせたニュースもあった。武井と荒川が来年、結婚するというのである。そんなことになっていたとは……。百瀬も野口もまったく感知していなかった。ただし、彼らと地方創生の仕事を一緒にしていた大森だけは知っていたようだ。

しかも、将来の子育ても考えて、子育て環境の整った地方に住むことを考えているということで、結婚後はまず「二地域居住」を試してみたいという。めでたいし、自分たちのライフプランをしっかり考えているのは頼もしい。二人は、出席者の心からの祝福を受けた。

そして、出席者全員での再会を約束して、散会した。

再び、マスコミが動き始める

9月に入って、マスコミが人口戦略のことを再び取り上げ始めた。その内容は、6月ごろとはかなり異なっていた。9月の上旬、野口が読んだ新聞の社説は、『人口戦略、また不戦敗か』という見出しで、次のように書かれていた。

——8月末、人口減少を止める方策を検討していた人口戦略検討本部が解散した。目前の政局が長期の戦略を吹き飛ばした。先の国会では、人口戦略法案が議論された。しかし、議論があっただけで、何も残らなかった。前総理は、日本はこれまでに人口問題で三度、敗北を重ねてきた、そして、それらは不戦敗だったと述べた。今回もまた、不戦敗なのだろうか。そうこうしているうちに、中国は日本の動きを参考にして、人口減少問題に迅速かつ強力に取り組み始めた。一方、日本はどうかと言えば、凋落に向けて、時計がまた1年刻まれた——。

別の新聞は、人口戦略に関する特集記事を掲載した。この記事では、人口戦略の背景となる人口減少の実態と将来推計を解説するとともに、戦略の具体的な内容として、子ども保険、ライフプラン、地方創生などの政策を詳しく紹介していた。野口たちが、かつて法案の参考資料として作成したものが、存分に活かされた記事だった。このように人口戦略の詳細な内容が全国紙で紹介されたのは、実は初めてであった。そして、この記事は、最後に、今回の法案をめぐる動きを総括していた。そこでは、次のようなコメントがあった。

――あまりに法案作業は拙速であった。それゆえに、人口戦略は頓挫した。政府は、このことを肝に銘ずるべきである。だが、拙速は問題があるとしても、議論が止まっていいはずはない。それまで人口戦略をめぐり、動きが慌ただしかった政府や議会、関係団体は、7月以降はまるで動きがない。人口問題は、もっと幅広く議論を深めていくべき日本の最重要課題である。だからこそ、拙速が批判されたのである。このままでは、日本はこの貴重な1年間を無為に過ごしたことになりかねない。これでいいのだろうか。人口減少のほうは、一時も立ち止まってくれないというのに――。

テレビの討論番組では、なぜ人口戦略が失敗したのかが取り上げられていた。その中で、ある評論家は、今回は政府の情報公開が不十分で、それゆえに国民への浸透が足りなかったことが、失敗の原因だと指摘した。「だから、結果を残せず、むなしく1年を使ってしまった。政府はこの失敗を猛省すべきだ」とまくしたてていた。

野口は、この評論家の意見には、違和感がある。確かに短かったが、本部事務局は、国民への情報提供に懸命に努力し、幅広い議論を喚起しようとしたこと、そして、北海道で知ったように、それを受けて、現場で実際に動き出そうとしていた人々がいたと反論したい気持ちになった。

北海道からの手紙

そんな時に、北海道町村会の北町長から封書が届いた。そこには、次のようなことが書かれてあった。

――拝啓　お元気ですか。北海道はすでに秋真っ盛りです。

野口様には、5月の地方公聴会でお会いしたあとに、あのような形で法案が廃案となり、さぞかし気落ちされているのではないかと皆で案じております。大変な情熱を注がれていた人口戦略法案ですので、この結末は、野口様には到底納得できないのではないかと思いますし、私自身も非常に落胆いたしました。正直なところ、こんな顚末となり、日本の政治は一体どうなっているのだ、と憤りさえ感じました。

それから3か月近くが経ちました。野口様は、一連の動きが終わった今、どのような想いをお持ちでしょうか。もし、仮に、まだわだかまりが残ったまま、人口戦略法案を検討され、議論を重ねられた1年間が無駄だったのではないか、とお考えならば、誠に恐縮ですが、それは全くの思い違いです。

あのあと、私は、4月の佐野総理の国会答弁の議事録をもう一度読み返しました。そして、その時に気がついたのです。総理は、もしかしたら、あの時点でこのような結末を薄々思い描かれていたのではないか、と。

総理が話す相手方は、今田議員ではありませんでした。総理は、常に国民に向かって語りかけておられました。それも、「次は、国民が自らの問題として考え、挑戦する番なのですよ」、「そして、この困難な課題に立ち向かっていく勇気こそが、私たちが将来世代に遺せる遺産なのですよ」というメッセージで貫かれていました。

そうなんです。佐野総理は、そのことを国民に伝えたくて、法案を国会に出したのでないか。そして、そののちに、法案をご自身で葬ることによって、私たちに、改めて、そのことを自覚するように促したのではないか、と。つまり、あまりに短く凝縮された期間ゆえに分かりづらいかもしれませんが、本来数年かかるはずの歩みを、1年で成し遂げようとしたのではないか、と私は思うようになりました。このことを野口様にお伝えしたくて、お手紙を差し上げた次第です。よろしいですか。決して無駄な1年間ではなかったのですよ。

現在、北海道町村会は、人口戦略法案の再提出を政府に求める要望書を決議する方向で、動き始めています。佐野総理が、そして野口様をはじめ検討本部の皆様が撒かれた種は、今、北海道の大地で芽を出し、根を張ろうとしています。いよいよ、私たちが現場力を発揮する番です。必ず、成し遂げてみせます。楽しみにしてください。そして、いつでも北海道に戻ってきてください。心からお待ちしております。

敬具　北孝夫――

野口淳一様

野口は、感謝と感動の気持ちに満たされた。

佐野総理の想い

野口は、昨日、役所で、ある人物に久しぶりに会った。大塚記者だった。内閣府記者会に異動になったので、挨拶に来たということだった。大塚との会話は、自ずから人口戦略になった。

「ところで、野口さんは、百瀬さんとは最近はお会いになってないんですか。私は、昨日、ご自宅にご挨拶におうかがいしまして……」

慰労会以来、野口は百瀬には会っていない。最近の様子を大塚に尋ねると、

「お宅に上がって、少しばかりお話できたんです。その時に、百瀬さんがおっしゃるには、8月に佐野前総理を囲む会があって、百瀬さんも参加されたそうです」

佐野が病気で入院する直前のことだったようだ。

その時に、人口戦略法案のことが話題となって、百瀬が佐野に、なぜ5月の時点で、衆議院の継続審議でなく、参議院に法案を送ることを決定したのか、やはりご自身の健康問題が念頭にあって、秋の臨時国会の審議まで待てない、という考えだったのか、訊いたそうだ。

「それは私も知りたいところです。それで、総理は何と言われたのですか」

野口が大塚に尋ねると、

「総理は、今年1月から体調を崩し、その頃から参議院選挙の結果にかかわらず、選挙後には退陣することを決意していたようなんです。そして、そうなると、人口戦略を実現するには、自分に残された時間があまりに短いことを痛感した。

人口減少という困難極まりない問題は、総理大臣や政府独りが対策を考え、実行さえすれば解決が

つく、というようなものではない。国民全体が、日本という国を、子どもを生み育てやすい国へと大きく変革していく覚悟がなければ、途中で挫折し、最終目的地まで到達することは難しいだろう。そのことを、残された半年足らずの間に、何としても国民に分かってもらわなければならない。それならば、一体、どうすればよいか。ご自身の中で相当悩んだそうです。

その点で、4月の委員会での今田先生との質疑は、自分としては国民に人口減少問題の深刻さを分かってもらう、絶好の機会だと思った。だが、確かにテレビは中継してくれたが、残念なことに翌日の新聞やニュースでは、ほとんど取り上げてくれなかったし、実際のところ、国民からの反応も少なかった」

これに野口が、「あっ。それは実態とは少し違うと思います。現場では、総理のお言葉をしっかり受け止めていた人たちも大勢いたと思いますよ」と伝えると、大塚は百瀬から聞いた佐野の想いを続けて、語り始めた。

「そうかもしれません。ただ、佐野総理は、やはり今のようなやり方では、自分や政府のみが『前のめり』になり、国民から乖離していくばかりではないか、と改めて感じたようです」

――その時に、法案の扱いの話があった。通例なら、継続審議の道を選ぶだろう。しかし、それで、国民に人口減少の問題を真剣に考えてもらえるようになるのだろうか。

マスコミはどうだろう。継続審議になったとしても、このままでは幅広い国民的な議論が巻き起こることは期待できそうにない。そして、秋になり臨時国会が始まると、国会運営をめぐる議論の中で、何かの宿題をこなす作業のように、扱われることになりはしないか。

自分が退陣したあとの政府はどうだろう。新たな総理や大臣、政策スタッフが、継続案件を自らの政策として考え、真剣に推進していくのだろうか。悪くすれば、余計な仕事を残してくれたものだ、ということになりかねない。もし、その程度の覚悟で政府が取り組むならば、6・8兆円もの新たな国民負担を求める今回の人口戦略は、当面の経済や政治情勢が優先して、また先送りになるだろう。

そして、最も困るのは、国民がそうした動きを、ただ傍観するだけで終わってしまうのではないか、ということである。人口減少を、国民自らの問題として、とらえることもなく……。

そんな事態になってしまうと、人口戦略はまったく意味をなさない。

ならば、いっそ廃案覚悟で突っ込んでいくほうがいいのではないだろうか。参議院では、強行採決をしなければ、十中八九、廃案になるだろう。しかし、この法案が廃案になることで、国民は気づいてくれるのではなかろうか。次は、自分たち自身が立ち上がるしかないんだということを……。

もう日本に残された時間は少ない。今回、提案した法案は、自分はベストに近いものだと思っているが、だからと言って、これにこだわるつもりはない。この法案が契機になって、もっといい案が出来れば、それでいい。

最も大事なのは、日本国民が目覚めてくれることである。そのためには、乱暴な方法ではあるが、この方法を選ぶより道はないのではないか——。

佐野総理は、そのように考えたそうである。だから政府与党の国会対応方針のペーパーの中にも、総理の意向で「国民各層における議論の高まりと合意の形成に期待し」という文言を加えたという——。

野口が、佐野徹の内閣総理大臣としての想いを聞き、「やはりそうですか。そこまで深く考えられていたんですか」と感じ入っていると、大塚はさらに続けた。

「始まり」の終わりか、「終わり」の始まりか

「総理は、百瀬さんら事務局の皆さんには苦労をかけながら、こんな結果になって申し訳ないと謝った上で、ただ、今回の選択はわが国にとって正しかったと、今でも思っている。敗北ではあるが、『不戦敗』ではない。国民にしっかりとメッセージを遺すことができたと思う、と述べて、そのあとに、こう付け加えられたそうです。

今回のことは、〝『始まり』の終わり〟でなければならない。つまり、人口戦略の第一幕は終わったが、この後、第二幕、第三幕が開かなければならない。そうでないと、これは、日本という国の、本当の〝『終わり』の始まり〟になってしまう。

それに対し、百瀬さんは、総理、きっと介護保険の時のように、これまで傍観し反対してきた人たちが、推進の『隊列』に続々と加わってくれますよ、と答えたそうです」

百瀬さんらしい言葉ですね——。そういって笑みを浮かべる野口に、大塚が言った。

「そうしたら、最後に総理はニコッと笑って、介護保険と同じ6年は長すぎるね。せめて2年にならないかね、と言われたそうです」

野口は胸に熱いものがこみ上げてくるのを感じた。

「本当にいい話を聞かせてもらいました。あのお二人の想いを、我々がどう受け止め、これから何を為すかですね。どうもありがとうございました」

深々と大塚に頭を下げた。

野口は、電車に揺られながら、ここ数日の出来事を反すうしながら、北町長が想い描いた通りだなと思った。

来年の今頃はどうなっているのだろうか。何も変わっていないのだろうか。いや、日本人は、いったん目覚めれば凄い底力を発揮するから、と思い直した。

日本の現状はどうかというと、何とかコロナ禍を乗り越えたあと、改めて見てみると、人口減少はさらに深刻な事態に陥っていた。このままでは状況はますます悪化するだろう。

そして、コロナによる家計や経済の修復のため、子育て世帯や経済的苦境にある世帯への現金支給を行うべき、という主張が様々に行われているが、その財源をどう確保するかは明確でない。今こそ、子ども保険のような恒久的な財源まで踏み込んだ議論が重要となっていると思う。これ以上の遅れは許されない。自分も、早く、片岡たちの「隊列」に加わって動き始めなければ……。

人口減少の問題を正面から捉えた動きも、少しずつだが出始めている。今朝のニュースによると、前大臣の岩渕勝雄と憲政党議員の今田正則が、超党派の「人口減少問題を考える議員連盟」を結成したという。両氏によると、「人口減少問題に政局は無関係、与党も野党もない」「もう一度、人口戦略の検討を進めたい」とのことである。経済、労働、福祉関係団体や全国知事会なども動き出している。大いに期待したい。

実際のところ、人口戦略法案が再び日の目を見て、佐野や百瀬が期待するような動きに結び付いていくかどうかは、野口にも分からない。だが、これまでの1年間のように、限られた官僚や政治家、研究者のみが議論をリードしていくやり方では無理なことははっきりしている。人口減少問題は、わが国のこれまでの政策立案、決定システムに大きな変革をもたらす機会になるかもしれない——。

野口はそう思った。

野口の個人生活にも変化があった。妻ののぞみが2人目を妊娠したのである。来年4月に出産する予定である。そうなると、2人同時に保育園ということで大変だと、今から妻は緊張している。頭が痛い問題だ。妻は会社を辞めようかと言っているが、今度は自分が育休をとることを真剣に考えている。さて、その時に、子ども保険が利用できるといいのだが……。

（注）中国の新たな人口政策のうち「ライフプラン」に関する部分と、韓国の育休制度改革に関するニュース内容は、筆者が創作したフィクションである。

あとがき

人口減少問題は、筆者が直接担当した期間は短かったものの、厚労省や内閣府、内閣官房に勤務していた時から、最も気に懸かっていたテーマです。

２０１６年に退官した後も、この問題については、要因分析や外国制度などの調査が不十分だったとの想いが強く、しかも、その後も根本的な打開策が見出されない状況を見るにつけ、「なんとかしなければ」という気持ちを持ち続けていました。

そのため、各種の研究報告や文献を調べ、識者の意見を聞くことを続ける中で、筆者が結論として得た一つの打開策を、いずれ何らかの形で明らかにしようと思っていました。そして、このたび、それを「人口戦略法案」という、小説として発表することといたしました。

この本を小説形式にしたのは、人口減少問題は様々な要素が複雑に絡み合うため、論文形式の記述では、趣旨が十分伝わらないのではないか、と考えたからです。問題は、若年世代の結婚、子育てといった身近な事柄から始まりますが、それにとどまらず、社会経済の仕組みも深く関係しますし、さらには、国家の存亡にも影響を与えかねないという意味で、多次元の空間認識が求められるテーマと言えます。

そこで、様々な立場の登場人物に異なる視点から語ってもらうことで、読者の方々には、この問題の広がりや深さを理解していただけるのではないか、と考えました。そして、この問題には、意見が対立する論点が数多く存在しますので、そうした異なる見解を紹介する上でも、小説は有効な手法であったと、今は思っています。

したがって、登場人物やストーリーは筆者の創作です。しかし、人口をめぐる歴史や現状、将来推計、結婚・出産・子育ての問題状況、日本や諸外国の政策・制度の動向など、この物語の素材となっているものは、すべて公開された資料や文献に基づく事実です。いや、正確には、終章で記述した中国と韓国の最新ニュースはフィクションも混じっていますので、それを除いてです。

本書の執筆にあたって最も参考とした公開資料は、二つです。一つは、国立社会保障・人口問題研究所が発表している季刊「人口問題研究」で、いま一つは、(独立行政法人)労働政策研究・研修機構の「労働政策研究報告書」シリーズです。これらには優れた調査研究が数多く掲載されており、人口動向や子育て、外国人労働問題など主要な論点は、ほとんどカバーされています。読者の皆様も一読されることをお薦めします。

また、不妊治療やライフプランに関しましては、専門家である齊藤英和先生(栄賢会梅ヶ丘産婦人科ARTセンター長、元国立成育医療研究センター母性医療診療部不妊診療科医長)から懇切にご意見をいただいたほか、全般にわたって様々な方からご示唆をいただきました。改めて感謝申し上げたいと思います。もちろん、本書の内容は、全て筆者が責任を負っていますし、あくまでも個人的見解であることは言うまでもありません。

そして、本書が実現できましたのは、ひとえに日経BP日本経済新聞出版本部の野澤靖宏氏のおかげです。この場をお借りして、心から御礼申し上げます。

さて、この先、日本は、この人口減少問題にどう対応していくのか。

それは、実際のところ筆者も分かりません。今はっきりしているのは、私たちがここで行動を起こさなければ、この国は人口減少という巨大な渦の中に沈み続けていくということ、そして、この問題は、一部の官僚や政治家の発想や行動だけでは到底打開し得ない、ということです。つまり、解答は、読者（国民）の皆様のこれからの判断と行動によって、決まっていくことになります。そうした点において、本書が、皆様が人口減少問題を考えていく上で一助となれば、望外の喜びとするところです。

山崎史郎

2021年秋

注と参考文献

Prologueの注

1　ダリル・ブリッカー、ジョン・イビットソン『2050年世界人口大減少』（文藝春秋、2020年）P115
2　ダリル・ブリッカー、ジョン・イビットソン『2050年世界人口大減少』（文藝春秋、2020年）P130
3、5　WSJ2016年2月26日付け
4　ガーディアン2016年2月26日付け
6　総務省「平成28年社会生活基本調査」

第1章の注

1　総務省統計局「人口推計（2021年10月1日現在）」（2022年4月15日）
2　厚生労働省「令和3年（2021）人口動態統計月報年計（確定数）の概況」（2022年9月16日）
3　国立社会保障・人口問題研究所「人口統計資料集」（2021年）
4　厚生労働省「平成27年版厚生労働白書」P4
5　ポール・モーランド（Paul Morland）「人口で語る世界史」（文藝春秋、2019年8月）P252〜255
6　ポール・モーランド（Paul Morland）「人口で語る世界史」（文藝春秋、2019年8月）P257
7　厚生労働省「平成27年版厚生労働白書」P45〜46
8　ポール・モーランド（Paul Morland）「人口で語る世界史」（文藝春秋、2019年8月）P258
9　厚生労働省「平成27年版厚生労働白書」P46
10　河合雅司「日本の少子化、百年の迷走」（新潮選書、2015年）P224〜229
11　厚生労働省「平成27年版厚生労働白書」P47
12　人口問題審議会編「日本人口の動向―静止人口をめざして―」（1974年4月）P43〜44、厚生労働省「平成27年度厚生労働白書」P47〜48、鬼頭宏「2100年、人口3分の1の日本」（メディアファクトリー新書、2011年）P27〜28
13　青木尚雄「第一回日本人口会議の概要」『人口問題研究（132）』（1974年）、鬼頭宏「2100年、人口3分の1の日本」（メディアファクトリー新書、2011年）P28、河合雅司「日本の少子化、百年の迷走」（新潮選書、2015年）P249〜250
14　鬼頭宏「2100年、人口3分の1の日本」（メディアファクトリー新書、2011年）P29、河合雅司「日本の少子化、百年の迷走」（新潮選書、2015年）P247〜252
15　人口問題審議会「国連世界人口会議対処方針についての意見」（昭和49年（1974年）4月15日）、厚生労働省「平成27年版厚生労働白書」P51〜52
16、17　青木尚雄「第一回日本人口会議の概要」『人口問題研究（132）』（1974年）
18　河合雅司「日本の少子化、百年の迷走」（新潮選書、

２０１５年）Ｐ２５３

19 厚生労働省「平成27年版厚生労働白書」Ｐ48～50

20 人口問題審議会編「日本の人口・日本の社会」（東洋経済新報社、１９８４年）

21 人口問題民間臨調、調査・報告書「人口蒸発「５０００万人国家」日本の衝撃」（新潮社、２０１５年６月）Ｐ１４２

22 人口問題民間臨調、調査・報告書「人口蒸発「５０００万人国家」日本の衝撃」（新潮社、２０１５年６月）Ｐ１０９～１１０

23 内閣官房まち・ひと・しごと創生本部「まち・ひと・しごと創生長期ビジョン（令和元年改訂版）」（２０１９年12月）Ｐ２

24 内閣府「選択する未来２・０」委員会第二回参考資料（２０２０年３月）

25 佐藤龍三郎、金子隆一「ポスト人口転換期の到来」『ポスト人口転換期の日本』（人口学ライブラリー17）（原書房、２０１６年）Ｐ７

26 国立社会保障・人口問題研究所「日本の将来推計人口（平成29年推計）」（２０１７年４月）

27 総務省統計局「人口推計（２０２１年10月１日現在）」（２０２２年４月15日）

28 内閣官房まち・ひと・しごと創生本部事務局資料「将来の人口動向等について」（平成31年４月22日）

29 内閣官房まち・ひと・しごと創生本部「まち・ひと・しごと創生長期ビジョン（令和元年改訂版）」（２０１９年12月）Ｐ12

30 金子隆一「わが国近年の出生率反転の要因について―出生率推計モデルを用いた期間効果分析」『人口問題研究』第66巻第2号（２０１０年６月）、岩澤美帆・金子隆一「分母人口を限定した出生力指標から見る２００５年以降の期間合計出生率反転の構造」『人口問題研究』第69巻第４号（２０１３年12月）

31 河野稠果「人口学への招待」（中公新書、２００７年）Ｐ27～28

32 総務省「人口推計（２０２１年10月１日現在）」（２０２２年４月15日）

33 人口ボーナス及び人口オーナスの説明は、佐藤龍三郎、金子隆一「ポスト人口転換期の到来」『ポスト人口転換期の日本』（人口学ライブラリー17）（原書房、２０１６年）Ｐ18

34 内閣府「選択する未来」委員会　報告・解説資料集（２０１５年10月）Ｐ１１０～１１２

35 内閣府「選択する未来２・０」第１回議事要旨（２０２０年３月11日）Ｐ４～５

36 内閣府「選択する未来」委員会報告・解説資料集（２０１５年10月）Ｐ29～31

37 山崎史郎「人口減少と社会保障」（中公新書、２０１７年）Ｐ２１４

38 内閣官房まち・ひと・しごと創生本部「まち・ひと・しごと創生長期ビジョン」（２０１４年12月）Ｐ４～５

39 国土交通省「国土のグランドデザイン２０５０」（平成

26年（2014年）7月）

40 内閣官房まち・ひと・しごと創生本部「まち・ひと・しごと創生長期ビジョン」（2014年12月）P5

41 ダリル・ブリッカー、ジョン・イビットソン「2050年世界人口大減少」（文藝春秋、2020年）P130

42 岩澤美帆、金子隆一、佐藤龍三郎「ポスト人口転換期の出生動向」『ポスト人口転換期の日本』（人口学ライブラリー17）（原書房、2016年）P78

43 岩澤美帆、金子隆一、佐藤龍三郎「ポスト人口転換期の出生動向」『ポスト人口転換期の日本』（人口学ライブラリー17）（原書房、2016年）P79

44 内閣府「人口、経済社会等の日本の将来像に関する世論調査」の概要（平成26年10月）

45 内閣府「令和2年版少子化社会対策白書」P6

46 守泉理恵「日本における少子化対策の展開：エンゼルプランから子ども・子育てビジョンまで」『人口減少と少子化対策』（人口学ライブラリー16）原書房（2015年）P28

47 河野稠果「人口学への招待」（中公新書、2007年）P7

48 国立社会保障・人口問題研究所「人口統計資料」（2021年）

49 ドイツ連邦統計局（Destatis）

50 内閣府「令和2年版少子化社会対策白書」P10

51 高橋重郷「日本と欧州の低出生率と家族・労働政策」『人口減少と少子化対策』（人口学ライブラリー16）（原書房、2015年）P17

52 日本経済新聞記事（2021年6月1日付け）、週刊東洋経済（2021年7月24日付け）P40

53 ダリル・ブリッカー、ジョン・イビットソン「2050年世界人口減少」（文藝春秋、2020年）P230〜232

54 ポール・モーランド（Paul Morland）「人口で語る世界史」（文藝春秋、2019年8月）P278

55、56、57 スウェーデンのグンナー・ミュルダールについては、藤田菜々子、「1930年代スウェーデン人口問題におけるミュルダール「消費の社会化」論の展開―」『経済学史研究』第51巻（2019年）、ダリル・ブリッカー、ジョン・イビットソン「2050年世界人口減少」（文藝春秋、2020年）P102

58 ヴィンフリート・シュメール「家族、社会保障および社会保険」特集：第7回厚生政策セミナー「こども、家族、社会―少子社会の政策選択―」『海外社会保障研究』（2003年）

59 ドイツのレナーテ・シュミットについては、須田俊孝「ドイツの家族政策の動向――第二次シュレーダー政権と大連立政権の家族政策―」『海外社会保障研究』（2006年）、原俊彦「ドイツの少子化と家族政策の転換」『人口学研究』第42号（2008年5月）

60 ドイツのウルズラ・フォン・デア・ライエンについては、須田俊孝「ドイツの家族政策の動向――第二次シュレーダー政権と大連立政権の家族政策―」『海外社会保障研究』（２００６年）、斎藤純子「【短信：ドイツ】「育児手当」から「親手当」へ—家族政策のパラダイム転換」『外国の立法２２９』（２００６年）

61 ドイツの保育制度については、斎藤純子「ドイツの保育制度—拡充の歩みと展望—」『レファレンス』（２０１１年）

62 金明中「韓国における少子化の原因とその対策」ニッセイ基礎研究所（２０１４年）、韓松花、相馬直子「韓国の少子化対策」『季刊家計経済研究』No.１０９（２０１６年）

63 ポール・モーランド（Paul Morland）；「人口で語る世界史」（文藝春秋、２０１９年８月）Ｐ１１８～１２０

64 ポール・モーランド（Paul Morland）；「人口で語る世界史」（文藝春秋、２０１９年８月）Ｐ２５７～２５８

65 ポール・モーランド（Paul Morland）「人口で語る世界史」（文藝春秋、２０１９年８月）Ｐ33

66 船橋洋一「地経学とは何か」（文春新書、２０２０年２月）Ｐ58～59

67 岩澤美帆、金子隆一、佐藤龍三郎「ポスト人口転換期の出生動向」『ポスト人口転換期の日本』（人口学ライブラリー17）（原書房、２０１６年）Ｐ61

68 ドイツ連邦統計局（Destatis）

69 村上芽「少子化する世界」（日経プレミアシリーズ、２０１９年）Ｐ１２６

70 内閣府「令和元年版少子化社会対策白書」Ｐ９～11、斎藤純子「【短信：ドイツ】「育児手当」から「親手当」へ—家族政策のパラダイム転換」『外国の立法２２９』（２００６年）

第2章の注

1 ロン・レスサーガ、ギー・モース（清水昌人訳）「先進工業諸国における出生力と世帯形成の近年の動向（抄訳）」『人口問題研究』No.56－３（２０００年）

2 内閣府「令和2年版少子化社会対策白書」Ｐ11

3 守泉理恵「先進諸国の出生率をめぐる国際的動向」『海外社会保障研究』No.１６０（２００７年）、阿藤誠・赤池麻由子「日本の少子化と家族政策：国際比較の視点から」『人口問題研究』第59巻第1号（２００３年３月）、ロン・レスサーガ、ギー・モース（清水昌人訳）「先進工業諸国における出生力と世帯形成の近年の動向（抄訳）」『人口問題研究』No.56－３（２０００年）

4 厚生労働省「令和2年（２０２０）人口動態統計月報年計（概数）２０２１年６月

5 国立社会保障・人口問題研究所「人口統計資料集」（２０２１年）

6 平成27年版厚生労働白書Ｐ１０１、河野稠果「人口学への招待」（中公新書、２００７年）Ｐ88、岩澤美帆、金子隆一、佐藤龍三郎「ポスト人口転換期の出生動向」『ポスト人口転換期の日本』（人口学ライブラリー17）（原書房、２０１６年）Ｐ67～68、守泉理恵「先進諸国の出生率をめぐる国際的動向」『海外社会保障研究』No.１６０（２００７年）

7 岩澤美帆「少子化をもたらした未婚化及び夫婦の変化」『人口減少と少子化対策』（人口学ライブラリー16）（原書房、２０１５年）Ｐ53、岩澤美帆、金子隆一、佐藤龍三郎「ポスト人口転換期の出生動向」『ポスト人口転換期の日本』（人口学ライブラリー17）（原書房、２０１６年）Ｐ64

8 阿藤誠「超少子化の背景に4つの複合要因、根強い男女役割分業的な価値観」『週刊エコノミスト』（２０１８年10月2日号）Ｐ70〜71

9 河野稠果「人口学への招待」（中公新書、２００７年）Ｐ１７１〜１７２

10 山田昌弘「少子社会日本―もうひとつの格差のゆくえ」（岩波新書、２００７年）Ｐ１３５〜１３６

11 山田昌弘「少子社会日本―もうひとつの格差のゆくえ」（岩波新書、２００７年）Ｐ10〜14、Ｐ１１３〜１１７

12 内閣府「結婚・家族形成に関する意識調査」（２０１４年）

13 内閣府「平成23年版子ども・子育て白書」Ｐ36、松田茂樹「少子化論――なぜまだ結婚、出産しやすい国にならないのか」（勁草書房、２０１３年）Ｐ81

14 総務省「労働力調査」詳細集計（２０２０年平均）（２０２１年2月16日）

15、**81** 国立社会保障・人口問題研究所「第15回出生動向基本調査（独身者・夫婦調査共通項目）」（２０１５年）

16 福田節也・守泉理恵「ライフコースを通じた希望子ども数の変化と達成の要因に関する分析」『人口問題研究』No.71－３（２０１５年）

17 山内昌和「東京大都市圏に居住する夫婦の最終的な子ども数はなぜ少ないのか」『人口問題研究』No.72－２（２０１６年）

18 岩澤美帆「少子化をもたらした未婚化および夫婦の変化」『人口減少と少子化対策』（人口学ライブラリー16）（原書房、２０１５年）Ｐ68

19 総務省「労働力調査」詳細集計（２０２０年10〜12月期）第Ⅴ-１表

20 内閣府「令和2年版男女共同参画白書」Ｐ18

21 内閣府「選択する未来２・０中間報告」（２０２０年７月）Ｐ22

22、**26**、**37**、**39** 国立社会保障・人口問題研究所「出生動向基本調査（夫婦調査）」（２０２１年）。この出産退職の割合は、第1子の妊娠判明時に就業していた女性のうち、子どもが1歳時に無職である者の割合である。出産に伴い退職したが、子どもが0歳児の時点で再就職したケースは、「就業継続」に含まれている。

23、**43**、**47** 国立社会保障・人口問題研究所「出生動向基本調査（夫婦調査）」（２０１５年）。就職希望に関する調査の集計対象は、子どもがあり、末子年齢が0歳から15歳未満、子どもの追加予定がない初婚どうしの夫婦の妻のうち、現在無職の者である。

24 総務省「平成29年（２０１７年）就業構造基本調査」「結果の概要」Ｐ3。この割合は、過去5年間（平成24年10月〜29年９月）に、出産・育児のために前職を離職した女性のうち、調査時点（平成29年10月1日）で有業者の割合である。

25 厚生労働省「出産・育児等を機に離職した女性の再就職等に係る調査研究事業」（平成26年度厚生労働省委託調査）報告書（２０１５年）

27、**34**、**41** 国立社会保障・人口問題研究所「出生動向基本調査（夫婦調査）」（２０２１年）

28、**43** 国立社会保障・人口問題研究所「第16回出生動向基本調査（独身者調査）」（２０２１年）

29 内閣府経済社会総合研究所「日本の出生率低下の要因分析：実証研究のサーベイと政策的含意の検討」（２００４年）

30 仙田幸子・樋口美雄「妻の職種別にみた子どもを持つことの経済的コストの違い」『人口問題研究』No.56（４）（２０００年）

31 是川夕「有配偶女性の人的資本、及び初期キャリアが出生力に及ぼす影響—女性就業と出生力の関係の再検討—」『人口問題研究』No.75－１（２０１９年）

32 筒井淳也「仕事と家族」（中公新書、２０１５年）P.69

33 内閣府「令和2年版少子化社会対策白書」P82

35、**36**、**62** 厚労省「令和２年度雇用均等基本調査」（２０２１年７月）

38 村上芽「少子化する世界」（日経プレミアシリーズ）（２０１９年）P２０４

40 松田茂樹「少子化論—なぜまだ結婚、出産しやすい国にならないのか」勁草書房（２０１３年）P31～43、山田昌弘「少子化日本—もうひとつの格差のゆくえ」岩波新書（２００７年）P２０５

42 内閣府「選択する未来２・０」中間報告P23

44 「第５次男女共同参画基本計画」（２０２０年12月25日閣議決定）、「第２期「まち・ひと・しごと創生総合戦略」（２０２０年12月20日）

45、**71** 両角道代「スウェーデンにおける親休暇・親給付の構造」『社会保障研究』Vol.５ No.１（２０２０年）

46、**75**、**76** 相馬直子「韓国：家族政策のなかの育児休業制度」『社会保障研究』Vol.５（２０２０年）

48、**70** 酒井正、竹沢純子「雇用保険財政と育児休業給付」『社会保障研究』（２０２０年）

49 厚生労働省、労働政策審議会職業安定分科会雇用保険部会第１４５回提出資料２－１（２０２０年12月25日）P９

50 令和元年（２０１９年）分民間給与実態統計調査（２０２０年９月）

51 内閣府「令和２年版少子化社会対策白書」（２０２０年７月）P29

52 藤野敦子「夫の家計内生産活動が夫婦の追加予定子ども数へ及ぼす影響」『人口学研究』第38号（２００６年）、戸田淳二・樋口美雄「労働時間や家事時間の長い夫婦の出生率は低いか」『ワークライフバランスと家族形成』（東京大学出版会、２０１１年）

53 前田正子「保育園問題」（中公新書、２０１７年）P１９０

54 ＯＥＣＤ編、濱田久美子訳「ＯＥＣＤジェンダー白書―今こそ男女格差解消に向けた取り組みを！」（明石書店、２０１４年）

55 労働政策研究・研修機構、調査シリーズ№１１９「男女正社員のキャリアと両立支援に関する調査結果」（２０１４年）

56 労働政策研究・研修機構「データブック国際労働比較２０２２」（２０２２年）より）。長時間とは週49時間以上を指す。全産業、就業者（パートを含む）が対象。

57 総務省「労働調査」より。数値は非農林業就業者（休業者を除く）総数に占める割合。

58 高橋美恵子「スウェーデンにおける仕事と育児の両立支援施策の現状」（独法）労働政策研究・研修機構、『資料シリーズ　№１９７諸外国における育児休業制度等、仕事と育児の両立支援にかかる諸政策』（２０１８年12月）

59 河野稠果「人口学への招待」（中公新書、２００７年）Ｐ80

60 飯田恵子「ドイツの育児休業制度と両立支援策」（独法）労働政策研究・研修機構、『資料シリーズ　№１９７諸外国における育児休業制度等、仕事と育児の両立支援にかかる諸政策』（２０１８年12月）

61 ２０２１年1月から、「看護休暇（子1人の場合、年間5日上限）」について時間単位の取得が認められるようになったが、この休暇は育休給付金の対象ではない。

63 坂爪聡子、川口章「育児休業制度が出生率に与える影響」『人口学研究』第40号（２００７年）

64 永瀬伸子「正社員女性が第2子を出産する条件、時短と男性の育児参画が効果」『本誌版「社会保障制度審」第28回』（週刊エコノミスト、２０１９年1月8日号）Ｐ78

65 前田正子「保育園問題」（中公新書、２０１７年）Ｐ１９６、内閣府「平成17年版少子化社会白書」Ｐ82〜83

66 樋口修「スウェーデンの子育て支援策」『レファレンス』（２０１１年）

67 前田正子「保育園問題」（中公新書、２０１７年）Ｐ１１０

68 松田茂樹「少子化論」（勁草書房、２０１３年）Ｐ２１１〜２１２、２２９〜２３１、前田正子「保育園問題」（中公新書、２０１７年）Ｐ１８６〜１８９

69 厚生労働省「保育所等関連状況取りまとめ（令和3年4月1日）」（２０２１年8月）

72 須田俊孝「ドイツの家族政策の動向―第二次シュレーダー政権と大連立政権の家族政策―」『海外社会保障研究』（２００６年）

73 韓松花、相馬直子「韓国の少子化対策」『季刊家計経済研究』№１０９（２０１６年）

74 裵海善「韓国の仕事と育児の両立支援制度」（独法）労働政策研究・研修機構、『資料シリーズ№１９７諸外国における育児休業制度等、仕事と育児の両立支援にかかる諸政策』（２０１８年12月）

77 人口問題民間臨調、調査・報告書「人口蒸発「５０００

万人国家」日本の衝撃」（新潮社、２０１５年６月）
Ｐ１０９〜１１０

78、**80** 内閣府「少子化と出生率に関する研究サーベイ」（２０１１年３月）

79 柴田悠「保育の効果　まず現状分析」（日経新聞経済教室、２０２１年６月３日付け）、内閣府「少子化と出生率に関する研究サーベイ」（２０１１年３月）

82 内閣府「人口、経済社会等の日本の将来像に関する世論調査」の概要（平成26年10月）

（注）外国制度は、厚生労働省「２０１９年及び２０１８年海外情勢報告」をベースとしているが、その他の参考資料は、以下のとおり。

〈フランス〉
・厚生労働省「平成27年版厚生労働白書」
・内閣府「平成27年度少子化社会に関する国際意識調査」（２０１６年）
・内閣府「平成17年度版少子化社会白書」
・村上芽『少子化する世界』日経プレミアシリーズ（２０１９年）
・国立国会図書館「フランスの家族政策―人口減少と家族の尊重・両立支援・選択の自由―」『調査と情報』No.９４１（２０１７年２月）
・柴田洋二郎「フランスにおける「就労と子の養育」に関する社会保障給付―休暇・休業制度や 財源・税制にも着目して―」『社会保障研究』Vol.５ No.１（２０２０年）
・水野圭子「フランスにおける父親の育児休業制度―なぜ、高い就業率と特殊合計出生率が両立したのか」（独法）労働政策研究・研修機構『資料シリーズ　No.１９７諸外国における育児休業制度等、仕事と育児の両立支援にかかる諸政策』（２０１８年12月）
・健康保険組合連合会「独仏の医療保険制度に関する調査研究〈フランス報告書〉」（２０１８年）
・浅井亜希「児童手当／家族手当の導入をめぐる国際比較」『社会保障研究』Vol.３、No.１（２０１８年）
・江口隆裕「フランス少子化対策の系譜―出産奨励策から一般施策へ―」『筑波ロー・ジャーナル６号』（２００９年）
・縄田康光「少子化を克服したフランス〜フランスの人口動態と家族政策〜」『立法と調査』（２００９年）
・柳沢房子「フランスにおける少子化と政策対応」『レファレンス』（２００７年11月）
・神尾真知子「フランスの子育て支援―家族政策と選択の自由―」『海外社会保障研究』（２００７年）
・河野稠果「人口学への招待」（中公新書、２００７年）
〈スウェーデン〉
・厚生労働省「平成27年版厚生労働白書」
・内閣府「平成27年度少子化社会に関する国際意識調査」（２０１６年）
・内閣府「平成17年度版少子化社会白書」
・両角道代「スウェーデンにおける親休暇・親給付の構造」『社会保障研究』Vol.５　No.１（２０２０年）
・藤田菜々子、「１９３０年代スウェーデン人口問題におけ

るミュルダール—「消費の社会化」論の展開—」『経済学史研究』第51巻（２０１９年）
・高橋美恵子「スウェーデンにおける仕事と育児の両立支援施策の現状」（独法）労働政策研究・研修機構、『資料シリーズ No.１９７諸外国における育児休業制度等、仕事と育児の両立支援にかかる諸政策』（２０１８年12月）
・浅井亜希「児童手当／家族手当の導入をめぐる国際比較」『社会保障研究』Vol.３、No.１（２０１８年）
・樋口修「スウェーデンの子育て支援策」『レファレンス』（２０１１年２月）
・秋朝礼恵「スウェーデンの児童ケアサービス拡充期における財源調達に関する一考察」『海外社会保障研究』（２０１０年）
・河野稠果「人口学への招待」（中公新書、２００７年）

〈ドイツ〉

・厚生労働省「平成27年版厚生労働白書」
・内閣府「平成27年度少子化社会に関する国際意識調査」（２０１６年）
・内閣府「平成17年度版少子化社会白書」
・倉田賀世「ドイツにおける親手当・親時間制度—政策目的と財源選択の整合性—」『社会保障研究』Vo.５、No.１（２０２０年）
・（独法）労働政策研究・研修機構「ドイツ：労働分野の主な制度変更—２０１９年１月１日から」、『国際労働トピック』（２０１９年）
・飯田恵子「ドイツの育児休業制度と両立支援策」（独法）労働政策研究・研修機構、『資料シリーズNo.１９７諸外国における育児休業制度等、仕事と育児の両立支援にかかる諸政策』（２０１８年12月）
・倉田賀世「メルケル政権下の子育て支援政策—パラダイム転換の定着と拡充」『海外社会保障研究』（２０１４年）
・近藤正基「メルケル政権の福祉政治」『海外社会保障研究』（２０１４年）
・斎藤純子「ドイツの保育制度—拡充の歩みと展望—」『レファレンス』（２０１１年）
・斎藤純子「ドイツの児童手当と新しい家族政策」『レファレンス』（２０１０年）
・原俊彦「ドイツの少子化と家族政策の転換」『人口学研究』第42号（２００８年）
・斎藤純子「【短信・ドイツ】「育児手当」から「親手当」へ—家族政策のパラダイム転換」国立国会図書館『外国の立法』（２００６年）
・魚住明代「ドイツの新しい家族政策」『海外社会保障研究』（２００７年）
・須田俊孝「ドイツの家族政策の動向——第二次シュレーダー政権と大連立政権の家族政策—」『海外社会保障研究』（２００６年）

〈韓国〉

・相馬直子「韓国：家族政策のなかの育児休業制度」『社会保障研究』Vol.５（２０２０年）
・裵海善「韓国の仕事と育児の両立支援制度」（独法）労働政策研究・研修機構、『資料シリーズNo.１９７諸外国にお

ける育児休業制度等、仕事と育児の両立支援にかかる諸政策』（2018年12月）

・金明中「韓国でも児童手当がスタート」ニッセイ基礎研究所（2018年）

・韓松花、相馬直子「韓国の少子化対策」『季刊家計経済研究』No.109（2016年）

・金明中「韓国における少子化の原因とその対策」ニッセイ基礎研究所（2014年）

・裵海善「韓国の保育政策と保育所利用実態」『筑紫女学園紀要』（2014年）

・松江暁子「韓国における少子化対策」『海外社会保障研究』No.167（2009年）

・金明中、張芝延「韓国における少子化の現状とその対策」『海外社会保障研究』No.160（2007年）

第3章の注

1 国立社会保障・人口問題研究所「平成30年度社会保障費用統計」

2 内閣府「子どもと家族を応援する日本」重点戦略会議とりまとめ・参考試算（2007年12月）

3 内閣官房「社会保障制度国民会議報告書～確かな社会保障を将来世代に伝えるための道筋～」（2013年8月）

4、**9** 消費税収の使途は、消費税法第1条第2項において「制度として確立された年金、医療及び介護の社会保障給付並びに少子化に対処するための施策に要する経費に充てるものとする」と規定されている。

5 高等教育の無償化については、低所得者層の進学を支援し、所得の増加を図り、格差の固定を解消することが少子化対策になるとの観点から、消費税収を充てている。（内閣府「平成30年版少子化社会対策白書」P51～53）

6 高齢者介護及び介護保険は、介護保険制度史研究会編著「（新装版）介護保険制度史―基本構想から法施行まで―」（東洋経済新報社、2019年）

7 厚生労働省「平成24年版厚生労働白書」P203

8 内閣府「人口、経済社会等の日本の将来像に関する世論調査」の概要（平成26年10月）

10 大岡頼光「フランスは少子化対策の財源をどう確保したか」『中京大学現代社会学部紀要』10－2（2016年）

11 内閣府「選択する未来2・0」第七回会合、権丈委員提出資料（2020年4月）

12 生殖補助医療に対する国の助成制度（特定不妊治療費助成制度）については、令和3年（2021年）1月より、助成上限額が30万円（一部を除く）に引き上げられるとともに、従来の所得制限措置が撤廃された。また、助成回数の制限も、出産等によるリセットが認められるようになった。

13 国立社会保障・人口問題研究所「出生動向基本調査（夫婦調査）」（2015年）

14 （公益社団法人）日本産科婦人科学会、倫理委員会登録・調査小委員会（2020年ARTデータブック）

15 内閣府「選択する未来2・0」第二回会合提出資料（2022年8月3日）

（２０２０年３月）Ｐ20

16、**20**、**22**、**26**、**44** （公益社団法人）日本産科婦人科学会、「ＨＵＭＡＮ＋女と男のディクショナリー」

17 天野馨南子、「フランスにおける少子化社会脱却への道程の段階的考察」ニッセイ基礎研究所『基礎研レポート』（２０１６年２月８日）

18、**21**、**29** 厚生労働省「平成25年版厚生労働白書」Ｐ１０６

19 一般社団法人日本生殖医学会、ホームページ「生殖医療Ｑ＆Ａ」より

23、**33**、**39**、**56**、**57** 妊娠適齢期、プレコンセンプションケア及びＡＭＨ検査に関する部分は、不妊治療の専門医である齊藤英和博士（元国立成育医療研究センター・周産期母性診療センター副センター長、不妊診療科医長）のアドバイスを参考にしている。

24、**25** Hum Reprod Update 16：65－79、２０１０

27 国立社会保障・人口問題研究所「第15回出生動向調査（独身者・夫婦調査共通項目）」（２０１５年）

28 ㈱明治安田生活福祉研究所「第７回結婚・出産に関する調査」（２０１３年）

30 内閣府「平成26年度結婚・家族形成に関する意識調査」（２０１４年）

31 日経新聞、２０２０年10月26日付け記事

32 内閣府「令和３年版少子化社会対策白書」Ｐ１７０、国立成育医療研究センター・プレコンセンプションセンター、ホームページより
https://www.ncchd.go.jp/hospital/about/section/preconception/pcc_check-list.html

34 国立成育医療研究センター・プレコンセンプションセンター、ホームページより
https://www.ncchd.go.jp/hospital/about/section/preconception/pcc_check-list.html

35 内閣府「第５次男女共同参画基本計画」（令和２年（２０２０年）12月）

36、**38** 前田恵理「適切な意思決定をする上で必要な正しい知識獲得の重要性」齊藤英和、杉森裕樹編『妊娠・出産のリテラシー』（大修館書店、２０１８年）Ｐ99～１０１

37 西岡笑子「女性の生涯にわたる健康を見据えたプレコンセプションケア」、医学界新聞（２０２０年12月14日）

40、**42**、**43**、**58** 守泉理恵「日本における無子に関する研究」『人口問題研究』№75－１（２０１９年）

41 原俊彦「ドイツの少子化と家族政策の転換」『人口学研究』第42号（２００８年）

44、**59** 国立社会保障・人口問題研究所「第15回出生動向基本調査（独身者調査）」（２０１５年）

45 内閣府「平成26年度結婚・家族形成に関する意識調査」（２０１４年）

46、**60** 岩澤美帆「失われた結婚、増大する結婚：初婚タイプ別初婚表を用いた１９７０年代以降の未婚化と初婚構造の分析」『人口問題研究』№69－２（２０１３年）

47 岩澤美帆・三田房美「職縁結婚の盛衰と未婚化の進展」

『日本労働研究雑誌』No.535（2005年1月）

48 一般社団法人・いばらき出会いサポートセンター、ホームページより

49 厚生労働省「平成27年版厚生労働白書」P82

50 内閣官房まち・ひと・しごと創生本部事務局「地域少子化対策検討のための手引き―働き方改革を中心に―（第2版）」（2017年）P151～153

51 経団連「ポストコロナを展望した少子化対策の推進に向けて」（2020年10月）

52 内閣府「令和3年版少子化社会対策白書」P56～57

53 日経センター・特別レポート「8章　少子高齢化社会の回避、「フランス」手本でも30年」『グローバル長期予測と日本の3つの未来、予測期間（2103～2050年）』（2014年）P171

54 松田茂樹「少子化論―なぜまだ結婚、出産しやすい国にならないのか」（勁草書房、2013年）P189～192

55 国立社会保障・人口問題研究所「第14回出生動向基本調査（夫婦調査）」（2010年）

61 河野稠果「人口学への招待」（中公新書、2007年）P172

62 福岡市令和3年度当初予算案、高島宗一郎福岡市長記者会見（2021年2月16日）、福岡市ホームページ

63 内閣府「令和3年版少子化社会対策白書」P69～70

64 内閣府「選択する未来2・0中間報告」参考資料（2020年7月1日）P51

65 守泉理恵「日本における少子化対策の展開：エンゼルプランから子ども・子育てビジョンまで」『人口減少と少子化対策』（人口学ライブラリー16）（原書房、2015年）P43、岩澤美帆「少子化をもたらした未婚化及び夫婦の変化」『人口減少と少子化対策』（人口学ライブラリー16）（原書房、2015年）P53、岩澤美帆、金子隆一、佐藤龍三郎「ポスト人口転換期の出生動向」『ポスト人口転換期の日本』（人口学ライブラリー17）（原書房、2016年）P64

第4章の注

1 総務省「住民基本台帳人口移動報告」2020年（令和2年）結果

2 総務省「令和2年国勢調査人口速報集計結果」（2021年6月25日）

3 内閣官房まち・ひと・しごと創生本部「まち・ひと・しごと創生長期ビジョン（令和元年改訂版）」P6

4 内閣府「選択する未来」委員会　報告・解説資料集（2015年10月）Q16

5 厚生労働省「平成27年版労働経済の分析」P159～165

6 厚生労働省「平成17年版厚生労働白書」P93

7、**14** 内閣官房まち・ひと・しごと創生本部「第2期「まち・ひと・しごと創生総合戦略」策定に関する有識者会議第4回会合資料2－2「東京一極集中の要因に係るヒアリング等で得られたご意見など」より

8 内閣官房「大都市圏への移動等に関する背景調査」（２０１５年9月）、「若年層における東京圏・地方圏移動に関する意識調査」（２０１９年）

9、11 内閣官房まち・ひと・しごと創生本部「地方創生に資する魅力ある地方大学の実現に向けた検討会議」第4回会議（２０２０年11月5日）議事録より

10 フラウンホーファー研究機構（ＦｈＧ）日本代表部・ホームページ

12 内閣府ホームページ

13、15、16 内閣官房まち・ひと・しごと創生本部「第2期「まち・ひと・しごと創生総合戦略」策定に関する有識者会議中間取りまとめ報告書（２０１９年5月31日）Ｐ７～15

17 内閣官房「第一期「まち・ひと・しごと創生総合戦略」に関する検証会」第3回（２０１９年3月27日）、牧野光朗委員提出資料

18、19、21 小池司朗・清水昌人「東京圏一極集中は継続するか？―出生地分布変化からの検証―」『人口問題研究』№.76－1（２０２０年3月）

20 厚生労働省「人口動態統計（確定数）」より筆者が集計。

22 Continuing Care Retirement Community のこと。中高年齢者が希望に応じて地方などに移り住み、地域の住民と交流しながら、健康でアクティブな生活を送り、必要に応じて医療介護を受けることができる地域づくりを目指す構想。

23 内閣官房まち・ひと・しごと創生本部ホームページ

24 内閣府「第2回 新型コロナウイルス感染症の影響下における生活意識・行動の変化に関する調査」（２０２０年12月11日～12月17日にインターネット調査を実施）

25 内閣府「新型コロナウイルス感染症の影響下における生活意識・行動の変化に関する調査」（２０２０年5月25日～6月5日にインターネット調査を実施）

26、27 内閣官房まち・ひと・しごと創生本部「地方創生有識者懇談会」とりまとめ（２０２０年12月）

28 内閣府「第4次少子化社会対策大綱策定のための検討会」第3回会合（２０１９年7月9日）議事録より

29 ＵＮ ＤＥＳＡ（国連経済社会局）データ

30 ＵＮＨＣＲ（国連難民高等弁務官事務所）日本ホームページより

31 ＵＮＨＣＲ（国連難民高等弁務官事務所）日本ホームページ、「難民保護Q&A」より

32 田所昌幸「越境の国際政治」（有斐閣、２０１８年）Ｐ65

33 総務省「住民基本台帳に基づく人口、人口動態及び世帯数」（２０２１年8月）

34 内閣官房「高度人材受入推進会議報告書」（平成21年（２００９年）5月）Ｐ4

35、51 法務省出入国在留管理庁調べ

36 フランソワ・エラン、コレージュ・ド・フランス教授「移民問題を考える（上）」（日経新聞「経済教室」、２０２０年2月16日付け）

37 国連の「補充移民」のレポートは、UN Replacement

Migration（2000年）

38、**39**　フランソワ・エラン「移民とともに―計測・討論・行動するための人口統計学」（白水社、2019年）P267〜271

40　友原章典「移民の経済学」（中公新書、2020年1月）P217

41　田所昌幸「越境の国際政治」（有斐閣、2018年）P179〜180

42、**43**、**44**　（独立行政法人）労働政策研究・研修機構「諸外国における外国人受入制度―非高度人材の位置づけ―（ドイツ）」（2018年9月）

45　欧米諸国の移民政策の動向については、（独立行政法人）労働政策研究・研修機構「諸外国における高度人材を中心とした外国人労働者受入れ政策」（2013年3月）及び「諸外国における外国人受入制度―非高度人材の位置づけ―」（2018年9月）による

46　萩原里沙、中島隆信「人口減少下における望ましい移民政策―外国人受け入れの経済分析をふまえての考察―」（独立行政法人経済産業研究所、2014年）

47　（独立行政法人）労働政策研究・研修機構、国別労働トピック（2020年5月）

48　藤山光雄、橘高史尚「移民減少でドイツの潜在成長率は0・2%低下」（日本総研 Research Focus）（2019年5月）

49　韓国については、野村敦子「韓国における外国人材政策」（日本総研、JRIレビュー「外国人材の望ましい受け入れに向けて」）（2019年11月）、（独立行政法人）労働政策研究・研修機構「諸外国における外国人受入制度―非高度人材の位置づけ―（韓国）」（2018年9月）による

50　岡田豊「「外国人材の受入拡大と今後の課題」（みずほ総合研究所、2019年3月）

52　（独立行政法人）日本学生支援機構「2020（令和2）年外国人留学生在籍状況調査結果」（2021年3月）

53　（独立行政法人）日本学生支援機構「平成27年度私費外国人留学生生活実態調査」（2015年）

54　新日本有限責任監査法人「平成26年度産業経済研究委託事業（外国人留学生の就職及び定着状況に関する調査）報告書」（2015年）

55　佐藤由利子「移民・難民政策と留学生政策―留学生政策の多義性の利点と課題」『移民政策研究』第10号（2018年5月）

56　S・カースルズ／M・J・ミラー「国際移民の時代（4版）」（名古屋大学出版会、2011年）P324

57　S・カースルズ／M・J・ミラー「国際移民の時代（4版）」（名古屋大学出版会、2011年）P354

58、**59**、**62**、**63**、**64**　井口泰「日本の統合政策」『移民政策のフロンティア―日本の歩みと課題を問い直す』（明石書店、2018年）

60　井口泰「外国人労働者問題と社会政策現状評価と新たな時代の展望―」『社会政策』第8巻第1号（2016年）

61　（独立行政法人）労働政策研究・研修機構「諸外国にお

ける外国人受入制度―非高度人材の位置づけ―（ドイツ）」（2018年9月）

65 ダリル・ブリッカー、ジョン・イビットソン「2050年世界人口大減少」（文藝春秋、2020年）

66 ダリル・ブリッカー、ジョン・イビットソン「2050年世界人口大減少」（文藝春秋、2020年）P286

67 （財団法人）自治体国際化協会「カナダの移民政策及びその主要都市への影響」（2008年6月）

68 ダリル・ブリッカー、ジョン・イビットソン「2050年世界人口大減少」（文藝春秋、2020年）P287〜288

69 ダリル・ブリッカー、ジョン・イビットソン「2050年世界人口大減少」（文藝春秋、2020年）P288

70 ダリル・ブリッカー、ジョン・イビットソン「2050年世界人口大減少」（文藝春秋、2020年）P298〜301

71 ベネディクト・アンダーソン「定本　想像の共同体」（書籍工房早山、2007年）P24

72 ベネディクト・アンダーソン「定本　想像の共同体」（書籍工房早山、2007年）P24

73 ベネディクト・アンダーソン「定本　想像の共同体」（書籍工房早山、2007年）P26

74 ベネディクト・アンダーソン「定本　想像の共同体」（書籍工房早山、2007年）P312〜341

75、76、78 田所昌幸「越境の国際政治」（有斐閣、2018年）P211〜257

77 S・カースルズ。M・J・ミラー「国際移民の時代（4版）」（名古屋大学出版会、2011年）P92〜94

79 アンドレス・カセカンプ「バルト三国の歴史」（明石書店、2014年）

80、82、83 田所昌幸「越境の国際政治」（有斐閣、2018年）P187〜189

81 アンドレス・カセカンプ「バルト三国の歴史」（明日書店、2014年）P253

84 是川夕「日本における低い外国人女性の出生力とその要因」『移民・外国人と日本社会』（人口学ライブラリー18）（原書房、2019年3月）P50〜51

第5章の注

1 河野稠果「人口学への招待」（中公新書、2007年）P78

2 金子隆一「わが国近年の出生率反転の要因について―出生率推計モデルを用いた期間効果分析」『人口問題研究』第66巻第2号（2010年6月）

3 内閣官房まち・ひと・しごと創生本部事務局「地域少子化対策検討のための手引き（第2版）」（平成29年5月）

4 厚生労働省「2018年海外情勢報告（大韓民国の社会保障施策）」

5 介護保険制度史研究会編著「（新装版）介護保険制度史

─基本構想から法施行まで─」（東洋経済新報社）（2019年）P480〜482

6 OECD、Family Database（2021年6月取得）

7 内閣府「人口、経済社会等の日本の将来像に関する世論調査」の概要（平成26年10月）

8 内閣府「令和3年版少子化社会対策白書」P155

第6章の注

1 介護保険制度創設に大きな役割を果たした、故池田省三氏（元龍谷大学教授）が筆者に語った言葉

2 「2050年世界人口大減少」（文藝春秋、2020年）P130

3 サラ・オコナー「『日本化』する世界人口」（日本経済新聞オピニオン、2021年8月13日）

4 藤田菜々子、「1930年代スウェーデン人口問題におけるミュルダール ── 「消費の社会化」論の展開─」『経済学史研究』第51巻（2019年）、「2050年世界人口大減少」（文藝春秋、2020年）P102

5、6 岩澤美帆「衝撃に強い社会、出生減防ぐ」（日本経済新聞「経済教室」、2021年8月12日）

Epilogueの注

1、2 日本経済新聞記事（2021年6月1日付け）

山崎史郎

Shiro Yamasaki

１９５４年、山口県生まれ。78年に東京大学法学部卒業後、厚生省（現・厚生労働省）入省。厚生省高齢者介護対策本部次長、内閣府政策統括官、内閣総理大臣秘書官、厚生労働省社会・援護局長、内閣官房地方創生総括官を歴任した後、２０１８年７月から21年11月まで駐リトアニア特命全権大使を務めた。その間、介護保険の立案から施行まで関わったほか、若者雇用対策、生活困窮者支援、少子化対策、地方創生などを担当した。２０２１年９月、リトアニア政府から功績により外交スター勲章を授与された。２０２２年１月、内閣官房参与（社会保障、人口問題）及び全世代型社会保障構築本部総括事務局長に就任。

著書に『人口減少と社会保障――孤立と縮小を乗り越える』（中公新書、２０１７年）、『どうする地方創生』（共編著、日本経済新聞出版、２０１８年）、『新装版・介護保険制度史――基本構想から法施行まで』（共著、東洋経済新報社、２０１９年）などがある。

人口戦略法案

人口減少を止める方策はあるのか

２０２１年11月25日　1版1刷
２０２２年12月21日　　5刷

著者　山崎史郎

発行者　國分正哉

発行　株式会社日経ＢＰ
日本経済新聞出版

発売　株式会社日経ＢＰマーケティング
〒１０５−８３０８
東京都港区虎ノ門４−３−12

装幀　新井大輔

ＤＴＰ　マーリンクレイン

印刷・製本　中央精版印刷

ISBN 978-4-532-17710-2